消费心理学

第 2 版

周 斌 ◎ 编著

西南财经大学出版社
Southwestern University of Finance & Economics Press
中国 · 成都

图书在版编目(CIP)数据

消费心理学/周斌编著. —2版. —成都:西南财经大学出版社,2016.1
ISBN 978-7-5504-2299-5

Ⅰ.①消… Ⅱ.①周… Ⅲ.①消费心理学 Ⅳ.①F713.55

中国版本图书馆CIP数据核字(2016)第012229号

消费心理学(第二版)
XIAOFEI XINLIXUE
周 斌 编著

责任编辑:汪涌波
助理编辑:江 石
封面设计:何东琳设计工作室
责任印制:封俊川

出版发行	西南财经大学出版社(四川省成都市光华村街55号)
网 址	http://www.bookcj.com
电子邮件	bookcj@foxmail.com
邮政编码	610074
电 话	028-87353785 87352368
照 排	四川胜翔数码印务设计有限公司
印 刷	四川五洲彩印有限责任公司
成品尺寸	170mm×240mm
印 张	20.75
字 数	380千字
版 次	2016年1月第2版
印 次	2016年1月第1次印刷
印 数	1—2000册
书 号	ISBN 978-7-5504-2299-5
定 价	38.00元

第二版前言

2012年年底，我在对以前的教学资料进行整理修改的基础上，出版了《消费心理学》第一版，当时我就觉得这一版对网络购物的消费心理与行为研究不深、不全，同时对有关消费心理学的新理论、新进展介绍较少，因此打算在修订时给予补充。现有的消费心理学学科体系与学科内容是建立在传统购买方式基础上的，但实际上，在网络技术和网络经济的巨大冲击下，消费者的心理与行为变化很快，同时以"淘宝网"为代表的网络购买方式更适合中国的消费环境，因而网络购买对中国消费者的影响比西方社会更大。在这样的市场环境下，相关的消费心理与行为研究还跟不上形势的发展，企业界的探索与实践步伐经常快于学术界的理论研究。所以，似乎可以抱着所谓"迭代思维"的方式来修订编写《消费心理学》第二版，通过不断地改进来逐步完善其内容体系。

与第一版相比，本书在总体结构上没有特别大的变化，但删掉了"商店购物环境与消费心理"这一章，主要也是考虑到网络购物对实体店的影响较大，实体店需要以更为贴心、周到的服务来留住消费者。在具体内容上进行了一些增删，与时俱进地更新了部分观点和案例，尤其是对"网络消费心理"一章进行了重新编写。在章节排序上也有所变化，主要是把"消费者决策"部分调整到了后面。

本书没有设置"引导案例""学习目标""各章参考文献""讨论与实践"等栏目，教师可以在教学活动中灵活地加以补充。为启发学生在学习中主动思考，本书在教材中以"思考一下"的形式穿插了一些小问题供学生参考学习。

另外，我们也提供了便于教师在课堂上使用的PPT课件，课件图文并茂，其中也有一些教材以外的资料，教师还可以根据自己对消费心理学的认识与理解来对课件内容进行编辑和修改。

再版之时，责任编辑汪老师要求将本书中所有的“小资料”“小案例”都标明“资料来源”，无奈有些已记不清来源了。好在这些东西在网上都还有痕迹，只不过可能有些“来源”并非第一手的。

周　斌

2016 年 1 月

前 言

社会主义市场经济是一种竞争的经济，它天然地具有促使商品生产高度繁荣和保持市场商品一定程度过剩的客观要求与内在动力。在这种市场机制下，工商企业只有最大限度地满足消费者的物质与精神生活需求，不断提高商品和服务的使用价值和经济价值，使自己的生产与服务得到消费者的认可与接受，才能在市场竞争中长盛不衰。因此，研究消费者并进而赢得消费者，是市场经济条件下工商企业必须高度重视的重要课题。而计划经济体制实际上是一种短缺经济形态，它天然地限制市场竞争和消费者的自主选择，这种“计划”往往落后于人们的实际消费需求，更难以起到引导消费的作用。

工商企业怎样才能在市场经济条件下最大限度地赢得消费者呢？关键就在于掌握消费者的心理与行为规律，努力使企业的市场营销策略和手段适应消费者的心理与行为活动特点，这就需要学习、研究消费心理学。消费心理学作为研究市场营销活动中消费者心理与行为活动产生、发展与变化规律的科学，在市场经济条件下，对工商企业的生产经营活动有着重要的指导作用，也在实践中得到了广泛的应用。

笔者认为，消费心理学不应当只是一门理论学科，更应当是与市场营销实践融合在一起的应用学科。实际上，相比而言，市场营销学科比心理学科更关心消费心理学的学科发展。因此，消费心理学不仅是心理学的分支学科，还应当是市场营销学的主干学科，同时，它也应当具有与“消费行为学”相类似的、更为广泛的学科基础。基于这样的认识，笔者原打算将本教材取名为“心理营销学”，但考虑到与教学课程计划衔接，仍沿用了“消费心理学”这一名称。

在编写过程中，笔者阅读了一些西方学者的有关著作，感到至少有三个方面值得我们借鉴：一是从实践出发，通过分析客观的市场消费现象去分析消费者心理与行为规律，并以此指导营销活动，而不是从心理学、社会学等学科理论出发，去推断消费行为现象或仅为理论研究积累资料；二是善于从纷繁复杂的因素中提炼出理论模型，以更为直观的方式反映各因素之间的相互关系；三是大胆采用一些最新研究成果，尽管这些成果只是局部的、尚缺乏实践检验的，但它至少提供了一种分析问题的新思路。

本书强调理论与实际相结合、科学性与实用性相结合的原则，注重对现实的市场营销活动中所发生的各种行为现象进行总结和理论概括，反映消费心理学理论在营销实践中的运用，从而体现消费心理学的应用性特征。本书在介绍西方消费心理学理论的同时，注重突出我国消费者心理与行为的特殊性，尽量引用我国研究者的研究成果与营销案例，注重使教材内容“中国化”。并努力结合21世纪以来我国消费环境的变化，反映消费心理的时代特色和发展趋势，尤其反映网络时代新的消费现象，尽量体现消费心理的地域特征与时间特征。在教材结构和写作风格上，力求体系完整、论证严谨、资料翔实、雅俗共赏，比较全面、系统和准确地阐述了消费心理学的基本内容及其应用。

我国消费心理学的研究起步较晚，在学科体系和对实际工作的指导性等方面还存在诸多不完善的地方。本书虽努力在这些方面有所创新和改进，但由于笔者学识有限，不足之处在所难免，恳请读者批评指正。相信在广大同仁的共同努力下，我国消费心理学的学科建设工作将不断取得新进展，从而更好地为社会主义市场经济服务。

本书可供我国本、专科院校市场营销、工商管理等有关专业选作教材，也可作为工商企业管理工作人员和普通消费者的学习读物。

在编写过程中，笔者参阅和吸收了许多国内外学者的教材、论著以及网络资料，从简洁和篇幅考虑，本教材对引用的案例、图表等资料的来源没有一一列出，在此向有关作者与出版者表示深深的歉意和衷心的感谢。

周　斌

2012年7月于蓉城·砚湖

目　录

第一章 消费心理学概述

社会上流传着“商场如战场”的说法，但在商战中不能只盯着竞争者而撇开消费者。实际上争取到消费者的认同才是赢得竞争优势的关键。而要争取到消费者就必须了解消费者，了解他们的消费心理与行为习惯。对于市场营销者而言，形成一种从消费者心理的角度去认识问题、思考问题的商业意识与思维习惯是十分重要的。

消费心理学是心理学的一门应用学科。消费心理学运用心理学的一般原理，通过对消费活动中各种心理现象的分析研究，来探索和揭示支配消费者购买行为的心理活动及其变化规律，具有一定的理论性和较强的实用性。研究和学习消费心理学，对于促进我国社会主义市场经济的发展，满足广大群众不断增长的物质、文化生活需要，提高经营水平，搞好市场营销工作都有着十分重要的意义。

第一节　消费心理学的研究对象

一、消费心理学的相关概念

消费心理学的研究对象主要是消费者，要明确消费者的含义，必须掌握与消费者相关的消费与消费品的概念。

（一）消费

消费是指人类为了某种目的而消耗各种资源的过程。消费是社会经济活动的出发点和归宿，它和生产、分配、交换一起构成社会经济活动的整体，是社会经济活动中一个十分重要的领域。消费既包括生产性消费，也包括生活性消费。

1．生产性消费

生产性消费是在物质资料生产过程中生产资料和劳动力的使用和耗费。

2. 生活性消费

生活性消费是指人们为了满足自身需要而消耗各种物质产品、精神产品和劳动服务的行为和过程。

消费心理学研究生活性消费中的心理与行为现象，并不关心满足生产与经营需要的生产性消费。《消费者权益保护法》的消费者也特指生活性消费，而不包括生产性消费（农民购买直接用于农业生产的生产资料除外）。

思考一下：对销售活动而言，生产资料市场与消费者市场哪一个难度更大？为什么？

（二）消费者

狭义的消费者是指购买、使用各种消费品或服务的个人（自然人）。广义的消费者是指购买、使用各种产品或服务的个人与组织。在消费心理学和经营实践中，可以从不同的角度来分析消费者。

1. 从消费品角度分析消费者

对于某一消费品，在同一时空范围内，消费者可以做出不同的反应——即时消费、未来消费或永不消费。按照这三种不同的反应，可以把消费者分为：

（1）现实消费者，即通过现实的市场交换行为，获得某种消费品，并从中受益的人。

（2）潜在消费者，即在目前对某种消费品尚无需要或购买动机，但在将来某一时刻有可能转变为现实消费者的人。

小案例：某岛国上鞋子的潜在消费者

某鞋厂销售经理让两位推销员去开拓一个太平洋岛国市场。其中一位到了岛国以后，看见当地的人都没穿鞋，他想，看来人们都不需要鞋，于是就回去了。他告诉经理：岛国没有市场。另外一位推销员，看到当地的人没有穿鞋，他想这太好了，这里有很大的市场。之后，他就引导人们穿鞋，他给人们讲穿鞋的好处：穿着鞋不会扎破脚、穿着鞋跑得快、穿着鞋不会得脚气病等。当地居民不信，他就和他们赛跑，结果他赢了。他告诉人们，他之所以跑得快是因为他穿了鞋。他让人们试一试，人们一穿还真如他所说，所以人们就互相转告，争着买他的鞋子。他回去告诉经理：岛国市场很大。同样的市场、同样的顾客，却有不同的营销结果，为什么？那是因为第二个推销员看到了巨大的潜在需求，懂得引导消费者的需求，激发他们的购买动机，从而将潜在消费者转化为现实消费者。

资料来源：http://www.doc88.com/p-5177305987363.html.

思考一下：对于市场营销者而言，现实消费者和潜在消费者哪个更重要呢？

（3）永不消费者，指当时或未来都不会对某种消费品产生消费需要和购买愿望的人。

作为一个消费者，在同一时点上，面对不同的消费品，可以同时以不同的身份出现。例如，某个消费者面对甲商品是现实消费者，面对乙商品是潜在消费者，而面对丙商品是永不消费者。因此，从消费品角度分析消费者，消费者是一个动态行为的执行者。

2. 从消费单位角度分析消费者

从消费单位的角度可以把消费者划分为个体消费者、家庭消费者和集团消费者。

（1）个体或家庭消费是指为满足个体或家庭对某种消费品的需要而进行的购买或使用，这与消费者个人的需求、愿望和货币支付能力密切相关。

（2）集团消费或称组织消费，是指为满足社会团体对某种消费品的需要而进行的购买或使用，通常不反映消费者个人（如团体中某个成员）的愿望与需要，也与个人货币支付能力没有直接关系。如企业工会给职工购买的生活用品。

从消费单位角度分析，消费者是一个广义的参与消费活动的个人或团体。作为某一消费者个人，可以同时成为家庭消费者或集团消费者中的某一成员。消费心理学侧重研究个体消费者。

小资料：消费者为什么要“团购”？

团体采购（简称“团购”）是近年来兴起的一种消费者购买商品的方式，指一定数量的消费者以团体的形式向厂商一次性购买商品。通过团购形式组织起来的消费者因为人数众多，不但可以低于市场的价格从商家购买商品，同时也可以获得更好的商品质量和售后服务的保障。

我国团购消费发轫于2002年年初，最初是由一些网友自发在网上联合起来，集体与销售商砍价。经过一段时间的发展，目前，这种消费形式不仅受到了消费者的喜爱，也受到了商家的喜爱。

团购未必是最有效的消费方式，毕竟消费是一个相对独立自由的个性化行为。但事实说明，在每一次具体的团购消费行为中，消费者确确实实得到了实惠，尤其在价格方面。而且“团购”改变了消费者的弱势地位，增加了与厂商谈判的砝码，厂商对消费者的意见更为重视。同时，团购促进了消费者之间的交流，扩展了信息渠道，如果厂家、经销商耍手腕，就会被“团购”里的“侦察兵”发现，没有商家敢在质量上瞒天过海而“犯众怒”。

资料来源：吴国庆.“团购”行为特点及影响分析［J］. 商业研究，2003（23）.

3. 从消费者扮演角色分析消费者

在现实生活中，同一消费品或服务的购买决策者、购买者、使用者可能是同一个人，也可能是不同的人。比如，大多数成人个人用品，很可能是由使用者自己决策和购买的，而大多数儿童用品的使用者、购买者与决策者则很有可能是分离的。在整个消费过程中，不同类型的购买参与者扮演着不同的角色。如果把产品的购买决策、实际购买和使用视为一个统一的过程，那么，处于这一过程任一阶段的人，都可称为消费者。

在日常的购买决策中，消费者可能会扮演下列一种角色或几种角色。

（1）发起者：首先提出或有意购买某一产品或服务的人。

（2）影响者：其看法或建议对最终购买决策具有一定影响的人。

（3）决定者：在是否购买、为何买、哪里买等方面作出部分或全部决定的人。

（4）购买者：实际购买产品或服务的人。

（5）使用者：实际消费或使用产品、服务的人。

企业有必要区分和认识以上角色，尽量使自己的经营适应目标市场消费过程中起重要作用的各种角色，尤其是起决定作用的角色。因为这些角色对于设计产品、确定信息和安排促销方式及预算是有关联意义的。例如，健康用品“脑白金”就很好地区分了购买者与使用者。它抓住人们特别是经济独立以后的年轻人都愿意通过一份恰当的礼品对父母表示一片孝心的心理，将产品定位于“老人礼品”，广告策划以子女对父母的孝敬为主题，从而使“脑白金”在人们心中树立起孝敬老人的“礼品”形象，其广告语“今年过节不收礼，收礼只收脑白金”进一步刺激了子女的购买欲望。又如，某自行车品牌以少年使用者为广告诉求对象，抓住他们渴求自主、独立的心理，打出“独立——从掌握第一辆自行车开始”的主题广告，因为尽管少年消费者并不是决策者或购买者，但他们对父母的决策会有很大的影响作用。

诺维·诺德思克是丹麦一家胰岛素制造商。在过去，诺维和其他制造商一样将胰岛素直接卖给医生，医生自然成为该产品的唯一消费购买者和消费影响者。后来由于市场环境所迫，通过对患者（即使用者）的研究，诺维在 1985 年成功推出了诺维笔。诺维笔是第一款使用起来非常方便的胰岛素注射的解决方案，它消除了使用胰岛素注射器过程中的不便和担心。诺维笔看起来就像一支钢笔，包含了一个胰岛素容器，非常方便携带，一管的剂量差不多可以用一个星期。这支笔采用了整合的触动装置，即使是盲人也能很容易地控制胰岛素剂量。这样，患者就可以随身带着它，而不需要担心针头和注射器带来的麻烦与尴尬。这样，通过转换消费者角色的思路，诺维成功推出了新的产品设计并打开了市场。

小案例：广告没有打动“购买者”

某公司曾推出“开心洗发水”，将目标消费者设定为 15 ~ 18 岁的年轻女孩，电视广告女主角看起来像一个高中生，十分俏丽可爱，广告主题曲《开心女孩》也广受欢迎。然而，广告叫好不一定产品叫座，开心洗发水的销路始终不理想。据分析，原因之一是 15 ~ 18 岁的年轻女孩通常都没有离家在外过独立的生活，而家中洗发水的购买者通常是妈妈。女孩即使想去买，也不太可能有决策权。因而开心洗发水的广告只打动了“使用者”而非“购买者”，所以对销售构成了障碍。

资料来源：葛玲. 当好店铺的老板（下卷）[EB/OL]. http://www.17k.com/chapter/268018/6140076.html.

小案例：捆绑飞镖玩具的促销

某儿童玩具厂为在暑期加大一种智力玩具的销量，煞费苦心地在产品上捆绑了一种时下在小学生中非常流行的飞镖玩具，以期博得他们的青睐。但结果令厂方非常失望：销售额还不如上一个月。后来厂方通过调查发现，原来有许多家长认为这种飞镖玩具的安全性有问题。

资料来源：佚名. 从几个小案例看消费品的销售促销 [MEB/OL]. http://www.guanggao001.com/news/8238980.html.

思考一下：在家庭消费中，哪些购买是丈夫决策的？哪些是妻子决策的？哪些又是共同决策的？

（三）消费品

一般的产品可被分为工业品和消费品。工业品是用于制造其他产品或服务、用于促进企业经营以及向其他消费者转售的产品。消费品是用来满足消费者个人需求的产品。消费心理学研究的是与消费品有关的因素对消费心理与行为的影响作用。

消费品是人们用来使用或消费，以满足某种欲望和需要的产品。在日常生活中，消费品的花色品种繁多，我们必须根据不同标准对消费品进行分类后，才能有效地研究它们各自的不同特征及其对消费者需求和购买行为的影响。传统的分类方法是按照商品自然、物理的属性或具体功能对商品分类。也有一些从用户角度出发的分类，如把商品分为搜索性商品（标准化的商品）、体验性商品（必须亲自体验的商品）、信任性商品（用后很长时间也不易判断质量）、享乐型产品（情感满足）和功利型产品（实用）。

1．根据商品的购买方式

（1）简便品

简便品一般指售价低、不需要挑选、能迅速购买的商品和服务，主要包括日用品、冲动型商品和应急商品。消费者购买此类商品主要讲求方便、实惠。

日用品是指经常购买或使用的低价值商品和服务，如香烟、报纸、肥皂、洗发水等。

冲动型商品是指消费者事先没有购买的心理准备，因看到广告宣传或实物，或经过触摸或受其他消费者影响，而引起购买欲望导致购买行为的商品和服务，如儿童玩具、糖果点心、游乐场的游乐项目等。

应急商品是指人们平时不会购买或没有购买的需求，而在需求突然出现时，需要急速购买的商品和服务，如雨伞、急救药品、车胎修补等。

对于简便品，尤其是日用品，消费者往往经常地、有规律地购买，很少花时间去挑选，事先也不多作规划。冲动型商品是由消费者的冲动性购买产生的，消费者从产生购买欲望到实现购买的过程是很短暂的。消费者购买应急商品往往目标明确、购买迅速，通常在最短的时间、最近的地点实现购买。

（2）选购品

选购品一般指需要经过挑选比较后才购买的商品和服务，如服装、家具、家用电器等。消费者在购买选购品时一般要对几种品牌或商店进行款式、适用性、价格、售后服务等的比较，他们也愿意花费一些精力以获取自己期望的消费。销售人员在接待顾客时，要明白“挑剔才是真买主”的道理，耐心做好商品的介绍与服务工作。

（3）特殊品

当消费者广泛地寻求某一特殊商品而又不愿意为此接受替代品时，这种商品即为特殊品。如“老字号”商品、劳力士表、名牌化妆品、名牌女士手袋等。

对于特殊品，消费者往往有一定的品牌偏好，主要是根据自己对品牌的喜爱和熟悉程度来决策，一般不需要比较和选择，只需花时间找到该商品的经销商即可。特殊品的经销商们经常运用突出地位感的精选广告保持其商品的特有形象，分销也经常被限定在某一地区的一个或很少的几个销售商店里。所以，品牌和服务质量非常重要。

（4）非寻求品

非寻求品是指不为其潜在的消费者所了解或虽然了解也并不积极问津，但必要时又十分需要的商品。新产品在通过广告和分销增加其知名度以前都属于非寻求品。

一些商品永远都是非寻求品，特别是我们不愿意想起或不喜欢为它们花钱的商品。保险、丧葬用品、百科全书等物品都是传统的非寻求品，都需要有鼓动性强的人员销售和有说服力的广告。对于非寻求品，消费者在感情上一般持对立态度或表现冷淡，但当有需要时购买指向却十分明确。销售人员总是尽力地接近那些潜在的消费者，因为消费者大多不会主动地去寻找这类产品。

不同种类商品与消费者购买习惯的关系，如表 1－1 所示：

表 1－1　　商品与消费者购买习惯的关系

商品类型 / 购买习惯	方便品	选购品	特殊品
购买次数	多	稍少	少
购买中努力程度	无须努力	比较努力	相当努力
主要选择标准	实用、方便	效用、美观	先进、独特
价格考虑	便宜	稍高或高	较高或高
质量要求	过得去	高	最高的
购买距离	近或附近	稍远或近	不考虑
对商店期望	清洁、愉快，来去方便	安静、宽敞，选择余地大	高级感、专业化

2. 根据商品的使用频率和商品形态分类

（1）耐用品

耐用品即通常可以长期使用的有形物品，如汽车、房屋、电冰箱、电视机等。对于耐用品，由于其价格比较昂贵，使用周期长，消费者在购买时通常采取谨慎的态度，受产品因素和市场营销因素的影响较大，这就需要企业提供更多的营销服务和满意的质量保证。

（2）非耐用品

非耐用品指通常只能使用一次或几次的、易消耗的有形物品，如肥皂、食品、牙膏、纸张、一次性餐具等。对于非耐用品，由于价格较低、容易消耗，消费者经常购买，因此容易产生偏爱情感，会重复购买同一品牌的商品。

（3）虚拟商品

虚拟商品指无实物性质，网上发布时默认无法选择物流运输的商品。如可由虚拟货币或现实货币交易买卖的虚拟商品或者虚拟社会服务等。

虚拟商品包括：网络游戏点卡、网游装备、QQ 号码、Q 币、文件资料的下载币等；移动/联通/电信充值卡；IP 卡/网络电话/软件序列号；网店装修/图片储存空间；电子书，网络软件；辅助论坛功能商品等。

（4）服务

消费活动不仅表现在物质商品消费方面，还包括精神产品以及各种以劳务或设施的形式直接向人们提供的、能满足人们某种需要的服务消费，如旅游、医疗、娱乐、保险、美容、洗理、住宿、修理、学习等。在服务消费中，消费者的消费过程和购买过程往往是紧密地联系在一起的。

由于购买有形产品时要伴随某些辅助性服务（如安装），在购买服务时通常也包括辅助产品（如餐厅的食物），因此，对产品和服务加以严格区分是困难的，每次购买也都会包含不同比例的产品和服务。一般来说，对产品和服务的区分主要是从有形和无形这一点出发的。相对于现成的、看得见的有形产品来说，服务是指无形的并且不发生实物所有权转移的交易活动。例如，人们去咖啡店里消费的时候，所买的大部分东西其实是这个交易中无形的部分：优雅的环境、浪漫的氛围、社交、侍者的服务等，而所喝的咖啡实际上只是其中的一部分，甚至是很小的一部分。这时，消费者接受非物质性的有偿劳务及其他无形产品；或者享受服务者所提供的物质设施与环境条件，但并不能拥有它们。

随着社会经济的发展和人们消费水平的提高，人们对这种服务消费的需要也会越来越多。而且，消费者对服务会有很强烈的选择意向。

消费心理学侧重研究有形商品的消费，但有关服务的行为学研究也是消费心理学研究的重要分支，如旅游心理学、酒店消费心理学等。

小资料：服务消费中的“感性消费”

感性消费是人们在消费中获得的除物质性满足外的心理上和精神上的满足。现代生活中的消费者购买产品越来越多的是出于对商品象征意义和象征功能的考虑，人们更加重视通过消费获得个性的满足，精神的愉悦、舒适及优越感等。这种“感性消费”与原来人们所遵循的单纯从经济性出发的“理性消费”的差距越来越大。比如，在家中喝一杯咖啡，价格充其量10元；进一家小咖啡厅，则至少需要20元；而进高档次咖啡厅，同样是一杯咖啡，在良好的服务、优雅的环境和优美的音乐旋律之下，则至少要花费50元。这从经济实惠的角度来讲，是不可思议的。

普通的咖啡店只能让顾客知道：这是一家环境尚可，可以进来喝咖啡的地方。但“星巴克”能在给人享用香浓咖啡的同时，让一种与众不同的感觉和气氛深入人心：田园式的即磨咖啡、闹中取静的闲适氛围、空气中弥漫着咖啡香、怀旧的乐曲以及透过落地窗照射进来的柔和阳光……“星巴克”，这个100多年前的一部小说中的主人公的名字，开启了一个从喝罐装速溶咖啡到只喝煮咖啡的新生活文化时代。

资料来源：佚名. 消费者行为三大定律［EB/OL］. http://www. docin. com/p - 1127852280. html.

二、消费心理学的研究对象、研究任务与研究内容

（一）消费心理学的研究对象

人们在商品或劳务的消费活动过程中，都有一定的心理活动。消费心理就是指消费者在消费活动中所发生的各种心理现象的总称。但消费心理学并不只是研究消费者内在的心理活动过程，它还研究其外在的行为过程。

消费心理学的研究对象就是消费者获得信息、购买商品、享受商品价值等消费活动中的心理与行为过程，以及各种因素对消费者心理与行为过程的影响作用，把握消费心理的规律性，并提出相应的市场营销策略与方法。

（二）消费心理学的研究任务

消费心理学的研究任务有三个方面：

（1）揭示和描述消费心理的表现，即通过科学的方法发现和证实消费者存在哪些行为。这个任务也就是观察现象，描述事实，即所谓“知其然”。

（2）揭示消费心理的规律性，即说明消费者某种消费行为产生的原因。即所谓“知其所以然”，把已观察到的已知事实组织起来，联系起来，提出一定的假说去说明这些事实发生的原因及其相互关系。

（3）预测和引导消费心理，这点尤其重要。企业市场营销活动的任务不仅是满足消费者的现实需求，更重要的是发现他们的潜在需求，通过营销努力，使其转化为现实需求。在这个过程中，企业还必须做到创新，即通过科学的预测，了解消费心理的规律，设计符合他们需求、需要的新产品，去创造需求。

（三）消费心理学的研究内容

消费者的消费行为及其心理活动不仅直接受消费者个人心理特点的制约，还受到各种错综复杂的社会因素、自然因素、商品因素、市场因素的影响。因而，消费心理学还要研究这些影响因素与消费心理的关系。只有这样，才能全面、准确地揭示和了解消费心理的全貌，掌握其变化规律，从而才能有针对性地采取正确的市场营销策略。图 1－1 显示了消费心理学的概念体系。

具体地说，消费心理学要研究这样几个方面的问题：

（1）研究影响消费者消费行为的心理活动基础。消费心理学通过研究消费者的心理活动过程和个性心理，掌握消费者心理活动的一般规律以及消费者在需要、动机、态度、兴趣、习惯、能力、性格、气质等方面的基本特点或发展规律，有助于我们认识支配消费者购买行为的各种内部原因，并有助于我们掌握消费者购买活动的一般规律。

小案例：越贵越买

一对外国大使夫妇，在我国一家商店选购首饰时，大使太太对一只八万元的翡翠戒指很感兴趣，爱不释手，但因价格昂贵而犹豫不决。这时一个善于“察言观色”的营业员走过来介绍说：“某国总统夫人来店时也曾看过这只戒指，而且非常喜欢，但由于价格太贵，没有买。”大使夫妇听完后，为了证明自己比那位总统夫人更有钱，就毅然决然地买下了这只戒指。

资料来源：推销实务概述［EB/OL］. http://www.docin.com/p-107753711.html.

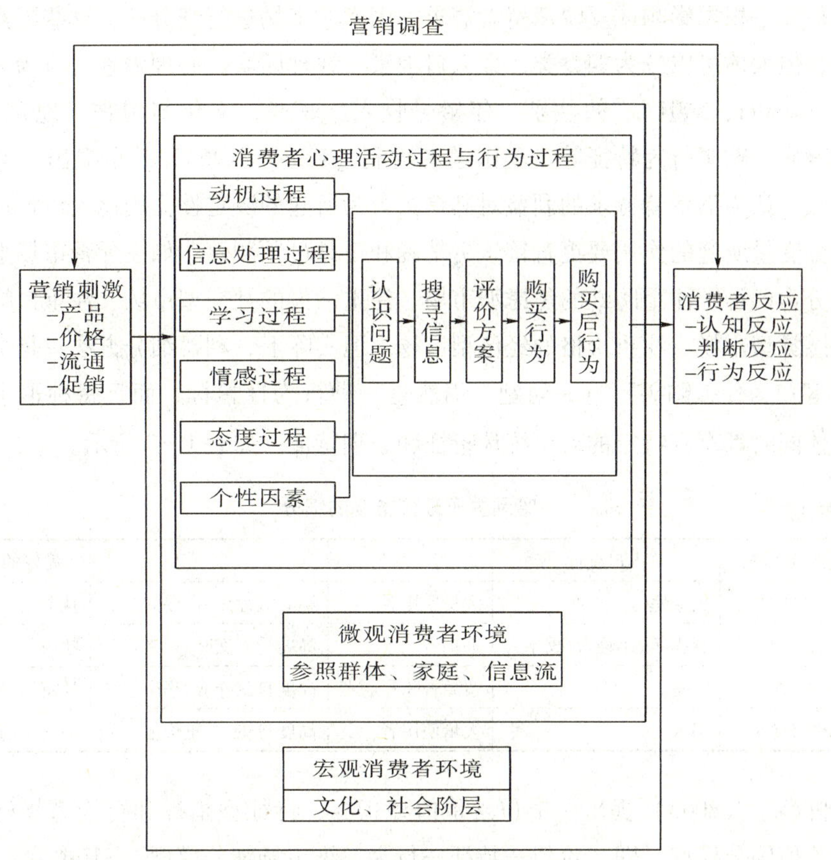

图 1-1　消费心理学的概念体系

消费者的决策心理也是消费心理学的重要内容。6W2H 模式通过对消费者决策问题的分析，形成了消费市场与消费者购买行为分析框架（详见第十章）。

思考一下：如果你准备开发（或投资）一种新产品（或服务项目），你觉得应当从哪些方面对消费者心理进行分析和研究？

（2）研究影响消费心理活动的各种影响因素。消费心理学要研究各种外界环境因素和个体因素对消费心理的影响作用，如：影响某一消费者消费行为的因素有哪些？这些因素会对该消费行为产生何种影响？等等。同时，相似的影响因素背景会构成具有一定共性特征的消费者群体，研究特定消费者群体的消费心理，有助于细分市场并合理制定营销策略。

从理论上说，对市场进行细分的依据应当是消费者的需求，但从实际操作来看，往往是根据影响或反映消费者需求的因素对市场进行细分的，这些因素十分繁多，但大体可以分为四大类，即人口因素、地理因素、心理因素、行为因素等方面（Kotler，2001）。如性别、年龄、收入、职业、文化与习惯、地理环境、心理素质、购买行为特征等。美国学者哈利（Haley，1963）最早提出了利益细分方法，认为消费者寻求的利益对其购买行为所起的决定性作用比人口特征或其他细分变量所起的作用要更直接、更精确和更具可预测性。如在牙膏市场上将消费者分为四种：注重防蛀的焦虑型市场、注重洁齿的社交型市场、注重口味和外观的感觉型市场、注重价格的经济型市场。但实际上，利益细分方法只是更关注于“客户为什么购买”这一问题，仍然是一种行为性指标，而且每种追求利益的群体同时都有其特定的人口统计特征和心理特征。如表1－2所示。

表1－2　　哈利关于牙膏市场的细分

利益细分市场	人口统计	行　为	心　理	偏好的品牌
医用(防蛀)	大家庭	大量使用者	疑心病症患者,保守	佳洁士
社会(洁白牙齿)	青少年、年轻人、成年人	抽烟者	高度爱好交际、积极	超级的布赖特
味觉(气味好)	儿童	留兰香味喜欢者	高度自我介入、享乐主义	高露洁
经济(低价)	男人	大量使用者	高度自主,注重价值	降价中的品牌

陈静宇（2003）提出一个包含价值型指标、特征型指标和行为型指标的消费者价值细分模型，即“价值—特征—行为三维市场细分模型”。其中：

（1）价值型指标，采用客户当前价值和潜在价值两个指标，并依据图1－2对消费者进行细分。然后，企业可以确定对不同价值特征的客户进行资源配置的基本策略。

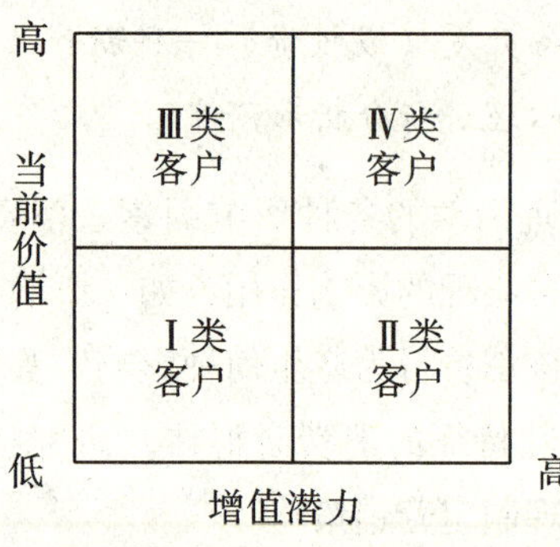

图1－2　客户价值区分矩阵

赵保国（2006）将客户价值和客户忠诚度分为两个维度，并将二者所代表的值看成两个连续区间，从而将客户群体分为如图 1－3 所示的四类：

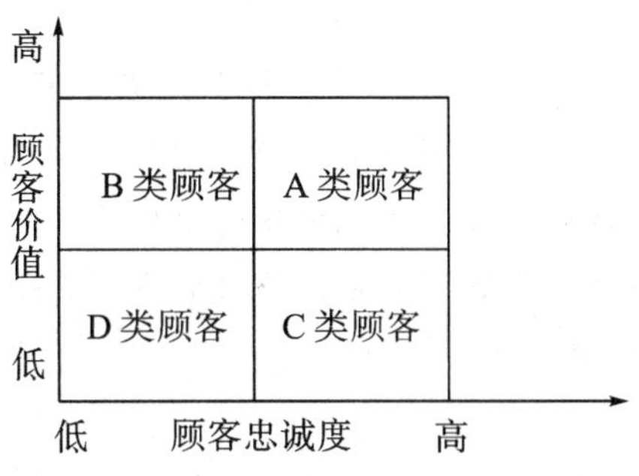

图 1－3　基于忠诚—价值的客户细分模型

（2）特征型指标，是指描述客户类别特征的指标，如传统市场细分模型中的人口统计特征、地理区域因素等指标。在进行了价值细分以后，运用特征型指标可以明确不同价值客户的特征属性，从而对潜在客户进行类别判定并测算市场规模等。

（3）行为型指标，是反映客户消费行为与需求差异的指标，它有助于明确不同价值客户市场的需求特征，从而有针对性地提供定制化的营销策略。

应当看到，互联网的应用正大大地促进着个性化营销的发展，而个性化营销注重的是满足单个消费者与众不同的需求。在许多产品需求日趋饱和的情况下，强调以消费者为中心和个性化营销的 C2B 电子商务模式，对于最大限度满足消费者个性化需求和增加内需就显得尤其重要。同时，现代数据库技术和统计分析方法已能准确地记录并预测每个顾客的具体需求，并为每个顾客提供个性化的服务，由此理论界也提出了市场细分到个人的“超市场细分理论”。但“超市场细分理论”是有条件的，如：目标客户具有较高价值；企业的产品必须具有高附加值；数据库应当是动态更新的。

小资料：“品友互动”的数字广告人群类目体系（Digital Advertising Audience Taxonomy，DAAT）

品友互动是中国最大的 RTB（实时竞价）广告公司和最大的 DSP（广告需求方平台）。品友互动运用人群定向技术对消费者进行人群属性定向。定向技术的一个理念就是，消费者的行为是一个直接、准确地反映消费者需求和属性的指标。品友互动使用基于 Cookie 的人群分析模型，根据每个用户的各种网络行为（浏览、点击、搜索、网购等行为）及相关网上资料，采用人群属性细分标签来还原描述每一个人的属性。

在品友互动的人群数据库中，人群属性细分标签达 5 000 个以上，涵盖地域、人口属性、个人关注和购买倾向四大类。例如，人口属性又可按性别、年龄、职业、月收入、学历、关键人生阶段 6 个维度进一步细分，最多可达 7 层，并在每个标签上标注概率。而它们掌握的 Cookie 数据更是多达数亿个。“有这么多标签，可以清晰界定目标用户属性，也便于广告客户迅速找出自己的目标用户”。

DAAT 可以以树状结构多方位、多层次地揭示人群属性的内在相关性，并根据使用者的需求灵活处理类目间的交叉关系。比如，一个喜欢户外旅游的人，系统可以合理地推断他（她）对于酒店住宿、当地交通、户外用品等商品的兴趣。

资料来源：中国数字广告人群类目体系（DAAT）[EB/OL]. http://www.docin.com/p-1357151966.html.

（3）研究商品因素与消费心理的关系。商品是消费者购买活动的主要目标，商品因素对消费者的心理活动产生着直接的影响。这种影响不仅来自于商品的用途、质量、性能，也来自于商品的设计、命名、商标或牌号、包装、价格以及商品广告等。消费心理学要研究商品的各种因素对消费心理的影响作用以及消费者对商品各个方面的心理要求，探讨如何制定符合消费者心理特点的商品策略和广告策略。

小案例：“空调一年半之内不保修”

在全国空调器市场产大于销的形势下，某品牌空调器公司在厂家“售后保修”的大合唱中独出心裁，唱出了“一年半之内不保修”的“反调”。这是它们针对消费者心理活动而制定的“攻心”策略。谁买空调器都希望舒适省心，买回来如果发现问题，即使保修也会觉得“添堵”，不顺心。而该品牌空调器承诺：如果在使用中出现机器故障，一年半之内随时免费调换整机、免费重新安装。这可免去了用户的心病。消费者吃了“定心丸”，欣然购买，放心使用，从而赢得了许多消费者。

(4) 研究消费心理与市场营销活动的关系。消费者的行为与市场营销活动是相互影响、相互制约的。一方面，市场营销策略，对消费者的行为活动会产生很大的影响；另一方面，消费者的行为特点及心理倾向，也会对市场营销活动产生制约作用。因而，必须针对消费者不同的消费心理特点采取相应的市场营销策略，才会取得良好的效果。在这里，消费心理学主要研究商店的位置、外观设计、营业设施、购物环境设计、商品陈列、柜台服务、营销措施等方面与消费心理的相互关系。

小案例："春节回家·金六福"大型传播行销活动

在春运开始前，金六福就在全国各大中城市的繁华路段、车站、机场、码头、城市广场，开展以"春节回家"为主题的户外广告活动。广告中大红的底色，倒立的"福"字，以及围在酒瓶上的红围巾，无一不在传递着金六福的本土文化特色。"春节回家·金六福"主题推广的传播围绕着"春节回家"的概念，构建了一个全方位的传播网。总之，金六福的"春节回家"传播网让亿万游子在决定回家的那一刻起就无法回避广告的情感诉求，完全被笼罩在金六福的"春节回家"氛围当中。

在零售终端，凡购买金六福的消费者，都配送"春节回家·金六福"的手提袋，起到流动广告的作用。在批发市场、各零售点也都挂上了"春节回家·金六福"的横幅，按统一标准实施金六福的小型堆码。"发短信，赢机票"消费者互动活动也是"春节回家·金六福"主题推广内容之一，同步在全国揭开序幕。活动期间，消费者只要编辑发送短信"春节回家·金六福"就有机会获得千元机票"飞"回家。活动开始后，平均每天收到互动短信万余条。

在金六福"春节回家·金六福"主题推广中，金六福打了两张牌，一张是民俗文化牌，另一张则是平民情感牌，这两张牌不仅观察入微，更深入民心。在金六福的广告中，平静而充满浓郁乡土风情的农村小镇、喜气洋洋的春节气息、村口等待的老父亲、久离家乡的游子……一切的景象都是那么熟悉，令人回味。金六福的民俗情感诉求获得了空前的成功，其核心就在于抓住了人心。

资料来源：张发松. 知人心者得天下——看金六福与可口可乐春节营销［J］. 农产品市场周刊，2006（5）.

思考一下：签名售书的心理作用有哪些？

应当指出的是，人的行为与心理是密切联系的。行为是心理活动的外在表现，行为是在一定的心理活动指导下进行的；而心理是调节、控制行为的内部过程，人的心理又往往通过行为表现出来。心理学就是根据人的行为来推断其内部心理活动或特点；同时，又通过准确地把握人的心理活动，来研究和掌握人的行为。正因为心理与行为的关系如此密切，消费心理学在研究消费活动中消费者的消费行为时，就不能不涉及消费者的各种心理现象及其规律性。根据《现代汉语词典》的解释，“行为”的含义为“受思想支配而表现在外面的活动”。这一定义强调行为是外显的可以观察的活动。但是，从人的行为发生的过程来看，内隐的心理过程与外显的行为过程实际是一个连续的过程，难以明确划分。行为不仅是人们可以直接观察的外显活动，而且包括了情感、态度、思维等虽不能被直接观察但却能够为现代科学间接测量的内隐过程。心理学认为，在任何一次消费活动中，都既包含着消费者的心理活动，又包含着消费者的行为。而消费心理活动是消费行为的基础，在消费行为过程中消费者所有的表情、动作和行为，都是复杂的心理活动的自然流露。因此，消费者的心理活动规律、购买行为的特点及其发展规律都是消费心理学研究的重要内容。

可见，消费心理学与消费者行为学在研究对象与研究内容上是基本一致的，它们都研究消费心理与行为，都注重与营销实际相结合。但消费者行为学更倾向于对整个消费行为过程进行研究；而且，由于消费者行为学是行为科学在营销活动中的应用，行为科学的多学科性使得消费者行为学对于消费行为影响因素的研究更为广泛和深入。

第二节　消费心理学的产生与发展

一、消费心理学产生、发展的历史条件

消费心理学的产生一方面是商品经济产生和发展的客观要求，另一方面也是心理学等相关学科日益扩展和深化的产物。

（一）消费心理学产生、发展的社会背景

消费者心理与行为是客观存在的现象，但人们对消费者心理与行为的重视和研究却是随着商品经济的发展而逐渐加深的。

在小商品生产条件下，由于手工工具和以家庭为单位的小规模劳动的限制，

生产力发展缓慢，可供交换的剩余产品数量十分有限，市场范围极其狭小，小生产者和商人不需要考虑如何扩大商品销路，促进成交，因而客观上没有专门研究消费者心理与行为的需要。

在19世纪末20世纪初，世界上各个主要资本主义国家在经过工业革命以后，劳动生产率大大提高，其社会生产力的增长速度开始超过市场需要的增长速度，市场上商品急剧增多，市场竞争越来越激烈。为了在竞争中站住脚，战胜竞争对手，占领更多的市场，生产厂家和商品营销者需要扩大商品的销路，因而迫切需要研究市场，研究和揣摩消费者的心理及购买行为，探究消费者的需要和愿望，使产品找到畅销的途径，这就为消费心理学的产生和研究创造了极为有利的社会历史条件。随着消费社会的发展，企业的经营观念也越来越关注消费者的心理。从20世纪60年代起，企业的经营观念已从生产取向（production orientation）、推销取向（sale orientation）发展为“以消费者为中心”的营销取向（marketing orientation），市场营销观念的改变也推动了消费心理学的研究。

（二）消费心理学产生的理论条件

一般而论，消费心理学是来源于心理学原理应用于商业实践的结果。1879年，德国心理学家冯特在莱比锡创立了第一个心理学实验室，标志着心理学从哲学中独立出来。之后，心理学领域出现了众多流派，如结构学派、功能学派、行为学派、格式塔学派等。各种学术观点的激烈争论促成了认知理论、学习理论、态度改变理论、个性理论、心理学分析方法等各种理论和方法的创立。正是这些理论和方法为消费心理学的产生奠定了坚实的科学基础。特别是社会心理学领域的开辟和迅速发展，既为消费心理学的产生打下了坚实的理论基础，又为消费心理学的发展提供了有效的科学研究手段。

同时，应用心理学方面开展的研究，特别是工业心理学的研究，推动了消费心理学的产生。20世纪初，西方资本主义工业企业因管理的需要，促进了工业心理学的深入研究。工业心理学发展到相当阶段之后，便开始研究商品的广告宣传及推销等活动中的消费心理问题。

二、消费心理学发展历史简介

人们对于消费心理的关注和某些消费心理的经验描述已有着十分悠久的历史。我国春秋末期的著名自由商人范蠡已从分析消费需要入手，以“计然七策”经营商业；荀子提出的“养人之欲，给人以求”，讲的就是满足人的消费需要。

西方哲人亚里士多德则十分关注人们各种形式的“闲暇”消费以及由此对个体和社会产生的影响。同样，亚当·斯密所信奉的“看不见的手”的经济原理，也是建立在对个体消费者行为的观察和某些假设之上的。但直到19世纪末20世纪初才出现对消费心理的专门研究，而消费心理学发展成一门独立的学科也才只有几十年的历史。消费心理学和心理学一样，是一门“古老而年轻”的学科。

最早从事这方面研究的是美国经济学家威布伦（Veblen），他在1899年出版的《悠闲者阶层的理论》一书中，明确阐述了过度需求中的炫耀心理。美国著名心理学家斯科特（Scott）于1903年出版了《广告理论》一书，这不仅是第一部有关消费心理学的著作，而且也是消费心理学的一个组成部分——广告心理学诞生的标志，还是心理学与工业相结合的第一部著作。自此至20世纪60年代前后，一些学者为建构消费心理学体系付出了艰辛而卓越的劳动。1960年，美国心理学会消费者心理学分会成立，这被人们认为是消费者心理学（或消费者行为学）成为系统的独立的学科的标志。

之后，消费心理学的科学理论体系在不断创新的过程中得到丰富和完善。主要表现在：消费心理学理论由一般表象研究转向深入的理论探讨；逐步重视从宏观经济的高度来研究消费心理；对消费心理由简单的数量关系研究转向对行为因果关系的探讨；消费心理与社会问题的互动性研究；消费心理学的研究逐步引入现代研究方法；消费心理学逐步转向多学科交织、渗透和互补性的研究。除了传统的定性分析以外，还运用统计分析技术、信息技术及动态分析等现代科学的研究成果，建立了精确的消费心理与行为模型，对消费心理现象进行定量分析，从因果关系、动态发展及数量变化上揭示各变量之间的内在联系，从而把消费心理学的研究推向了一个新的阶段，使消费心理学的研究内容更加全面，理论分析更加深入，学科体系也更加完善，消费心理学在实践中也得到了越来越广泛的应用。

20多年来，我国出版了数十种消费者心理行为研究的书籍，行业性消费者心理与行为研究的著作也陆续出现，但是，多数著作存在所谓的“两张皮”现象，即：普通心理学+行业知识，具有中国特色的消费心理学研究成果并不多，在许多领域都存在着空白。

第二章 消费者的一般心理过程

消费者的购买行为是受其内在的心理活动支配的。心理学将人的心理现象概括为心理过程和个性心理两个部分。消费者的心理活动过程是指支配消费者购买行为的心理活动的整个过程，它包括认识过程、情感过程、意志过程三个方面。尽管由于个性心理差异的缘故，消费者的心理活动过程千差万别，但也存在着一般性的心理活动规律，而这正是本章所要讨论的问题。

第一节 消费者心理活动的认识过程

消费者购买商品的心理活动一般是从认识过程开始的。这个过程主要是通过感觉、知觉、记忆、想象、思维等心理活动来完成的。它是对外界事物的属性、品质及其相互关系的反映过程。因而，认识过程是消费者购买行为的基础和前提。同对其他事物的认识过程一样，消费者对商品的认识过程也是一个由浅入深、由表及里、从感性到理性的发展过程。

一、消费者的感觉

（一）感觉概述

人的感觉是对直接作用于感觉器官的客观事物的个别属性的反映。而且，每种感官只对特定的适宜刺激产生反应，比如人的耳朵内的内耳柯蒂氏器上的毛细胞只对16~20 000赫兹的声波产生反应，从而引起听觉。感觉对商品属性的反映是个别、孤立和表面的，主要获得商品的形状、大小、颜色、声音、味道、气味、软硬、粗细、冷热等不同属性的认识。

俗话说：“眼见为实，耳听为虚。”消费者对直接通过感官获得的第一手材料往往有较强的信任感，感觉有时可以直接决定其对商品优劣好坏的判断。同时，感觉也能直接刺激消费者的情感活动和购买欲望，漂亮的色彩、美妙的音响、诱人的香味、轻柔的抚摸都可以使人感到舒适和愉悦，使消费者体会到商品的使用价值。

1. 视觉刺激

企业在产品、品牌、包装、广告、店面设计、商品的陈列和展示等方面都必须重视视觉因素的处理。在各种视觉因素中，色彩往往具有特别的应用价值。因为色彩具有丰富的文化含义和象征价值。颜色的选择必须与产品的性质和定位保持一致。例如，如果将一种治疗癌症的口服药（片剂、胶囊或口服液）及其包装做成红色，恐怕就不太合适。又如，某地的果农，用科学手段使苹果在生长过程中着上鲜艳的红色，结果价钱和销路都十分看好。

小资料：色彩的吸引力

虽然色彩是依附于各种形体的，但是色彩比形体对人更具有吸引力。色彩在视觉表现中是最敏感的因素，具有先声夺人的艺术魅力。有关的试验表明：人们所获信息的80%是从视觉得来的，但人们在看物体时，最初的20秒内色彩感觉占80%，而形体感觉占20%；两分钟后色彩占60%，形体占40%；5分钟后各占一半，并且这种状态将继续保持。可见，色彩给人的影响是多么迅速、深刻、持久。

同时，色彩也是商店最经济、最有效、最方便的装饰手段之一。因此，巧妙地利用色彩的心理效应，合理地对店堂的颜色进行调配，可以十分经济而有效地促进消费者的积极情绪，并提高商店的装饰效果。例如，肯德基、麦当劳这样的快餐店的装修多为高明度、高纯度的颜色，如红色、黄色。这种热烈的颜色容易给人明快、兴奋的感觉，容易将消费者吸引到快餐店中，并激起人们的食欲。同时，这些醒目的颜色也比较容易使人产生急切、躁动的情绪，不适于人们久留。作为快餐店，它需要消费者周转快，以带来更多的销售额。相反，茶楼的装修多采用深棕色、米色等中低纯度或中低明度的颜色，这样的色彩会使人觉得朴素、沉静，包括茶楼的灯光也多用温暖柔和的橙黄色，令人觉得温馨。茶楼的消费者大多是几个亲朋好友聚在一起，喝茶、聊天、打牌，他们享受的是一种休闲舒适的感觉。茶楼装修采用古朴的颜色，能减少消费者急切躁动情绪的产生，使消费者能较长时间地待在那里。茶楼的环境越让消费者满意，就越能增加消费者的满意度，吸引消费者下次光临。

但消费者对色彩的喜好也存在个体差异。小米手机、汽车 E 购等在新产品上市时，都曾通过网上预购了解消费者对商品颜色的选择比例，从而对各颜色产品的生产进行合理计划。

小案例：颜色与手机选择

近些年，随着人们个性主张日趋外显，手机随之发生巨大变化，从最早“黑砖头”似的“大哥大”，转变成颜色丰富绚丽的玲珑“手饰”。尤其在目前手机市场同质化和功能趋同化的大趋势下，消费者在手机的消费上会越来越关注手机外观，而颜色是其中最重要的因素。

零点前进策略最近的一次研究发现，性别差异对于手机颜色的选择影响很大。对于女性消费者而言，红色是一种女性颜色，它既满足了女性对红色的偏爱也迎合了她们对手机颜色的期望；蓝、白色是成为继红色之后的次优选择；而黑色用在手机上，女性的接受度就相对较低；对于黄、紫、棕、灰等颜色，女性对它们的喜爱程度本就偏低，因此她们对这些颜色的手机也不是特别期待，这些颜色目前不会成为女性消费者选择手机的主流颜色。

在对手机颜色的选择上，男性消费者有着与女性消费者不同的颜色观。黑色和蓝色成为男性最认同的手机颜色，男性认为黑色和蓝色既符合自己的颜色价值观，又最适合成为手机包装颜色；其他颜色如棕、紫、黄、灰等因为男性平时就少有关注，故被认为不适合手机的颜色而被打入冷宫。

资料来源：佚名. 产品工艺设计重要元素——色彩流行特点研究报告［EB/OL］. 前进策略与零点指标数据网，2004－10－30.

2. 听觉刺激

音乐和声音对于企业来说也很重要。消费者对音乐的喜爱本身就创造了一个巨大的市场，CD 机、MP3 等曾在全球年轻人中掀起消费热潮就是明证。传统的制造业和零售业也在运用音乐进行产品和服务的促销，如在广告中利用音乐增加广告的吸引力并激发观众积极的情感反应；在零售店利用背景音乐为顾客营造更好的购物气氛；在酒店以背景音乐或现场钢琴演奏给顾客一种浪漫、温馨的感觉等。

但是，选择什么样的音乐对消费者的购买活动却有着不同的影响。有人做过实验，当商场播放节奏快、刺激性强的乐曲时，顾客的脚步也随之加快，同时在挑选商品时表现出耐心不足，尤其是可买可不买的商品宁可不买，匆忙购物并快速离开。多次试验证明，播放快节奏音乐比无音乐时，销售量不但不会增加，有时反而会下降。但若商场播放的是慢节奏音乐，顾客行走速度也随之放慢，在货架之前停留的时间延长，冲动购买行为增多，结果是商场当日销量增加38%。一般来说，在商场最重要的返券打折时段，播放的都是节奏感非常强的音乐，而在周一到周五的上午，可以播放比较舒缓的音乐，因为这个时间段的客流量比较少。

对音乐曲目的选择，还应与商店的主营商品的特点、购物环境的特点以及主要消费者的喜好相适应。例如，如果商店销售的商品具有民族特色或地方特色，可以选择一些民族音乐；如果购物环境的现代气氛较浓，可以播放一些现代轻音乐；购物环境的档次高，可以播放爵士乐一类的音乐；商品的艺术色彩较浓，可以播放一些带有古典风格的音乐；以青年消费者为主要对象的购物环境，可以播放一些流行音乐等。但是，流行歌曲一般不宜过多选用，因为流行歌曲虽然能提高消费者情绪的积极性，但也容易使消费者的注意力转移到歌曲上面，而对商品却无暇顾及了。因此，要尽量选择播放轻松柔和、优美悠扬的乐曲，使音响成为消费者购买现场的背景音乐，不要让音响成为消费者注意的对象，同时，切忌音量过大。

3. 嗅觉刺激

嗅觉是由物体发散于空气中的物质微粒作用于鼻腔上的感受细胞而引起的，其刺激物必须是气体物质。气味对化妆品和食物有特殊的重要性。在一项研究中，两种不同的香味被加入到同一种面巾纸上，消费者感知其中一种是上等的和昂贵的，而另一种被认为是在厨房中使用的。

商店内空气清新、芳香扑鼻，也是吸引消费者光临，使消费者产生和保持愉悦的购买情绪的重要方面。一项研究发现，有香味的环境会产生再次造访该店的愿望，会提高对某些商品的购买意愿并减少费时购买的感觉。有的商家发明了“商品气味推销法”，它们仿造了许多种天然气味，将这些气味加在各种商品上，通过刺激消费者的感官来促进销售。例如，伦敦一家超级市场，通过释放一种人造的草莓清香味，把消费者吸引到食品部，结果很快连橱窗里的草莓也被抢购一空；一些面包房通过鼓风机将烤面包的香味吹出去，以激发过往行人的购买欲望，因为食物的香味会刺激人体各种消化酶的分泌，消费者即使不饿，也会在不知不觉中增加食品的购买量；许多人买车时特别喜欢那股“新车的味道”，其实那可能是汽车制造商专门在汽车后部安置的一个短期香气散发装置的结果。

但是对香味的偏好是非常个人化的，对某人是令人愉悦的香味对其他一些人也许就变得令人厌恶，所以应确保使用的气味不致令目标顾客反感。再有，一些购物者不喜欢空气中有人工添加剂的味道，而另一些人则担心过敏，因此不应使人工香剂的味道过于浓烈。例如，一家有着“刺鼻”香味的商店，反而令一些顾客恼火，甚至起到了负面宣传的作用。跨文化的影响因素也不应忽视，香水在日本的社会角色始终没有确立起来，因为拥挤和狭小的生活空间里，日本消费者重视清洁并且从未感觉到需要使用香水来掩盖自己的身体气味。事实上，许多日本人认为香水侵犯了他人的独处权力。

4. 触觉刺激

虽然男女之间的肌肤接触会使人产生“触电”的感觉，但有关触觉刺激对消费者行为影响的研究却很少。实际上，在消费实践活动中，触觉往往有着奇特的作用，不少消费者在购买商品时，总喜欢用手摸一摸，以自己的手感来判断商品质地和质量的好坏，并由此形成亲切感和拥有欲。例如，在购买布料、服装、沙发、床等产品时，很少有消费者在未获得一定的触觉信息前就作出购买决定的。营销者已经发现可以通过触觉刺激来增加产品的销售。举例来说，在一次试验中，与侍者有一定身体接触的顾客所付小费要多一些。

5. 味觉刺激

味觉感官帮助我们形成对许多事物的感觉。消费者对有些产品，如包装食品、饭菜、酒水等的品质主要就是通过味觉系统进行感觉和评价的。许多酒的生产厂家和食品厂家都聘请具有特殊味觉能力的专业品尝师或消费者对新开发的产品进行测试，以发现产品的特色和不足。

在出售散装或小件商品（尤其是水果或糕点）时，可以采取“先尝后买”即试吃的促销手段，尤其是刚上市的“新面孔”食品。因为一些食品由于采取不透明包装，消费者无法了解里面的食品，更不知道好不好吃，而试吃可以解决消费者的疑虑。以“试吃”推销新食品，业绩往往可以增加若干倍，并能马上得知产品被接受的程度。试吃促销还有一个潜在的心理效果：某些消费者是因为害怕旁人觉得自己贪小便宜而“白吃”“贪吃”，出于维护自我形象的心理而产生购买行为，尽管其实并没有人对他的行为感兴趣。

事实上，味觉并不是独立的，它常常与其他感觉相互影响。比如，吃东西的时候，经常是既有味道刺激舌头，又有气味刺激鼻孔，更有颜色刺激眼睛，即所谓的“色、香、味俱全”。可见，口味只是产品的属性之一。很多蒙眼测试的结果都发现，在隐藏品牌的状况下，产品并没有太大的差异；而当揭露品牌时，消费者却明显受到品牌偏好的影响。

小案例：味觉偏好在品牌忠诚度中的作用

味觉是极为主观的东西，因而人们通常不会做对食品喜好程度的测试。但因为两大可乐公司——可口可乐与百事可乐的销售是如此的具有攻击性，所以有人曾进行了一项味觉测试，它会挑战那些自称是可口可乐或是百事可乐的拥护者的人：蒙眼尝味来发现你喜爱的品牌。

该实验请来了一批志愿者，这些志愿者对传统可口可乐、百事可乐、低糖可口可乐与低糖百事可乐四者中的一种十分喜爱。他们都认为自己可以毫不费力地把自己喜爱的牌子与其他牌子区分开来。

该实验首先确定了19名普通可乐饮用者与27名低糖可乐饮用者，然后给他们喝4种不知种类的可乐样品，最后请他们说出哪种样品是可口可乐或是百事可乐。结果，19个普通可乐饮用者中只有7个正确地在全部四个测试样品中区分出了自己喜爱的品牌。低糖可乐饮用者做得更糟，27个人中只有7个人把全部四个都判断对了。但两组的结果都比随机猜测的正确率要高。

总体来说，口味偏好测试的结果表明，只有很少的百事可乐爱好者与可口可乐爱好者真的能由口味判断出他们喜爱的品牌。

资料来源：李付庆. 消费者行为学［M］. 2版. 北京：清华大学出版社，2015.

总之，有关消费者视觉、听觉、嗅觉、触觉和味觉反应的研究均可以为营销者提供有价值的信息。但是，孤立地看待消费者的某种感觉反应，就有可能导致错误的判断和决策。可口可乐改变配方的失败就是一个著名的教训，因为它仅仅考虑了消费者在蒙眼测试中对新配方口味的积极评价和反应。

（二）消费者感觉活动的规律

（1）感受性：感受性是指对适宜刺激的强度及其变化的感受能力。感受性可分为绝对感受性和差别感受性。感受性是用感觉阈限的大小来度量的，感受性与感觉阈限的大小成反比关系。

外界刺激必须有一定的强度，才能引起人们的感觉。那种刚刚能引起感觉的最小刺激量，叫作感觉的绝对阈限，或称感觉的下限，它反映着绝对感受性的强弱。比如，多数人听觉的绝对阈限是0分贝，听力稍差的人则可能要几分贝才能听到。美国有人声称，能在听觉、视觉或其他感觉阈限值之下产生所谓“阈下知觉”“阈下广告”，这种说法是不可信的，实际上可能是无意注意或联想等其他心理机制在起作用，或者是与所谓“植入式广告”相混淆。

在一般情况下，刺激强度越大，感觉就越明显。但从对消费者的心理影响上看，一般而言，中等强度的刺激往往易给人以舒适感。如果刺激强度超过一定的限度，感觉就不再增大，还会产生痛感等不良感觉，这个限度就是感觉的上限，如听觉的上限是140分贝。所以，在经营活动中，要在感觉阈限的范围内，运用多种手段适度地增强对消费者的刺激强度，以使之产生清楚明了的感觉认识。

在刺激物引起感觉之后，如果刺激的强度发生了变化，主观感觉并不一定会起变化。如果刺激量的变化过小，就会使人觉察不出什么变化。那种刚刚能引起差别感觉的最小刺激量，就是感觉的差别阈限，也叫最小感觉差。1830年，德国生理学家韦伯在重量感觉中发现，原刺激物的强度越大，则感觉的差别阈限就越高。例如，单价10万元的轿车，价格下调500元，往往不为消费者所注意，而一升汽油的价格上调0.50元，消费者就会感觉到价格涨了很多。用公式表示为：$\triangle I/I=K$，其中I是原刺激量，$\triangle I$为此时的差别阈限，K是常数。这就是著名的韦伯定律，常数K又称韦伯比。在中等强度范围内，韦伯比在重量感觉中是0.03，在视觉感觉中是0.01，在听觉感觉中是0.1，在味觉感觉和嗅觉感觉中是0.25。

这种最小差别感觉原理也广泛运用于产品的质量、分量、造型、价格、包装、广告的设计中。如果一个商品与同类商品在某方面相差过小的话，这种差异就难以被人感知。例如，美国一家食品商生产的巧克力条，其重量在23年内减少了14次，但就是因为每次变动比例较小，而完全没有引起消费者的注意。又如，某品牌牙膏在消费者不能觉察的情况下，通过扩大牙膏口一毫米，无形中增加了消费者的使用量，从而带来销售的提升。总而言之，应用差别感觉阈限有两个不同的原因：一是对自己有利的改变，应尽量引起消费者的感觉而不需太大的成本，如改进包装或降低价格时恰好就在差别阈限以上。因为小于差别阈限值的改进不会被察觉，而超过差别阈限太多就是浪费。二是尽量不要引起消费者注意对自己不利的因素。当然，要达到这样的目的需要精心的调查与测算。

在实际工作中，可以采用实验法来了解消费者对商品性质变化的反应。如某公司为了检验其生产的小食品中食用油使用量的减少对消费者口味评价的影响，它分别将食用油的使用量减少1/6、1/3、1/2，依此类推，按照不同的配方进行了分组实验。研究人员在选择被试者时要求每一组被试者的特征都相同，以确保消费者的评价反应只与食用油的使用量有关，而与其他外部因素（如被试者的年龄、零食的消费量等）无关。实验结果表明，在其生产的小食品中减少1/3的食用油使用量，并不会降低消费者对其口味的评价反应。一旦超出这一水平，消费者对其口味的评价就会急剧下降。

小案例：辛先生的甜甜圈与最小可觉差

辛先生在印度南德里一家培训学院附近开了一个名叫“学院”的咖啡屋。辛先生的主要客源是培训学院的学员，他们会在中午的时候光顾辛先生的小店，而甜甜圈则是最受学员们欢迎的产品。

由于在消费者中已经建立起了物美价廉的声望，学院咖啡屋就需要珍惜和维护本店的形象。然而每当面粉、食用油、牛奶、水、电、煤气等成本上涨时，这种声望就会面临考验；而且每当成本上涨时，与辛先生竞争的其他速食店就会马上提高价格，并告知消费者涨价的原因是由于原材料的成本增加了。

然而，辛先生却敏锐地了解到消费者的感知，很少涨价，从而使他的生意更加兴旺。消费者有一种感知，即认为学院咖啡屋是普通人的聚集地，他们高度欣赏辛先生很少涨价的做法。

事实上，消费者对价格非常敏感。辛先生知道即使价格发生很小的变化，消费者也会马上注意到。价格的最小可觉差是非常小的。因此，将价格维持在一个水平上的做法会很容易被注意到并会得到认可。此外，每份食物的分量却有足够大的最小可觉差。

根据这种情况，辛先生制定了应对成本上升的策略。首先，他尽可能地减少涨价的次数；其次，减少成本。他的策略是：

＊ 永远不做第一个涨价的人；

＊ 每次在同一张菜单中涨价的条目决不超过3个；

＊ 首先，通过减少食物的分量来减少成本，这种减少一定是控制在最小可

觉差之内的。在辛先生的消费者中流传的说法是辛先生从来不减少甜甜圈的大小，事实上，他只是增大了甜甜圈中的洞而已。其次，只有在不可避免的情况下才涨价。涨价的同时恢复产品原有的分量和质量，让消费者感觉到产品的价值也有很大的提高。最后，由于学院的培训周期基本上是一年，在每年夏天来临时，学院咖啡屋的生意也会随着暑假开始而暂时中断。开学时，学院又会迎来新的一批学员，而重开咖啡屋时，辛先生会尽可能地提高价格。

资料来源：消费者行为学［EB/OL］. http://www.docin.com/p-936274550.html.

（2）适应：指感受器在同一刺激物的持续作用下而发生感受性变化的现象。除痛觉外，其他感觉都有适应的现象。比如，消费者反复挑选而嗅闻香水时，对香味的感觉就会越来越不敏感，因为其感官因适应而发生了感受性降低，这也就是“入芝兰之室，久而不闻其香；入鲍鱼之肆，久而不闻其臭”的道理。所以，当有美女从身边走过时，人们常能闻到其身上散发出令人回味的香水味，但美女本人却未必有如此强烈的感觉，因为她已适应了。

感觉的适应既与生理因素有关，也与心理因素有关。比如，穿上刚买的新鞋子，不少人觉得鞋不大合脚，但穿了几天就觉得舒服了；对新颖的商品或营销服务方式，不少人由于有强烈的好奇心或新鲜感，对其特点的感觉就较敏锐，但时间一长，感觉就会麻木而变得熟视无睹了。

（3）对比：指两种不同刺激物作用于同一感官而发生感受性变化的现象。由于两种不同刺激物有同时和先后作用于同一感觉器官的情况，所以又分为同时对比和继时对比。比如，同样一块灰色布料，与白布放在一起看起来比与黑布放在一起更暗些；而放在红布的背景下，可获得绿色的色调；放在绿布的背景下，可获得红色的色调，即向背景色的补色方向变化，这些都是同时对比的情况。如果消费者吃了糖再去尝柑橘，就会觉得柑橘不那么甜，而且较酸；凝视了红布，再去看白布，白布就显得带有绿色，这是继时对比的情况。

英国一家商场出售红、黄、蓝、绿、白等颜色的家用海绵，彩色海绵的销势很好，白色海绵的销量极少。营业人员把滞销的白色海绵拿下柜台后，其他颜色的海绵销量都开始减少。销售人员试着把白色海绵重新摆上柜台，结果白色海绵销量仍然极少，而其他海绵的销售量却又逐渐回升。白色海绵销售力很差，却能起到对比陪衬的作用，促进其他颜色海绵的销售。所以，对比原理可应用于商品陈列，在摆放华丽的色彩时，要间隔无色的商品。

（4）联觉：即某一感官的感受性，会因其他感官受到刺激而发生感受性的变化。比如，红、橙、黄色常使人感到温暖，而青、蓝、紫色常使人感到凉爽，这是视觉对肤觉感受性的作用。因而，夏季的冷饮店、冬季的火锅店的色彩布置就应当选用有不同心理感觉的颜色。又如，色彩具有轻重感，房顶的颜色一般来说要比地板的颜色浅、轻，不然会给人头重脚轻的感觉，令人觉得压抑。

小案例：用什么颜色的杯子盛咖啡？

日本三叶咖啡店的老板发现不同颜色会使人产生不同的感觉，但选用什么颜色的咖啡杯最好呢？于是他做了一个有趣的实验：邀请了30多人，每人各喝4杯浓度相同的咖啡，但4个咖啡杯分别是红色、咖啡色、黄色和青色的。最后他得出结论：几乎所有的人都认为红色杯子里的咖啡调得太浓了；约有2/3的人认为咖啡色杯子的咖啡太浓；黄色杯子里的咖啡浓度正好；而青色杯子里的咖啡太淡了。从此以后，三叶咖啡店一律使用红色杯子盛咖啡，既节约了成本，又使顾客对咖啡质量和口味感到满意。

资料来源：佚名. 利用颜色对比错觉提高效益［EB/OL］. http://cy. qudao. com/news/100028. shtml.

随着网络技术的不断进步与发展，文字、图片、声音、影像等信息符号已经可以在网络环境下进行整合，使虚拟环境更加逼真，但目前的多数电子商务企业只能为消费者提供视觉和听觉线索，而很难提供触觉、嗅觉和味觉线索。而触觉又是购买服装、化妆品、器械等体验型商品时所要评估的重要感官指标，可以利用联觉现象来激发消费者的触觉感知。首先，可以通过视觉来引发温度或轻重感觉。如果某化妆品的卖点是轻薄透气，商品背景应采用浅色来激发消费者“轻、薄”的触觉感知；而当卖点是浓稠、营养丰富时，商品背景应采用深色来激发消费者“浓、重”的触觉感知。其次，可以通过改变商品文字说明的位置来影响消费者的触觉感知。研究表明，文字呈现在商品上方比呈现在商品下方，更容易让消费者产生“轻”的感觉。因此，羊绒衫的文字说明可以放在图片上方以激发消费者“轻”的触觉感知，而钻石戒指的文字说明可以放在图片下方以激发消费者“重”的触觉感知。最后，可以通过商品尺寸来影响消费者的触觉感知。例如，如果要激发消费者“重”的触觉感知，可以将商品的外观设计成“矮、胖”型；相反，如果要激发消费者“轻”的感觉，可以将商品外观设计成

"高、瘦"型。

同样，听觉和触觉也存在交互与整合的联觉现象。首先，声音可以改变消费者对商品质地粗糙程度的感知（Zampini，2005）。例如，声音越大越刺耳，消费者越感到商品粗糙；相反，声音越小越轻柔，消费者越感到商品细腻顺滑。其次，声音可以影响消费者对商品坚硬程度的触觉感知（Guest，2002），声音越清脆，消费者越感到商品的硬度低。最后，声音可以影响消费者对商品重量的感知，轻快的声音往往会降低消费者感知的商品重量。

此外，卖香水的网站不能让消费者品闻，卖食物的网站不能让消费者品尝，如何通过消费者的视觉和听觉来影响其嗅觉和味觉呢？克拉德斯达（Clydesdale，2004）认为，红色会增加消费者对食物甜度的感知，而颜色的缺失会影响消费者对食物气味的感知，并影响其最终的满意度和购买意愿。消费者习惯把无色同无味联系在一起，泽尼尔和怀特（Zellner and Whitten，1999）研究发现，无论颜色和食物是否匹配，食物颜色越深，消费者对气味的感知越强烈。为了验证视觉对消费者嗅觉感知的影响，Sakai 等人（2005）让被试完成嗅觉感知任务。结果表明，当气味和与之相匹配的食物图片同时呈现时，被试对气味的感知要强于气味和图片不匹配的情况。同样，听觉也会影响消费者的嗅觉和味觉。轻快的声音往往和清淡的味道、食物相联系，而凝重的音乐往往和浓烈的味道、食物相联系。因此，电子商务企业在销售与嗅觉和味觉相关的商品时，要注意商品展示背景色和音乐对消费者感官的影响作用。

二、消费者的知觉

（一）知觉概述

知觉是人脑对直接作用于感觉器官的客观事物的整体反映。知觉和感觉都是当前事物在大脑中的反映，是感性认识阶段的两个环节。二者的区别在于，知觉是对事物各种外部属性及其相互关系的综合的、整体的反映，因而通过知觉，我们能知道所反映事物的意义或将之确定为某一对象；而感觉只是对孤立的个别属性的反映，可见，知觉比感觉更为复杂和深入。显然，感觉是知觉的基础和前提。知觉综合各个感觉器官所得来的感觉信息，以此来对事物的外部属性进行整体的认识。没有对商品个别属性的感觉，就没有对该商品的知觉。感觉到的个别属性越丰富，对商品的知觉就越完整、越全面。但是，知觉并不是感觉的简单相加，知觉在很大程度上还受制于人的知识、经验、个性心理等主观因素。同样的现象，不同的人就可能会产生不同的知觉。比如，品酒专家能通过品尝来确定无标签酒的牌子，而普通人却不能，尽管他们受到的感觉刺激是一样的。

应当注意的是，商品的个别属性与整体是不可分割的，因而，消费者在感觉到商品的某一特征时，同时也就反映了商品的整体。在实际生活中，感觉与知觉以及其他心理活动都是紧密结合在一起的，单纯的感觉是极少的。所以，感觉与知觉也通常被合称为感知。

（二）消费者知觉的特性

（1）选择性：在知觉过程中，最重要的是了解知觉的选择性，它解释了为什么不同顾客对同一外部刺激会有不同的反应。知觉的选择性发生在人脑对感觉信息进行加工的过程中，一是注意的选择性，即人们倾向于注意那些与其当时需要有关的、与众不同或反复出现的刺激物；二是解释的选择性，即人们倾向于根据自己以往的经验或成见对信息进行解释；三是记忆的选择性，即人们倾向于记住那些证实了他的态度、信念或正是他所需要的信息，而忘掉其他信息。正是这三种选择性使人们的知觉过程表现出明显的主观性——因为每个人已有的知识、态度、动机、愿望和个性不同，使他们对同样的外界刺激，经过知觉过程的加工筛选，会得出不同的整体印象。

（2）整体性：知觉是对商品各方面属性的整体的反映。比如，一件衣服在消费者的知觉中，就包括了色彩、款式、大小、手感、商标、价格等特点的整体印象。有时，在装饰豪华的商店内，商人将只值二三百元的衣物标价上千元出售。由于豪华的商店环境的烘托，易使顾客产生此衣物的确不凡的错觉而花冤枉钱。

知觉的整体性还表现在对于曾经知觉过的对象的记忆，即使以后只有对象的个别属性或零碎不全的属性发生作用，根据过去的知识经验，也能产生完整的印象。例如，消费者只是看到冰淇淋，不需要去品尝，就可以通过以前的知识经验，知道它是冰冷的、甜的以及其他特性，从而产生对其整体形象的知觉。广告宣传、商品介绍都可以使知觉的整体性更为丰富。

（3）理解性：人们在知觉时，会借助于已有的知识经验或原有的印象对当前事物进行理解，从而使人们在知觉事物时能够更迅速、细致和全面。具有不同知识经验的人，对同一事物的知觉存在差异。一般而言，对知觉对象理解愈深，则知觉愈好。比如，对于音响器材，经验丰富的消费者，很容易找出它在音质、功能上的优缺点；而经验较少的人，就难以发现其好坏。当然，根据原有认识或印象理解当前事物时，也可能导致知觉错误，如偏见、成见、第一印象、近因效应、无关线索、定型作用、晕轮效应的影响。

言语的指导作用能使对知觉对象的理解更迅速、更完整。因此，销售人员必须对自己所销售的商品具有丰富的知识，才可能利用言语指导消费者对商品进行理解，从而使他们对商品产生较细致而全面的知觉。

小案例：切糕的启示

有一家糕摊，店老板在卖糕时，往往会故意少切一点儿，过秤后见分量不足，切一点添上。再称一下，还是分量不足，又切下一点儿添上，最终使秤杆尾巴翘得高高的。顾客看见这一切一添三过秤，就会感到确实量足秤实，心中也踏实，对卖糕人很信任。如果卖糕人不这样做，而是切一大块上秤，再一下二下往下切，直到称足你所要的分量时，你的感觉就会大不一样，眼见被一再切小的糕，有的人总感觉会不会少了分量。这种心理感受是外界事物刺激所造成的。而聪明的卖糕人正是巧妙地运用了顾客这种极其微妙的心理变化，并实实在在做到了童叟无欺，使糕摊地利、人和而生意红火。

资料来源：佚名. 错觉营销赢得正确收益［J］. 黄鹤楼周刊，2009（152）.

（4）恒常性：由于知识经验的参与，知觉印象往往并不随知觉条件的变化而变化，而表现出相对的稳定性，这就是知觉的恒常性。在视知觉中，知觉的恒常性表现得特别明显。比如同一商品，由于距离远近不同，投射在视网膜上的大小可以相差很大；在不同的光线下，反射光的波长或亮度也不一样，但消费者仍能按其实际情况进行知觉。所以，知觉对象的大小、形状、亮度、颜色等特性的主观印象与对象本身的关系往往并不完全服从物理学的规律，也不受知觉与观察条件的影响，而是在经验的影响下保持一定的不变性或恒常性。正如俗话所说："看其所知，不看其所见。"知觉的恒常性对于人们在不同情况下始终按事物的真实面貌反映事物，从而有效地适应环境是十分重要的。

另外，消费者在知觉客观事物时，由于受背景的干扰或某些心理原因的影响，也可能发生知觉失真的现象，这种不正确的知觉就是错觉。商业活动中的广告、包装、橱窗、商品陈列设计等方面，可以适当利用消费者的错觉，进行巧妙地处理，以收到好的心理效果。比如，霓虹灯广告的一明一暗，可以产生图像运动的错觉，从而吸引人们的注意；利用空间错觉，在水果柜台四周加上镜子，可产生果品丰盛的视觉效果；利用面积错觉，可以使包装容器在容积不变的情况下显得更大一些；利用形体错觉，让矮胖者穿上竖条纹或有收缩感的深色衣服，会显得苗条些，而让瘦长者穿上横条纹或有扩张感的亮色衣服，会显得丰满一些等。

三、消费者的注意

人们获取的信息的途径很多，归结起来，不外乎两种途径，一种是通过直接的第一手经验获得；另一种是通过间接的第二手经验获得。然而，人们处理信息的能力却是有限的。具体地讲，人们只能同时注意并思考7 个单位（加减2 个单位）的信息。对于太多的信息，人们很容易感到超载。事实上，一旦同时面对的信息超过9 个单位，注意系统就会负载过重，某些信息将被过滤和忽略掉。

CTR 市场研究公司曾对中国电视观众的广告观看态度与行为进行过调查(2006)，说明很多消费者看到电视广告时，习惯用电视遥控器快速切换频道以回避广告信息。即该广告信息能够有效传达到消费者，但是很多消费者还是没有“注意到”。造成这种视而不见现象的根本原因是消费者对广告内容缺乏兴趣。如图 2 - 1 所示。

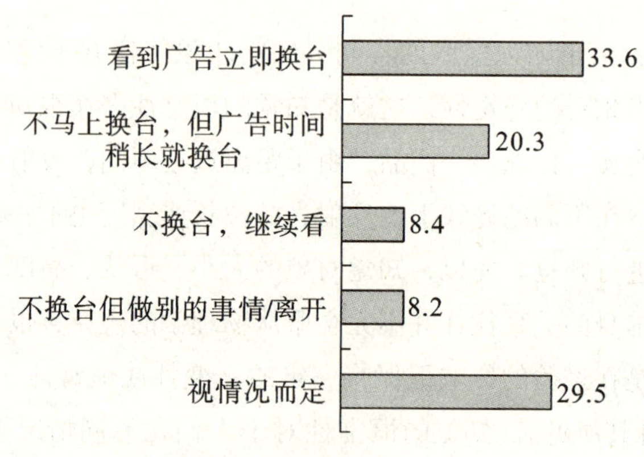

图 2 - 1　电视观众对广告的态度

（一）注意及其作用

注意是心理活动对一定对象的指向和集中。指向是指每一瞬间心理活动有选择地朝向一定事物而离开其余事物；集中是指心理活动反映事物达到一定清晰和完善的程度。消费者的注意就是消费者心理活动对一定消费对象的指向和集中。

消费者的注意还使消费者的心理活动处于积极状态并且有方向性。当人们专心注意于一种商品并思考是否购买时，其思维便处于积极状态，通过分析、综合、比较等过程，积极地对购买中的各项问题进行思考，并设法解决。

可以说，注意是一切心理活动和心理过程的前提。也正因为如此，营销人员在推销自己的商品时，首要的工作就是要设法引起消费者的注意。

（二）注意的种类

根据消费者对消费对象的关注是否有无目的性和意志努力程度的不同，可以把注意分为无意注意、有意注意两种。

1. 无意注意

无意注意是消费者事先没有预定目的，也不需要作意志努力的注意。其表现是消费者在某些刺激物的影响下，不由自主地把感受器官朝向刺激物，试图弄清这个刺激物的意义与作用。如人们下班骑车回家时，大街上突然出现的叫卖声往往会使人停下来看个究竟。

2. 有意注意

有意注意指消费者有预定目的的、必要时还需要作一定意志努力的注意。有意注意是一种主动的、服从一定活动任务的注意，它受消费者自觉意识的调节。

在消费者的注意中，有意注意占有很大比重，无意注意也可以转化为有意注意。消费者的消费活动（尤其是购买活动）常常是有了消费需求或产生了消费动机之后，才会有目的有计划地前去购买。并且在寻找或购买商品的过程当中，还常常运用意志力来加强注意的力度。因此，有意注意对消费心理有较大的影响。

（三）引起消费者的无意注意

引起无意注意的原因来自两个方面：刺激物的特点和人的内部状态，同时这两方面的原因也是有密切联系的。

1. 刺激物的特点

（1）刺激物的强度。例如，强烈的光线、巨大的声响、浓郁的气味，都会引起我们不由自主的注意。刺激物的强度越大，越易引起注意。例如，形状大的刺激物比形状小的刺激物更容易引起人们的注意，所以在宣传、介绍新产品时，应尽可能刊登大幅广告（见图 2 -2）。

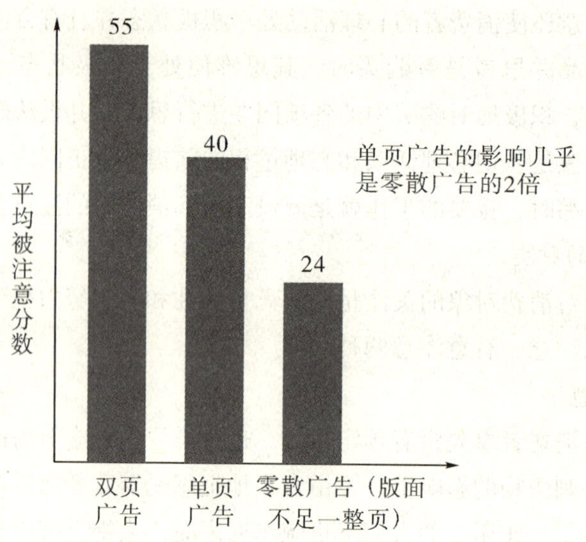

图2－2　广告版面大小与广告阅读率之间的关系

又如某大百货公司新进了一批高级刻花玻璃酒杯，尽管它造型优美，质量上乘，但上柜之后却很少有人问津，每天仅销2～3套。有位营业员想了个办法，把酒杯在橱窗里摆开，并在每个杯子里斟上红色的液体，这么一来，把晶莹剔透的刻花、高雅动人的造型衬托得清清楚楚，使人见了格外喜欢，购买愿望油然而生。结果，销售量一下子升到每天30～40套。这实际上起到了增强刺激物的强度的效果，从而吸引了消费者的注意。

（2）刺激物之间的对比关系。刺激物之间的强度、形状、大小、颜色或持续时间等方面的差别特别显著、特别突出，就容易引起人们的注意。例如，在大的空间或空白的中央，放置或描绘所展示的对象，就容易引起人们的注意。

（3）刺激物的活动和变化。活动的刺激物、变化的刺激物比不活动、无变化的刺激物更容易引起人们的注意。例如，霓虹灯广告不仅以其鲜艳的色彩引人注目，而且它有规律地一亮一灭，很容易引起行人的注意。电视广告常常一放就是5～10分钟仍能引起消费者的注意，最重要的原因就在于它有动感。

一般来说，人们“无意注意”某一事物，并维持这种“注意”状态的平均时间是5秒钟，几乎很少有人能够维持20秒钟。“注意”的焦点针对印刷广告的印刷标题二秒钟之后，是“注意”力最强的时刻，再过二秒钟之后，“注意”力就会逐渐减弱消失。因此，广告宣传必须把握这种规律性，即不要只是一般地追求稳定的“注意”，而是要在变化当中去引导人们的“注意”。这就要求广告在变化内容、出场顺序等方面要有一个既稳定又变化的安排，才能以此保持住人们的“注意”力。利用合理的设计，使广告牵动观察者的视线向设计者所期待的方向移动，增强广告的吸引力，从产生“注意”的那一瞬间开始，诱使读者全神贯注地看完整个广告。

（4）刺激物的新异性。新异性是引起无意注意的一个重要原因。习惯化刺激就不易引起人们的注意。所谓好奇心，就是人们对新异刺激的注意和探求。

小案例：丝袜的震撼

美国有一个丝袜的产品广告，此前这个品牌在市场上毫不知名，但通过这个广告，其产品竟然一夜成名，十分畅销！广告画面很简单，镜头中先是出现一双美腿，接着开始由下往上移动，脚、小腿、大腿……显现出一幅美女美腿图。但当镜头拉远的时候，人们发现电视中的人物竟然是一个男的——一个美国著名的棒球运动员！接着运动员告诉人们说，如果我穿上丝袜都能如此漂亮，漂亮的女士们就更不用说了！广告播出后的第二天，这种丝袜就开始了它的畅销之旅。

资料来源：佚名．什么样的广告才有效［EB/OL］．中国学网，http://www.xue163.com/943/1/9439288.html.

（5）位置。刺激物所处的位置不同，引起消费者的关注也是不一样的。位置对注意力的影响主要是由刺激物位于感知者视线范围内的不同方位决定的。通常，处于视野正中的物体比处于视野边缘的物体更容易被人注意。在零售店中，放在货架上半部分的商品比放在下半部分的商品受到的注意要高出35%；同时，如果将货架上某个品牌的商品从2个增加到4个，则可以增加34%的注意。所以超市或百货店中与视线平行的货架位置争夺激烈。此外，报纸上的位置也非常有讲究，如报眼和头版的位置就比较重要。而杂志封面的广告要比封二、封三以及封底更易引起关注。电视节目之间广告插播时段里，一般处于开始以及末尾的广告更容易引起人们的注意。

（6）格式与形式。格式是指信息展示的方式。通常，简单、直接的信息呈现方式比复杂的信息展示方式更容易被消费者所接受。因此，信息展示要简单明了，展示的速度不宜过快，不要使用晦涩的语言，不要引入复杂的概念，不要选用难懂的口音或方言等。从形式上讲，具体（特定）生动的信息比抽象（普遍）

单调的信息、口头或有形的信息（如画面）比书面文字更易受人注意。

小案例："悦活"的SNS植入广告

"悦活"是中粮集团旗下的首个果蔬汁品牌，在其上市之初，并没有像其他同类产品那样选择在电视等媒体上密集轰炸，而是选择了互联网。当时开心网正火，于是在2009年，中粮集团与开心网达成合作协议，以当时最火的开心农场游戏为依托，推出了"悦活种植大赛"，成功地进行了一次SNS植入广告营销。

在游戏的过程中，用户不但可以选购和种植"悦活果种子"还可以将成熟的果实榨成悦活果汁，并将虚拟果汁赠送给好友，系统会每周从赠送过虚拟果汁的用户中随机抽取若干名，赠送真实果汁。在这次活动的基础上，悦活又在开心网设置了一个虚拟的"悦活女孩"，并在开心网建立悦活粉丝群。通过这个虚拟MM，向用户传播悦活的理念。由于该活动植入得自然巧妙、生动有趣，所以活动刚上线便受到追捧，悦活玩转开心农场把虚拟变成现实，为游戏增加趣味，提升了用户的积极性，两个月的时间，参与悦活种植大赛的人数达到2 280万，悦活粉丝群的数量达到58万，游戏中送出虚拟果汁达102亿次。根据某咨询公司的调研，悦活的品牌提及率短短两个月从零提高到了50%多。

资料来源：佚名. SNS营销案例——悦活品牌玩转开心农场［EB/OL］. 中国冷链物流网，http://www.cclcn.com/shtmlnewsfiles/ecomnews/731/2013/20131022042133106 21.shtml.

2. 人的内部状态

引起无意注意的另一类原因是外部刺激物符合于人们的内部状态。这些主观因素包括：

（1）需要和兴趣。凡是能满足一个人的需要和兴趣的事物，都容易成为无意注意的对象，因为这些事物对他具有重要的意义。例如，人们天天看报，所注意的消息往往有所不同，从事文教工作的人，总是更多地注意文教方面的报道；从事体育工作的人，总是更多地注意体育方面的新闻。

（2）情绪状态。凡能激起某种情绪的刺激物都容易引起人们的注意。此外，当一个人心胸开朗、心情愉快时，平常不太容易引起注意的事物，这时也很容易引起他的注意；当一个人无精打采或过于疲劳时，平常容易引起注意的事物，这时也不会引起他的注意。

（3）知识经验。个人已有的知识经验对保持注意有着巨大的意义。新异刺激物容易引起无意注意，但要保持这种注意则与一个人的知识经验密切相关。因为新异刺激物固然能引起人们不由自主的注意，但如果人们对它一点也不理解，即使能一时引起注意，也会很快被遗忘。

注意也会产生适应现象。当刺激是如此常见，以至于无法再引起消费者的注意时，适应就产生了。这与吸毒十分相像，当消费者对刺激习以为常后，要想引起他们的重新注意就必须加大刺激的“剂量”。例如，当一块广告牌刚刚立起来的时候，也许会引起过往行人的注意，但时间一久，人们就会熟视无睹，广告牌便成为马路风景的一部分，再也不会引起注意。一般来说，有几个因素会导致适应现象的产生：

* 强度：低强度的刺激（如轻柔的声音或暗淡的色彩等）易被适应，因为这些刺激的冲击力较小。

* 刺激信息的复杂程度：太简单或太复杂的刺激都容易被适应，就是说信息的复杂程度必须适中。

* 重复：经常遇到的刺激易被适应，因为接触频率太高了。

* 关联性：与消费者个人目的和价值追求无关的刺激易被适应。

思考一下：营销人员可以用哪些方法来吸引目标消费者的注意？

四、消费者的记忆

（一）记忆概述

记忆就是过去经历过的事物在头脑中的保存，并在一定的条件下再现出来的心理过程。所以，记忆与感知不一样，它不是对当前直接作用的事物的反映，而是对过去经验的反映。消费者在认识过程中，可以通过记忆活动将过去对商品的感知和认识，或者体验过的情感或动作，重新在头脑中反映，使当前反映在以前反映的基础上进行，从而使其对商品的认识更快、更深、更全面。

按记忆的内容，记忆可以分为形象记忆、逻辑记忆、情绪记忆、运动记忆、数字记忆等。在实际生活中，各类记忆是相互联系的，记忆时经常有多个种类的记忆参加。

人的记忆主要是通过表象来实现的。表象是记忆中所保持的客观事物的形象。表象是记忆的主要内容，所以，形象记忆在记忆中有着十分重要的地位。由于表象都是过去感知过的客观事物在头脑中留存下来的形象，所以具有直观性的特点。但表象所反映的事物形象，通常仅是事物的大体轮廓和一些主要特征，没有知觉那么鲜明、完整和稳定。表象还具有概括性，它反映着同一事物或同一类事物在不同条件下所经常表现出来的一般特点，而不是某一次感知的个别特点。

除了表象的形式以外，人们还大量运用语词进行记忆。语词既能标志事物本身，又能起到信号的作用，从而概括地表示某种事物。记住语词，也就容易记住它所代表的事物。人在语词的作用下，可以唤起相应的表象，表象内容也常因当时对那类事物的言语叙述而变得更丰满和完整。

总的说来，语词信息需要接收者付出更大的认知努力，它更适合于高度参与的情况。当消费者的参与程度较高，他们才会更多地注意和阅读文字材料。语词信息也更容易被遗忘，因此需要在此之后有更多的信息接触，方可达到理想的效果。相比之下，图像则可以使接收者在解释信息时对信息的印象更加深刻。加深印象的结果是在人们的记忆中留下深刻的痕迹，不至于随时间的推移而被遗忘。

根据陈宁（2001）的研究，消费者对广告品牌的记忆既包括外显的意识性加工，也包括内隐的自动化加工。即使是在非注意条件下，成熟品牌名称相较陌生品牌也引起了更多的自动化加工，出现了“成熟品牌的知觉识别比新品牌占优势”的成熟品牌效应。可见，对于已经建立良好形象的商品来说，只需花费少量的广告费用就可以继续维护自己的形象。同时，广告呈现频率的增加有利于提高控制性加工和自动化加工。所以对于新品牌而言，重复播放是提高广告有效性的一条途径。营销活动中一些现象也验证了陈宁的研究，在一些冲动购买场合，消费者会仅凭直觉在众多的竞争性品牌中选择某一个特定的品牌。此时，消费者不会像理性决策时那样对各品牌进行严格的分析，也不会有意识地回忆相关商品信息，仅凭直觉上的喜欢进行选择。而这种直觉又往往是由于先前与该刺激有过接触而产生了熟悉感，此时将这种熟悉感错误地归因为偏好，由此进行了选择。

（二）三种记忆系统

现代信息论认为，人的记忆系统或记忆阶段由感觉记忆、短时记忆和长时记忆三部分组成。如图 2 -3 所示。

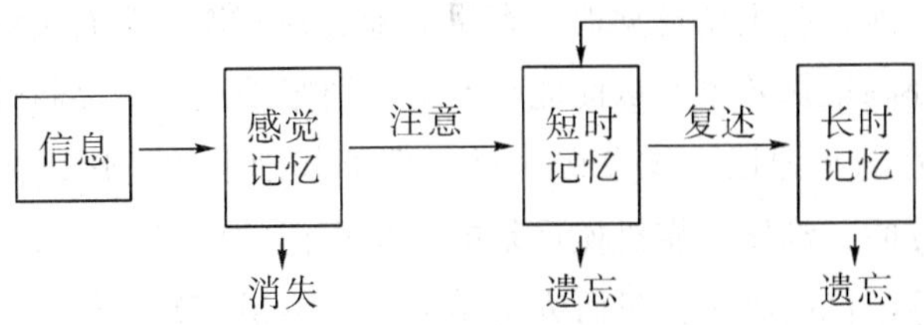

图 2-3　三种记忆系统

研究表明，虽然人脑可以储存巨大的信息量，消费者平时也能看到许多商品或接触到许多广告信息，但大多数信息都会被遗忘或根本未被注意。同时，短时记忆的容量也极为有限，只有哪些能引起消费者特别注意并经过精心观察和复述的信息，才会留在消费者的长时记忆之中。要让外界信息顺利进入长时记忆系统，首先取决于消费者的需要、兴趣、情感等主观因素。其次还取决于外界刺激的情况。比如，商品的造型新颖独特，包装装潢鲜艳夺目，商品名称鲜明易记，广告构思形象生动，就容易引起消费者的注意，并起到好的记忆效果。尤其是在广告设计中，要充分考虑人的记忆规律，提高消费者对广告信息的记忆效果。比如，在信息传递时间极短的广告中，如电视或广播广告，应当提高信息的意义性、趣味性，并对内容进行科学的安排和组合，重要信息的刺激量不应一下子超过 7~8 个单位，从而使广告取得较好的实际记忆效果。

（三）影响记忆效果的因素

记忆的对立面是遗忘。进入长时记忆系统的内容也会发生遗忘，其原因主要是记忆痕迹的自然消退和其他因素的干扰作用。遗忘是人们对经历过的事物不能或错误地再认或回忆。比如，对广告语完全不能回忆，或漏掉其中的语句，或张冠李戴，或主观补充，这些都是遗忘的现象。德国心理学家艾宾浩斯曾用无意义音节作为记忆材料，证明遗忘进程呈现“先快后慢”的规律。

影响记忆和遗忘的因素有很多，主要有：

（1）明确目的有助于记忆。根据人在记忆时有无明确目的，可把记忆分为有意识记忆与无意识记忆。有意识记忆是有明确的目的或任务，运用一定的方法，有时还需要一定意志努力的记忆。无意识记忆是事先没有明确的识记目的，也不用任何有助于识记的方法的记忆。在其他条件相同的情况下，有意识记忆的效果比无意识记忆的效果好得多。而且，无意识记忆的内容往往带有偶然性和片面性，而掌握系统而科学的知识，主要应依靠有意识记忆。一个消费者如果打算购买某种商品，他就会主动自觉地、有目的地、系统地了解有关商品信息，并主动加强记忆，提高记忆效果，从而能够准确、清晰地记住商品特性的有关信息。

（2）理解有助于记忆。建立在对材料理解基础上的记忆，在全面性、精确性和巩固性等方面，都比依靠机械重复的机械识记效果好。有人曾对诗、散文和无意义的缀字等记忆内容进行过研究。结果表明，最容易记住的是诗，其次是散文，而无意义的缀字最易遗忘。所以，各种商业用语（如广告词）一定要易读易懂、浅显有趣，避免单调乏味、杂乱费解。

（3）活动对记忆的影响。当识记的材料成为人们活动的对象或结果时，由于学习者积极地参与活动，即使没有记忆的意图，记忆效果也会提高。在商业营销活动中，如果能把消费者吸引进有关的营销活动，就会充分调动他们的兴趣、注意力和积极情绪，从而提高记忆效果。例如，让消费者亲自操作家用电器，试穿时尚服装，小食品当场品尝，玩具现场表演，参加商品质量恳谈会，参加商品知识有奖征答或有奖竞猜等，都可以加深记忆。

（4）学习程度的影响。常言道，“一回生，二回熟”。一般而言，学习程度越深，保持时间就越久，遗忘就越少。虽然有的消费者只有一次经验，但也可能记忆很长时间。事实上，重复或多或少能起到加深印象、增进记忆的效果。例如，“恒源祥，羊羊羊”这一广告语用了 10 年，在一个广告片里面也有几次重复，形成了多次重复，给消费者留下了深刻的印象。这“羊”字连续三遍的重复开创了广告的一种新方式，被称为“恒源祥模式”。可爱的童音“羊羊羊”成了恒源祥广告的记忆点。

由于许多广告信息对于消费者并不重要，广告信息适度而有变化的重复呈现是很必要的。由于遗忘速度一般是先快后慢，所以及时复习可以阻止学习后的迅速遗忘。当然，重复间隔过短、次数过度、单调乏味的重复就可能引起人们的厌倦、视而不见甚至反感。因而，信息重复最好是有新意、有重点、有选择地重复，或利用不同的媒体或表现形式进行重复，以减少重复的负面效应。另外，信息重复在时间上的安排也会影响记忆的效果。如果要想在短期内产生很大的影响，如扩大时髦商品的知名度，可以选择较集中或密集的重复；如果是属于长期规划的，如企业牌号形象的发展，则应采用时间间隔较长的重复，这样可以在重复次数一定的情况下，利用较少的广告费用而取得较长期而稳定的广告效果。

可见，重复应当是适度而有变化的，不然就可能使消费者产生适应，甚至是厌倦和反感的情绪，并影响广告的总体效果。因此，在其他条件不变的情况下，最佳的广告效果有着一个与之对应的重复次数（如图 2-4 所示）。为了减少广告厌烦感所产生的负面影响，可以限制一则广告的重复播放次数（如在同一个电视节目中的插播次数）；或者在一段时期内围绕某一广告主题，在其表现内容或形式上稍加修改，持续不断地推出不同的广告版本。

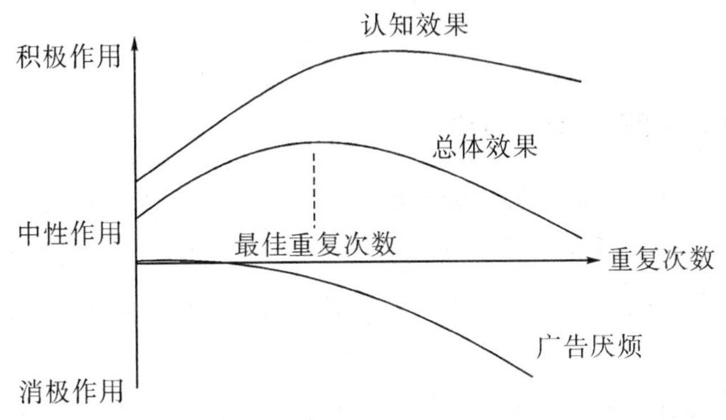

图 2-4　广告重复的效果

小案例："脑白金"的无缝广告覆盖

大众对于"脑白金"的广告褒贬不一，业内的广告人评价：没有创意、恶俗、画面缺乏美感，产品销售不错。媒介人评价：影视太俗气，没品位，平面广告虚夸严重。许多老百姓评价：有点搞笑，王婆卖瓜，自卖自夸，效果一般。

这些评价很正常，因为众口难调，而如果某个产品达到众口一词的效果，那该产品不就成"神"了吗？可不论你愿不愿意，其铺天盖地的广告阵势，还是许多其他医药保健品企业或厂商无法比拟的。

"脑白金"广告实施的是"多方控制，遍地开花，及时同步"的媒体宣传策略。报纸：以理性诉求为主，强调产品权威、科技含量高、效果好。电视：以感性诉求为主，强调送"脑白金"有面子，体现孝道，大家都喜欢买它送礼。网络：以产品起源、功效为主，配以"销售火爆"等新闻，制造供不应求的热销产品景象。其他形式还有如宣传手册、墙体广告、车身广告、POP 广告、DM 以及传单等。

"脑白金"广告采用密集式广告投放运作模式，有力地宣传了"脑白金"产品，使消费者记住了该品牌。

资料来源：佚名．"脑白金广告"是怎样炼成的？[EB/OL]．http://www.tech-food.com/news/detail/n0043752.htm.

（5）不同系列位置对记忆的影响。一般说来，在系列材料中，最先和最后出现的材料较易被记住，系列中间的材料不易被记住。所以，在广告中，不同广告出现的先后次序，以及同一广告中内容的不同系列位置安排，都会影响记忆的效果。在日常生活中，人们重视“开场锣鼓”和“压轴戏”，也是迎合了这种心理现象。

小资料：品牌记忆的“幼鹅效应”

幼鹅刚从蛋壳里孵出来时，会本能地跟随在它第一眼见到的“母亲”后面。即使它第一眼见到的不是自己真正的母亲，而是其他动物，它也会把它当成母亲，并跟随其后。这就是心理学上的“幼鹅效应”。人类身上也存在类似的记忆现象。

幼鹅效应告诉我们：消费者的记忆是有持续性的，消费者第一次体验在很大程度上决定了消费者是否会继续选择该品牌，因为在后续的消费过程中，消费者都会潜意识地与第一次的体验比较。面对其他品牌的产品，消费者选择的过程并不是理性地把两种不同产品进行综合比较，而是与之前的体验比较。所以，企业在进行品牌推广的初期若能给消费者一个美好的体验，这种美好的记忆会长时间留在消费者的大脑里，帮助消费者选择该品牌。

资料来源：操和碧，何廷玲．幼鹅效应之于品牌营销［J］．企业研究，2013（5）．

（6）孤立的事物容易被记住。实验表明，记忆单一的材料比内容复杂的材料更容易。所以，孤立出现的商业广告容易被消费者感知和记住。比如，电视屏幕下方偶尔出现的字幕广告，虽然费用低，记忆效果却不错。如果同时呈现多则广告，记忆效果就会大大下降。

（7）情绪与情感的影响。外界事物如能引起消费者愉快、兴奋、激动等积极情绪或引发其内心的美好情感，就会给消费者留下深刻的印象，从而加强记忆的效果。消费者对文明或恶劣的服务以及商品使用情况好坏的情绪记忆，往往是深刻而牢固的。在广告与公关活动的创意设计中，可以利用情感性的诉求手段来加深消费者对企业与商品的印象。

另外，对消费者的刺激较强或具有明显特征的事物，往往容易很快被记住。比如商品奇异的造型、刺耳的声响等。

（四）消费者的联想

回忆常常以联想的形式出现。联想就是由当前感知的事物引起对有关另一事物的回忆，或者由所想起的某一事物又想起了有关的其他事物的心理现象。比如“海尔，真诚到永远”，这一口号让人联想到海尔的产品和服务都非常令人可信、可靠。

联想与更复杂、更高级的想象活动往往紧密结合，同时发生。所以，有时也不对想象与联想作严格的区分。

按照反映的事物间的关系的不同，联想可分为：

（1）接近联想：即对在时间和空间上接近的事物产生的联想。比如，由夏天想到空调；一想起北京王府井大街就想起王府井百货大楼等。有的厂家在小学校门口立起醒目的广告牌，使学生们每天走到校门口都会看到广告，以后一想到学校大门就会联想起广告所推销的商品。

（2）相似联想：是对性质相似或形象相近的事物产生的联想。比如，由真丝想到乔其纱；由录像机想到影碟机；看到别人购买某种商品时，想到自己也应该拥有；有则广告将田七比作特殊的人参，以使人从相似联想中加深对商品的认识。

小案例：啤酒标签的联想

我国一家啤酒厂，作了一次广泛的市场调查研究，发现其销路下降的原因是啤酒与男性消费者发生了联想。因为该啤酒在红标签上绘制了展翅的鹰，象征着男性的美，而缺乏对妇女形象的宣传，所有的宣传都使非常强壮的男性与啤酒发生联想。而且该啤酒主要在超级市场中销售，而超级市场中的顾客大部分为妇女，所以其销路便不断下降。

资料来源：佚名. 王永庆的管理铁锤，http://www.docin.com/p-975827878.html.

（3）对比联想：即对性质或特点相反的事物产生的联想。比如，从在某商店受到的热情接待想到另一商店服务质量的低劣等。

（4）关系联想：即从事物的因果、主次、种属等关系中联想到别的事物。比如，从洗衣机想到“小天鹅”；从名牌想到质量超群等。在广告中，加强对产品牌号或企业的形象宣传，可以使消费者一想起企业或商标形象，就会想起企业的产品。例如“白加黑感冒药，白天一片，晚上一片”，当消费者听到此口号之后，下次遇到生病时，便会想到“白加黑”。

联想对消费者的购买行为有影响作用。积极的联想可以促进消费者的购买行为，而消极的联想则可能阻碍消费者产生购买行为。商业广告、销售服务、商品包装或商标牌号等，都应当努力激发消费者的积极联想，从而刺激购买动机。

小案例：“农夫山泉”的记忆点创造法

在激烈的市场竞争中，每个企业都力图使自己的产品以及企业的整体形象广为人知，并能深入人心，为此想尽办法用尽手段。但对消费者而言，面对如此众多的企业和产品，要让他们记住其中的某一个并非易事，更别说印象深刻。而“农夫山泉有点甜”这句蕴含深意、韵味优美的广告语，一经出现就打动了每一位媒体的受众，让人们牢牢记住了农夫山泉。这句广告语为何会产生如此非同凡响的效果？原因正在于它极好地创造了一个记忆点，正是这个记忆点征服了大量的媒体的受众，并使他们成了农夫山泉潜在的消费者。

记忆点创造法就是要将企业产品最具差异化、最简单易记的品牌核心诉求提炼出来，把企业所有宣传、传播的力量集中于这一个点上，努力让这一点渗透到消费者的记忆深处，从而建立起难以消除的信息据点，这个据点就是企业的产品在消费者心中的位置，也决定着产品在市场上的品牌地位。

“有点甜”三个字就是农夫山泉记忆点创造法所要强化的记忆点。它体现了个性显著、简单易记、突出特性、烘托配合、寓意美好等创作原则。

资料来源：尚阳．农夫山泉品牌成功：记忆点创造法［J］．科技与企业，2007（10）．

思考一下：你记得的广告有哪几个？为什么这些广告会给你留下深刻印象？

（五）消费者的品牌记忆

20世纪80年代，大卫·阿克尔（David Aaker）提出了“品牌价值”的概念，同时推出了品牌建设的四段里程，即：品牌知名—品牌认知—品牌联想—品牌忠诚。也就是说，一个成功的品牌，首先应该具备比较高的知名度，然后是受众对该品牌的内涵、个性等有较充分的了解，并且这种了解带来的情感共鸣是积极的、正面的，最后，在使用了产品、认可了产品价值后，还会再次重复购买，成为忠诚的消费者。其中品牌认知是品牌资产的重要组成部分，是企业竞争力的体现，它可以通过消费者对品牌的回忆和再认（或称认知）情况进行衡量。

1. 品牌无提示提及率

无提示提及率是指在没有任何提示的情况下，品牌被自发回忆的比率。无提示提及率越高，代表该品牌在消费者脑海中的知名度越高，印象越深。

调查表明，在中国的网络购物市场上，大型综合型网站在无提示认知方面更具优势，其中以淘宝网最为知名，而专业特色网站只有凡客诚品表现尚优。

2. 品牌提示后认知率

提示后认知率是指将品牌罗列出来，让消费者选择是否知道该品牌的比率。品牌的提示后知名度是消费者对品牌较为浅层、短期的再认知和印象，受到品牌推广与传播的影响较大。

3. 品牌墓地模型分析

品牌墓地模型分析是对品牌在消费者头脑中认知情况的反映，通过综合分析提示前的品牌回忆与提示后的品牌认知，体现品牌的健康情况，如图 2 －5 所示（其中的曲线是不提示品牌回忆情况与提示后品牌认知情况回归分析后得出的回归线，表示市场上的平均水平）。在品牌墓地模型中处于“墓地”区域的品牌面临两种未来，一是被淡忘的危险，一般是已存在较久的品牌，提示后的知名度很高，但在自发提及率方面已基本被淡忘；另一种是即将“破土而出”，一般常见

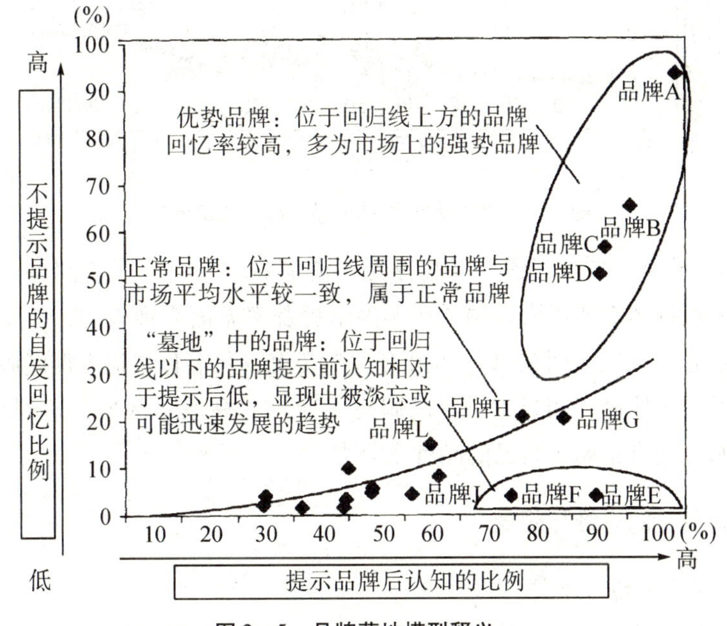

图 2 －5　品牌墓地模型释义

于新品牌或在品牌构建期的老品牌，在消费者心目中已存在一定知名度，提示后提及率较高，但品牌影响力尚未能达到被消费者自发回忆的程度。这些品牌能通过品牌构建破土而出重获新生。

图2－6是网络购物网站的墓地模型分析。其中淘宝、京东等处于回归线上方，是网购市场上的强势品牌；天猫、拍拍网等位于回归线附近，与市场平均水平较一致，属于正常水平；麦包包、QQ商城位于回归线以下且品牌提示前认知率相对于提示后低，呈现出被淡忘的趋势，处于品牌“墓地”区域。

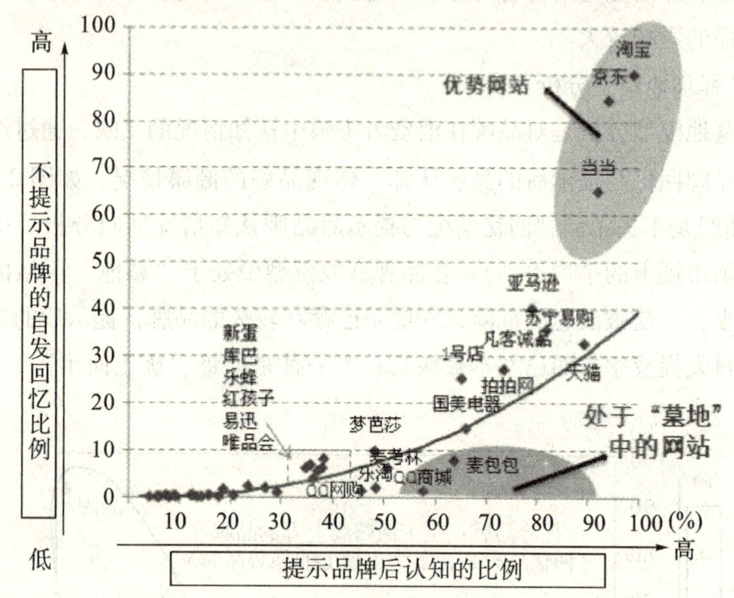

图2－6　网络购物网站的品牌墓地模型分析

在2012年前，当“天猫”还被称为“淘宝商城”时，因受到淘宝的影响，导致消费者在认知上的界限模糊，在无提示提及率方面表现较弱，“淘宝商城”曾落入“墓地”区域。而在2012年由于品牌更名，将名称与淘宝彻底脱离开来，消费者自发回忆比例有明显提升，品牌终于冲出“墓地”区域，达到整体平均水平，开始打造真正属于自己的品牌竞争力。

五、消费者的思维与想象

（一）消费者的思维

消费者通过感知，只是认识商品的外在的东西，而后还要进一步认识商品的一般特性和内在联系，全面地、本质地把握商品的品质，并对是否购买这种消费品作出评价和决策，这就是思维阶段。它是认识的高级阶段——理性认识阶段。

思维是人脑对客观事物间接的、概括的反映。间接性和概括性是人的思维过程的重要特点。所谓间接性，就是通过事物相互影响的结果或通过其他事物的媒介来认识客观事物，从而使人们能间接地理解和把握那些没有感知过或根本无法感知的事物，以及预见事物发展的进程。比如，借助已有知识，对商品制作方法、构造原理进行理解；或评定商品质量；或预计商品的使用效果等。所谓概括性，就是对同一类事物的共同特性、本质特征或事物间规律性联系的反映。比如，消费者通过对不同毛纺织类商品的感知和记忆，就可以逐步概括出毛纺织品一般都具有弹性大、质地软、毛感强、透气性好的特点，这就是消费者对毛纺织品的概括反映。

思维是在感觉、知觉和记忆的基础上，通过分析、综合、比较、抽象、概括和具体化等基本过程完成的。消费者主要依靠思维来作出购买决策。由于不同的消费者在思维的广阔性、深刻性、独立性、灵活性、独创性、逻辑性、敏捷性等方面存在个体差异，从而在提出问题、分析问题、解决问题、作出决策等活动上也表现出不同的速度、准确性、独立性和应变性，对其消费行为产生着明显的影响作用。同样，商品生产和销售者的思维品质的好坏，对其在激烈的市场竞争中如何采用与运用经营策略、经营方法，也有着相当重要的影响。

（二）消费者的想象

想象是在人脑中对已有的表象进行加工改造而创造新形象的过程。想象的基本材料是表象。但想象的表象与记忆的表象是不同的。记忆中的表象基本上是过去经历过的事物形象的重现。而想象中的表象是对记忆中的表象进行加工改造或重新组合而形成的。因此，想象中的表象可以是没有直接感知过或尚未出现过的，甚至是不可能存在的事物形象。当然，想象中的任何内容仍来源于客观现实，是以现实材料为依据而加工改造的结果。

按想象内容的新颖性、独立性和创造性的不同，可以把想象分为再造想象和创造想象两类。再造想象有助于消费者在选购商品时对商品功能的理解，比如，看到席梦思，想象到它的舒适与温暖。创造想象对于广告、服装、橱窗布置以及商品造型、商标等方面的设计活动都是十分重要的。

消费者在选购商品时，常常伴有想象的心理活动。消费者通过在想象中形成对商品的“拥有模式”，预想使用商品后产生的效果或情景，将获得什么样的心理满足等，从而更深入地理解和认识商品的实用价值、欣赏价值和社会价值，并影响对商品的判断和评价。比如，年轻妇女在为孩子选购玩具时，常想象到孩子玩玩具时的情景和高兴神态；购买房间装饰品时，常想象到将此商品布置在房间里的情景；购买漂亮时装时，常想象到别人的羡慕或赞誉等。因此，营销人员应当通过商品的介绍和展示，积极地引导消费者产生美好的想象，使之加深对商品的认识，从而诱发购买兴趣，增强购买欲望。

小案例："箭牌"口香糖的色彩想象

占据美国销量第一位的"箭牌"口香糖，是一种系列产品，共有4种颜色和口味，即绿箭薄荷香型、白箭兰花香型、黄箭鲜果香型、红箭玉桂香型。这4种不同口味和包装的口香糖，各自巧妙地定位于不同的市场消费者，并赋予产品颇具想象力的附加功能。例如，绿箭是"清新之箭"，以清雅的口味，令人全身爽快，清新舒畅；红箭是"热情之箭"，以独特的口味，使你热情似火，暗寓爱神丘比特的爱之箭；黄箭是"友谊之箭"，可以使你与他人迅速缩短距离，打开双方的心扉；白箭则是"健康之箭"，其广告词说："运动有益身心健康，但是我们如何帮助自己运动脸部？请每天嚼白箭口香糖，运动你的脸！"

资料来源：佚名. 产品包抄［EB/OL］. 百度百科，http://baike. baidu. com/link? url = nPckOq3pOnUqwFu38LP - Xql8 - YshEw0t _JKw8XwCZIJ3wpITmANPdfmp0 - boF0U1SGRKd0lndWaGb3hnwTAfdq.

综上所述，消费者对商品的认识过程，经历了从感知到思维的过程。其中，记忆、想象、注意等心理现象常常伴随着发生，影响认识过程的进展。消费者对商品的认识也从感性到理性、从低级到高级、从现象到本质而不断深化。

第二节　消费者心理活动的情感过程

一、消费者情感过程概述

情感过程是伴随着人们的认识过程而产生和发展的。情感过程是对于客观现实是否符合自己的需要而产生的内心体验。认识过程反映客观事物本身的特性，而情感过程所反映的是客观事物与人的需要之间的关系。因此，情感过程与人的需要紧密联系，并由客观事物引起。

人的情感过程包括情绪与情感两种形式。情绪一般是指与人的生理需要，与较低级的心理过程（感觉、知觉）相联系的内心体验。依据情绪发生的强度、速度、紧张度、持续性等指标，可将情绪分为心境、激情和应激。情绪往往是由特定的条件所引起，并随条件的变化而变化，有较大的即景性、冲动性和短暂性。而情感是指与人的社会性需要，与人的意识紧密联系的内心体验。例如理智感、道德感、美感、责任感、荣誉感、优越感等，这类情感是人类所特有的。它具有较大的稳定性和深刻性。通常，情绪被看成是情感的外在表现，而情感是情绪的内在内容。

美国心理学家罗斯（Russell）提出的“愉快—唤起”情绪模型认为，情绪有两个相对独立的维度：“愉快—不愉快”维度和“激动—平静”维度，由此可形成情绪的四个象限（见图2－7）。他还根据这一模型设计了“愉快—唤起—控制”量表（简称PAD量表）来测量顾客的消费情感。

积极—低激活 心安　平静 安静	积极—高激活 高兴　快乐 入迷　兴高采烈
消极—低激活 害怕　害羞 内疚　消沉	消极—高激活 生气　忧伤 轻蔑

图2－7　情绪双维度模式的四个象限

在情感消费占主流的时代里，企业不仅要在产品设计上下工夫，而且还要以极富感染力的情感广告打动人心。比如，一个形象生动的画面，或是一个意味深长的人物动作造型，或是一句言简意赅、情真意切的台词等，这些无声或有声的时间、空间、形体、动作都带有很强的煽情色彩，往往能产生一种强烈的心理冲击波，激起消费者的认可与共鸣。如“雕牌”洗衣粉用广告语“妈妈，我能帮您干活了”来表现母子情深；完达山奶粉通过一位年轻妈妈的叙述来传递母爱的气息，打动千万年轻妈妈的心；威力洗衣机则以“威力洗衣机，献给母亲的爱”为主题进行诉求。这些人情味十足的广告都在一定程度上把产品形象上升到了一个新高度，从而激发起消费者的热烈情感。

小案例：顾客的“面子”与销售

在一家保健品商店，一个顾客正在挑选一种补血产品，销售人员对顾客介绍说：“这种商品效果好，价格也比同类其他商品便宜，比较实惠。”

顾客回答说：“我以前曾经吃过这种产品，效果确实还可以。不过我听说你们最近在做活动，买两盒送一小盒赠品，有这回事吗？”

销售人员回答说：“是的，前一段时间是有过，但是我不知道现在还有没有赠品了，我帮您问一下。”说罢销售人员扭头大声喊道：“经理，现在还有没有赠品送？这位顾客想要咱们的赠品。”

经过这位销售人员这么一“广播”，店内所有人的目光都投向了这位顾客，顾客不好意思地低下了头，还没等销售人员答复就逃离了店铺。

注：作者根据相关资料整理。

美国设计心理学家诺曼（Norman，2003）将人们对产品的情感体验分为三个水平：本能水平（visceral level）、行为水平（behavioral level）和反思水平（reflectivelevel），见图2－8。本能水平是情感加工的起点，本能水平反应很快，它可迅速地对好或坏、安全或危险做出判断，并向肌肉（运动系统）发出适当的信号，警告脑的其他部分。行为水平是大多数人的行为之所在，其活动可由反思水平来增强和抑制，它也可以增强或抑制本能水平。反思水平是最高水平，它与人感觉输入和行为控制没有直接通路，它只监视、反省并设法使行为水平具有某种偏向。

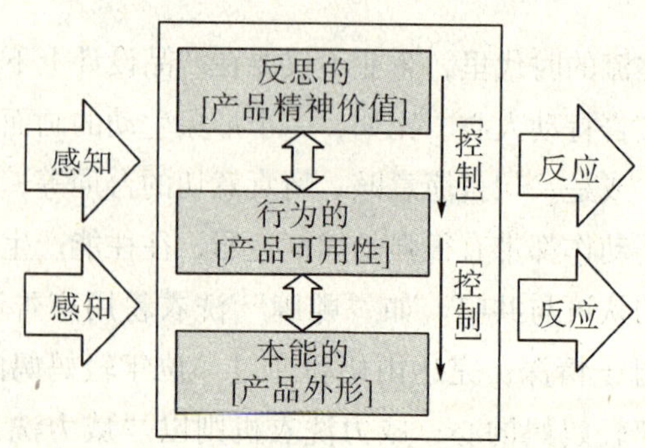

图2－8 情感体验的三个水平

从体验的层次我们可以看出，本能水平的体验最原始，只是个体的本能反应，本能水平处于意识之前，思维之前，如产品的外形、质感的好坏，这些都因人而异；行为水平的体验，体现在使用产品的感受，涉及产品的使用乐趣和效率等可用性方面；反思水平的体验，是经过了个体的研究、评价和解释，因个体产生与产品本身的理念共鸣的体验，如产品体现了自我形象，带来了美好记忆等。消费者的潜在需求便存在于能促进后两种体验的抽象或具象物中。

二、情绪对消费心理的影响

消费者在店内购物时获得的愉快的情绪将促使顾客产生更大的购买意愿、购买更多的产品、花费更多的金钱。这种愉快的情绪就是消费者在选购商品的过程中，由于受到不同的店内环境和不同需要的支配，而产生的不同的内心体验和表征反应，也叫消费者的购物情绪。消费者的购买活动往往是在满意、高兴、喜爱等情感活动中完成的，甚至被情感所左右。

小资料：情绪与消费

美国科学家最近进行的一项心理研究证实，负面情绪确实会影响人们的消费行为。美国卡内基—梅隆大学的科学家们介绍说，他们在研究中首先让约200名受试者观看不同类型的电影片段，唤起他们“厌恶烦躁”或者“悲伤忧愁”的情绪，而后对他们购买某一特定需要的物品的消费行为进行研究。研究人员介绍说，所有受试者在心理上当然都愿意以更低廉的价格买到物品，但在实际研究中他们却发现，那些“厌恶烦躁”者掏钱“很小气”，总试图以更低的价格获得物品；而那些“悲伤忧愁”者却表现出更加急于得到物品，在价格上就不是那么计较，即便是在价格略高的情况下也会购买。研究人员说，这证明与经济利益毫无联系的感情也能够影响人们的消费行为。

资料来源：佚名. 情绪：消费的天气预报［N］. 广州日报，2004-03-19.

消费情绪与满意的关系也是一个重要的研究方向。消费者的消费情绪受多种因素影响，其中，由营销者可控因素引发的消费情绪对满意的影响最显著。普遍认为，正面情绪对满意有正向影响，负面情绪对满意有反向影响，即消费情绪与消费满意的方向一致性观点（也有人认为，不同起因的负面情绪与满意之间存在不同关系，由外在因素或由消费者自身引发的负面情绪与消费者满意的关系较为复杂)。在产品消费中，除了产品属性和商店环境会引发消费情绪之外，产品属性以外的其他营销者可控因素（如广告、销售促进、公益活动和赞助活动等）也会影响消费情绪。耿黎辉（2007）的研究表明，消费者对产品属性水平的情绪状况直接影响满意度，并且产品属性水平的负面情绪对满意的影响比正面情绪更大。产品属性水平以外的负面情绪对满意有直接的反向影响，但是产品属性水平以外的正面情绪对满意没有显著影响。展望理论中的损失规避认为，损失给人带来的不快比同样数量的赢得所带来的快乐要大。这一理论可以解释：负面情绪对满意的影响比同样程度的正面情绪对满意的影响更大。

在早期的行为决策研究中，对认知功能较为重视，而忽视对情绪、情感在行为决策中作用的探讨。随着研究的深入，尤其对人的“完全理性”的质疑，以及对“有限理性”的认同，研究者逐渐认识到，在人们进行行为选择时，既受人类信息处理能力的限制，又无法避免情绪的影响。情绪甚至在下意识的情况下，能控制着人们的行为，并指导行为的方向。冲动性购买就是一种情绪化的消费行为。

孟蕾（2006）认为，消极情绪会更多地影响到消费者对实用型产品的选择，而积极情绪更多地影响到消费者对享乐型产品的选择。例如，在推广游戏机、电影碟片等享乐型的产品时向消费者传达高兴快乐的情绪，可能会收到很好的效果，但对于电池、剪刀等实用型产品，就不会产生那么好的效果。又如，向重视汽车安全性能的消费者提及由于安全性不好而发生的交通事故，使其产生消极情绪并采用处理这种消极情绪的决策，就比提及由于安全性好而平平安安使其产生较为积极的情绪的推广效果更好。

第三节　消费者心理活动的意志过程

消费者心理活动的意志过程是实现购买行为的心理保证。意志过程就是人们自觉地确定目的，根据目的支配、调节自己的活动，克服困难而力求实现预定目的的心理过程。意志活动对消费者的购买行为起着发动、维持、调节或制止的作用，同时也调节着人的认识、情绪等心理活动。

一、消费者意志过程的两个基本特征

（一）目的性

意志过程与目的性紧密联系。本能的、冲动的、盲目的行动都是缺乏意志的行动。在消费活动中，消费者从满足自己的某种需要出发，确定购买目的，并根据购买目的去支配和调节购买行为，如制订购买计划、选择购买方式或方法、实现购买等。意志的目的性集中体现了心理活动的自觉能动性。

如果消费者的购买目的越明确，对实现购买目的的重要性和正确性认识越强烈，他的意志就越坚定，就愈能自觉地去支配和调节自己的心理状态和外部行为，完成购买活动就越迅速坚决。如果消费者对商品的需要不强烈，或由于对商品缺乏认识而对购买行为的正确性认识不明确，其行为的意志努力就会减弱。

按照消费者购买行为的计划性，可分为：①具体性计划购买：在进店之前已经决定了所要购买的具体产品与品牌，并且按计划进行了购买。②一般性计划购买：进店之前已经决定购买的某类产品，如蔬菜，但没有决定具体品牌或品种。③替代：在进入商店之前，已经决定好要购买具有某种功能的产品，至于要买何种产品及品牌则并不清楚。④非计划购买：购物者在进店之前没有计划，但购买了该商品。图2－9显示出消费者在零售商店的非计划购买（其中主要是冲动性购买行为）占有很大的比例。

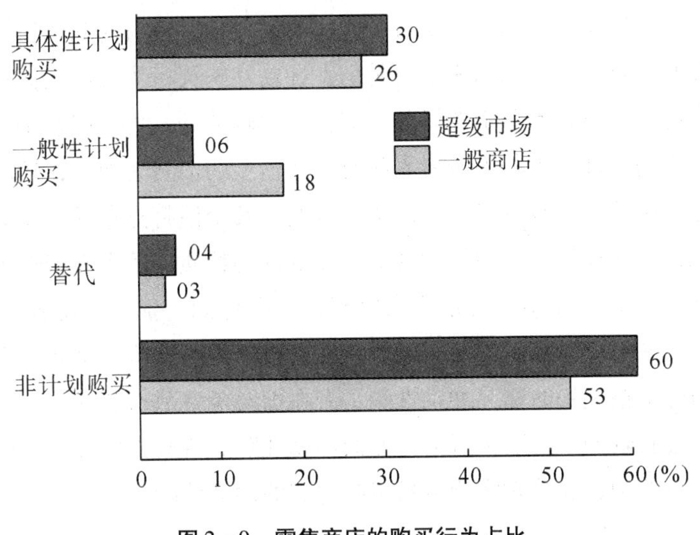

图2－9　零售商店的购买行为占比

因此，与购买目的性相关的冲动性购买行为成为研究者经常探讨的课题。冲动性购买行为的特点包括：

＊ 消费者受到外界刺激而引发的购买冲动；

＊ 是非计划的，事先没有购买目的的，突发和自发的，但却是一种出自于本身可以选择的自由意志，并非不得已的购买行为；

＊ 是非故意的、立即的和没有反省而粗心大意的；

＊ 是情感的反应，是暂时失控，忽略购买的后果进行的；

＊ 具有强烈的感觉想要立即购买，而缺乏深思熟虑。

强迫性购买是冲动性购买的一种特例，即因为上瘾而造成消费者被迫地重复性购买行为，如吸毒行为。

冲动性购买行为不仅发生在传统的店铺购物场所，也适用于无店铺购物方式，比如电视购物或网上购物。

营销刺激（例如 POP 广告、产品陈列、促销策略等）、个体冲动性特质（价值观、自我控制能力、人口统计变量等）及情境变量（例如购买时的财务状况、时间压力、心情状态等）此三种因素中的一种或多种交互作用，会形成消费冲动性。从营销因素上看，广告、优惠券、折扣与冲动性购买有正相关关系。徐怡盈（2000）的研究指出，对于冲动性购买产品，使用竞争者的售价为参考价格及促销广告，产生的购买意愿显著高于使用制造商的建议零售价。从情境变量上看，当购物时同行的人数较少，对于冲动性购买行为的评估倾向正面，消费者较易去从事冲动性购买行为；消费者的购物时间较多，没有时间的压力时，不易引发冲动性购买行为；使用信用卡更易引发冲动性购买行为。而在面对相同的促销活动与沟通情境下，有些消费者的购买行为比较冲动，原因就在于其个人内在的冲动性特质高。冲动型的消费者，相对于谨慎型的消费者而言，较能够享受购物行为本身的乐趣，也较容易产生冲动性购买，其个性特点包括：易受诱惑、享乐、喜欢花钱、奢侈浪费、情绪冲动等。而低冲动特质者的个性特点包括：深思熟虑、有远见、有责任感、有条不紊、理性、有计划、能自我克制、谨慎节制等。当高冲动者与低冲动者面对营销刺激时会有不同的反应。例如，当采用不同形式进行捆绑价格促销时，高冲动性购买者在面对免费赠送和共同定价时，比起分别定价，会有较冲动的购买行为；而低冲动性购买者会谨慎计算每件商品上自己的获利，免费赠送和分别定价更易引起他们的冲动性购买。

小案例："敦促市场不要引诱儿童"

德国不少超级市场利用儿童的冲动和随意特点，在收银口两旁摆上口香糖、膨化食品、巧克力或小食品，因为排队付钱的时候是孩子最没有耐心的时候，喜欢东跑跑、西看看，有喜欢的东西就想要。德国的消费者认为，如果卖方利用儿童强迫家长购物则是"不公正、不人道"的，不利于建立市场与消费者的良好关系。因此在全德消费者中心的发动下，有4.5万对夫妇在一份呼吁书上签名，要求超级市场不要在收款处的货架上摆放儿童食品和用具。德国的大小商店对这次消费者自发的规模巨大的"敦促市场不要引诱儿童"运动作出了积极的反应，全德最大的2家超级市场和100多家商店接受了消费者的呼吁和请求，制定了有效的措施，通常是为带小孩来的顾客另设收款处。

注：笔者根据相关资料整理。

（二）坚持性

有目的的行为并不都是意志行为。只有同克服困难、排除干扰相联系的行为才是意志行为，而无须任何主观努力的目的性行为也不是意志行为。消费者的购买行为并不是一帆风顺、唾手可得的，往往会遇到各种主、客观因素的困难和干扰，如经济条件与商品价格的矛盾、对商品的主观要求与客观现实的矛盾、购买动机的冲突等，这就需要意志做保证，从而克服主观上的思想干扰或外部条件造成的障碍，促使自己采取行动以实现购买目的。意志过程就起着这种调节消费者心理状态和行为的作用，它一方面推动达到预期目的所必需的情绪和行动；另一方面也可以制止与购买目的相矛盾的认识、情绪和行动，如通过意志努力排除紧张不安的情绪，改变踌躇不前的行为等。

一般来讲，消费者意志努力的强弱主要是以克服困难的大小作为衡量标准的。遇到的阻力越大，障碍越多，而行动越坚决，实现了预定的目标，则体现的意志力量就越大；反之，则意志努力就小。例如，冲动型购买的商品大多数是一些价格不太昂贵、又经常使用的日用消费品，消费者的参与水平一般较低，意志努力较小，积极的感情反应就容易引起直接购买行为。应当指出的是，在困难面前退让是意志薄弱的表现，而在困难面前冲动也是意志薄弱的表现。例如，发生营销冲突时，如果营业员缺乏自制力，感情冲动，就会激化矛盾，造成不良后果。

王利萍（2011）的研究表明，由于信用卡可透支性以及使用的便捷性，都使得消费者的自我控制能力面临着巨大的挑战。而且，消费者对信用卡的数字感知和社会性认知都会增加冲动性购买的发生率。数字感知是指用信用卡消费时模糊了对金钱、数字的概念，导致我们对支出不敏感，不像现金消费时对自己花了多少钱有那么明确的认识。社会性认知主要指：认为信用卡消费很时髦、信用卡消费有档次、信用卡消费有面子、信用卡消费是一种新时尚、信用卡消费更新潮等。在信用卡消费的过程中，由于无须支付现金，甚至可以透支消费，使得消费者在购物时无须担心现金不够的问题与尴尬，可以尽情享受购物时的愉快，“轻轻一刷”便可以搞定的心态，更使得消费者认为信用卡消费让自己更有面子。这些心理因素都会导致消费者自制力减弱而产生冲动性购买。

思考一下：哪些营销因素容易引起消费者的冲动性购买行为？

第三章 消费者的需要和动机

消费者的需要和动机直接决定着消费者的购买行为，因而是消费心理学研究的一个核心问题。人由于生理或精神的缺乏必然会激起需要，随之而来，人们就有满足需要的欲望，这种欲望又可能促使人们产生动机，在相应动机的支配下，会采取适当的行为来满足自己的需要。消费者的消费行为，就是从需要出发，产生满足需要的欲望及购买动机，进而通过购买商品或劳务来满足自己需要的行为。各种营销策略都必须立足于消费者需要的满足和购买动机的激发。因此，研究消费者的需要和动机有着十分重要的理论和实践意义。

第一节　消费者的需要

满足人民群众不断增长的物质文化生活需要，这是社会主义工商企业生产经营活动的根本目的所在。同时，掌握消费者的需要心理，并制定相应的产销策略去满足这些需要，也是工商企业能在激烈的市场竞争中取胜的关键之道。否则，如果不研究消费者需要心理的变化，不了解市场行情，不及时根据市场需要的变化而调整产销策略，顾“产”不顾“销”，就可能造成很大的经济损失，从而在激烈的市场竞争中败下阵来。在实际工作中，这样的例子是相当多的。

一、消费者需要的概念与分类

（一）消费者需要的概念

在影响消费者行为的诸心理因素中，需要和动机占有特殊和重要的地位，与行为有着直接而紧密的联系。消费需要包含在人类的一般需要之中，它反映了消费者某种生理或心理体验的缺乏状态，并直接表现为消费者对获取以商品或劳务形式存在的消费对象的要求和欲望，成为人们从事消费活动的内在原因和根本动力。

需要就是个体缺乏某种东西时产生的欲求的主观状态，是个体客观需求的主观反映。需要常常以愿望、意向、兴趣、理想等形式表现出来。

需要是被人感受到的对一定的生活和发展条件的要求。它既是对内部主观欲求的反映，也是对外部客观现实的反映。同时，人的需要也受着自身世界观、人生观的调节和控制。

（二）消费者需要的分类

人们为了自己的生存发展和社会生活，必然会形成多种多样的需要。对这些需要可以从不同的角度去进行分类：

（1）根据需要的起源，可以分为自然需要和社会需要。自然需要主要是人的身体、生理上的需要，是与生俱来的，因而具有普遍性，是人最基本、最重要也最容易满足的需要。社会需要是人们为了维持社会生活，进行社会生产和社会交际而形成的需要，是在社会生活实践中形成的，因而受到政治、经济、文化、地域、民族、风俗习惯、道德规范等社会因素的影响和制约。

（2）根据需要的对象，需要又可分为物质需要和精神需要。在物质需要中，既有自然的需要，也有社会的需要，如对各种物质商品的需要；而精神需要则大多属于社会需要，如对知识、艺术、审美、道德、自尊、自我实现的需要。以此相对应，可以把商品的消费分为物质消费和感性消费两种，并把全部商品大致划分为功能性（或实用性）商品和心理性（或感性）商品两大类，表 3－1 对两类商品进行了比较。

表 3－1　功能性产品和心理性产品的比较

	功能性产品	心理性产品
购买动机	实用；认知的 例如问题的解决和避免	价值观的表达；满足情感需求 例如感官满足，社会认同
信息处理方式	逻辑的，理性的 因果关系的考虑	整体的，综合的 以映像为基础的思考
关注点	功能表现；性价比 有形的特征	自我的增强，主观的感受 无形的特征

商品是感性商品还是实用商品，取决于人们购买时所采用的评价标准，即评价商品是否值得购买的标准。以物质性功能与价格之比为评价标准，则该商品为实用商品；以商品的非物质功能是否令我愉悦、喜欢等主观感觉为评价标准，则

该商品为感性商品。当然评价标准会因时间、地点、购买者和商品不同而有所不同。在经济落后、收入水平低的时期，感性商品几乎没有。高收入者购买的商品往往是感性商品，而低收入者购买的往往是经济商品。当然，生产资料和一部分生活资料不是感性商品。

（3）根据需要的层次，可以把需要分为生存需要、享受需要、发展需要，并且还可以分为更细致的不同层次的需要。如美国心理学家马斯洛提出的需要层次理论把需要分为生理需要、安全需要、归属与爱的需要、尊重需要、认知需要、审美需要、自我实现需要等类别。

（4）按照消费者对需要的认知程度和识别程度，可将消费者需求分为现实需要和潜在需要，如图 3－1 所示。

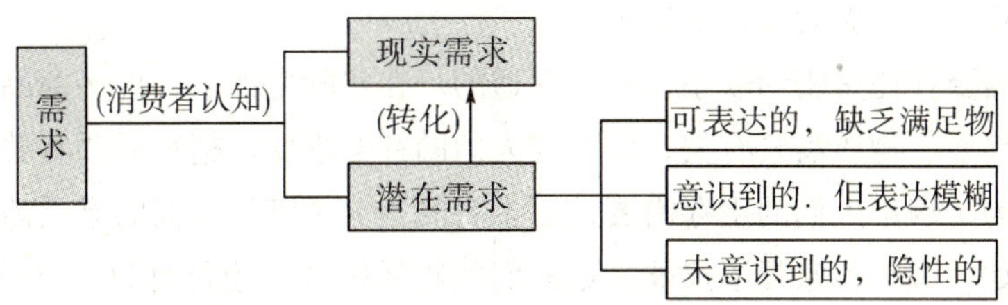

图 3－1　基于消费者认知程度的需求分类

（5）KANO 模型

KANO 模型是日本学者狩野纪昭（Noriaki Kano）受赫兹伯格双因素理论的启发，于 1984 年提出的消费者需求模型，模型把消费者需求分为基本型需求、期望型需求和兴奋型需求三类，其目的是根据消费需求的不同作用，对消费者的不同需求进行区分处理，从而帮助企业找出提高消费者满意度的切入点。如图 3－2 所示。

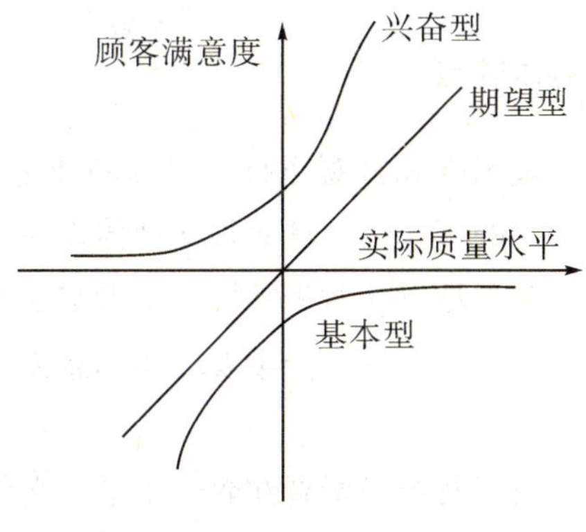

图 3－2　KANO 模型

①基本型需求，是不需要顾客表达出来的、最基础的期望。一方面，它们确实很重要，只要实际情况与顾客的期望有较小的偏差，就会招致顾客的严重不满；另一方面，它的超额满足对顾客满意度（CSI）的贡献不大（图形的斜率很小），基本需求的最佳表现也只能是不使顾客感到不快而已。

②期望型需求，即性能需求，一般需要顾客表达出来。在能达到基本功能的前提下，顾客希望产品或服务在性能上能够提升，在价格上能够优惠。作为产品的供应方，就必须不断改进产品或服务的相关性能，根据顾客表达的需求尽可能生产、提供个性化的产品与服务。

③兴奋型需求，这种需求很少会被顾客表达出来，甚至经常连他们自己也没有意识到，而一旦被满足，顾客会立即感到强烈的喜悦，兴奋型需求的超额满足对提高 CSI 的贡献极大（斜率很大）。

这些需要往往是密切联系，相互渗透的。在实际生活中，许多商品不仅与人们的自然需要、物质需要有关，而且与人们的社会需要、精神需要有关；许多商品不仅是为了满足人们的生存需要，更主要的是为了满足人们的享受需要和发展需要。例如，服装、家具不仅能满足人们的物质需要，也能体现一个人的修养、情操和审美的要求；食品不仅能满足人们的生存需要，还可以通过其色鲜味美、滋补保健的特点，满足人们的享受需要和发展需要。人的精神需要、社会需要，也往往要通过具体的物质产品来实现，例如学习需要书籍、欣赏音乐需要音响器材等。消费者购买某种商品，也往往出自多方面的需要。例如，对一双鞋子的需要，就包含了安全、舒适、清洁、交往、美观、美化形象甚至显示地位等多种需要内容；请客吃饭，也不仅仅是为了满足自然的、生理的需要，还有社会交往、审美、自尊等多方面的需要。

二、消费者需要的基本特点

消费者由于不同的主观因素和客观条件，对商品或劳务的需要是多种多样、复杂多变的，但仍存在共同的规律性，这些规律性体现在消费需要的基本特点之中。认识这些消费需要的基本特点，对于掌握消费者需要的发展变化趋势，并有的放矢地搞好产销与服务工作，有着十分重要的实际意义。

（一）差异性

差异性或称选择性。由于各个消费者在收入水平、文化程度、价值观念、审美标准、性格、爱好、性别、年龄、职业、民族、生活习惯等方面存在不同，在需要的层次、强度和数量等方面就表现出较大的差异性，因而消费者对商品或劳务的消费需要是千差万别、丰富多彩的，这就表现出需要的差异性或选择性。这种差异性也突出表现在不同消费者对相互替代的同类商品或劳务的不同选择上。例如，对穿、用的商品，消费者在档次、质量、花色、规格等方面的需要是各不相同的。正因为如此，供消费者选购的商品应当品种繁多、规格各异、档次有别，以满足不同消费者的不同需要。上海一家“组合式”鞋店运用7种鞋跟、9种鞋底、黑白为主的鞋面颜色，搭配近百种的新鞋，增加了顾客挑选的余地，满足了顾客个性化、差异性的需求，得到了顾客的高度认可。

随着人们生活水平的提高，消费心理的不断成熟，消费者心理追求形成：“基本追求”→“求同”→“求异”→“优越性追求”→“自我满足追求”的基本变化趋势，这些变化必然导致消费需要及其行为的多样化、个性化、情感化。

小资料：中国地区间的消费差异

中国地区之间消费的差异是非常大的，不同的气候、不同的土壤会滋生出不同的消费者。以中国具有一定区域代表性的几个城市为例，会发现，不同区域的城市有着不同的文化，这使得不同区域的消费者有着不同的特征：北京是政治、文化和教育的中心，北京人表现出大气、张扬和潜在的贵族意识，他们在生活中会对政治表现出兴趣。上海是个国际金融中心，也是最具有国际化气息的大城市，上海人的特点是非常精明，同时追求品位和格调。成都人的特点则表现出休闲和慵懒的态度，其生活节奏很慢，更加追求轻松的生活。

城市文化塑造了城市消费者的价值取向，如研究发现，上海人、成都人更倾向于超前消费，而北京人、武汉人、广州人更倾向于稳健的消费，其消费会非常谨慎。

资料来源：佚名. 中国消费市场的地理DNA［EB/OL］. http://yanxiu.22edu.com/qiyeguanli/qiyewenhuaguanli/102282.html.

（二）多样性

消费需要的多样性表现在三个方面：①消费者对同一商品往往有着多种需要。如前所述，人们往往要求商品除了具备某种基本功能外，还要兼有其他的附属功能。②消费者对不同商品有着多种需要。由于人民生活水平的不断提高和价值观念的变化，消费者的需要范围在不断扩大，从吃、穿、住、行到文化娱乐、自我发展等方面都有着十分广泛的需要对象。③消费者可以同时存在各种明显的需要和潜在的需要。例如，有的消费者在购买前并没有明确的购买要求，只是随便逛逛，发现合适的商品时，潜在需要就可能转变为明显的需要；有些需要，甚至连消费者自己往往也难以意识到。

（三）发展性

随着社会生产力和社会经济的发展以及人民生活水平的不断提高，人们对商品和服务的需要不论是从数量上，还是从质量上或品种方面都在不断地发展。消费者的需要是无限发展的，这也是推动商品生产和社会发展的重要动力。

消费需要发展性主要表现在两个方面：

（1）消费水平递进：这是消费需要发展性在消费水平上的表现。即是说，消费者的消费水平遵循从低级到高级、从简单到复杂、从追求数量到讲究质量的演进过程。

（2）消费结构层次上升：这是消费需要发展性在消费结构上的表现。美国心理学家马斯洛提出的“需要层次理论”认为：人的需要是有层次的；只有当低层次的需要得到相对满足以后，才会向更高层次的需要逐渐延伸和发展。我们如果把消费内容分为生存型消费、享受型消费和发展型消费，那么，消费结构的变动规律就是，随着消费者收入的增加，其生存型消费所占比重会出现下降趋势，而享受型和发展型消费所占比重会呈现上升趋势。如果从物质产品消费和服务产品消费来看，则实物消费所占比重趋于下降，而服务产品所占比重趋于上升。若从吃、穿、住、用、行、旅游、医疗、服务的消费来看，则消费结构层次变动规律表现为，随着收入水平的提高，消费者食品消费的支出比例趋于降低而非食品类消费的支出比例趋于上升，即恩格尔系数呈下降之势。

小案例：茶饮料为什么就不能卖去火的概念

一份关于茶饮料的调研报告发现，目前消费者选择茶饮料的诉求正在悄然发生变化。

首先，当前的消费者最喜欢喝的茶饮料还是绿茶和红茶，而奶茶受欢迎程度正在逐渐上升，已进入前三甲，其后是花茶和乌龙茶，其他茶饮料品类提名比率很低。绿茶饮料之所以排名第一位，主要是因为有很大一部分消费者认为绿茶不仅能快速解渴，而且具有明显的去火作用。

其次，消费者购买茶饮料的主要原因已不再是基于中国传统文化的习惯性消费，首要考虑的因素是健康。喝茶饮料的目的是为了解渴和去火。消费者普遍认为茶饮料有着清新淡爽、不易上火的特点，有近70%的受访者认为茶饮料有去火的作用，特别是绿茶和花茶。消费者认为茶饮料与“王老吉”“和其正”等凉茶的不同是，茶饮料能健康去火；而“王老吉”“和其正”凉茶类功能性饮料的主要原料是中草药，是中药去火，有些消费者担心喝多了会对身体有害。

而目前多数品牌的茶饮料未突出去火的产品诉求，这对于茶饮料企业未来发展是一个难得的市场机会。如果茶饮料企业大胆诉求健康去火的新主张，就有可能快速做大市场，做强品牌。

资料来源：佚名. 茶类饮料为何就不能卖去火的概念［EB/OL］. http://www.xiuxianshipin.cn/news/html/?1945.html

（四）伸缩性

消费者需要的层次高低、程度强弱、满足方式等方面是有一定弹性的，在一定条件下是可以变化的。消费者的需要往往受到支付能力等因素的限制，而只能有限地得到满足，可以抑制、转化、降级；低层次的需要也并非百分之百获得满足后，才能进入到高一层次的需要，而是相对满足，这个相对满足的程度是有个体差异的；消费者购买商品或服务时，可能要求同时满足多种需要，也可能只出于某一种需要而购买；在特定的情况下，人们还可能因满足某一种需要而放弃其他需要等，这些都表现出需要的伸缩性。

影响消费需要的伸缩性的因素，除了商品的价格、市场供应、广告宣传、销售服务、商品特性等外部因素外，也与消费者的需要强度、购买能力、情绪状况等内部因素有关，这两个方面的因素都可能对消费需要产生促进或抑制作用。例如，消费者对商品在数量、品级上的需要会随着商品价格的涨落或购买力水平的变化而发生变化，而且价格与消费需要之间的变化在一般情况下呈现反比例变动关系。当然，不同的商品与消费者需要的关系不一样，需要的伸缩性也不一样。一般说来，消费者对于基本的日常生活必需品（如油、盐、酱、醋、米、面等）的需要量是均衡而有一定限度的，需要的伸缩性小；而对于奢侈品、装饰品、高档耐用消费品等非生活必需品的消费需要伸缩性较大。

（五）周期性

某些消费需要不是一次满足就永远满足，而是反复出现，反复满足，而且常常呈现出一定的时间性或季节性。其中，对有些商品的需要常年均衡，要经常购买，如食品、牙膏、洗涤用品等日常生活必需品；有的商品有季节性或节日才需要，如季节服装、节日消费品等。由于需要不断出现，而且在形式上会有所翻新，如皮鞋总是在方头、圆头、尖头、平跟、中跟、高跟之间翻来覆去地变花样。所以，消费者需要的内容也就会不断地丰富和发展起来。

（六）时代性

消费者需要满足的具体内容、方式和水平，往往要受到社会经济条件、社会文化发展水平、社会政治制度、社会道德观念、社会风尚等因素的制约，也受个人经济条件、个人在社会关系中所处的地位、个人所受的教育和生活实践等方面因素的制约。这就使消费者的需要具有时代性，随时代的发展而变化。例如，在经济发达国家与发展中国家的消费者，其需要的水平和内容是有较大差异的；同一个国家，在不同的历史发展阶段上，政治、经济、文化状况会有一定的差异，消费者需要的水平和结构也会与其社会状况相适应。所以，消费者的许多需要看起来是个人的事，但实际上却往往反映了消费者所属的社会集团的需要和社会生产力的发展水平。

（七）补足性和替代性

消费者对一种商品的需要常常同对另一种商品的需要密切相关。消费需要之间的这种内在联系或相关性主要体现为补足性（或互补性）和替代性（或互替性）两个方面。

所谓“补足性”是指当消费者产生对某种商品的需要时，会产生与这种商品相关联的其他商品的需要。从消费需要的数量变化上看，消费者对于有互补性关系的不同商品，其需要数量间变化的关系是正相关的。例如，对西服的需要会刺激对领带、领带夹、羊毛衫、衬衫、皮鞋等相关商品或干洗服务的需要。所以，经营有互补性关系的商品，不仅会给消费者的购买带来方便，还会扩大商品销售。对于组合家具、床上用品、餐具等系列商品，都宜采用系列组合性的产销策略，使商品成系列和配套。

所谓“替代性”是指消费者的需要可以通过购买某些在功能、性能等方面相近或相似的不同商品来得到满足，这些商品可以相互替代。消费者对于有替代性关系的不同商品，其需要数量间的变化关系是负相关的。例如，对智能手机的需要，会抑制对普通手机的需要；对一体式电脑的需要，可能抑制对台式电脑的需要，等等。这就要求商品生产经营者应把握好消费需要的变化趋势，调整好商品结构和服务内容，以适应消费者需要的变化。

（八）潜在性

潜在（或隐性）需要是与显性需要相对而言的，消费者有时候并不明确他们的需求是什么。范晓屏（2003）认为，显性需要是人们自己已经意识到的，能够明确清楚表达出来的，有明确的抽象或者具体需要满足物的一种内在要求；而隐性需要是人们尚未意识到的、朦胧的、没有明确抽象满足物的内在要求。同时，隐性需要又可分为两类，如表3－2所示。深层隐性需要是消费者没有意识到和无法感受到的需要。浅层隐性需要是消费者已经开始觉察到、呼之欲出的需要，但由于自身知识与认知能力的限制，难以用合适的方式和途径表达自己需要的具体意义，也难以找到需要的具体满足物。冲动性购物大多也属于浅层或深层隐性需要。

表3－2　需要的类型

消费者对需要与满足物的认知状态		需要内容	
		已觉察到	未觉察到
满足手段	清晰	显性需要	不存在
	模糊	浅层隐性需要	深层隐性需要

隐性需要常常存在于体验型的需要领域，如感官或美的享受、情感、舒适、休闲、便利、乐趣等。对于生存（自然）需要和一般性的功能型需要，消费者尚能描述，而对于精神、享受、发展等需要，常常是消费者难以准确描述或没有明晰满足物的体验型隐性需要。以盐为例，如果仅仅用于食用，消费者已有相应知识，但如果把盐与盐浴联系起来，就需要传递保健、美肤的信息和消费方式，激活消费者追求健康、追求美丽的隐性需要。

罗永泰将消费者对自身需求的清晰程度和表述水平以及企业对消费者需求认知程度和挖掘水平作为两个维度进行显性需求与隐性需求分类，明确二者的特性与边界（见图3－3）。

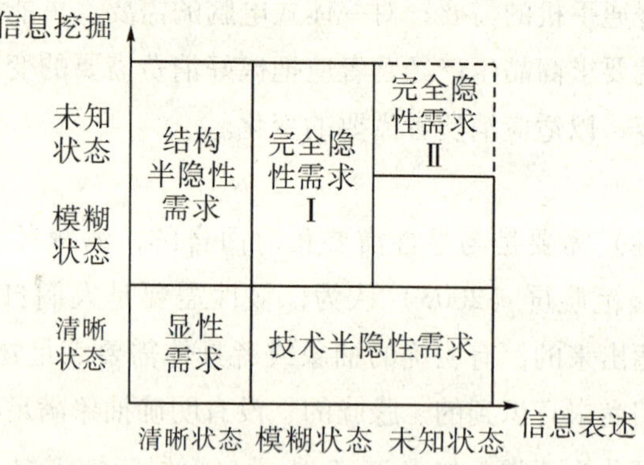

图3-3 基于信息认知的隐性需求边界分析

从图3-3看：① 结构半隐性需求：主要是针对消费者的基本生存和生理、安全需要，由于特定的经济条件和生存环境，消费者对自身的基本需求认识程度较低，这种功能上的结构缺失，是一种半隐性需求。② 技术半隐性需求：主要是企业根据价值工程等原理，进行自主的产品功能开发而形成的产品内在信息，但消费者尚没有意识或意识模糊，是一种半隐性需求。③ 完全隐性需求Ⅰ：是消费者对自身的高层次需求没有清晰的认识，企业现有提供物的功能亦无法实现更高的价值满足感，这种满足内容和提供手段上的部分缺失状态或双重模糊状态，称为完全隐性需求Ⅰ。这是一种处于潜意识层与未知意识层中间的状态，需要对企业满足手段和消费者认知进行强化，在短期内可实现。④ 完全隐性需求Ⅱ：是消费者对自身的高层次需求未知，企业现有提供物的功能亦无法实现的，在满足内容和提供手段上双重缺失的状态，称为完全隐性需求Ⅱ。这是一种完全处于未知意识层中间的状态，需要经过长时间的经济和社会变革逐步实现，企业需要关注特定的人群和生活方式。

许多研究者和企业力图通过“隐性需求分析”（Hidden Needs Analysis，简称HNA）方法来抓住消费者的隐性需求。包括扫描法、投射法、数据挖掘法、顾客意见分析法、顾客知识识别法、竞争对手分析法、“四象限”需求识别法、印迹分析法、质量功能展开法（Quality Function Deployment，QFD）、CEO－EIM顾客需求识别模型等。

隐性需求在行为主体不断认知、学习、使用产品的过程中，伴随着科学技术的发展，能渐渐转化为显性需求，从而被不断满足。又随着显性需求的逐渐满足，期望值进一步提高，从而产生新的隐性需求。这是一个不断螺旋上升的过程。从隐性需求向显性需求转化的机理看，其转化过程的主要驱动因素有产品创新强度和需求认知强度，二者呈双螺旋结构。消费者需求是无止境的，是不断变化的，其主要原因是当一种产品面市后，随着消费者对产品功能应用熟悉程度和技术水平的提高，要求其功能拓展越来越多（电脑、手机就是例子）。当消费者需求发生变化时，会促使企业随之调整其产品功能，或者对产品进行创新。因此，企业只有在不断变化的市场环境中满足消费者多方面、多层次的需求，才能得到尽可能多的消费者的认可与青睐，从而使产品具有更强大的市场竞争力。例如，患近视眼病的消费者是一个很大的群体，常常因为戴眼镜而给生活和工作带来诸多不便。针对这一困扰和潜在的需求，美国博士伦公司成功地开发了一种全新的高科技产品——隐形眼镜，使近视眼患者终于摘下了有形的框架眼镜。

小案例：向和尚推销梳子

有三个推销员向一位老和尚推销梳子，第一个推销员被老和尚骂出来了；第二个推销员跟老和尚说“您可以把梳子送给您的香客”，老和尚留下了十把梳子；第三个推销员对老和尚说：“您德高望重，字也写得好，您在梳子上写上‘积善’二字赠送给香客。香客们肯定不好意思白拿，他们就会给庙里捐钱，您这庙里就有了一部分收入，而且还会香火不断。”老和尚听完特别高兴，当下就和他签了订单。

资料来源：佚名. 三个营销员经典案例：把梳子卖给和尚？［EB/OL］. http://info.shoes.hc360.com/2013/03/261038483818.shtml.

三、CEO-EIM 顾客需求识别模型

该模型由复旦大学的龚益鸣（2003）等人提出，顾客需求识别的大体流程是：顾客列表（发现顾客）——发现顾客需求——顾客需求信息化组织——顾客需求列表。并且识别顾客需求，必须对顾客心理、环境、产品/服务的操作方式等因素进行有层次、有重点的综合考虑。

CEO-EIM 模型的核心部分是“发现顾客需求”，并借用了 KANO 模型的消费需求分类，分为一般需求（相当于 KANO 模型中的“基本需求”和“性能需求”）识别和兴奋型需求识别两部分。其识别步骤由“顾客细分”“环境细分”“操作细分”以及“扩展顾客外延”“寻找隐含的概念与顾客需求驱动因素”

“多元的质量分析尺度”等构成，将这些步骤的英文第一个字母单独提出，即为“CEO—EIM”。

（一）“一般需求”识别

（1）细分顾客（customer classification）：将所有可能在产品使用过程中体现差异性的顾客的个体、群体一一列出，每个企业可根据生产产品的特点，收集并建立自己特有的顾客特征分类表。

（2）细化环境（environment classification）：此处所指的环境，意指产品使用时的外部环境，包括时间、地点、气候等。

（3）操作动作的细化（operation classification）：一般说来，顾客使用产品的过程是由连续的操作动作组成的。为了明确顾客对产品的需求，需要将典型的操作动作分离出来用于分析。

（二）“兴奋型需求”识别

“兴奋型需求”的满足将使顾客“喜出望外”，识别兴奋型需求，需要一些创新性的工具，如：

（1）扩展顾客外延（extended customers）：顾客不仅包括使用产品（服务）的人，还应当扩展它的外延，把与使用产品（服务）的相关人员考虑在内。对于具有无形性、生产和消费不可分离性的服务，更应当重视顾客的外延，这是实现“兴奋需求”的必要条件。

（2）寻找隐含的概念与顾客需求驱动因素（implicated drive）：市场研究的一个基本原则，就是倾听顾客的声音并识别其真正的需要是什么。比如某生意红火的自助餐厅，遇到顾客抱怨排队时间太长。传统的改进方法是消除系统瓶颈，其实除此之外，还可以仔细推敲顾客的需求，从顾客心理角度出发，设计出创新性的服务方案来，使顾客的抱怨得到转移和化解。

（3）多元的质量分析尺度（multiplex scales）：对于无形的服务，另一个有效的识别途径就是采用多元化的质量分析尺度。通过对不同尺度的考虑，往往能够发掘出行业里还没有人认真思考过的、令人兴奋的创新计划。

在创新性顾客需求分析中，企业要将现有环境下已经开发良好的和没怎么开发的质量尺度分开，然后考虑对那些没被开发过的尺度，我们能做些什么？比如，对于照相机，特征、可靠性和审美性等概念开发得很好，但对于感应性、移情、连续性呢？设想，当一个顾客说照相机要有“感情植入”，那照相机该是什么样子？我们可以作这样的构想：将照相机与古老的、随着佩戴者的情绪变颜色的“情绪戒指”概念结合，照相机身上的传感器检测着使用者的情绪，并能将这一信息以某种形式转换到照片上来，形式可以是图案、印刷字、色彩等。百事可乐在饮料瓶上引入新鲜度标记，就是运用饮料装瓶业以前未开发的一个质量尺度的创新案例。

思考一下：消费需要产生的影响因素有哪些？

第二节 消费者的动机

消费者的购买动机是消费者购买商品或劳务时最直接的原因和动力。购买动机是消费者心理结构中的主要因素，外界因素也主要是通过影响购买动机来影响购买行为的。

一、购买动机概述

（一）购买动机的概念

所谓购买动机就是为了满足一定的需要，引起人们购买某种商品或劳务的愿望或意念。所以，购买动机是在需要基础上产生的，是引起购买行为，保持购买行为，把购买行为指向一个特定目标，以满足消费者需要的心理过程或内部动力。有人把动机比喻为汽车的发动机和方向盘。这个比喻是说动机既给人的活动动力，又可调整人的活动方向。

由于人的生理需要和心理需要密切联系且复杂多样，支配某种购买行为的购买动机往往不是单一的而是混合的，从而形成一个动机体系。如果这些动机方向一致，就会更有力地推动其购买行为的进行。如果这些购买动机相互矛盾或抵触，消费者能否采取购买行为就取决于倾向购买与阻碍购买两种动机力量的对比。如果相抵触的动机势均力敌，这时就要依赖外界因素的参与，如营业员的诱导和服务就会起关键性的作用。例如，购买时装的动机，除了御寒蔽体外，还在于追求美观、新颖、舒适，也可能还有显示生活优越、追求时尚的心理原因。如果又要求价格低廉，而价廉往往难以物美，这时就会发生动机冲突。同样，这种动机冲突也常发生在对某两种或几种商品选购的时候。

当然，各种交织着起作用的购买动机，往往具有不同的特点。有的是主导性的购买动机，有的是辅助性的购买动机；有的购买动机是明显、清晰的，有的购买动机则是隐蔽、模糊的，如图3－4所示；有的是稳定的、理智性的购买动机，有的则是即变的、冲动性的购买动机；有的是普遍性的购买动机，有的是个别性的购买动机。如果营业员能够认清消费者各种购买动机的性质、强度、特点，有的放矢地多方面介绍商品的特点和长处，就可能强化消费者的购买动机，促使其采取购买行为。

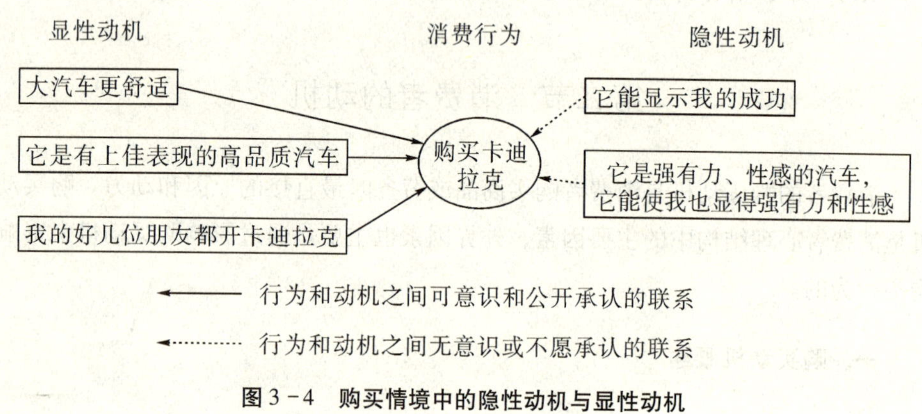

图3－4 购买情境中的隐性动机与显性动机

另外，购买目标与购买动机是既相联系又相区别的。购买目标是人们希望活动所达到的结果，是需要的进一步明确化、具体化，而动机是推动人们达到目标的主观原因。有时购买目标相同，但购买动机可能不同；有时购买动机相同，而购买目标却可能不一样。购买动机是比购买目标更为内在、更为隐蔽、更为直接地推动人去行动的主观原因。例如，同样是购买豪华汽车，有的人是出于追求享受的动机，有的人则是出于向别人显示自己的富裕或满足虚荣心的动机；另一方面，同样是出于消遣娱乐的动机，不同的人却有不同的购买目标，有的人喜欢进舞厅，有的人则经常光顾卡拉OK厅或夜总会。

消费者的购买动机之所以如此复杂，主要是因为它是由需要和刺激两种因素的作用而形成的。

小案例：“哈根达斯现象”：同样的消费行为，不同的消费动机

在现代中国的零售世界里，很多进口商品的价格远超其他国家。一杯星巴克的咖啡究竟该卖多少钱？星巴克咖啡为什么在中国卖得比美国还要贵呢？

在美国，星巴克只是一个快餐式消费品牌，其消费者也只是普通大众，而在中国，星巴克的主力消费者是追随西方文化的都市年轻白领。这两群消费者虽在消费着同样的产品，但在各自社会结构中所处的位置不同，看待这一消费行为的方式也不同，去星巴克喝杯咖啡这件事，对他们有着不同的社会学意义。

这一差别在商业上引出了两个后果：首先，两国消费者的地理分布不同，中国的星巴克消费者更多地集中在白领聚集的大城市，特别是受西方文化影响更大的沿海大都市的中心商业区，这意味着更高的店铺租金；其次，中国消费者为这项消费行为赋予了更多文化意义，包括文化认同、自我身份定位和个性彰显。而这些意义的实现更多地依赖在店消费，而非仅仅买走一杯咖啡，这意味着更低的翻台率和更高的单位固定成本。

或许我们可将其称为“哈根达斯现象”，因为它比星巴克更清晰地演示了上述机制。哈根达斯在美国只是个普通大众品牌，与奢侈无关，但在中国，由于被新潮白领选中而作为“说到它时显得不那么俗气的冰激凌”而身价倍增。再比如，在中国的三四线小城市，周末带孩子去肯德基吃饭是一种奖励，这在肯德基的故乡是不可思议的。

不过，并不是任何西方消费品牌在中国都会有类似待遇，它必须能够典型地代表西方消费文化，而且要时常在影视文学作品中出现，不能太小众。近十几年来，城市年轻人已有了越来越多的机会了解西方世界，而在二十多年前，一个精心捏造的假洋品牌也足以获得高端洋气上档次的地位。

而且，这种商品还必须与被视为更高阶层的身份匹配，才能获得“哈根达斯溢价”。比如自行车，当它作为代步工具时，在当前的中国会被视为与低收入相关联的元素，而只有在它作为健身工具时，才可能是高端洋气的。

全球化时代，随着消费模式在不同文化间传播，“哈根达斯现象”不会少见。从喜欢以某种方式喝咖啡的某甲，到喜欢像某甲那样喝咖啡的某乙，到喜欢让别人觉得他在像某甲那样喝咖啡的某丙，再到喜欢被某乙、某丙们视为同类的某丁，虽然都在喝同样的咖啡，但驱动消费的动机、对服务的需要以及愿意为此付出的代价，都是不同的。

资料来源：周飙．“哈根达斯现象”［J］．21 世纪商业评论，2013（21）：32－33.

思考一下：请描述在购买或获得以下产品或服务时可能会产生的显性动机或隐性动机：a. 滑冰鞋；b. 套装；c. 赛车；d. 汽车；e. 牙膏

（二）消费者购买动机的形成

消费者的购买动机与其生理及心理需要是密切相关的。需要是消费者产生购买动机的根本原因，离开需要的动机是不存在的，相应的，动机也反映着人的需要。但是，并不是所有的需要都会转化为购买动机，购买动机产生的条件有两个：一是内在条件，即需要。而且，只有当需要的强度达到一定程度，渴望得到满足时，才可能引起动机。二是外在条件（诱因），即要有能满足其需要的合适的购买目标。否则，需要就可能处于潜在状态。比如商店出售的食品不卫生，就不会激起有进食需要的消费者的购买动机。

综上所述，消费者购买动机产生的原因不外乎内因和外因，即内部需要和外部诱因两类。没有动机作为中介，购买行为不可能发生，消费者的需要也不可能得到满足。因此，动机及其成因与行为这三者之间的关系可用图 3 -5 表示：

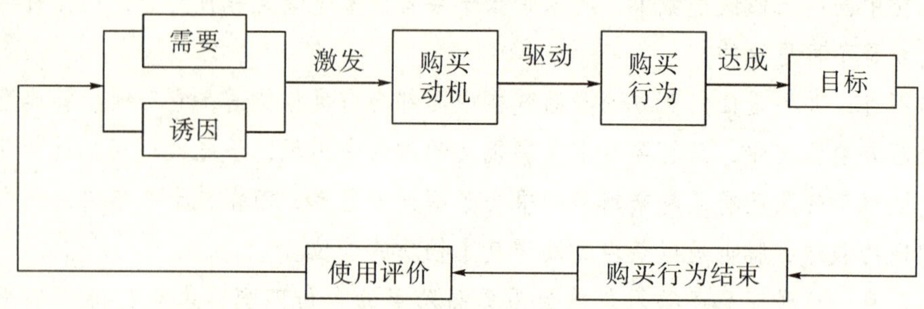

图 3 -5　购买动机的形成

从图 3 -5 中也可以看出，动机的指向（或欲望的对象）和强度是可以被诱导的。例如，某个消费者在家庭装修和购买家具前，可能只有一些简单或普通的想法，但在看过高档家具城的家具、经过设计师的说明和推荐之后，其想法可能大为改变，对某种装饰效果、某些高档次的名牌家具形成强烈的购买欲望。在这个过程中，名牌家具本身、家具的陈列展示、产品宣传图片、设计师的意见及其提供的装修效果图等都成了诱导消费者动机的有效工具。消费者的动机被诱导改变的过程，实际上也是消费者学习、建立相关产品及其购买和使用知识的一个过程。

小资料：购买动机的诱导方式

诱导是在消费者处于犹豫不决的状态时商家所采用的有效的沟通方式，此时的诱导如果运用得当，就会起到“四两拨千斤”的作用。

如何对消费者的购买动机进行诱导，进而影响其购买行为呢？一般而言，要围绕着影响消费者购买的环境因素进行诱导，也要根据影响购买行为的主要动机类型进行诱导。

(1) 品牌强化诱导

消费者对于购买某种物品已经做出了决定，但是对挑选哪个品牌心里没底，在购买现场会表现为对这个品牌的情况问一问、把那个品牌的说明书也拿来看一看，可还是下不了决心。此时运用品牌强化诱导方式，售货员可以突出介绍一个品牌，详细说明它的好处，以及其他消费者对这个品牌的认识、感受，就可以促进消费者的购买。而如果对这个品牌介绍一下，对那个品牌也介绍一下，最后消费者还是不知选哪一个好。

(2) 特点补充诱导

当消费者对选择某一品牌已有了信念，但是对其产品的优缺点还不能一时作出判断时，采用特点补充诱导方式，在消费者重视的属性之外，再补充说明其他一些性能特点，可以通过品牌之间的比较进行分析，帮助消费者进行决策。比如消费者在购买冰箱时，重视外观、容量、噪声，但在这些因素进行了比较之后还不能决定时，可以提示消费者××牌的冰箱“环保性能优越，还可以左右开门，方便在不同地点使用”等来补充产品的优点，刺激其购买。

(3) 利益追加诱导

消费者对产品带给他的利益是感性的，有限的，这就使得消费者对商品的评价具有局限性，此时应利用利益追加诱导方式，增加消费者对某一品牌、某一品种商品的认识，提高感知价值。仍以冰箱为例，某消费者已对华凌三门BCD－268W大冰箱表示了浓厚兴趣，对于品牌、容量都比较满意，但是对于中间那个门的作用认识不足。这时厂家推销员过来介绍道：中间那个门里面有个温度控制开关可以把温度调高，扩充冷藏室的容积；也可以把温度调低，扩充冷冻室的容积，可以随您的需要进行调整。还有一个更重要的作用：一般而言冷冻室温度过低，把生肉等食物放进去以后会迅速冷冻，使得味道会变差一些，但可以保持较长时间。中间那个门里放进熟食、熟肉，两三天内食用绝对不会改变味道，又不用拿出来解冻，可以作为熟食的专用柜。消费者一听，马上就下定了购买的决心。

(4) 观念转换诱导

消费者对某一品牌的印象较低，往往是由于这个品牌的商品在消费者认为比较重要的属性方面其特点还不突出，不具有优势。此时可以采用观念（信念）转换诱导方式，改变消费者对商品的信念组合，改变消费者对商品属性重要性的看法。比如购买冰箱时，消费者把质量放在第一位，价格放在第二位，容量放在第三位，而××牌冰箱的价格不占优势，使得顾客在购买时难以下决心。此时告诉消费者，价格不是主要的，容量比价格更重要，容量选择过小以后要改变就很难了，而价格不是重要的，即使一次购买时价格略高一点，钱还可以再挣，但要换冰箱就不太容易了。这样就会改变消费者对该冰箱价格高、容量大的不好看法，认为容量大比较适合需要，进而对价格也就不那么敏感了。

(5) 证据提供诱导

有时消费者对于选择什么样的商品，选择什么品牌的商品都已确定下来了，但是还没有把握，怕风险而犹豫不决。此时运用证据提供诱导方式，告诉消费者什么人买了，有多少人买了这种商品，促使从众购买动机的强化，消除其顾虑，也可以促成购买行为的产生。

有效的诱导，除了方式方法之外，还要掌握好时机。一个人说话的内容不论如何精彩，如果时机掌握不好，也无法达到应有的效果。因为听者的内心往往随着时间的变化而变化。要对方听你的话或接受你的观点、建议，就要把握住适当的时机。这就好比一个参赛的棒球运动员，作为一个击球手，虽然有良好的技术、强健的体魄，但是如果没有掌握住击球的“决定性的瞬间”，击球迟了或早了，就很难打出好球。

资料来源：佚名. 消费者购买动机类型［EB/OL］. http://tj.100xuexi.com/view/otdetail/20091229/C4F4DAE4-9FAD-49F2-BC50-DA2089FA33A3.html.

二、购买动机的分类

消费者的购买动机是多样的、多层次的、交织的、多变的，但可以按照一定的分类标准进行分类。

（一）消费者的一般购买动机

在消费心理学研究中一般将消费者的一般购买动机概括为生理性购买动机、心理性购买动机两大类。生理性购买动机往往只是“一次动机”，它们几乎是人类与生俱来的，而心理性或享受购买动机是在其基础上产生的“二次动机”。对现代营销来说，“二次动机”可能更有现实意义。例如，用“口渴”这样的一次动机很难解释消费者具体选择“可口可乐”或“芬达”，而不选择“百事可乐”或“统一乌龙茶”的理由。

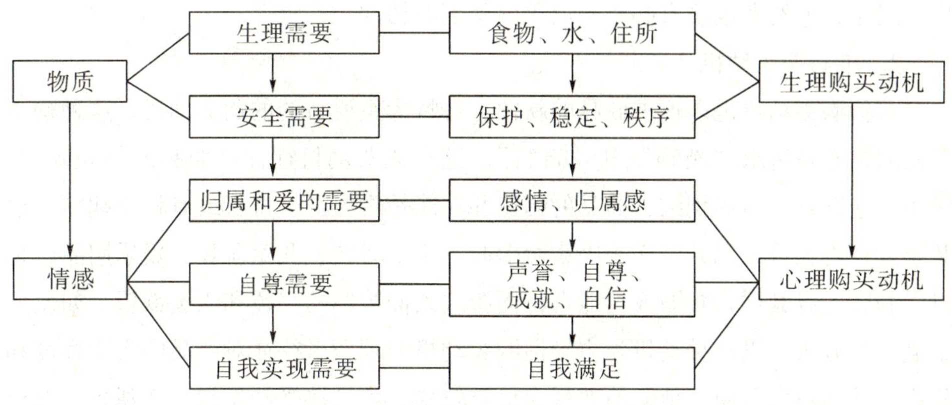

图3－6　消费者需要与购买动机的转化

总之，如图3－6所示，随着生活水平和需求层次的不断提高，消费者心理方面的需要较之生理方面的需要对购买动机及其购买行为所起的作用显得更加重要，纯粹受生理需要驱使的购买动机就越来越少了，心理消费动机逐渐成为现代消费的主导动机。消费者的需求观念已不再停留于仅仅获得更多的物质产品以及获得产品本身，而是出于对商品象征的考虑，也就是说，如今的消费者在消费商品时更加重视通过消费获得个性的满足、精神的愉悦、舒适及优越感，这时，商品中所蕴含的心理价值就显得尤为重要。

（二）消费者的具体购买动机

消费者在实际购买活动中的具体购买动机，要比一般性购买动机复杂、具体得多，这主要是由于消费者在需要、兴趣、爱好、性格、志向等方面存在着较大的个体差异，因而对商品也就会表现出不同的购买选择倾向。

1．求实购买动机

求实购买动机是以追求商品的使用价值为主要目的的购买动机，也是消费者中最常见、最普遍的一种购买动机。这种动机的核心是讲求“实用”和“实惠”。表现在选购商品时，特别注重商品的实际效用、质量可靠、使用方便、经久耐用等方面的特点，而不过分强调商品外形的新颖、美观、包装、知名度、象征意义或商品的“个性”等与使用价值没有什么关系的方面。产生这种购买动机的原因，一方面是由于消费者经济能力有限，难以追求商品的精美外表或购买价格昂贵的名牌商品；另一方面是受传统的实用性消费观或消费习惯的影响，讲求实用，鄙视奢华；另外，有些商品的价值主要表现为它的实用性，如一些日常生活用品，消费者也没有必要去追求商品别的特性。

2. 求新购买动机

求新购买动机是以追求商品的新颖、奇特为主要目的的购买动机。这种购买动机的核心是讲求“新颖”和“奇特”。这种购买动机往往由商品的外观款式、颜色、造型是否新颖别致，商品的构造和功能是否先进、奇特或有科学趣味，包装装潢是否独特或别开生面等因素所引起。不少时装、儿童玩具、娱乐用品就是以奇制胜，以其样式新颖或功能奇特而激起人们浓厚的兴趣和购买欲望，如变形金刚、魔方等。以这种动机为主导性购买动机的消费者往往对商品的实用程度和价格高低却不太重视，他们消费观念更新较快，容易接受新思想、新观念，追求新的生活方式。这种购买动机常以少年儿童和青年男女为多见，他们往往是奇特商品、新商品、流行商品或时装的主要购买者。

例如，诺基亚手机曾标新立异地推出彩壳随心换业务，掀起了一股手机换壳风潮，许多的诺基亚手机持有者纷纷更换彩壳来表现自己的与众不同，而没有诺基亚手机的人也开始把目光对准了风靡一时的、可以随心更换彩壳的诺基亚，这项业务的开展使得诺基亚的销售量在当年跃居全球第一。

3. 求美购买动机

求美购买动机是以追求商品的欣赏价值和艺术价值为主要目的的购买动机。这种购买动机的核心是讲究“装饰”和“美观”。它表现为两种形式：一是追求商品本身的审美价值，二是追求能创造出美的商品。如在选择商品时，重视商品在款式、造型、色彩、装潢等方面是否美观、漂亮、协调、风格独特或富有个性，重视商品的美化功能、装饰功能和对精神生活的陶冶作用，而对商品的价格和实用因素考虑较少。随着人民文化水平和消费水平的提高，这种动机对消费者购买行为的影响越来越大，商品是否美观漂亮已成为消费者是否选购商品的重要因素。所以在产品设计上，必须注意实用性与装饰性、艺术性的结合。一些中、青年妇女和文艺界的人士往往有较强的求美动机，愿意花大价钱购买富有艺术情趣的商品，是化妆品、首饰、家庭装饰品、工艺品的热心推崇者和购买者。

4. 求廉购买动机

求廉购买动机或称求利动机。这是以追求商品价格低廉或追求付出较少的货币代价而获取最大的“效用”或使用价值为目的的购买动机。其核心是讲求“物美价廉”和“经济实惠”。一些商店、服务行业的优惠措施也是以消费者的这种心理动机为基础的。曾有报道说，某大型超市利用消费者的求廉心理，货架上有些商品的标价很便宜，但价签价格与收银小票上的实际价格不符，引发了信任危机。因为有的消费者买了东西，往往对小票懒得过目，结果让商家钻了空子。

中国社会调查事务消费心理调查研究结果表明：我国消费者 89.3% 的人有选价心理，其中 4/5 的人希望物美价廉，另外 1/5 的人偏爱选购高价商品。可见这种购买动机在我国消费者中具有普遍性，但以这种动机为主导购买动机的人则一般是经济收入不高或节约成了习惯的消费者。表现在选购商品时，重视价格之间的比较，重视商品间的“性能价格比”，往往喜欢多方了解商品价格方面的信息，并对同类商品中价格低的商品持肯定态度；在购买时，也喜欢讨价还价；他们往往喜欢到自选商场、廉价商场、批发市场或个体摊点等可以买到便宜货的地方购买商品，而不大轻易在高档豪华商店购物；他们对减价、优惠价、处理价的商品尤感兴趣，而对商品的质量、花色、款式、包装等方面则不十分挑剔，因而是低档商品、废旧物品和残次、积压处理商品的主要推销对象；另外，由于他们好贪“小便宜”，也容易受到不法商贩或伪劣商品的欺骗或坑害。

近年来还有一种趋势，就是在目标市场营销中，较低档次的消费者对于较高档次的消费品而言，往往是求廉购买。比如，不少名牌时装专卖店，本来是面向高收入者的，他们讲究时装的质地、款式、时髦与否，服务、购物环境高雅等等，普通大众一般是不会光顾的，但在换季时大减价清仓处理，普通的消费者也会在此时去抢购，就是求廉动机的激发。

利用求廉购买动机进行价格促销，是商家最主要和最有力的竞争武器。其作用机制是：一方面，价格促销可以实质性地减少顾客在购买产品时的实际支出，降低顾客的购买成本；另一方面，有效的价格促销可以通过提供“原价”“市场价”“建议零售价”等外部参考价格信息，使顾客认同和形成一个高于销售价格的内部参考价格，通过将较高的内部参考价格与较低的销售价格相比较，让消费者感受到正的交易效用（transaction utility）或较高的交易价值，并促使他们下决心购买。

5. 求名购买动机

求名购买动机是由追求名牌商品或仰慕地方特产或传统商品而形成的购买动机。其核心是“纪念”和“荣耀”。在现代社会，追求名牌商品已逐渐成为一种消费趋势，不少消费者对商品的商标及品牌非常重视，对名牌商品充满信任和好感，而且不在乎价格的高昂，有较稳定的品牌偏爱并认牌购买；相反，对非名牌商品则较为冷落。还有些旅游者或出差人员，每到一地，都喜欢购买一些当地的名特产品、风味食品、传统工艺制品或中药材等土特产品。例如，不少外国旅游者对我国一些历史悠久、富有民族特色、技艺精湛的工艺品或古玩字画，也有着强烈的购买欲望。

这种心理现象实际上是人们求实心理、自我表现心理和攀比心理的综合体现。一方面，名牌产品一般情况下都工艺精湛，内秀外美，质量稳定可靠，经久耐用，能满足人们的实际使用需求，使消费者的购买风险降至最低点。另一方面，购买名牌产品既可以表现自己的社会地位，显示自己的经济实力，又能表现自己的文化修养、生活情趣、审美趣味等。人们只要认知了某个品牌，常常就能够主观地寻找自己购买该品牌商品的各种理由，比如自我形象的满足、社会地位的彰显、经济实力的炫耀等，再加上商家的各种广告宣传，从而极易导致对该品牌情感上的寄托和心理上的共鸣。一般来说，求名心理更多表现在人们对轿车、服饰、化妆品、烟酒等商品品牌的追求上。社会层次高的消费者往往有强烈的品牌意识，对品牌的追求也是比较狂热的。他们很大程度上是为了炫耀，满足虚荣心，以获得他人的羡慕。

一些不法厂商利用人们的求名心理，生产、销售假冒名牌产品，以不正当竞争手段获取名牌的市场竞争优势效应。但有相当多的消费者明知是假冒名牌产品，仍然会购买该类产品。这些消费者往往表现出以下特征：对名牌商品有强烈渴望，但因经济约束的原因，决定他们不能购买或不易购买名牌商品。但他们在社会交往中具有强烈的被认同欲望，高消费、时尚、名牌等元素能够成为他们的手段。他们需要运用这些商品符号来显示自身的收入、财富，或赢得羡慕和声誉。“傍名牌”商品成为满足他们这种心理需要的工具。

6. 求荣购买动机

求荣购买动机是消费者在选购商品时，追求名牌、高档、稀有商品，借以显示或提高自己的地位、身份并博得他人的惊讶、赞美、羡慕或嫉妒等，从而形成的购买动机。其核心是“显名”“炫耀”或“自我表现”。在选购商品时，特别重视商品的象征意义、显示功能和社会影响，希望通过购买和消费名贵的商品来显示自己生活富裕、地位特殊、支付能力超群或有较高的鉴赏水平或生活追求，从而获得自尊感、优越感、荣誉感等心理需要的满足；相反，对商品实用价值大小或经济上是否划算并不在意，甚至可以购买自己并不急需而又超出其消费水平的商品。这种购买动机在一些经济收入较高、具有一定社会地位或者虚荣心强的年轻的消费者中较为明显。

按照卢晓（2010）的定义，奢侈品包含了六种特性：绝对优秀的品质、高昂的价格、稀缺性和独特性、高级美感和多级情感、悠久的历史传统和传奇的品牌故事、非功能性。从奢侈品的产品特征上说，其带来的享乐性价值与象征性价值远远大于其工具性价值。其中东方消费者购买奢侈品主要是对自己的身份和社会地位的彰显，看重奢侈品所带来的象征性价值（Vickers，2003）。中国人现在已成为全球最大的奢侈品消费群体，但是2011年中国城镇居民人均收入在全球仅排114名。中国人的面子文化可以很好地解释中国消费者收入相对较低却选择购买奢侈品的现象（Ting－Toomey，1988）。虽然在各国文化中都或多或少存在面子文化，但是由于受到传统文化思想的影响，导致“爱面子”“护面子”和“怕丢面子”成为中国人典型的心理行为和文化现象，并无时无刻不影响着中国人的生活，特别是中国消费者的消费行为。

人们对名牌奢侈品的购买动机是复杂的。维伯伦（Veblen，1899）首次提出奢侈品的炫耀性动机，认为消费者消费奢侈品最主要的动机为炫耀。维格瑞和约翰森（Vigneron and Johnson，1999、2004）提出和验证了奢侈品五维度动机理论，即炫耀、独特、自我延伸或从众、品质和享乐五个动机维度，将个人导向动机与社会导向动机相结合，从而建立起西方消费者奢侈品消费动机的概念性框架。张梦霞（2010）提出的四维动机模型研究表明，我国主体奢侈品消费群体的奢侈品消费动机依强弱程度依次为追求品质卓越动机、炫耀富有动机、自我奖赏动机和驾驭他人动机。王慧（2009）认为，身份象征和自我赠礼是中国奢侈品消费的两个比较有中国特色的重要的奢侈品消费动机，并结合中国传统消费价值观和消费特点提出了中国消费者奢侈品消费动机结构，如图3－7所示。

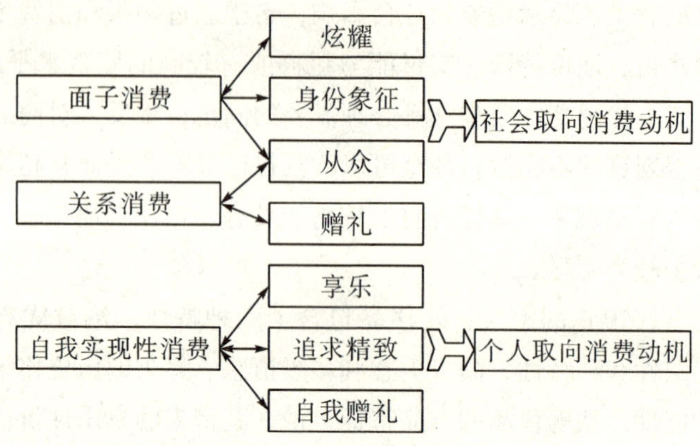

图 3－7　中国消费者奢侈品消费动机结构

小资料：中国人的奢侈品消费心态

一个国际金融危机，把中国推向世界经济的风口浪尖，在欧美国家消费市场普遍疲软的情况下，2009 年中国的奢侈品消费跃居世界第二位，这个出人意料的结果令中国市场成为奢侈品品牌跃跃欲试的新战场。

到底谁是中国奢侈品消费的主力军？有专家分析，一是高端的社会高层和富豪；二是中高端的中产阶级和富裕人士；三是中低端的大众奢侈品的体验消费群体，包括数量巨大的年轻人，这三部分人群呈金字塔式结构分布。很难说这三个消费群体中谁是真正的主力，因为这三个阶层的绝对消费力都非常强大，缺一不可。所以，奢侈品消费市场如今想在中国表现不好都难。

在这样强大的消费潜力背后，国人消费奢侈品的心态到底是怎样的？有专家分析指出，与欧洲成熟的奢侈品市场比较，目前中国的奢侈品市场在消费心理上，虚荣大于品位，真正将享用奢侈品当成一种生活方式的人极少，奢侈品的符号价值远远大于它的实际价值，因为符号可以带来愉悦、兴奋、炫耀、身份、地位、阶层、高级等美好的心理感觉。奢侈品的 A 货、高仿品泛滥市场也从侧面说明符号消费对消费者是如何的重要。消费者往往并不在意或已彻底忘记了一个 LV 包的材质，但消费者特别在意 LV 包的 LOGO——符号是否能被别人清晰地看到。

资料来源：杨仁．盲目虚荣——奢侈品消费的怪圈［N］．河南日报，2010－10－27.

实施“会员制”的企业大多以为可以通过以让利为内容的所谓“忠诚营销”活动来培养客户的忠诚度，但调查发现，多数客户感到商家所给予的回报并不是真正的回报，它们只不过是一种促使客户购买更多商品的手段。不少顾客申请成为会员并不仅仅是为了赢得消费积分和免费物品，他们更多的是希望被“认可”，并受到“特别对待”，尤其是在一些高档服务性企业，顾客最希望得到的是对其特殊身份的确认，并享受到特殊的待遇。如“黄金卡”用户可以不用排队等候；能够由经理或优秀服务员来接待等。

7. 求同购买动机

求同购买动机是由于受社会消费风气、时代潮流、社会群体、周围环境等社会因素的影响而产生的追求一致或同步的购买动机。赶时髦、消费攀比、“你有我也要有”等现象，往往就是由这种动机所驱使而形成的。这实际上是“从众心理”“模仿心理”在购买动机上的体现。例如，某些时新的耐用消费品、服装鞋帽、家庭陈设用品等，常常因为消费者之间互相仿效、崇尚时髦或争强好胜、不甘落后而引起竞相购买的情况。这种购买动机在青年人中尤为常见。例如，MP3、MP4、MP5 乃至 MID 成为青少年消费者不断追逐的时尚潮流。

在旅游团队中，如果其他旅游者纷纷响应导游的号召，前往购物点采购特色商品中，某些并不太想购买的旅游者出于求同或群体中的自我表现的心理，也会适当购买一些产品。

8. 求趣购买动机

求趣购买动机是为满足个人兴趣、爱好而形成的购买动机。其核心是“嗜好”和“偏爱”。有些人由于受生活习惯、业余爱好、学识修养、职业特点等因素的影响，往往有一些特殊的嗜好或偏爱，如种花、养鱼、钓鱼、养鸟、集邮、摄影、抽烟、喝酒、收藏名人字画或文物古董以及对某些食品的特殊嗜好等，由此形成对有关商品的稳定、持续的追求与偏爱。这些消费者一般对商品有较高的欣赏水平和挑选能力，其购买行为也比较理智，指向也比较集中和稳定，具有经常性和持续性的特点。有的人为了满足自己的特殊兴趣，可以不惜代价，不顾经济实力与价格高低，而购买自己所钟爱的商品。

9. 求恒购买动机

求恒购买动机是以满足对某种商品的习惯消费而产生的购买动机。其核心是出于“习惯”或讲求“稳定”。有的消费者对某种牌号的商品、某类商品、甚至某种风格的商品形成了较稳定的消费习惯，购买商品时就根据自己的消费习惯选择商品，购买指向可能较集中和稳定。如习惯于购买某些品牌的牙膏、习惯于购买某种款式或色彩的服装等。这种购买动机可能是由于习惯和熟悉而产生的恒定不变的购买心理，或不愿在纷繁的品种中重新考虑和决定购买哪一种，或为了节省思考判断，或为了排除风险和麻烦而产生的。所以，不少人长期购买某种商品，却可能说不清楚喜欢这种商品的原因是什么，只是由于长期使用和购买而“习惯成自然”而已。当然，消费者的许多消费习惯也是由于对该商品有某种需要而形成的。这些商品一般是经常使用或购买的日常生活用品，而且，商品的特性也能够保持相当的稳定。

10. 好胜动机

这是一种以争强好胜或为了与他人攀比并胜过他人为目的的购买动机。消费者购买商品主要不是为了实用而是为了表现比别人强。在购买时主要受广告宣传、他人的购买行为所影响，对于高档、新潮的商品特别感兴趣。我国不少出境旅游者争相购买国外高价商品和奢侈品，其中就有争强好胜的心理。

当然，以上的分类并不十分全面，比如还有求速、求便、优先、尊重、留念、馈赠、补偿、储备、安全、健康、隐私等许多具体购买动机。另外，消费者的购买动机也常因时间、地点、条件或消费者的不愿表露而会有很大的变化。同时，在实际的购买活动中，其购买行为也往往是多种购买动机共同起作用的结果，只不过这些动机所起的作用大小不同而已。例如，多数消费者在购买日常生活用品时，注重经济实惠和价格低廉，求实、求利的动机较强；而在购买高档耐用消费品时，则喜欢设计新颖、功能齐全、使用方便、不易过时的高档商品，求质、求名、求新、求荣的动机较强。

总之，注意分析和掌握消费者不同购买动机的特点，并有针对性地做好诱导营销工作，对促进消费者的购买行为有着十分关键的作用。

第四章
消费者的态度

消费者对商品或服务的态度往往直接影响其购买决策和购买行为。了解消费者的态度，使消费者建立和巩固积极、肯定的购买态度，改变其消极、否定的购买态度，在商品营销工作中有着重要的意义。

第一节　消费者的态度概述

一、态度的概念

（一）态度的定义

态度是个人对某一对象所持有的评价与反应倾向。态度是建立在人们比较稳定的一整套思想、兴趣和目的基础上的。态度是人的内在心理倾向，但可以通过人们的意见、表情、行为表现来进行推测和判断。

（二）态度的构成要素

态度由三种心理因素构成：

（1）认知因素：它是对客观对象的认识和理解。认知因素往往带有评价功能，它是整个态度的基础。决定消费者认知因素的主要是知识水平、使用经验以及信念、信仰、偏见等，并通过感觉、知觉、联想、思维等认识活动来实现的。比如消费者根据自己的专业知识和实际观察，认为某商品有较好的性能；或者根据使用经验，确认其效果不错；或者根据“名牌商品质量可靠”的信念，确认商品有较高的品质。

小案例：从“达·芬奇事件”看品牌理念误区

如今，消费者在进行消费购买行为时，除了考虑产品的品质、价格、服务等因素外，品牌已经成为重要的考量因素之一。但是，消费者对于品牌的认知，或多或少地存在一些误区，让一些不良商家钻了空子。假冒伪劣的“达·芬奇”家具一度使国内富人趋之若鹜，反映出国人的品牌理念存在诸多误区：

·品牌的就是好的

品牌的作用之一就是“识别产品或服务”。在消费者的眼里，认为“品牌”等同于“好东西”，“品牌”产品就是“好”产品。消费者已经把品牌作为质量和信誉的保证。品牌，理所应当是好的产品。但是，在现实社会中，很多品牌却没有做到这一点。很多品牌频频爆出质量、安全、服务以及诚信等一系列问题，不时会让消费者揪心，商家自己也纠结。

·洋品牌就是好品牌

不少人有崇洋媚外的心理，认为洋品牌就是好品牌，外国货就是比中国货强。有些消费者往往一概而论，把国货一棒子打死，以买洋品牌为荣，认为这样才能显示自己的身份和地位。

·外国名字就是洋品牌

很多企业都知道了做品牌的重要性，也开始着手把品牌当回事。起个外国名字来“傍大款”，就是典型的急功近利的表现之一。通过这种方式来让消费者展开模糊的品牌联想，实质上是在考验消费者的智商，因为总有一些消费者会不明是非。很多企业除了在品牌命名上下工夫外，还通过一些宣传来强调其具有某个国家的纯正血统，希望借此来提升品牌的地位。其实不然，正所谓“心急吃不了热豆腐”，做品牌还得一步一步地来。

·贵的就是好的

只买贵的，不差钱，这是很多消费者在进行购买行为时的心理。他们认为贵的一定是好的。拥有和使用贵的产品，就代表自己的身份比别人高，可以借机显示和提高地位。这其实是爱慕虚荣的心理在作怪。当然，中国不乏有钱人，在追求高品位生活的同时，消费也追求档次。但这也不能以偏概全，很多便宜的产品其实也不错，价廉物美的产品才是老百姓真正需要的。

中国人的消费观念需要改变，对品牌的理解也需要有正确的认知。我们不能盲目地追求洋品牌，应该给国货更多的关注和支持。

资料来源：佚名. 从“达·芬奇事件”看国人消费心理误区［EB/OL］. http://www.shengyidi.com/news/d-574172/.

（2）情感因素：它是在认知因素基础上对客观事物是否满足主观需要的情感体验。它使消费者的态度染上了感情色彩，如对某商品的喜爱、满意、失望、厌恶等。如果商品或服务能满足消费者的主观需要，就会产生积极的态度；否则，就会产生消极的态度。情感因素表达了消费者对具体对象的好恶，态度的强度也往往是由情感因素所决定的，可见，情感因素是态度的核心。同时，情感因素也是态度要素中较为稳定、较难变化的心理成分。

（3）行为因素：它是对态度对象作出某种行为反应的意向或准备状态。它是行为之前的思想倾向，如购买意向："我愿意买此商品。"如果条件许可，购买意向便会引发动机，导致购买行为。

所以，当我们对一种品牌（或商品）有好的态度时，我们一定对这种品牌（或商品）有一些认识，知道有关这种品牌的一些信息，也对这种品牌（或商品）有一个总体的喜欢或好的感觉，同时，也有想要拥有它或购买它的意向。如图4-1所示：

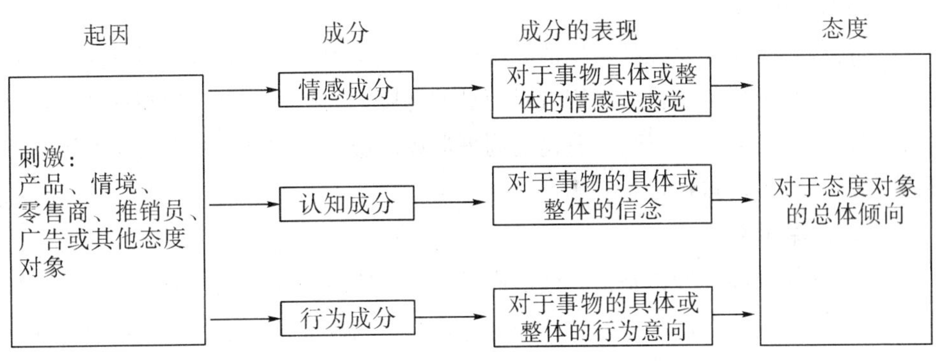

图4-1　态度的组成成分及其表现

态度的上述三种成分一般是相互协调一致的。例如，一个消费者通过各种信息渠道了解到市场上出售的众多牌号的电冰箱中，A牌的质量较好，且价格合理，售后服务较为完善（认知成分），自然会对其产生好感和积极的评价（情感成分），假如这位消费者正打算添置一台冰箱的话，他会愿意选择A牌冰箱作为购买对象的（行为倾向）；反之，则相反。但有些时候，态度的认知因素和情感因素也会有矛盾。例如，某人知道抽烟有很多害处，但就是喜欢抽烟，所以仍想买烟来抽。这也说明，当态度的诸因素发生不协调时，情感因素对态度的影响往往超过认知因素，而行为倾向也往往以情感因素的趋向为转移。

思考一下：在你所看到的广告中，哪些广告内容试图改变以下态度成分：a. 情感成分；b. 认知成分；c. 行为成分

二、态度的特性

态度具有方向、强度和信任度等一般属性。情感上好恶的属性，表明态度的方向；好恶程度表明态度的强度；对特定对象的确信水平，便是对它的信任度。此外，态度还有几个特性：

（一）指向性

指向性又称对象性，是指态度总是针对某一特定的对象，无对象的态度是不存在的。消费者对某种商品持肯定态度，对另外的同类商品就可能持否定态度了，所以，在表达消费者的态度时，应当明确说明其对象。态度的对象不仅仅是具体的人、事和物，还可以是抽象的观念，如思想、动机等，并能针对具体的某一方面。消费者的态度主要是针对商品、服务、营业员及商店的情况而产生的。

（二）习得性

习得性是指态度是在社会生活环境中，通过学习或实践并对获得信息进行加工处理而逐步形成的。比如消费者对商品的态度，或是根据自己的观察及使用经验，或是受广告宣传的影响，或是受周围群体的影响，或是受社会文化的影响而形成的。态度的习得性也是它的社会性。

（三）持续性

持续性又称稳定性，是指态度形成后，在一段时间内会保持相对稳定，有的基本态度还会成为个性心理的一部分，并在其行为反应模式上表现出规律性和一贯性。如果某个消费者对某牌号的商品形成了肯定的态度，当以后再需要这类商品时，就很可能还购买这一牌号的商品。所以，对消费者进行商品广告宣传等营销活动时，最好在其态度形成初期进行，因为这时态度尚不稳定，某些成分尚未固定化，引进新的知识和经验，就易促进态度向积极方向转化。如果消费者对商品已经形成了不良的态度或成见时，就难以改变了。

另外，新产品试销期间给消费者的“第一印象”十分重要，它对消费者的态度形成影响很大。当然，随着消费者对商品接触的增多，原有的成见或偏见态度也会得到改变。

（四）系统性

人的各种态度并不是孤立存在的。由于认知因素和情感因素的制约，每一种

态度的形成或变化，都会受到其他有关态度的影响。比如消费者对某商品的态度，还会受到其对消费的态度、对生产厂家的态度、对商店或对营业员的态度等相关态度的影响。由于态度体系中各种态度的相互关系一般比较协调和稳固，因此，人们往往可以从某人的一种已知的态度推知另外的某些相关态度。

态度的系统性特点还提示我们：一种态度一旦发生变化，往往也会引起相关态度或大或小的连带性改变。

值得注意的是，消费者可以在产品的不同层面上形成自己的态度，从而形成一定的态度层次。具体来讲，消费者可以对特定的产品种类、产品形式、品牌、型号及其具体的、个别的产品属性形成态度。而且，对于同一个对象（产品或服务），在不同的消费情景下，消费者也可能具有不同的态度（见图4－2）。

不同层次的态度之间还会存在一定的相互影响。所以，营销人员在试图影响和改变消费者的态度时，仅仅关注某一层次的态度是不够的。有时候，消费者是先形成较高层次的态度（如对产品种类和形式的态度），然后才形成较低层次的态度（如对特定品牌或型号的态度）；有时候，态度形成的顺序可能正好相反。前一种情况多出现在老的产业或市场中，后一种情况则多出现在新兴的产业或市场中。

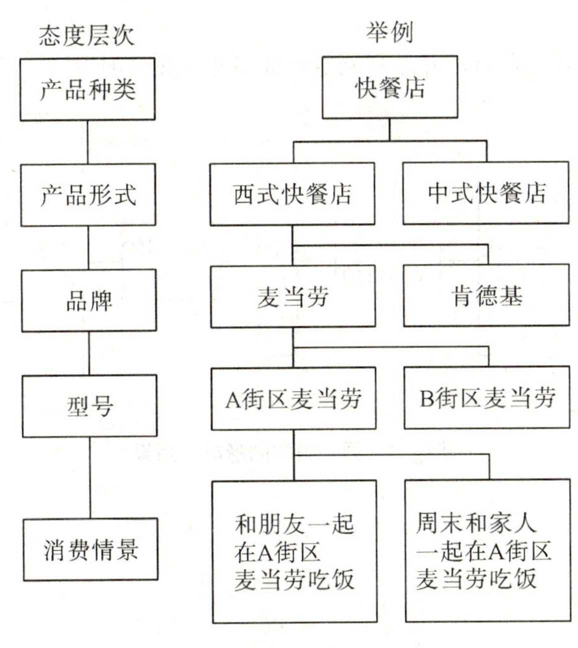

图4－2　消费者态度的层次

（五）价值性

态度的基础是价值。人们对于某个事物所具有的态度取决于该事物对人们的意义大小，也就是该事物对人的价值大小。态度对象的价值可包括多方面的内容，如实用价值、审美价值、道德价值、理论价值、社会价值、感情价值和宗教价值等。事物对人的价值如何，一方面取决于事物本身的客观属性，另一方面也受人的需要、兴趣、价值观等个性倾向的制约。由于个体之间价值观念的差异，不同的消费者对同一商品会有不同的态度倾向。这也反映了态度的主观性。

由于商品往往具有多种属性，比如价格、质量、牌号、性能、使用寿命、式样、包装、颜色等，它们在消费者心目中的意义或价值程度是不一样的。而决定消费者对商品态度的属性，一般主要是被消费者认为较重要的部分属性，其他一些属性则可能被消费者认为无关紧要而影响不大。因为对消费者而言，价值是其从整体产品中获得的各项利益扣除各种获取费用后的余额。例如，拥有一辆汽车，会带来一系列的利益，这些利益包括交通上的便利和形象、地位、喜悦、舒适等。然而，为获得这些利益，需要支付购置费、汽油费、保险费、保养与停车费，还要承受由于车祸而受伤的风险，以及环境污染、交通堵塞等一系列困扰。而这些利益或成本的“地位”并不是相同的，例如多数购车人可能会忽视对环境造成的污染。

价值因素还是形成消费者品牌满意或忠诚态度的本质因素，如图 4－3 所示：

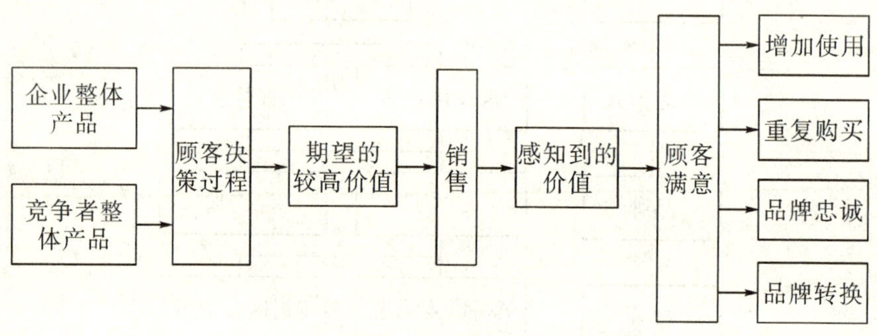

图 4－3　顾客满意的形成与后果

第二节　消费者态度的转变

消费者态度的形成与转变是两个密切相关的范畴。当个体对某一事物事先就持有某种态度时，一种新态度的形成就只不过是原有态度的转变。一种态度形成后就具有持续性，但也不是一成不变的，它可以在外部条件的影响下发生变化。消费者态度的形成受多种主客观因素影响，相应地，这些因素的变化也会影响其态度的变化。当然，转变消费者的态度远比形成态度复杂和困难。

态度转变有两种情况：一种是一致性的转变，即态度强度上的转变，如从否定转变为怀疑；另一种是不一致性的转变，即态度方向或性质的转变，如从否定态度转变为肯定态度。显然，后者更为困难。

如果消费者之前对产品或服务的态度是积极的，那么在接受了关于该项产品或服务的正面信息之后，消费者的这种态度会得到强化；如果消费者对产品或服务抱有消极的态度，那么接收到负面信息会强化这种消极态度。因此，一致的信息对态度具有强化作用。如果消费者接收到的信息与之前的态度不一致，那么消费者很可能会沿着信息的方向修正态度，尤其是当消费者对某项特定产品或服务的评价缺乏信心的时候。但是，如果消费者基于直接使用体验已经建立起了牢固的品牌态度时，不一致的外来信息想要改变消费者的最初态度，则必须具有强大的论据。图 4 -4 显示的是口碑信息对态度的作用：

态度类型 \ 口碑类型	正面口碑	负面口碑
积极	强化	转变
消极	转变	强化

图 4 -4　口碑对态度的作用

由于消费者对商品、商店或服务的态度对其购买行为具有指导作用。因而，转变消费者的态度也是营销策略的一项重要内容。它包括强化现有的较积极的态度，也包括使现有的否定或消极态度转变为肯定或积极态度。

影响消费者态度转变的因素很复杂，主要有三个方面：原有态度的特性、消费者的个性心理以及外界影响因素。

一、原有态度的特性与态度转变

态度本身的特性或形成特征影响态度转变的难易。

（一）原有态度的强度

一般来说，消费者所受的刺激越强烈、越深刻，形成的态度强度就越大，这种较极端的态度就越难转变。可见，营销人员应当了解消费者的原有态度，从而确定适当的宣传目标，保持合理的态度差距，以避免受到对方心理上的抵制，并取得好的说服效果。

例如，某一种护肤品，在非用户当中形成了一种稠密、油腻的印象。非用户更多地把它看成是治疗严重皮肤病的药品，而不是普通的化妆品。营销人员深知，要扩大该品牌的销路，就必须转变非用户的态度。该公司开始在广告中将其产品宣传成一种柔润皮肤的日常用品，并把尽可能多的免费样品抹在潜在用户手上以表明该产品并不油腻。非用户之所以认可这场宣传活动，就是因为他们对该产品态度的形成并非建立在直接使用经验基础上，而只是一种微弱的印象。但是，这种微弱态度也会使竞争者能更容易地将用户吸引过去。如果消费者对公司或产品的态度很牢固时，要想改变这种态度就要难得多了。

小资料：抗拒理论

20世纪60年代末出现心理抗拒理论，把心理抗拒现象及其抗拒效果作为一种态度进行研究。发现在心理抗拒的情况下，事先的说服教育不仅不利于态度转变工作，反而会促使态度向预期相反的方向变化。后来，在心理抗拒理论的基础上发展出心理免疫理论，认为要想促使态度向有利方向转化，事先让被试者参与有关的活动是必要的，被试者积极参与实验者进行的一系列活动，有助于被试者的态度转变。

有时候太过激烈的禁止行动会导致反效果，因为人们不喜欢他们的自由思想和自由行动受到威胁。假如某个行为被禁止，那么人们进而会以叛逆的行为来反抗这种威胁。

唐姆斯·潘尼贝克和约传汉·桑德斯的试验了让人们不再在洗手间的墙壁上刻字所使用两个不同的禁语：

a. “无论如何，绝对不准在墙上涂写。”

b. “请勿在墙上写字。”

你认为哪一个禁语比较会引发抗拒心理，哪一个的效果较好呢？

资料来源：黄正伟. 心理抗拒理论下顾客在线购物体验研究［J］. 商业时代，2015（26）.

（二）原有态度形成后的持续时间

原有态度形成后的持续时间越长，习惯性越强，态度的转变就越难。比如有的人在幼年时期即已形成的对家乡小吃的态度，总是一生不变。

（三）态度形成因素的复杂程度

形成态度的因素越复杂，则态度转变就越困难。如果原来的态度只依赖于一个事实，那么只要说明这一事实现在是错误的或片面的，则态度就会转变；但如果原有态度所依赖的事实很多，就不易转变。另外，消费者在评价某一品牌时对所应采用的标准产生迷惑，将使消费者在做出决策时缺乏自信，而对品牌评价缺乏自信的消费者更容易接受外界信息，其态度也更易转变。

（四）构成态度的三要素间的协调性程度

态度的认知、情感和行为因素之间的协调性或一致性程度越高，态度就越不易转变；反之，就容易发生态度转变。如果消费者与营销者对商品有相似的认知，只是感情上还没能转过来，适当的情感性宣传能有效地转变他的态度；如果消费者对营销者抱有好感，或对营销者的观点已有某种情感上的认可，但思想认识一时还跟不上，适当的理智性宣传就能有效地转变他的态度。

（五）原有态度所获社会支持的程度

原有态度所获的社会支持程度高，比如消费者获悉许多人或自己所尊重的他人或团体持有与自己相同的态度，则态度的稳定性会增强而不易被转变。反之，如果消费者缺乏其他人的相同观点的支持，态度就容易转变。

（六）与相反观点的接触程度

如果原有态度是在接触过不同的观点与论据后形成的，或者接触过不十分有力的相反观点而成功地维护了自己的原有态度，就会像“预防接种”后产生一定“免疫能力”那样，增强他对相反观点的抵制，提高态度的稳定性。

（七）原有态度与自我形象的关系

有些态度不利于自我形象，则容易发生转变；而有利于自我形象的态度，转变就困难。另外，原有态度的公开化也影响态度的转变，这是由于转变公开化的态度往往有损于自我形象，从而促使消费者不情愿转变自己的态度。

（八）原有态度与基本价值观的联系程度

个人的种种态度反映出他的价值观。凡是与消费者个人基本价值观联系密切的态度，就不易转变。比如有些人看重地位、名誉，重视商品的象征意义和显示功能，因而对名牌商品情有独钟，对非名牌商品不屑一顾，很难产生好感。

广告心理学认为，可以通过寻求转变消费者对某一品牌的信念，进而实现转变消费行为，也可以通过转变消费者对品牌的价值观来转变消费者对产品的追求利益。但后者要困难很多。例如，一家止痛剂生产厂商生产一种被消费者认为药效更强、见效更快的品牌。然而，消费者更看重的是得到医生首肯的产品温和性和安全性。该生产厂家可以试图使消费者相信，该止痛剂是一种非处方药品，无须得到医生推荐，其安全性也无须考虑，并且它是一种药效更强的药品。另外，该生产厂家也可调整其广告宣传重点，在继续强调见效快的同时，着重宣传其安全性。后一种策略将会比前者更有效，因为广告说服是在消费者现有价值体系下来转变其对该品牌的信念。

二、消费者个性心理因素与态度转变

不同的消费者在相似的情况下接受宣传，有的容易转变态度，有的难以转变，这是因为个性心理因素上的差异所致。在宣传、说服过程中，要考虑到对不同消费者的个性心理差异，采取不同的宣传方法，这样才能取得好的效果。个性心理因素包括性格、能力、兴趣、气质、经验等方面。

（一）性格因素

个人性格对其态度的转变影响很大。比如具有自尊心强、自信心强、自我评价高、固执等性格特点的人，其态度难以转变；而自尊心弱、缺少自信心、顺从型的人，就容易接受别人的说服；迷信权威的人，在权威面前表现出易被说服的一面，而在非权威面前表现出不易被说服的一面。

（二）知识和能力因素

消费者的专业知识是接受者对产品或服务的信心程度的标志，反映了消费者对产品或服务属性的自我判断水平。消费者的专业知识越高，其受外来信息的影响力就越小。

消费者的能力不同，对事物的理解程度和接受过程的长短就不同，态度转变的难易也就不一样。有资料表明，虽然在一般情况下，智力水平高的人比智力水平低的人更不容易接受宣传而转变态度，但在某些情况下，其态度的转变却比智力水平低的人更容易发生，这主要取决于宣传、说服的内容、性质和方式。例如，能力水平高的人对于强调要对方相信与执行的宣传不易接受，而对于强调要对方注意与了解有关情况并具有说服力的宣传则易接受。智力水平低的人对简单、浅显的宣传易接受，而对复杂、深奥的宣传不易接受。同时，能力强的人由于有较强的独立分析及判断能力，往往根据自己的认识来决定自己态度的转变，所以态度的转变是主动的；能力差的人则往往被动地接受外界的影响或压力而转变态度。

（三）卷入程度

消费者对某一购买问题或关于某种想法的卷入程度越深，他的信念和态度就可能越坚定；相反，如果卷入程度比较低，则更容易被说服。如消费者在购买摄像机时，消费者可能要投入较多的时间、精力，从多方面搜寻信息，然后形成那些功能、配置比较重要的信念。这些信念一旦形成，可能相当牢固，要使之改变比较困难。而在低投入的购买情形下，比如购买饮料，消费者在没有遇到原来熟悉的品牌时，可能就会随便选择售货员所推荐的某个品牌。

另外，一般而言，女性比男性、青年人比老年人更容易发生态度转变。

三、外界影响与态度转变

外界环境因素既影响态度的形成，同样也影响态度的转变。主要有：

（一）信息的作用

消费者对产品的认知程度（信念）要比情感（态度）更容易转变。研究表明：消费者在高卷入（参与）的情况下，信念变化要先于品牌态度的变化。消费者的态度转变往往是在接受了一定信息和意见的情况下，经过判断后发生的。广告宣传等营销活动也主要是通过对消费者态度的认知因素的影响，达到转变其态度的目的。但是，对于感性产品（享受性产品），情感转变比信念转变更重要。当消费者基于情感购买某一产品时，他们依靠的是情感（态度）而不是认知（信念）。

费宾斯的多属性态度模型认为，对对象的整体态度由两个因素构成：显著信念与对象的联系程度以及对显著信念的评价；人们对显著信念的评价能引发他们对事物的整体的态度。一般来说，有关一个对象的显著信念的数量不会超过9个。如果一个消费者解释和整合信息的能力有限，那么他对许多对象所能得到的显著信念就会更少。

其公式如下：

$$A_o = \sum_{i=1}^{n} b_i e_i$$

式中，A_o 为对对象的态度；b_i 为有属性 i 的对象的信念强度；e_i 为对属性 i 的评价；n 为与此对象有关的显著信念的数量。

图 4－5 列举了消费者对佳洁士牙膏的一些信念。

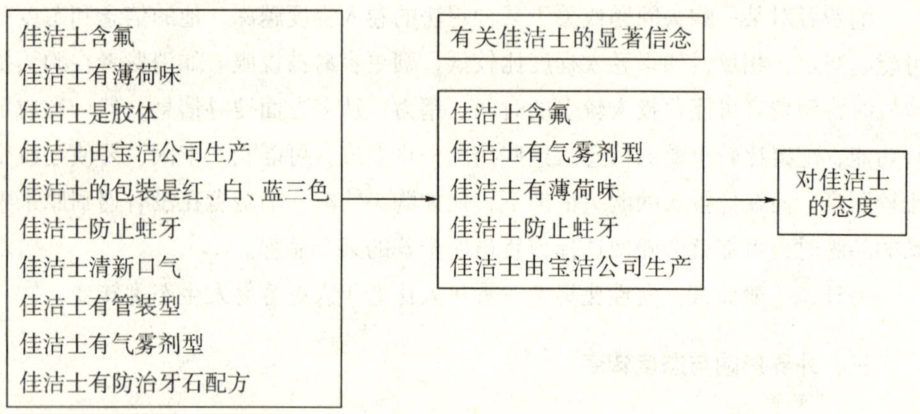

图 4－5　消费者对佳洁士牙膏的一些信念

根据多属性态度模型，有四种基本的营销策略可以用来改变消费者态度中的认知结构：

1. 改变信念

该策略是改变对于品牌或产品一个或多个属性的信念，进行“心理再定位”。例如，许多消费者认为新能源汽车没有传统能源汽车好，就应当设计大量广告以改变这种信念。要想改变信念通常要提供关于产品表现的“事实”或描述。又如，有的消费者认为，广告会增加商品价格，而且广告作为厂商的宣传手段，与商品质量没有关联，因而对广告做得多的商品反而持否定态度。这时，就应以实际的材料来纠正消费者的这种偏见，使他们认识到：广告会促进商品销售并最后导致商品成本和价格的降低，广告宣传也是以优良的商品质量和性能为基础的。

2. 转变权重

调整消费者对商品各属性相对重要性的认识。我们知道，对同一产品来说，由于消费者可能看重的是不同的属性，因而他可能对各属性赋予不同的“权重”，对积极（或消极）的属性强的信念将比同等积极（或消极）的属性较弱的信念对对象的态度产生更大的影响，其结果就是不同的消费者对产品或品牌会产生不同的偏爱。营销者可以说服消费者相信企业产品相对较强的属性是该类产品最重要的属性。例如格兰仕设计了一款圆形微波炉，它只能放在橱柜的桌面上而不是吊柜中，于是就应当在其广告中大为强调其美观大方、使用安全方便的一面，尤其能让女性和身材矮小的消费者感到这些特性在生活中的重要性。

消费者对某些产品的评价不太高，或产品竞争不过对手，一般并不意味着产品的各种特性都不行。在许多场合下，评价不高的产品在个别特性上却胜过对手的特性。问题是消费者对此特性认为无关紧要。因此，重要的一个策略是去改变消费者心目中的这一不重要的信念。例如，选择空调机的标准除了降温速度、降温程度及耗电量等指标以外，还有噪音情况，这个很少有人采用的选择指标，却经常是造成许多人买了空调机后不用的原因。

3. 增加新信念

在消费者的认知结构中添加新的信念，或者唤起消费者对被忽略属性的重视。如“百威”啤酒在促销中强调口感新鲜是好的啤酒的一个重要方面。

4. 改变对竞争产品（商标）的信念

为了在竞争中确立某个商标产品的地位，一种策略就是改变对竞争产品的知觉。例如，在美国的市场上，前联邦德国（西德）一种名叫 Löwenbrau 的啤酒是大多数美国人饮用的啤酒。而另一家啤酒公司也要去分享啤酒市场。它的广告中写道：“您品味过了在美国最有名气的德国啤酒。现在尝尝在德国最有名气的德国啤酒。”这一广告的策略是旨在改变现有美国人对 Löwenbrau 啤酒的知觉，从而取而代之占领市场。

又如，当不少企业都以“售后服务好，维修网点多”为荣，并大力宣传时，而某企业却以“没有服务才是最好的服务”为诉求点，彰显其追求产品零缺陷的价值理念。因为一个优秀品牌的售后服务固然重要，但它是在担心产品质量有质量问题的前提下，售后服务对消费者才是一种权益保障。可是又有谁希望自己买的东西出质量问题呢？谁不希望自己买的东西质量好，没有后顾之忧呢？

5. 改变理想点

最后一种改变认知成分的策略是改变消费者对于理想品牌的概念或旧的消费观念。例如，以前总认为是良药苦口，药如果不苦则效果一定不好。厂商可以强调这个评审药品的原则已经落伍。虽然味道还是主要选择标准之一，但是现在的药必须不苦才是真正的好药。厂商对这些信息的阐释及强调可以帮助消费者做出明智的购买决定。

现在许多环保组织也努力改变人们关于理想产品的概念，如最低限度的包装、制造过程无污染、可回收材料的再利用，以及使用寿命结束后的无污染处置等。

(二) 消费者群体的影响

态度具有相互影响的性质。尤其是其他消费者对商品的看法和态度，对个人的态度影响很大，其作用往往超过厂商及营业员的宣传。许多心理测试证明，当一个人首先表示他对某事的意见后，在场的其他人很容易附和。当另一种意见更有说服力时，人们又可能转变认识。这说明人们对事物的看法、见解很容易相互影响。

这种相互影响的原因很多，比如，消费者可能对某个事物了解不多，还未形成十分明确的态度，就容易接受或附和其他消费者的意见，而随大流会使人感到很安全；也可能出于礼貌，或出于不愿表现出自己的无知，而附和别人的意见。另外，消费者的态度也受其所属群体的期望和要求的影响，群体的准则和习惯力量会形成一种压力，促使其改变态度以同大多数成员保持一致，以求得群体的认同。

一般地说，受消费群体因素的影响而造成的态度转变，有三种形式：

(1) 顺从：是消费者鉴于群体的舆论压力和诱惑等因素，而在表面上采取与大家一致的态度和行为。顺从不是主动和心甘情愿的，因而这种态度转变也往往是暂时性、即景性和不稳定的。

(2) 认同（或同化）：是消费者在认识上接受了群体成员的意见或态度，从而自愿地采取相同的态度和行为。其特征是由被迫接受转入自觉接受、自愿服从。同化能否顺利实现，他人或群体的影响力非常重要。

(3) 内化：是消费者从内心深处接受了他人的观点，并与自己的观点、信念结合，使新态度与个体整个态度及价值体系保持内在一致性，从而自觉地指导自己的思想和行为。其特征是比较稳固、持久、不易改变。

态度的形成与改变是一个复杂的过程，并非所有人对所有事物的态度都必然经历上述过程。有时，仅停留在第一或第二阶段。所以，稳固、持久的态度的形成十分困难。在商业经营活动中，应注意顾客态度的形成与转化，设法进行消费引导、消费教育，促进态度的内化。

四、态度转变理论：精细加工可能性模型

精细加工可能性模型（Elaboration Likelihood Model，ELM）是由心理学家理查德·E. 派蒂（Richard E. Petty）和约翰·T. 卡乔鲍（John T. Cacioppo）提出的，被认为是多年来影响最大的说服理论。

（一）ELM 理论的基本思想

ELM 模型的基本原则是：不同的说服路径效果依赖于对传播信息作精细加工可能性的高低。当精细加工的可能性高时，说服的中枢（或核心）路径特别有效；而当这种可能性低时，则边缘的路径有效。

中枢路径认为态度改变是消费者认真考虑和整合广告中商品信息的结果，即消费者进行精细的信息加工，综合多方面的信息与证据，分析、判断广告中的商品的性能，然后形成一定的态度。其显著的特点是它需要高水平的动机和能力去加工说服信息的核心成分，即当他们试图形成一个有效态度时，用中枢路径加工的人将更深入地考虑说服信息，因此，这一过程需要有较多的认知资源。

边缘路径认为态度的改变不在于认真考虑广告中所强调的商品本身的性能，无须进行逻辑推理，而是根据广告中的一些边缘线索得出结论来形成态度。所谓边缘线索是指广告情境以及一些次要的品牌特征。如信源的特点、背景音乐、图片吸引力、色彩、代言人、产品外观等。如果边缘线索存在，受众就会发生暂时的态度改变；如果边缘线索不存在，受众就保持或重新获得原来的态度。汤姆和艾维斯（Tom and Eves，1999）的研究结果支持了这种观点。该研究发现，那些有背景颜色的广告比没有颜色的广告，在回忆和说服测量上的指标都要高些。

中枢路径和边缘路径至少在三个方面是不同的。首先，这两个路径加工信息类型不同；第二，中枢路径信息加工的认知作用比在边缘路径中的高；第三，引发的态度变化的路径和稳定性不同。通过中枢路径的态度变化主要是通过认知和信念因素的改变，是稳定持久的，因为它们是基于详细而全面的考虑得到的。而边缘路径受情感因素的影响较多，态度变化是短暂的，行为因素的改变也并不完全来自于态度（见图 4-6）。

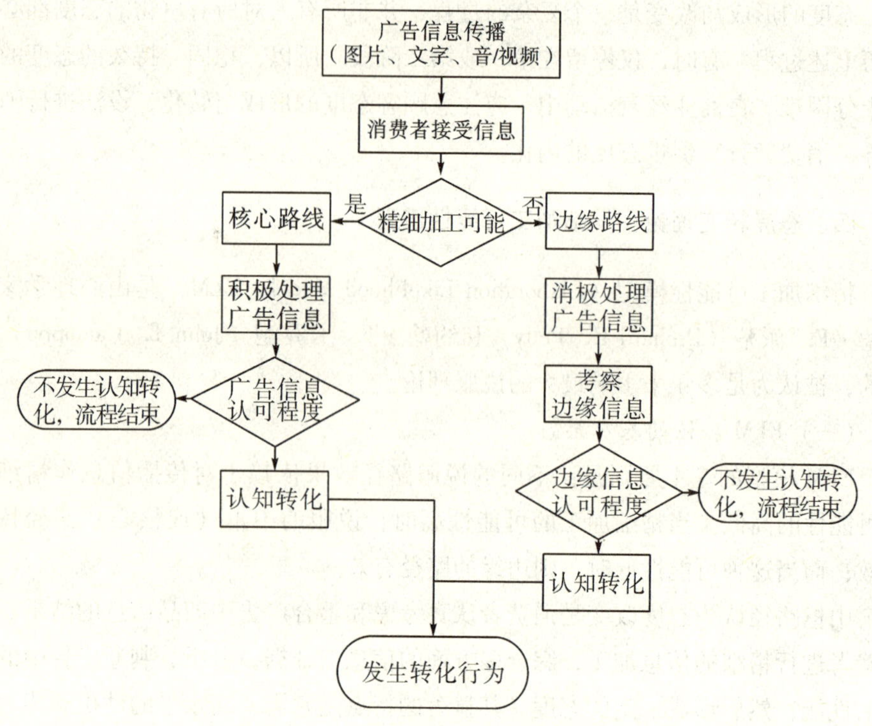

图4-6　精细加工可能性模型

（二）劝导路径选择的两个决定因素

ELM模型中精细加工的可能性或劝导路径的选择主要由消费者分析信息的动机和分析信息的能力所决定。而马西尼和贾沃斯克（MacInni and Jaworski，1989）认为消费者通过何种路径对广告信息进行加工取决于其AMO（即能力、动机、机会）水平。

当动机和能力都较高时，消费者更可趋向于遵从中枢或核心路线；中枢路线包括诉诸理性认知的因素——消费者进行一系列严肃的尝试，以逻辑的方式来评价新的信息。消费者的知识水平较高时往往倾向于理性的选择。

当其中之一较低时，便趋向于遵从边缘路线。边缘路线通过把产品和对另一个事物的态度联系起来，从而也包括了感情因素。例如，促使新新人类购买其崇拜的青春偶像在广告上推荐的某种饮料的原因，实际上与该饮料的特性毫无关系，起作用的是对歌星的喜爱。这是因为人们在对该饮料本身的特性不太了解的情况下，只能通过该信息的外围因素（如产品包装、广告形象吸引力或信息的表达方式）来决定该信息的可信性。

（三）影响动机和能力的因素

（1）广告媒体。消费者越能控制广告展示步骤，就越可能遵循中枢路线。例如，印刷广告比速度较快的电视广告和广播广告有更高的认识详尽程度，广播媒体更可能形成边缘路线态度。

（2）参与或动机。消费者对广告内容越有兴趣，广告信息与受众的相关度越高、对受众越重要，参与度就越高，就越能产生总体的更详尽的认识，从而以中枢路线形成态度。如果消费者不在意广告说了些什么，那么就可能从边缘路线形成态度。

（3）知识水平。知识丰富的人比缺乏知识的人可以产生更多的与信息相关的思想，将更倾向于从中枢路线形成态度。如果消费者不太清楚广告说了些什么，那么就可能从边缘路线形成态度。

（4）理解。不管是因为其知识水平较低还是时间不允许，只要消费者无法理解广告的信息，他们就将倾向于从广告来源或其他周边暗示里去理解广告，而不是通过广告去理解广告信息。

（5）注意力分散。如果观看广告的环境或广告本身使消费者注意力分散，他们将很少产生与信息相关的思想，这将减少中枢路线的可能性。

（6）情绪。如果广告引发消费者的积极情绪，使消费者心情舒畅，他们则一般不愿花精力去思考广告内容，态度形成更遵从边缘路线。

（7）认识的需要。一些人本身就愿意思考问题（也就是说他们认识问题的需要较大），他们经常产生与信息相关思想，其态度形成更遵从中枢路线。

许多研究都验证了 ELM 模型的有效性。例如，维治宁等（Vidrine，2007）进行了一项基于事实的吸烟危害信息和基于情感的吸烟危害信息对不同认知需求水平者的健康危害感知的研究，结果表明基于事实的危害信息对高认知需求者影响更大，基于感性的危害信息对低认知需求者的影响更大。多格（Dorge，1989）研究了广告结构对广告信息加工的影响，发现：在精细化可能性高的条件下，消费者倾向于加工含有比较性的信息的广告；而在精细化可能性低的条件下，消费者倾向于加工非比较性的广告。这是因为比较性广告能提高受众的卷入程度，激发产生更多的相关知识经验，促使他们“仔细而彻底地思考”广告内容，因此倾向于采用中枢路径，反之，非比较性广告则倾向于采用边缘路径。思切曼等（Schumann，1990）分别检验了在信息适合度高和信息适合度低的条件下，广告重复时变化的类型数目对消费者态度的影响。结果发现，在适合度低的状况下，广告少量的变化效果最好；而在适合度高的条件下，广告表现时应采用尽可能多的变化形式。卡斯珀等（Cacioppo，1983）指出，对认知存在高需求的个体更可能积极加工和评价信息。有研究证明，对这类消费者，强硬的争论比弱争论更具劝说效果；而对认知需求低的个体，情况正好相反，太多的争论反而会使其无所适从、难以决策。吴丽颖（2010）对于高卷入度、高知名度产品，可以使用理性诉求与感性诉求相结合的广告来宣传，这样既可以同时启动受众信息加工的中枢路线和边缘路线，即受众在摄取到更多信息的同时也会有情感反应，便于充分发挥受众的心理资源；对于高卷入度、低知名度产品无论采取何种诉求方式的广告进行宣传，受众均没有表现出要购买的意愿；对于低卷入度产品，应该主要通过以感性诉求为主的方式进行宣传。

五、信息传播与消费者态度转变

拉斯威尔（Lasswell，1948）在《传播在社会中的结构与功能》一书中提出5W模式，指出信息传播的五大要素为传播者、传播的信息、传播媒介、受众和传播效果。在这些传播要素之间，存在着编码、译码、反馈以及干扰等动作。

与传统媒体广告相比，网络广告在这些传播要素中均有独特之处。例如，网络广告可以定向投送，即时沟通，提供功能强劲的搜索引擎和超链接，因而其媒介特征兼具传播媒介和营销渠道媒介。从信息特点上看，网络广告信息量大、形式多样、容易获取且呈高度集成的特征。从传受关系上看，传统广告的传播方式是单向的，受众是被动的，广告主也很难得到有效的、精确的反馈，而网络广告是双向互动的，受众可以在网络上主动搜索想要的信息，而这些行为又会反过来告诉广告主消费者的需要或兴趣是什么。

（一）传播者的特点

（1）可信性。主要是指传播者的正直性、诚实性、信任性。它与传播者的地位、主管部门、动机、态度、个性特征、仪表风度等都有关。它往往决定宣传影响力的有无，例如中央级或其他主流媒体比较严谨，可信性就较高，而很多消费者对商业信息来源缺乏信任，因为他们认为商业信息的传递者难以做到客观、公正。同时，人们对宣传者有否通过宣传而获得某种个人利益的动机的判断，也是评价可信性的主要依据。比如，如果人们认为著名的影视明星只是为了获取巨额广告费用而向消费者推荐商品，这种宣传的可信性就会大打折扣。

（2）可靠性。它与宣传者的专业水平、社会地位、职业资格、知识经验有关。它往往决定宣传影响力的大小。内行、老专家、权威机构、中央级宣传媒体等都有较高的可靠性，容易使人信服并转变态度。例如，药品广告中，采用一位医生介绍的作用同采用一位喜剧演员介绍相比，前者会有更大的说服力，但可能违反广告法规。

有关意见领袖的研究也印证了这一观点，发现意见领袖的一个主要特征就是具备出众的产品知识和产品经验。相比非专业人士，专家可以提供更多、更广泛的产品知识。

(3) 亲和性。宣传者能否让人感到亲近和喜欢，也是影响宣传说服效果的重要因素。它主要与个人吸引力和态度相似性两个因素有关。比如影星、歌星、体育明星以及某些思想观点与接受者相近的宣传者，就具有一定的亲和性。它使接受者愿意认同和模仿宣传者的态度。

名人作为信息源有助于态度改变的原因有多种：名人受人喜爱；能吸引人们更多的注意；或者，人们更信赖他们；消费者也许愿意将自己与名人相提并论或效法名人；消费者也许把名人的特征与产品的某些属性联系起来，而这些属性恰好是他们所需要或渴望的。所以，如果名人的形象与产品的个性或目标市场消费者实际的或所渴望的自我形象相一致，往往能提高使用名人信息源的效果。图4-7中所显示的三个成分很好地匹配时，就能有效地促成消费者态度的改变。

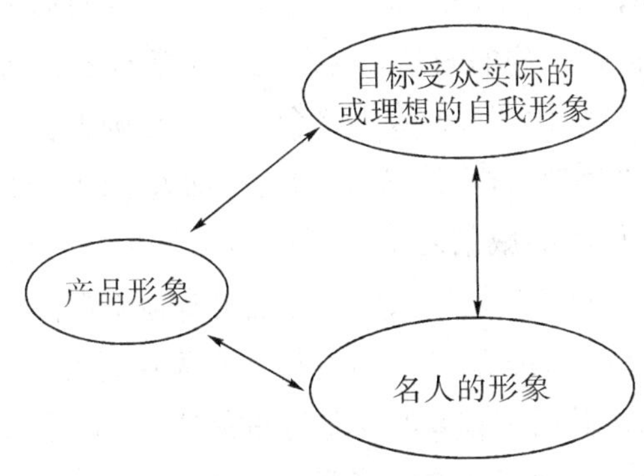

图4-7　名人形象与产品和目标受众的匹配

即使并非名人的形象代言人，如果具有外表或形体魅力，能吸引人注意和引起好感，也会增强说服的效果。这其中可能有“光环效应”的的作用。但是，虽然漂亮的模特更容易引起观众的注意，但在引导观众认真理解广告信息时的作用可能并不大。相反，观众可能因为欣赏广告中漂亮或英俊的人物（并由此产生好心情）而忽视了对广告信息的关注和理解，也没有影响其对产品态度的转变或购买倾向。此外，要使形体魅力在广告中发挥作用，还必须与其他因素结合起来使用。例如，当产品与消费者的外表魅力有关时，如香水、洗发剂、护肤品、珠宝等，有魅力的代言人才会更有说服效果；否则，如果广告宣传的是咖啡、笔记本电脑等与性感或魅力无关的产品，其效果就会受到限制。这表明，使用外表漂亮、性感的代言人做广告，并非在任何情况下都是合适的。如果广告中女模特的色情味太浓，也许会提高产品的注意度，但也可能会使企业形象受到负面影响，结果未必会提高产品的销量。

以“典型”消费者作为形象代言人是“亲和性”的另一种应用。人们一般更喜欢和自己相似的人接触和相处，从而更容易受到他的影响。如果形象代言人给人的印象就像邻居（邻家男孩、女孩或大婶）一样普通、亲切，他便很容易赢得消费者的信任和好感。T. 布瑞克曾于20 世纪60 年代做过一个有趣的试验。他让一些卖化妆品的营业员劝说顾客购买一种化妆品，其中一部分营业员扮演有专长但与顾客无相似之处的角色，另一部分营业员则扮演与顾客身份相似但无专长的角色。结果发现，没有专长但与顾客有相似性的劝说者比有专长而与顾客无相似性的劝说者对顾客的劝说更为有效。

所以，企业应根据其产品的性质和定位以及目标消费者的特征选择适合自己的形象代言人。例如，从产品特点来看，专家型代言人对影响消费者对实用产品（如吸尘器、治疗顽固性疾病的药品）的态度会非常有效；名人作为珠宝、家具之类社会风险较高产品的代言人，效果将会更好；在推荐食品、饮料、家用洗涤剂、普通化妆品时，“典型消费者”则是很能打动人心的一种形象代言人。

有研究表明，宣传者的威信对消费者的影响只是一时性的。随着时间的延续，宣传者特点的作用逐渐减弱，人们的态度更多地受宣传材料的内容与观点的影响，以至于最后接受者的态度变化与宣传者有无声誉并无明显的关系。所以，为了取得一时的效果，聘用声誉高的信息传递者是一个决定性的措施，但要取得长期的效果就还应充分重视信息的内容等其他因素。

（二）信息的形式

1. 图像信息与文字信息

图像的刺激可以产生巨大的冲击力，尤其是当传播者希望引起接受者感性的反应时，生动而富有创意的图像画面能发挥很好的效果。但是，在传递实质性的信息内容上，画面的效果却并不理想。研究发现，当内容信息相同的广告采用不同的表现形式，即分别采用图像形式或文字形式进行表达时，消费者会有不同的反应。文字形式有助于影响消费者对产品效用、功能方面的评价，而图像形式则在审美评价方面具有较大的影响力。而当文字与图像表述结合在一起，特别是当图像与文字表述相吻合时（即画面中的广告语言与图像紧密联系），文字表述会更加有效。

文字信息需要接受者付出更大的认知努力，它更适合于高度参与的情况。当消费者的参与程度较高，他们才会更多地注意和阅读文字材料。文字信息也更容易被遗忘，因此需要有更多的信息接触，方可获得理想的效果。相比之下，图像则可以使接受者在解释信息时对信息的印象更加深刻，加深印象的结果是在人们的记忆中留下深刻的痕迹，不至于随时间的推移而被遗忘。

图像形式的信息可以通过两种途径影响人们对产品或品牌的态度：第一，消费者会因为广告中的图像画面所形成的意象而建立或改变对该产品或品牌的信念。例如，在面巾纸印刷广告中，插入一张日落的照片，会使得消费者联想到这种产品具有迷人的色彩。第二，由图像所引起的某种强烈的正面或负面的情感反应，将影响消费者对广告的态度，进而影响其对品牌的态度。实际上，文字（或语言）形式的信息也是通过这两种途径，从而最终影响消费者对于品牌的态度。图 4－8 中的双因素模型描述了这一过程。总之，文字和图像形式的信息在影响和改变消费者态度方面各有利弊，因而需要将这两种形式充分结合起来加以运用。

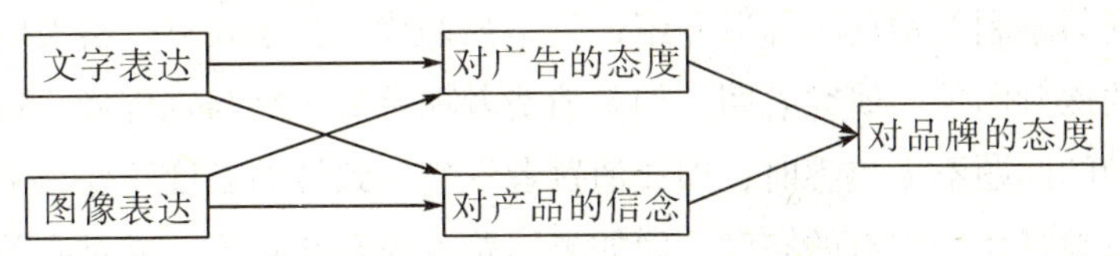

图 4－8　广告影响品牌态度的双因素模型

采用何种信息形式也要根据具体情况来定。如日本丰田花冠汽车在德国的广告主要是传播信息，试图影响有关此品牌的信念，没有建立一个整体形象和气氛。而在美国的广告则完全是形象导向，没有介绍产品，而是试图通过建立一种奢华的气氛来影响消费者对品牌的评估。

2. 活动方式

心理学家勒温（Lewin）曾进行过“不同的活动方式对美国主妇改变吃动物内脏的态度”的实验研究。结果证明：实验组的主妇主动、积极地参与群体的讨论、操作等有关活动，态度的转变比较显著；而控制组的主妇只单纯地接受讲解，被动地参与群体的活动，就很少把演讲的内容与自己相联系，因此态度也难以转变。所以，个体态度的转变依赖于其参加活动的方式。在营销活动中，让消费者积极参与动手操作、试用、示范、质量恳谈会、参观产品的生产和加工过程或让消费者直接参与产品的加工制作及检验过程，就能提高消费者的兴趣和信任感，从而比单纯讲解、宣传的效果好。

从逻辑上来说，态度应该在行为之前，即我们将期望消费者先形成一个对某事物的态度，然后依照态度行事。但在一些情况下，似乎人们首先行动，然后才形成相应的态度。营销者常常努力于鼓励人们先购买或试用，影响其对产品的认知和情感，然后形成态度。例如，试用、演示和赠券在形成态度和行为一贯性中，都比广告更强有力。没有试用经验就形成的态度可能是不稳定的。在这种情形下，"百事可乐挑战"代表着一种说服人们相信百事可乐比可口可乐更好的方式。每年夏天，购物中心和海边旅游胜地就支起了小摊，提供路人在双盲的味觉品尝中比较百事可乐和可口可乐的机会。人们经常会很惊异地发现他们实际上更喜欢百事可乐。

（三）信息的结构

1. 单面说明与双面说明

单面说明是指信息传递者只介绍商品好的一面，而不提及商品可能具有的任何消极特征或竞争商品可能具备的任何优越性；双面说明则介绍正反两方面的情况，将有利与不利的情况都加以介绍，只是强调优点强于缺点，给人们留下一种瑕不掩瑜的深刻印象。研究表明，如果消费者现有的态度与宣传者一致，或消费者对所接触的问题不太熟悉时，即让消费者发生一致性的态度转变，采用单面说明能最有效地强化其现有的态度。而如果消费者还存在疑虑，或对有关问题还存在分歧与争论时，就宜采用双面说明的方式。从消费者的特点上看，如果其文化程度或有关知识及能力水平较高，善于独立思考，双面说明可以帮助其比较鉴别，效果就较好；而如果对方知识和能力水平较低，单刀直入的单面说明效果较好。从时效上看，单面说明产生的即时效果优于双面说明；在长期效果上，双面说明的效果有上升趋势，而单面说明的效果有下降的趋势。

相比而言，双面宣传更易赢得消费者的信任，并有效地避免消费者产生逆反心理，所以，有时说出自身产品的某些无关紧要的不足之处，可以体现出营销者的"客观性立场"，从而提高宣传的可信度。但同时，它可能降低信息的冲击力，从而影响传播效果。因此，企业在传播过程中是否运用双面论证，最好事先通过市场调查了解消费者反应后，再慎重决定。

心理学实验表明，由于首因效应和近因效应的存在，最先和最后阐述的观点往往影响力较大。所以，在双面宣传的内容组织上，可以先提纲挈领地提出有利的正面材料，产生先入为主的效果，然后把反面材料放在中间部分，最后再对正面观点进行综合总结，以取得更好的效果。

资料链接：双面信息容易取得消费者信任

一直强调商品优点的推销术，真的能够吸引顾客吗？

其实，顾客心中想的事情通常是："全部说商品的优点，反而令人生疑。"换句话说，顾客并不会因为推销人员强调产品的好处，而欣然埋单，反而是抱着"太好的事情不能当真"的观点、产生"莫非是有什么不可告人的产品缺陷"的疑问，将推销员说的话"大打折扣"。

推销人员必须了解消费者的这种心理，将产品说得太完美，难免会让人觉得水分大，起到相反的效果。毕竟，商品多少会有不完美的地方，因此不妨使用另一种方式，那就是强调产品缺点，引发顾客的兴趣，进而建立彼此之间的信任。

以数字相机为例，太轻的相机可以说："这台相机很轻便，每天放在包包里也不会增加负担。不过，因为重量太轻，拍摄时可能会容易晃动，如果担心的话，我们有防手震的设计，可以克服这个缺点。"

相反地，如果是太重的相机则可以解释说："这款相机的液晶屏幕设计为9厘米这么大，希望老年人也能看得清楚。而且镜头带有广角功能，变焦范围比一般相机大，所以相机整体重量较重，不过优点是可以端得比较稳。"

当然，若能以推销人员的使用经验为出发点、站在顾客的角度设想，则更有说服力。例如："我也在使用这款商品，跟其他竞争产品比较起来，运作速度可能不是那么快。不过，研发人员告诉我，这项商品是以产品寿命为首要考虑，速度与耐久性无法两全其美，因此只能舍弃一定的速度。现在经济不景气，大家买新东西总是希望可以耐用一点，所以如果您重视产品寿命长一些的话，或许还是可以接受速度慢一点的问题。"

资料来源：佚名. 产品缺点不隐藏，引诱顾客好奇赢得信任［EB/OL］. http://club.qingdaonews.com/showAnnounce_133_3816376_1_0.htm.

2. 结论的明确性

商业宣传中，可以明确地提出已有的结论，也可以只提供足以引出结论的支持性材料，由消费者自己来下结论。一般而言，采取明确结论的形式，可以避免消费者的推断与信息发送者的期望发生偏离，能更有效地转变消费者的态度，特别是在短期内尤为明显。但是如果企业或商品在消费者心目中尚未建立起信誉，采用有一定重复的、非明确结论的宣传，可以取得较好的效果，尤其对于某些文化水平较高的人，可以激发其兴趣和探究心。经由消费者自己的思考而得出的结论，会使其态度更坚定、更有参考价值。

一则广告是否应给出明确结论依赖于消费者对广告或产品的参与程度及广告信息的复杂程度。一般来说，如果产品或广告信息与消费者个人的关联性强，消费者就会关注信息，并自然而然地产生推论。如果讨论的内容复杂或不易被理解，或者消费者缺乏参与该广告的积极性，则在广告中直接给出结论会更有效。

小案例：麦当劳的“老朋友见面吧”主题活动

在麦当劳和人人网推出的“老朋友见面吧”主题活动中，所有邀请好友见面的用户都可以下载麦当劳优惠券以及限时半价优惠，促使消费者到店消费。据尼尔森的跟踪调研报告，在人人网上参与麦当劳“见面吧”活动的用户中有超过50%的人到麦当劳店内进行了消费，直接参与活动的用户对麦当劳品牌好感度提升了33%。这种社交网络广告让网络与现实更加紧密的结合，使得广告的单向传递更好地转换为与受众的互动。

资料来源：雷哲超. 从大数据到社交网络——论广告2_0时代广告投入方式的改变及趋势［J］. 现代营销：学苑版，2014（12）.

3. 信息量

产品信息量必须适度，做到言简意赅。信息量不足，则消费者可能理解困难；而信息量太大，又可能使消费者难以处理太多的信息，产生混乱现象，并降低对重要方面的理解。

（四）信息的传播渠道

1. 信息传播渠道

信息传播的渠道可能是经营者控制的，如广告、包装、产品说明、营销人员推销等；也可以是消费者控制的，如周围亲友或其他消费者不拘形式的口传信息或舆论；也可以是中立的信息，如报刊的新闻报道、商品评价、市场信息等。一般而言，口传信息比报刊、橱窗或柜台宣传所传递的信息对消费者的影响作用更大；营销者面对消费者进行宣传的效果大于通过广播、报刊等传播媒介的宣传效果。其原因主要是因为产生了“自己人效应”，即宣传者与消费者地位相似、观点相近、感情亲近，就可以避免宣传的强加性，而增加可信性和亲和性，从而提高宣传的效果。当然，各种信息渠道是可以互相补充的，它们往往在消费者态度形成和改变的不同阶段有着不同的影响作用。比如，广告等商品经营者所控制的渠道给消费者提供了最初的信息，而口传信息则在消费者购买前起着最后信息源和决定性的作用。

有研究表明，亲朋好友间的口碑信息在影响消费者决策及行为转变方面扮演着极为重要的角色，具有相当大的说服力和影响力。卡兹和拉扎斯费尔德（Katz and Lazarsfeld）发现，有60%的受访者认为口碑是最具有决策影响力的信息来源；在影响消费者购买家庭用品或食品时，口碑对消费者转换品牌的影响力是报刊的7倍、人员推销的4倍；在促使消费者态度由否定、中立到肯定的转变过程中，口碑传播所起的作用则是广告的9倍。

口碑能够对消费者的态度产生影响，是因为口碑具有如下特点：

* 口碑是高可信度的信源。在与亲戚、朋友、同事等周围人交谈有关消费问题的时候，一般不受什么限制或约束，他们之间相互信任程度较高，很自然地能接受周围人的意见；

* 口碑信息流动的方式不像广告那样是单向的，口碑沟通是双向的，即在沟通过程中随时提出问题，从而获得自己想要获得的信息；

* 口碑信息更具有活力，更容易进入消费者的记忆系统；

* 相比其他传播方式，口碑信息受干扰的影响比较小。

2. 宣传频度

一般而言，反复多次的宣传有利于消费者对商品态度的转变。这是因为重复可以增加消费者对内容的注意、记忆和理解；也可以因重复产生一种暗示作用，使人们因熟悉而产生信任和好感；重复还可使信息扩散到较广的范围，当人们多次听到来自不同信息源的同样信息时，就容易相信了。所以，如果同一信息在不同的地点或通过不同的传播途径多次作用于消费者，就更容易使消费者相信。但是，单调乏味、缺乏吸引力和说服力的重复却可能产生相反的效果。因而，重复宣传应当新颖、变化并有适当的时间间隔，以避免重复可能引起的副作用。

（五）信息的诉求方式

1．情感诉求与理智诉求

“以情动人”的情感诉求往往对人有较强的影响力和感染力，但效果容易消失；而“以理服人”的理智诉求产生的效果保持时间较长。所以，如果要取得立竿见影或气氛热烈的效果，应运用情感性的诉求以及幽默、新奇、生动、有趣等富有情绪色彩的宣传手段，激发出消费者情感上的共鸣；但如果要使宣传收到长期的效果，就需依据充分说理的理智手段。一般来说，对于文化程度较高的人，尤其是对宣传的商品比较关心的人，理性因素的影响较大；而对文化程度较低的人，情绪性因素的影响较大。在多数情况下，情理结合式的宣传往往能兼顾不同对象的特点，还能收到既迅速又持久的效果。例如，可先用富有情绪色彩的宣传介绍方式，引起消费者的注意和兴趣，继而通过理性论述，使其在思想上迅速接纳营销者的观点和态度。

从广告来看，那些能激起温馨感的广告能引起一种生理反应，它们比中性广告更受喜爱，并使消费者对产品产生更积极的态度。情感性广告已成为电视广告的主要形式。情感性广告的设计主要是为了建立积极的情感反应，而不是为了提供产品信息或购买理由。情感性广告能通过增加以下内容而促进态度的形成和改变：广告吸引和保持受众注意力的能力；大脑对广告信息的处理水平；消费者对广告的记忆；对广告本身的喜爱；经由经典性条件反射形成对产品的喜爱；经高卷入状态处理而形成对产品的喜爱等。但是，情感性广告比较适合那些追求享乐消费的目标群体或主要为消费者创造特殊体验的产品，但未必适合功能性产品。另外，情感诉求存在不能传递足够信息的风险。当消费者存在认知的需要（消费者还未形成有效的认知）、其产品参与度较高时，情感诉求的效果就会受到限制。

2．恐惧诉求

为了影响消费者的态度，既可以告诉消费者使用商品的好处，即正面诉求；也可以告诉消费者不使用这种商品会导致的不良后果，即恐惧或反面诉求。反面诉求也被称为“恐惧唤起”，它强调态度和行为如果不做改变将会面临一系列令人不快的后果。

例如，有一个老烟民，烟瘾特重，身体也不是很好，所以他一直都很想戒烟。尽管他使出了浑身解数，仍然没有戒掉。后来，有位心理咨询师给这位老烟民看了两张照片：一张是不吸烟的健康人的肺；另一张是因为吸烟而患有肺癌的病人的肺。这个有着30年烟瘾的老烟民看着被厚厚的焦油覆盖并损坏的肺忍不住打了一个寒噤，他彻底地被震撼了。看完后他什么也没说，就低头离开了。从此以后，他就再也没有吸过烟。这就是因为恐惧感极大地加强了他戒烟的态度和决心。

恐惧诉求主要涉及身体方面的恐惧（如吸烟引起的身体损害、不安全的驾驶等）或社会恐惧（如他人对于不合适的穿着、口臭等）。有时，利用消费者的恐惧心理更为有效，尤其是以年轻人为对象的效果较好。但是，所诱导的恐惧程度不能太高，否则会引起人的曲解或拒绝观看。如图4-9所示：

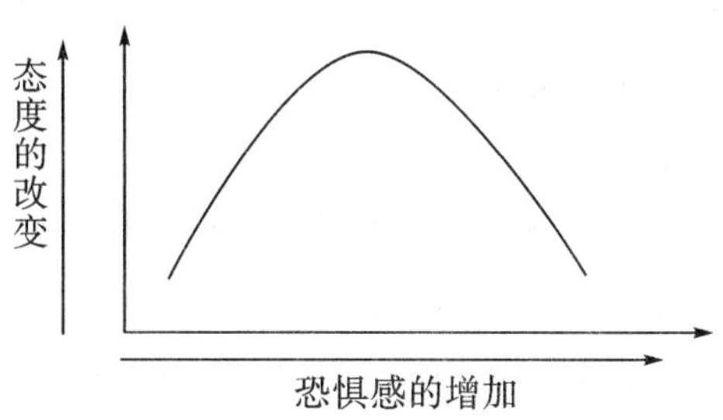

图4-9　恐惧强度与态度改变之间的关系

3. 价值表现诉求与功能性诉求

价值表现诉求试图为产品建立一种个性或为产品使用者创造一种形象。功能性诉求则侧重于向消费者说明产品的某种或多种对他们很重要的功用。

一般地说，功能性诉求对于实用产品较有效，价值表现诉求对于感性产品较有效。也就是说，对于草坪肥料一般不应采用形象广告，对于香水一般不应采用事实性广告。但是，诸如汽车、化妆品、服装之类产品既有实用功能又有体现价值的功能，哪种广告诉求更适合这些产品呢？对此不能一概而论。有些营销者同时选择两种，有些则只使用一种，还有一些营销者根据不同的细分市场使用不同的诉求。

例如，M&M糖果公司在市场调查中发现在当时的美国巧克力市场中，只有M&M巧克力有糖衣。于是，对这个原本不起眼的一个产品特征大做文章，因为巧克力容易在温暖的环境下融化，影响它纯正的口味，而糖衣能够延缓它的融化。广告构思是：在电视广告中只见到两只手，旁白道：M&M巧克力“只融在口，不融在手”。该广告创意体现了产品独特的优点，简单清晰，广告词朗朗上口，很快就家喻户晓。从市场营销学的“独立销售主张说”（USP说）的观点看，每则广告必须向顾客提出一个竞争对手所不能或不曾提出的许诺。

沃尔沃曾试图将其冷酷、可靠的产品形象转变成一种欢乐与幻想结合的形象，但其获得的成功相当有限，使得它只得回到更为注重实际、强调其安全属性的主题上去。

4. 幽默诉求

好的幽默表现不但能提高广告的注目度，而且也有好的信息传递效果。在广告中使用幽默诉求，可以使受众在接收有关广告信息时产生一种愉快的或积极的情绪，从而转变消费者的态度或行为。

幽默诉求产生作用的前提有两个方面：真正展现产品将带给消费者的利益、幽默必须与产品之间有天然的联系。

5. 诉求意图的明显性

一般地说，采用意会、含蓄、暗示等手段，可以减少直接宣传的强加性，有利于消费者态度转变；而当消费者知道了营销者要求自己态度转变的企图时，就容易产生反感和戒备心理，并尽量回避营销者，因而宣传效果就会下降。所以，善于劝导、推销的人，往往是在对象毫无思想准备的情况下，不知不觉地开始他的宣传说服工作。利用电影、文学作品或各种公关活动宣传商品，即所谓“植入式广告”，往往可以取得“‘无心’插柳柳成荫”之效。

例如，在电影《天下无贼》中，为诺基亚手机植入广告的画面：

* 在寺庙中，刘德华偷了一大袋子手机，他拉开旅行袋，特写镜头上可以看出品牌都是诺基亚；

* 影片中，人物之间频繁地用短信的形式沟通，多次展现手机屏幕和 LOGO 的特写；

* 影片结尾，刘德华为保护傻根的 6 万元而死在了火车夹层中，临死前给刘若英发短信，配合剧情镜头极为自然地缓缓地从刘德华的脸转到身旁的手机上。

思考一下：找到并描述从以下方面促成消费者态度形成或改变的广告：a. 可靠的信息源；b. 名人信息源；c. 幽默诉求；d. 恐惧诉求；e. 比较性诉求；f. 情感性诉求

第五章 消费者的个性、自我概念与生活方式

心理学认为，在S—O—R这一行为模式中，人的个性心理差异起着重要的调节作用，是人们行为差异的心理基础。消费者在购买活动中发生的感知、记忆、思维、情感、意志和心理倾向等心理现象，既体现了人的心理活动的一般规律，又反映着心理活动的个人特点，由此形成各具特色的消费者购买行为。研究和了解消费者的个性心理，不仅可以解释他目前的购买行为，还可以在一定程度上预测其以后的消费行为趋向。

从营销的角度看，显然，营销者不应试图去改变消费者的个性，而应在了解其个性特征及对行为影响的基础上，使营销策略适应消费者的个性特征。从消费者来看，“个性化消费”趋势也越来越明显，这一方面与消费者物质与文化水平的提高有关，另一方面互联网与电子商务的发展也为个性化定制化提供了可能。例如，耐克公司曾推出一项名为NIKEID的运动鞋网上定做服务，凡到耐克网站购物的用户都可以根据自己的喜好让耐克公司为其定制运动鞋、背包、高尔夫球等产品。

第一节　消费者的个性与消费心理

尽管迄今为止只有一小部分的研究结果证明了个性与消费行为之间存在着关系，并且还只是一种微弱的关系，但是个性研究及其在营销中的应用价值仍不能低估。有证据表明，个性对于消费者的信息搜寻行为、产品种类的选择、产品使用率、新产品采用、品牌忠诚、信息偏好等都具有显著的影响。

一、个性的含义

个性（personality，也有些人翻译成“人格”），就是表现在一个人身上的那

些经常的、稳定的、本质的心理倾向和心理特征的总和，以及与之相适应的特征性的行为方式。人的个性是在先天生理素质基础上，在一定的社会环境的作用下，通过自身的主观努力而形成和发展起来的。由于影响个性的因素不同，因而产生了各种各样的心理特征，反映在消费者的消费行为活动中自然也多种多样。

小案例：令人心动的手机

一天早上，你看到了你的同事手里拿着一款新款的苹果 iPhone 智能手机，这正是你所心仪的那种，你会即时产生许多不同的念头，以下的几种想法，你是那种呢？

这款手机太漂亮了，我一定要拥有它；

就是价格有点高，我不想为炫耀花费太多的钱；

为她感到高兴，她的表情使你感到高兴；

很想下午就去购买这款手机；

因为她在炫耀，而产生一种厌恶的感觉；

决心不买这款手机，因为我不想与她相同；

有点自卑，因为自己还没有能力购买；

对自己的男友不满，因为他没有送给自己这款手机……

由于个性特征丰富多彩，根据不同的标准，可以对个性进行多种不同的分类。例如，美国学者 Sporles 等（1 9 5 6）以美国高中生为样本成功测量出了八类消费者的个性决策型态：①完美主义型，这类消费者追求最高质量的产品，对消费品有很高的标准和期望，对产品的品质和功能十分关心；②经济实惠型，这类消费者追求低价和物超所值，并可能成为在不同商店和品牌之间进行细致比较的购物者；③品牌认知型，这类消费者的选购定位于昂贵的和著名的品牌，并把商品价格当作质量的指示器；④新潮时尚型，这类消费者喜欢并能够从寻求新物品中得到刺激和乐趣，十分关注消费的新时尚与新潮流；⑤时间节约型，这类消费者尽量避免逛商店，即使有必要，也是速战速决，他们可能为了节约时间和贪图方便而不顾匆忙所导致的质量风险；⑥困惑不决型，这类消费者感觉所有商店大同小异，同类产品品牌十分相似，从而无法进行有效的购买决策，常从亲朋好友处寻求决策支持；⑦粗心冲动型，这类消费者并不事先拟定购物计划，也不关心他们花销的多少；⑧忠诚习惯型，这类消费者倾向于在自己最喜欢的商店购买最喜欢的品牌，它包括“商店忠诚型”和“品牌忠诚型”两个亚型。应当注意，类型说是从“质”的方面划分个性类型，但实际上，人们的个性特征大多只是在“量”方面存在差异。所以，很多人并不是某种典型个性类型，而是中间型或混合型。不同个性类型的消费者必有与其个性相对应的消费心理。

与类型说相对的个性理论是特质说。特质说并不把个性分为绝对的类型，而认为个性是由描述一般反应倾向的一组多维特质组成的，每个人在这些维度上都有不同的表现。比如，成功欲、社交性、攻击性、慷慨等都是可以用来描述个体特质的维度，但每个人在这些方面的表现程度都可能是不同的。

比较而言，特质说的许多研究结论对营销更具有启发意义。例如，一项对吸烟行为的研究发现，那些吸烟较多的人对异性、攻击性及成就评价较高，而对秩序和服从评价较低。同时，吸烟多的人更有可能追逐权力和竞争力，而且更有可能受到与性有关的主题和符号的影响。他们并不像非吸烟者那样具有强迫性和顺从性。因为这种对权力和竞争力的强调，万宝路牛仔成为最成功的香烟广告也就不足为奇了。

消费者的个性心理与其消费行为有着密切的关系，消费行为会受到多种个性心理因素的共同作用。例如，当百事可乐推出水晶百事以迎合消费者对清爽、自然口味的需求时，它立即获取了2%的软饮料市场，使它成了一个价值10亿美元的品牌。但销售很快下滑了，为什么呢？除了一部分消费者能如公司期望的那样将清爽、天然与健康相联系外，许多消费者期望它有百事可乐般的味道（而实际上它没有），还有一些消费者将水晶百事清澈的液体（符号）简单地与水联系了起来，将水晶百事解释为一种稀释的、多水的饮料，从而“低估”了水晶百事的价值。在这些不同的反应中，消费者个体的差异起到了决定性的作用。

二、个性与消费心理

（一）品牌个性

随着社会经济的发展和当代消费文化的变迁，象征消费已不再是少数富人所享有的一种特权，相反已成为普通大众的一种日常消费形式。当品牌具有了象征意义，便出现了品牌个性的概念。品牌个性主要指品牌的象征性特质。在消费者与品牌的互动过程中，消费者往往会与品牌建立起一定的情感关系，消费者也常常将品牌视为带有某些人格特征的“朋友”。

在消费活动中，消费者总是赋予品牌某些“个性”特征，即使品牌本身并没有被特意塑造成这种“个性”，或者那些“个性”特征并非营销者所期望的。但在多数情况下，品牌个性是由产品自身特性和广告宣传所赋予，并在此基础上消费者对这些特性的感知。不同品牌个性的产品所针对的目标顾客显然也是不同的。例如，某公司为它新推出的4个品牌的啤酒创作了4则商业广告。每则广告代表一个新品牌，每一品牌被描绘成适用于某一特定个性的消费者。其中，有一个品牌的广告上是一位“补偿型饮酒者”，他正值中年，有献身精神，对他来说，喝啤酒是对自己无私奉献的一种犒劳。其他几个品牌分别被赋予“社交饮酒者”（如校园联谊会上的豪饮者）、“酒鬼”（认为自己很失败而嗜酒）等“个性”。该试验让250位饮酒者观看过4则广告并品尝广告中宣传的4种品牌的啤酒。然后，让他们按喜欢程度对啤酒排序，同时填写一份测量其“饮酒个性”的问卷。试验结果显示，大多数人喜欢品牌个性与他们的个性相一致的啤酒。这种好恶倾向非常强烈以至于大多数人认为至少有一种品牌的啤酒不适于饮用。他们不知道，其实这4个品牌的啤酒是同一种啤酒。看来，那些商业广告所创造的产品“个性”确实吸引了具有类似个性的消费者。

研究表明，许多产品的个性与产品选择存在联系，相关系数一般都在0.3以上。当某个品牌的个性和消费者的个性保持一致时，这个品牌将会更受欢迎。既然个性会影响产品和品牌的选择，在营销实践中，企业的产品和品牌自然就不可避免地要迎合消费者个性的状况，体现出其个性与特质。而各类商业广告在创造品牌“个性”以便吸引具有类似个性的消费者前去购买等方面功不可没。

品牌个性是品牌形象的一部分，是一个品牌与另一个品牌相区别的重要因素。许多消费品都拥有品牌个性，消费者也倾向于购买那些与他们自己具有相似个性的产品或那些使他们感到能让自己的某些个性弱点得到弥补的产品。例如，某品牌的香水可能表现出青春、性感和冒险，它更受性格外向的女士喜欢；而另一个品牌的香水可能显得庄重、保守和高贵典雅，易受性格内向的女士喜欢。具有不同个性的香水，会被不同类型的消费者购买或在不同的场合使用。

思考一下：如果以下品牌是一个人，你认为它属于哪种类型的人呢？或者说哪位明星更适合作该品牌的广告代言人呢？

品牌：TCL、美的、康佳、海尔、方太、小天鹅、波导

明星：濮存曦、蒋雯丽、章子怡、周杰伦、成龙、张柏芝……

（二）个性与购买决策

在消费者的决策过程中，个性也会起一定的作用，也就是说，个性不同，在购买决策过程中的表现也不同。从个性角度把握消费者购买决策过程差异的变量有认知欲望和T性个性等方面。

1. 认知欲望

认知欲望是指人爱思考的倾向，是把握个性差异的变量。就是说，认知欲望反映的是“个人思考多少”“爱思考的程度如何”等问题。认知欲望高的消费者（爱思考的消费者）比认知欲望低的消费者（不愿思考的消费者）更注意信息的质量，而认知欲望低的消费者比认知欲望高的消费者更容易受像广告模特那样的边缘刺激的影响。

2. 风险承担

任何一个消费主体天生有一种防范风险的意识和能力，当然这种意识和能力是有差别的。风险承担是指消费者是否愿意承担风险的个性差异。一些消费者被描绘成“T型顾客”（Thrillseekers），这类顾客较一般人具有更高的寻求刺激的需要，追求新奇，容易厌倦，他们具有追求冒险的内在倾向，更可能将成功和能力视为生活的目标。与此相反，风险规避者在购买决策过程中总是忧虑，担心受损失。

3. 自我掌握或自我驾驭

自我掌握或自我驾驭自然也会影响决策。国外学者辛德将自我驾驭界定为这样一种个性品质，它反映个体是更多地受内部线索（Internal Cues）还是更多地受外部线索（External Cues）的影响。消费者自我驾驭程度是高低不一的。自我驾驭程度低的个体，对自身内在的感受、信念和态度特别敏感，并认为行为主要受自己所持有的信念和价值观等内在线索的影响。与此相反，自我驾驭程度高的个体，对内在信念和价值观不太敏感。国外学者凡恩和舒曼发现，消费者与销售人员的自我驾驭特质存在交互影响。当双方自我驾驭水平不同时，互动效果更加正面和积极。相反，当双方自我驾驭水平不相上下时，互动效果不甚明显。

在商业活动中，可以通过对消费者购买态度、购买情绪、购买行为方式的观察、分析和判断，认识消费者的个性特点，并大体区分其个性类型，从而有针对性地做好营销服务工作。例如具有外向友善型、勇于冒险型或时尚领导型性格的消费者，容易成为商品宣传、新产品推广、扩大市场影响的有力助手。

（三）个性化消费与 C2B 模式

通俗地说，“个性化消费”就是人们要求自己所使用的产品或消费的服务打上自己的烙印，让产品或服务体现自己独特的（而不是大家共有的）个性、志趣和心情。

在个性化消费阶段，消费者购买商品越来越多的是出于对商品独到性的考虑，即为了商品的特殊性而购买。商品的个性化特点是通过某些具体的形式表现出来的，这些特点又在一定的程度上显示出了该商品持有人的社会地位、经济地位及生活情趣、个人喜好等个性特征。在这一背景下，很多消费者是凭着自己的感觉、情趣来消费商品和服务的，他们购买商品时，更多地是为了情感上的满足、心理上的认同。“我喜欢的就是最好的”，这是这一类消费者经常挂在嘴边的一句话。他们对商品或服务的情感性、夸耀性及符号性价值的要求超过了对商品或服务的物质性的价值及使用价值的要求。“我要购买那些能够给我带来个性化生活的东西。我要购买那些能够让我创造自己、了解自己的东西，购买那些能够让我实现心理自主的服务。”这一思想反映出消费个性化的潜在趋势。

个性化的消费越来越多地表现出了感性消费的特征。一般来说，倾向于理性消费的消费者追求获得更多的物质产品，或者物质产品本身具有更强的物理性功能。消费者的购物标准主要是经济上的合理性，功能价格比是其实际购买行为中自觉或不自觉地采用的标准。而倾向于感性消费的消费者则更青睐商品的象征性功能（例如：显示个人的社会地位、经济实力、文化素养和生活情趣等），以获得精神上的愉悦，强调的是心理需要。

在网络时代，一个企业为一群消费者服务的大众化消费时代正逐步演变为一位消费者有一群企业为之服务的个性化消费时代，把传统的“我生产你购买”模式转变成“你设计我生产”的模式，“made in internet”的 C2B 模式时代已不再遥远。虽然消费者不能完全自主自由地设计产品，但至少产品的某一部分可以根据消费者的个性化需要去设计变化。例如，美国通用汽车公司在实施萨顿计划以后，顾客在该公司的任何一家经销店都可以坐在电脑旁，任意挑选他们欲购买的汽车颜色、座位、配置等，顾客的要求会很快地传送到生产企业，并按指定要求及时组装汽车。海尔推出“我的冰箱我设计”活动不到一个月时间内，就收到 100 多万台定制冰箱的订单，而海尔冰箱年产量首次突破了 100 万台时，却用了整整 5 年时间。这些都说明网络时代可以使满足千差万别个性化需求的市场营销成为现实。

C2B的核心价值在于从用户需求出发，提供以满足用户个性化需求的商品。马云在2015年汉诺威IT博览会（CeBIT）上宣称："未来的世界，生意将是C2B而不是B2C，用户改变企业，而不是企业向用户出售——因为我们将有大量的数据；制造商必须个性化，否则他们将非常困难。"小米手机以其"粉丝饥渴营销+C2B预售+快速供应链响应+零库存"策略，成为手机行业的一匹大黑马。但小米手机仅仅实现了产品数量的精确定制，还没有达到产品本身的个性化定制，而后者才是C2B模式的要义所在。

C2B模式的一个重要特征是企业在做决策之前已经精确知道了顾客的需求，而这并非易事。商家对消费者需求描述的解读或对消费者行为的数据挖掘，都未必能准确反映消费者的理想需求。小米手机、聚定制主要是通过网络预售或市场调查，了解消费者的碎片化需求，然后让消费者在卖家提供的有限选择中进行"微定制"，这样的"个性化产品+批量定制"模式还只是C2B的初级形态。

资料链接：从青橙手机到小狗电器——互联网时代的C2B个性化定制浪潮

青橙采取C2B模式发布了号称全球首款用户深度定制的智能手机青橙N1。青橙N1的定制针对每一位消费者，消费者自由搭配的选择非常广，涵盖手机外观如图案、色彩、签名；硬件配置如CPU、内存、显示屏分辨率、前后摄像头；软件如用户界面、专属App及售后服务等，这样一来，用户搭配出来的结果则是一款专属于自己的智能手机。

小狗电器曾是第一个进驻国美电器的吸尘器品牌，然而最终却没办法承受传统渠道的费用成本，最终选择转向互联网，跟线下渠道彻底说再见。随后小狗电器在2012年5月的销售淡季，推出了"聚划算"全球首发万人定制团购活动，通过全民投票，定制机型，团购阶梯定价，团购越多价格越划算的形式，3天热卖29 416件，创造了淘宝家电业有史以来最高的单日销售纪录。2013年5月，小狗电器在天猫商城也举行了一次大规模的定制化活动，众多网友献计献策，其颜色、功能、名称均为网友定制，最后这款定制机正式命名为"蓝盾"，并于5月13号至5月15号在天猫商城开始发售。在短短的3天时间内就卖出了近2万台，定制化呈现出巨大潜力。

资料来源：肖明超. 从青橙手机到小狗电器——互联网时代的C2B个性化定制浪潮[J]. 现代企业教育，2013（17）.

第二节　消费者的自我概念与消费心理

如上所述，商品的品牌个性能够与消费者的个性心理品质相联结，从而对其消费行为产生影响，实际上这就是品牌个性（或品牌形象）与消费者的自我概念（或自我形象）相一致而产生的结果。在此基础上形成了“自我概念和品牌形象一致性理论”（Sirgy，1985）。这一理论认为，包含形象意义的产品通常会激发包含同样形象的自我概念。例如，一个包含“高贵身份”意义的产品会激发消费者自我概念中的“高贵身份”形象。因此，消费者的自我概念与产品形象一致是影响购买动机的重要因素。例如在购买服装时，性格外向的人喜欢新颖、时髦的款式和对比强烈的色彩，因为他觉得这样的选择符合其自我概念。正是在这个意义上，研究消费者的自我概念对企业营销特别重要。

一、自我概念的含义

自我概念也称自我形象，是指个人对自己的能力、气质、性格以及收入、地位等个体特征的知觉、了解和感受的总和。换言之，即自己如何看待自己。自我概念回答的是“我是谁”和“我是什么样的人”一类问题。每个人都需要在行为上与他的自我概念保持一致，这种与自我保持一致的行为，有助于维护个人的自尊，也使其行为具有一定的可预见性。如前所述，消费者倾向于选择那些与其自我概念相一致的产品、品牌或服务，避免选择与其自我概念相抵触的产品、品牌和服务。正是在这个意义上，研究消费者的自我概念对企业营销特别重要。

二、自我概念的构成

自我概念实际上是在综合自己、他人或社会评价的基础上形成和发展起来的。过去，人们一般认为消费者只有“一个单一的自我”，而且仅对那些能满足这个唯一自我的产品或服务感兴趣。然而，研究表明，把消费者看成具有多重自我的人更有助于理解消费者及其行为。这是因为现实生活中存在着大量这样的事实：特定的消费者不仅具有不同于其他消费者的行为，而且在不同的情境下也很可能采取不同的行为。在不同的情境下（或在扮演不同的社会角色时），人们往往就像换了一个人一样。

自我概念的构成如表 5－1 所示。

表 5－1　　消费者自我概念的不同层面

自我概念层面	实际的自我概念	理想的自我概念
私人的自我	我实际上如何看自己	我希望如何看自己
社会的自我	别人实际上如何看我	我希望别人如何看我

在不同的条件下，消费者可能选择不同的自我概念来指导他的态度和行为。例如，就某些日用消费品来说，消费者的购买行为可能由实际的自我概念来指导；对于某些社会可见性较强的商品来说，他们则可能以社会的自我概念来指导其行为。

而心理学家威廉·詹姆士认为，自我概念包括三个构成要素，即物质自我、社会自我和精神自我。这三种构成要素各伴有自我评价的感情（即对自己满意与否）以及自我追求的行为（见表 5－2）。

表 5－2　　自我概念的构成要素

	自我评价	自我追求
物质自我	对自己身体、衣着、家庭所有物的自豪或自卑	追求身体外表、欲望的满足，如装饰、爱护家庭等
社会自我	对自己在社会上名誉、地位、亲戚、财产的估计	引人注目、讨好别人、追求情爱、名誉及竞争、野心等
精神自我	对自己智慧能力、道德水平的优越感或自卑感	在宗教、道德、良心、智慧上求上进

三、自我概念与消费心理

自我概念作为影响个人行为的深层个性因素，对消费者的消费心理与行为有着深刻的影响作用。

（一）自我概念与商品的象征性

个体形象的自我概念涉及个人的理想追求和社会存在价值，因而每个消费者都力求不断促进和增强它。而商品和劳务作为人类物质文明的产物，除了具有使用价值外，还具有某些社会象征意义。换句话说，不同档次、质地、品牌的商品往往蕴涵着特定的社会意义，代表着不同的文化、品位和风格。通过对这些商品或劳务的消费，可以显示出不同的个性特征，加强和突出个人的自我形象，从而帮助消费者有效地表达自我形象，并促进实际的自我向理想的自我转化。例如，购买劳斯莱斯、宝马汽车，对购买者来说，显然不是购买一种单纯的交通工具。一些学者认为，某些产品对拥有者而言具有特别丰富的含义，它们能够向别人传递关于自我的很重要的信息。贝尔克用“延伸自我”这一概念来说明这类产品与自我概念之间的关系。贝尔克认为，延伸自我由自我和拥有物两部分构成。换句话说，人们倾向于根据自己的拥有物来界定自己的身份。某些拥有物不仅是自我概念的外在显示，它们同时也是自我身份的有机组成部分。从某种意义上讲，消费者是什么样的人是由其使用的产品来界定的。如果丧失了某些关键拥有物，那么，他就成了不同于现在的个体。可见，不同档次、质地、品牌的商品往往蕴含了特定的社会意义，代表着不同的文化、品位和风格。

思考一下：有哪些物品属于你的延伸自我？

在一项小汽车购买行为的研究中，随机选取了若干个购买小汽车的消费者，让他们对自我形象、自己的汽车以及另外8辆汽车作出评价。结果表明，这些消费者的自我认识与他们对自己的汽车的认识比较一致，而对其他8辆车的认识相比则差异很大。由此可以得出结论，消费者购买这种品牌的商品与他们的自我形象是比较一致的。这一现象，在品牌、特性、档次差异较大的商品如化妆品、家用电器、服装、礼品消费上尤其明显。

另外，人们也总是倾向于通过别人的拥有物或活动，比如他的服饰、珠宝、家具、汽车、家庭装饰、个人收藏、饮食爱好（如蔬菜或牛排）以及个人选择的休闲活动（如台球或高尔夫球）等，来对对方的个性作出评价，推断他究竟“是谁”或是“什么样的人”。类似地，这样的一些商品或活动同样有助于人们形成对自我的认识。人们甚至会有意识地借助一些物品或消费行为来完成自己的角色定位，实现“我现在是谁”的自我形象的塑造。当人们刚刚开始扮演一个新的或不寻常的角色时，由于身份还未完全形成，物品的作用尤为突出。例如，青春期的男孩子，会使用诸如汽车、香烟之类的“成人”用品来显示他们正在形成的男子汉气质。

但是，并不是所有的商品都具有象征意义。有些商品，如食盐、肥皂等就没有什么象征意义，因为这些商品在社交中很少被人所注意。那么，哪些商品最有可能成为传递自我概念的符号或象征品呢？一般来说，成为象征品的商品应具有三个方面的特征：

（1）能见性：它们的购买、使用和处置能够很容易被人看到；

（2）禀赋差异性：由于禀赋的差异，某些消费者有能力购买，而另一些消费者则无力购买：如果每人都可以拥有一辆奔驰车，那么这一商品的象征价值就丧失殆尽了；

（3）拟人化特质。它指产品能在某种程度上体现一般使用者的典型形象。如劳斯莱斯轿车，车鼻上顶着纯金的牌号，车厢内的真皮沙发和大面积的胡桃木镶板，其沉重的车身、柔软的悬挂和几乎无声的引擎，增加了舒适和安稳的感觉。它是世界上售价非常昂贵的轿车。因其独有的浓郁的贵族气息，过去看到劳斯莱斯，人们就会联想到奢华至极的英国贵族生活；再加上每年只生产几辆，限量供应，价格特别昂贵，现在它更成为财富、权力、名望的象征。

小资料：测量一件物品融于延伸自我的量表

我的______帮助我取得了我想拥有的身份。

我的______帮助我缩短了现在的我和我想成为的我之间的鸿沟。

我的____ 是我身份的中心。

我的______是现实自我的一部分。

如果我的____ 被偷了，我将感到我的自我从我身上剥离了。

我的______ 使我获得了一些自我认同。

（二）运用自我概念为产品定位

大量实践表明，消费者在选购商品时，不仅仅以质量优劣、价格高低、实用性能强弱为依据，而且把商品品牌特性是否符合自我概念作为重要的选择标准，即判断商品是否有助于表达和提升自我形象。例如，美国进行的一项对336名大学生的调查中发现，凡是饮用啤酒的学生都把自己看得比不饮用啤酒的人喜欢社交、有自信心、性格外向、有上进心和善于待人接物。所以，营销者应努力塑造产品形象，并使之与目标消费者的自我概念相一致。虽然每个人的自我概念是独一无二的，但不同个体之间也存在共同或重叠的部分。例如，许多人将自己视为环境保护主义者，那些以关心环境保护为诉求的公司或产品将更可能得到这类消费者的支持。

图5－1对自我概念及其对品牌形象的影响关系做了大致勾勒，但这一过程

并非都是有意识的和深思熟虑的，维护和增强自我形象的购买动机常常是一种内在的深层动机，这个过程也往往是无意的。如某人买减肥饮料喝，因为其自我概念中包含了对苗条身体的追求。

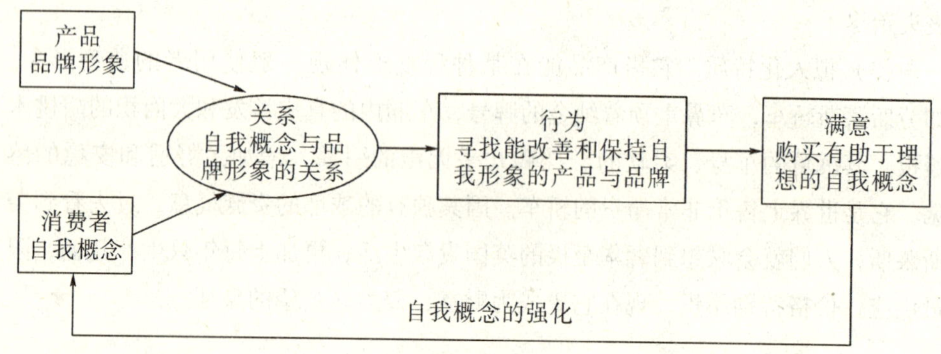

图 5－1　自我概念与品牌形象之间的关系

虽然大量事实表明消费者倾向于购买那些与他们的自我概念相一致的品牌，然而他们被这类品牌所吸引的程度将随产品的象征意义和显著性而变化。另外，自我概念和产品形象的相互作用与影响还随具体情境而变动，某种具体情境可能提高或降低某个产品或店铺提升个人自我概念的程度。

在营销实践中，企业应设法使产品代言人的形象、产品或品牌形象与目标受众的自我表现概念相匹配。新产品设计的主要依据应当是符合消费者某种特定的自我形象，新产品应具有能够体现出消费者自我形象的独特的个性和社会象征意义。在商品销售中，了解消费者的自我形象，告诉他们哪些商品与其自我形象一致，哪些不一致，向消费者推荐最能反映其形象特征的商品，可以有效地影响和引导消费者的购买行为，因而是商品销售的重要方式和成功要诀。

有的时候，消费者愿意改变他们的“实际自我”，而拥有一个不同的或“改善”了的自我，甚至是“理想自我”。衣服、装饰品以及其他所有的附属品（如化妆品、珠宝等），都为消费者提供了改变他们的外表，进而调整他们的“自我”的机会。例如，消费者可以通过化妆品、发型或头发颜色、眼镜，或者美容手术等改变其外表或身体的某些部分，从而创造一个“全新的”或“改善”了的人。肖顿（Schouten）对 9 位做过整容手术的消费者进行了深度访谈，以考察整容与消费者自我概念之间的关系。结果发现，消费者一般是因对自己身体不满而做手术，手术后他们的自信心得到了极大的改善。消费者做整容手术，常发生在角色转换期间，如离婚或改变工作之后。整容使他们在社会交往过程中更加自信，从而极大地改变了他们对自己的看法。

第三节　消费者的生活方式与消费心理

我们前面所讨论的个人特性因素，如年龄、性别、个性等往往是在广义上和非具体的范围内影响消费者行为，而受这些变量影响形成的生活方式则更能和消费者的购买行为建立一种显著而直接的关系，也因此更能为企业营销者带来准确和实用的信息。

来自不同文化群体、不同社会阶层，甚至不同职业的人，可能会具有完全不同的生活方式。有的人选择“归属型”的生活方式，有的人选择“成就型”的生活方式，有的人选择“潇洒型”的生活方式。

一、生活方式的含义

关于生活方式的概念说法颇多。简而言之，就是人如何生活。具体来说，就是个体在成长过程中，在与社会诸因素交互作用下而表现出来的，并且有别于他人的活动、兴趣和态度的综合模式。

生活方式可以通过个人的活动（activities）、兴趣（interests）和意见（opinions）来加以辨别，这也就是一般所谓的“AIO”。生活方式影响我们的需求和欲望，同时影响我们的购买和使用行为。生活方式决定了我们很多的消费决策，而这些决策反过来强化或改变我们的生活方式。

生活方式与个性、自我概念既有联系又有区别。一方面，生活方式在很大程度上受个性、自我概念的影响。一个具有保守、拘谨性格，或者把自己看成一位传统、严谨家庭主妇的消费者，其生活方式不大可能包含诸如登山、跳伞、丛林探险之类的活动；一个高社会阶层的人很少愿以几块油腻的肯德基作为午餐。另一方面，生活方式关心的是人们如何生活、如何花费、如何消磨时间等外显行为，可以作为判断消费者购买行为的直接依据，而个性、自我概念则侧重于从内部来描述个体。可以说，三者是从不同的侧面来刻画个体。如图 5 - 2 所示，该图总结了消费者的人口统计特征、个性、自我概念、生活方式以及消费者行为等变量之间的关系。

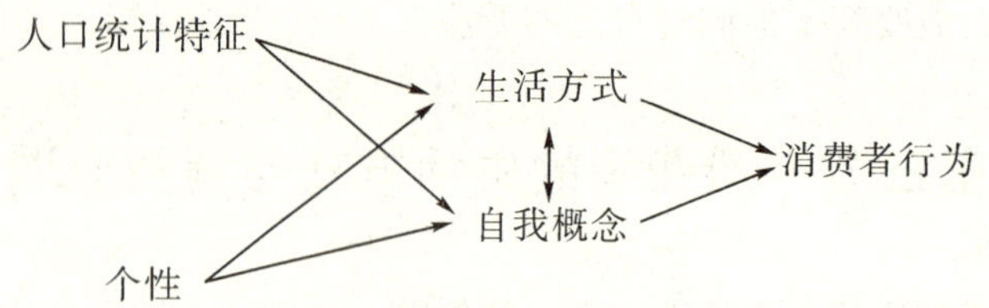

图 5-2　个性、自我概念、生活方式、人口统计特征及消费者行为之间的关系

生活方式受许多因素的影响，除了图 5-2 中所列举的一些因素外，还受人们所处社会、经济等环境因素的影响。因此，具有相似社会、经济、文化背景的消费者，可能在基于生活方式的具体消费活动中表现出一定的共同之处，但由于各种消费者个体变量的影响，个体之间仍然会出现大量的、明显的差异。也就是说，消费者往往会把一些个性化的东西带进某一类型的生活方式之中。举例来说，一个“典型”的大学生，可能会穿和他的同学相似的衣服，住在同一栋公寓，喜欢相同品牌的方便食品，但仍会单独加入足球俱乐部，从事集邮，或者参加一些个人的社交活动，这就可能使他与众不同。消费者几乎很少意识到生活方式在他们购买决策过程中扮演的角色。例如，很少有顾客会想“我必须买麦氏速溶咖啡来保持我的生活方式”，然而，追求一种积极生活方式的人往往会出于方便省时的考虑而购买速溶咖啡，因为积极的生活方式是不可能忽视时间因素的。

生活方式并不是一成不变的，除非是那些已根植于心中的价值观念或价值取向，随着人们的内在条件与外在环境的变化，人们的品位和偏好也总是不断变化的。因此，某个时期被消费者认为时尚的消费模式，在几年之后，可能会被嘲笑，甚至于遭到鄙视。

小资料：“乐活”（LOHAS）生活方式

当“小资”们继续蜷在星巴克的一角，面前放一杯曼特宁，惆怅地翻着泛黄的村上春树的作品时，他们却很直接地说：尽量选择有机食品和健康食品，一口纯净水也能让人好好感受；当 SOHO 族继续宅在房间的电脑前，点一支香烟，享受足不出户的赚钱乐趣时，他们却很坦率地说：多支持社会慈善事业，少抽烟，多出去走走，大自然比计算机更具有亲和力；当 BOBO 族继续困在服饰的搭配陷阱中，借着夜色，游离于正统与嬉皮的边缘时，他们却很真诚地说：别太在意衣着，倒不如把时间用来为自己布置一个更健康的居家环境……

这就是LOHAS（Life styles of Health and Sustainability），一种健康可持续性的生活方式。他们选择最低碳环保、最绿色的生活方式，他们喜欢宣传自己的这种生活方式，因为他们觉得在21世纪的地球上，这才是王道。

资料来源：陈树哲．乐活在水瓶座时代［J］．青年文摘，2007（1）．

思考一下：描述你现在的生活方式。想想你的生活方式与你父母的生活方式有何不同？在未来五年内，你预期你的生活方式会有什么改变吗？是什么原因引起这些变化？由于这些变化，你将购买什么样的新产品或品牌？

二、生活方式研究在营销中的应用

生活方式可以被用来分析消费者生活的某一具体领域，如户外活动、娱乐方式、饮食习惯等。在西方，这是一个普遍运用的方法。许多企业开展个人生活方式或家庭生活方式的研究，特别是和本企业产品或服务密切相关的领域，以了解某类生活方式与某种消费之间的联系。

消费者会根据他们自己喜欢做的事、他们对闲暇时间的安排以及他们如何花费可支配的收入来把自己归入到某一特定的群体。消费者的这种倾向为营销创造了机会，因为营销人员在认识到消费者已选择的生活方式对决定其购买的产品类型和特殊品牌上的潜力后制定营销策略，更有可能吸引具有该种生活方式的消费者群体。

开展“生活方式营销”，就必须将产品定位于某一特定的生活方式，使产品与目标消费者理想的生活方式相适应，从而吸引具有该种生活方式的消费者群体。例如，苏吧鲁（Subaru）汽车最初进入美国市场时只是一个毫不起眼的牌子，它必须奋力与其他进口车竞争，才有可能在美国市场占有一席之地。当苏吧鲁成为美国滑雪队的专用车之后，这一名字便与那些滑雪爱好者们的生活方式联系了起来，从而在美国积雪地区的进口车市场中占有了很大的市场份额。

生活方式营销的目标在于促使人们在追求他们的生活方式时，不要忘了特定的产品或服务，并使这些产品或服务成为他们生活方式的一部分。只有当产品与特定的人、社会背景融为一体时，它才能创造出一种特有的生活方式或消费方式。正因为如此，我们往往可以通过描绘人们使用产品的情景或画面，根据他们对不同产品的选择来定义他们的生活方式。

事实上，不同产品之间也存在关联性。在许多情况下，如果一个产品离开了其他产品（如一套高雅的西装没有与之匹配的领带），就会变得毫无意义。在另外一些情况下，某个产品的出现也可能使原已存在的产品失去意义，或者使二者显得很不协调（如劣质香烟配上纯金打火机）。因此，生活方式营销的一个重要任务，便是要找出或创造一组产品或服务，使其与目标消费者生活方式的意愿相联系。消费者用这样一组商品来识别、沟通和扮演他的社会角色。例如，20世纪80年代的美国雅皮士，喜欢购买、消费的商品包括劳力士(Rolex)手表、宝马车、古奇公文包、软式网球、新鲜的绿色沙司、威士忌白酒和奶酪等，这些商品很容易让人们判断他是个雅皮士。

潘煜（2009）以上海手机市场为例，研究了生活方式对消费者感知价值和购买行为的影响，并提出了一个基于生活方式和顾客感知价值的市场划分方法（Chinese Lifestyle and Customer Perceived Value Segmentation，CLPS）（见图5-3）。

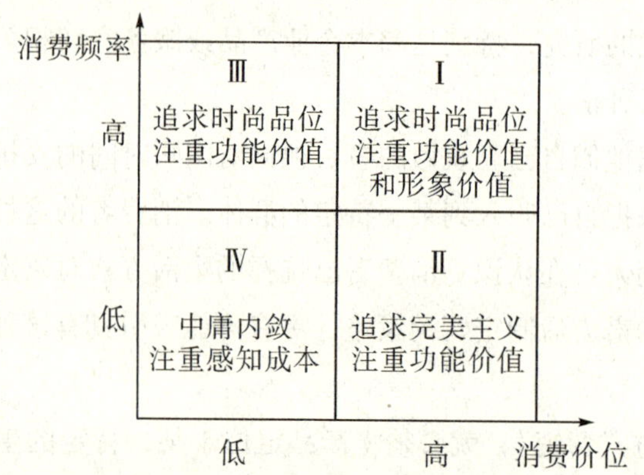

图5-3 基于生活方式和顾客感知价值的市场划分方法

例如，Ⅰ类细分市场的消费者生活方式表现为时尚品位型，其购买行为特征为购买高档商品，且购买频率较高。这类消费者更多关注的是商品本身的功能价值，以及商品给自己带来的形象价值，而对商品的成本则相对不敏感。企业可以根据自己确定的目标市场，抓住这些市场消费者的生活方式和感知价值的特点，制定相关的营销策略，迎合目标市场消费者的需求。

思考一下：描绘出你心仪的生活方式，并想想如何根据这种生活方式开展市场营销？

第六章
影响消费心理的社会因素

人们生活在社会中，其消费心理必然要受到各种社会因素的影响。我们要了解各种主要的社会因素对消费心理的影响，才能更好地认识和掌握消费心理。

第一节　社会文化与消费心理

作为社会的一个成员，人是在与文化的相互作用过程中成长的。一定的文化环境影响着人的心理发展和行为，也影响着人的消费行为。虽然文化对消费者行为的影响并不像营销措施那样直接和明显，但在 Web2.0 背景下的 4I 营销时代，如何准确而细腻地把握消费者的不同文化心理，往往会成为商业成功的关键因素。ebay（易趣网）、MSN 在中国败走麦城并不是偶然的，而淘宝、腾讯 QQ 这些成功的本土互联网企业则能更加深刻地洞悉中国消费者的文化心理。

一、文化与亚文化的含义

（一）文化的含义

文化从狭义上讲，是指社会意识形态，包括文学、艺术、教育、道德、宗教、法律、价值观念、风俗习惯等。文化要素以多种形式在诸多方面构成一个社会的社会规范和价值标准，影响和制约社会成员的行为，当然也包括他们的消费行为。

关于文化这一概念，有几个方面需要澄清。首先，文化是一个综合的概念，它几乎包括了影响个体行为与思想过程的每一事物。文化虽然并不决定诸如饥饿或性那样一些生理驱动力的性质和频率，但它却影响是否反对和如何使这些驱动力得以实现或满足。其次，文化是一种习得行为。它不包括遗传性或本能性行为与反应。由于人类绝大多数行为均是经由学习获得而不是与生俱来的，所以，文化确实广泛影响着人们的行为。再次，现代社会极为复杂，文化很少对何为合适的行为进行详细描述。在大多数工业化社会，文化只是为大多数人提供行为和思想的边界。最后，由于文化本身的性质，我们很少能意识到它对我们的影响。人们总是与同一文化下的其他人员一样行动、思考、感受。这样一种状态似乎是天经地义的，正如鱼在水中游而忽视水的存在一样。文化的影响如同我们呼吸的空气，无处不在，无时不有。除非其性质突然改变，否则，我们通常将其作为既定事实加以接受。

文化为人们提供社会规范，从而使整个社会中人们的行为有共同的基础。规范就是关于特定情境下人们应当或不应当做出某些行为的规则。规范源于文化价值观，而文化价值观指的是为社会大多数人员所普遍接受的信念。

通常只有在孩提时代或学习一种新文化的过程中，遵循规范才会获得公开的赞许。在其他情况下，按文化规范行事被认为是理所当然而不一定伴随赞许或奖赏。例如，在美国的商务和社交活动中，准时赴约是通行准则。如果某人准时到达，我们不会夸奖他，但如果某人迟到了，人们则会为此生气。如图 6－1 所示，文化价值观导致一定的社会规范以及不遵循这些规范时的惩罚，而规范与惩罚则最终影响人们的消费模式。

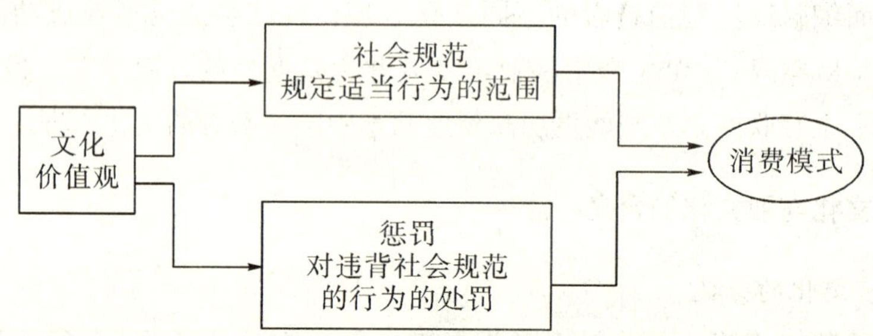

图 6－1　价值观、社会规范、惩罚和消费模式

小案例：“方便年轻母亲”为何不被认可？

当“尿不湿”刚刚在日本问世的时候，厂商以“方便年轻母亲”作为诉求点大力进行宣传，深受年轻妈妈们的喜爱，销售异常火暴。可是不久，销量直线下降，商家却不知原因。后来，通过详细的市场调查，商家发现，这些年轻妈妈们不是不喜欢“尿不湿”，而是怕背上“只图自己方便而对孩子不负责”的形象，即使使用“尿不湿”，也要背着长者或亲戚。原来是广告宣传与当时的社会习俗发生了冲突，进而影响了年轻妈妈们的消费行为。于是，厂家便有针对性地对广告语进行了修改，大力宣传“尿不湿”对婴儿成长的好处。果然，年轻妈妈们开始以让婴儿更加健康成长为由，理直气壮地使用“尿不湿”了，导致“尿不湿”销量大增。

资料来源：朱小麟．论心理需求对营销管理的影响［J］．中国商贸，2010（6）．

对于经济全球化背景下的跨国营销而言，一方面，国家之间的习惯和价值差异无法回避，即所谓“入境而问禁，入国而问俗，入门而问讳”；另一方面，互联网下的信息社会和更为频繁的旅游交往又使全球文化价值观具有了更多的共性。例如，一个家具商开拓海外市场时，认定每个国家的消费者都重视美观、社会认可和舒适是符合逻辑的，但不同国家的消费者对美观或如何显示社会地位的认识又存在差异，必须针对不同的市场建立不同的生产线和策略。可口可乐公司通过全球化广告策略每年可以节约大约 800 万美元，但即使它采用了一个全球性主题，但在每个国家的广告宣传上都要做一些改动，同时在一些国家的产品配方上也做了一定调整。

思考一下：从消费者分析的角度，谈谈跨文化营销应当考虑哪些主要方面？

（二）亚文化的含义

文化环境是一个庞大的整体。在这个整体内部既存在一个为全社会成员所共有的基本文化因素——核心文化，同时又存在若干个亚文化群体。所谓亚文化，是指在主流文化层次之下或某一局部的文化现象，包括民族、地理、区域、宗教等方面的亚文化状态。作为一个独立的次级文化群体，亚文化既拥有自己独特的信念、价值观和消费习俗，又具有它所在的更大社会群体所共有的核心信念、价值观和风俗习惯。如中国的少数民族，他们既受自己民族独特的文化影响，又有整个中华民族的文化印记。如图 6－2 所示，个体受着主文化和亚文化的双重影响，其在多大程度上拥有某一亚文化的独特行为模式，取决于他认同该亚文化的程度。

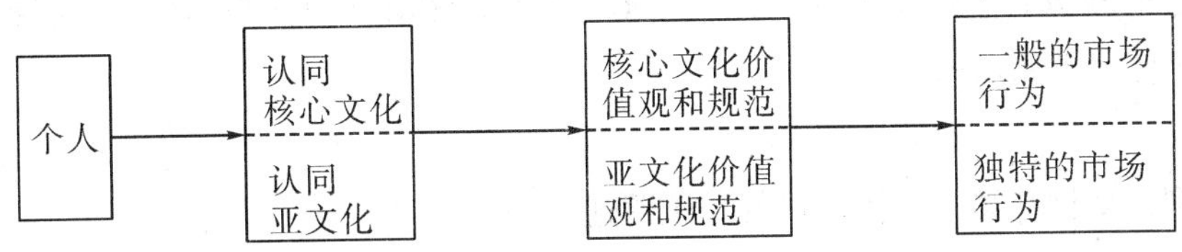

图 6－2　认同亚文化会产生独特的市场行为

亚文化是由于社会的多样化发展，文化的一致性消失而形成的。它通常具有地域性，也会因民族、宗教、年龄、性别、种族、职业、语言、教育水平的差异而产生（见表6－1）。在亚文化内部，人们的态度、价值观和购买决策方面比大范围的文化内部更加相似。

表6－1 亚文化的类型

人口统计指标	亚文化举例
年龄	少年儿童、青年、中年、老年
宗教信仰	佛教、基督教、伊斯兰教等
民族	汉族、满族、回族、维吾尔族等
收入水平	富裕阶层、小康阶层、温饱阶层等
性别	男性、女性
家庭类型	核心家庭、扩展家庭等
职业	工人、农民、教师、作家等
地理位置	东南沿海、西北地区、中原等
区域	农村、小城市、大城市、郊区等

从消费行为的角度来看，亚文化对消费心理有着更直接的影响。属于不同亚文化影响范围的人，在消费方而存在着很大的差异；属于同一亚文化影响范围的人，在消费方面就有较多的相似之处。

二、社会文化对消费心理的影响

从社会文化对消费心理的影响上看，主要是通过影响消费者个体和影响消费者所处的社会环境来实现的。文化首先影响消费者个体。这主要是指在人的发展过程中，文化对人的个体心理、人的行为方式等所不断产生的决定性的影响作用。其次，文化可以通过影响个体所处的社会环境而影响消费心理。社会是无数个体所组成的统一体，对每一个消费者个体来说，其他消费者是其环境。因而，文化通过影响消费者群体而影响每一个消费者个体所处的社会环境，进而影响每一个个体的消费心理。

小案例：文化冲突——沃尔玛的德国遭遇

作为全球销售额最大的零售商，沃尔玛曾试图在德国推行它在美国的成功经验，并希望借助进入德国市场的机遇向整个欧洲扩展，但却遭到了失败。是什么原因导致在美国经营非常成功的沃尔玛在德国经营却损失惨重呢？

美国文化属于典型的适度开放文化，而德国文化则属于保守文化，这使得他们的交流方式有很大的不同。偏向开放文化的人们在交流过程中会频繁地使用身体接触、眼神交流、肢体语言和面部表情等形式，而偏向保守文化的人们在交流过程中常使用沉默来表达他们的情感与意见，音调也相对平稳。此外，服务的质量及顾客的满意程度也具有明显的文化倾向，不同文化之间服务质量的概念相差很大，对购物方式、付款方式及产品价格的态度也不尽相同。英特尔公司的调查显示，在德国只有38%的消费者认为“与商场营业员的沟通”十分重要，而在美国这一比例是66%。同时，美国的消费者也比德国的消费者更加重视“能否得到营业员的帮助和回答问题”。因此沃尔玛的“十英尺微笑”对德国消费者的作用大打折扣。德国消费者并不会因微笑和传统的迎宾者而感到亲切，他们不会当着热情的公众表露他们的感情，德国营业员的态度一贯严肃、认真。德国商会主席卡尔·施密特说：“德国人与美国人的友谊观不一样，在德国通过朋友关系进行销售是很难行得通的。在德国，顾客仍然只是那个付款的人，因为德国的消费者在购买之前主要通过自我学习去了解一个产品，因此顾客和销售人员之间的互动是很少的。与南美和远东的习惯不同，德国人做生意不需要花几个月或几年的时间去与对方发展关系，也不需要宴请。”在美国，向顾客露出八颗牙齿绽放笑容，提供亲切的服务会颇为奏效，而在德国效果就没那么理想，甚至适得其反。造成这种差别的另一个原因，可能是德国和美国的消费者对待服务的态度不同。美国式的服务可以说是非常友好，服务人员尽量对顾客表现得亲切。而在德国，人们对服务的厌恶是他们几个世纪以来对精湛工艺和出色质量的极力推崇的反面结果。他们追求使用价值，不崇尚高档名牌产品，倾向于买简装实用的产品。德国消费者认为沃尔玛服务人员过多是一种浪费行为，会增加运营成本从而提高消费者的花费。二战结束后，低收入的德国人需要低价格的商品，折扣店以毫无虚饰、可靠的销售服务迎合了他们的需求。如沃尔玛最主要的竞争对手阿尔迪，实行顾客自带购物袋的政策，顾客要用推车还必付租金。除受传统习惯影响外，环保意识很强的德国顾客喜欢用自己的包来装所买的东西，目的是为了节省塑料袋。因此对于沃尔玛提供的“免费购物袋及为顾客装袋”服务，德国消费者并不领情。

也因为文化保守，德国人不喜欢借贷，而喜欢用记账卡、银行转账以及现金支付他们的账单。在美国，人们对借贷比较随意，而德国人一向避免举债，他们将信用卡看作电子支票本而不是可循环使用的信贷。在德国，欠款一词含有罪恶的意思，在他们看来，使用信用卡购物会增加成本，德国的法律甚至禁止有关信用卡的推销活动。因此，在德国只有1%的购买额是使用信用卡付款，而在美国这一比例是18%。沃尔玛为加快信用卡付款速度，甚至不惜花巨资打造自己的卫星系统。然而，提供高效快捷的信用卡付款对德国消费者来说并不重要。

因为文化保守，德国消费者在购买低价品时也会表现得十分谨慎。消费者一般认为价钱高的产品质量才好，他们会选择总体质量比较好的产品。对质量超过中等水平的商品，德国消费者愿意支付较高的价格。如联合利华公司发现德国人愿意为对环境无害的清洁剂支付较高的价格。虽然德国的消费者也许是欧洲对价格最敏感的，但价格对他们并不是决定性因素。总体来说，德国消费者更关注产品质量，他们期望的低价是在保证商品质量的情况下，价格尽量的低而不是便宜的劣质货。

资料来源：朱翊敏．文化冲突——沃尔玛的德国遭遇［J］．中外企业文化，2008（6）．

社会文化对消费心理的影响是多方面的，主要有：

（一）社会文化不同导致消费价值观不同

价值观念影响人们对事物进行价值判断，进而影响人的态度和行为。东西方文化的差距，在价值观念方面表现比较突出。

例如，西方国家的消费者重视当前生活的舒适，“及时行乐”思想在消费中占主导地位；东方人则喜欢把钱存起来以防万一，对防老防病考虑较多。这种文化背景反映在消费行为上，就是西方国家的消费者热衷于用分期付款方式购物，常常是入不敷出，钱花完再赚，赚得多花得多；东方人则习惯于存钱买东西，认为借钱买东西很丢面子。因此，东方人的消费就表现出经济节俭的特点，而西方消费者则表现为奢侈型。

小案例：中美消费观的差异

美国人早已经习惯了贷款消费，而中国人大多习惯于存款消费。有这样一个故事讲到中、美两国人在消费观念上的不同。说有一个中国老太太和一个美国老太太在天堂相遇，谈起了在人间的一生。美国老太太说：“我辛苦了三十年，终于把住房贷款都还清了。”中国老太太说：“我辛苦了三十年，终于攒够了买房的钱。”美国老太太在自己买的房子里住了三十年，后半生都在还款；而中国老太太后半生一直在存款攒钱，刚攒够了买房的钱，却去了天堂，无福享受自己买的新房。

资料来源：佚名. 高手理财之谁的生活更幸福［EB/OL］. http://www.csai.cn/touzi/905651.html.

（二）社会文化不同导致消费方式各异

在西方文化中，“时间就是金钱”，因而人们的生活方式也相应地加快了节奏。在这种文化背景下，所有节约时间的商品和服务都会受到消费者的欢迎。例如快餐、快速摄影、方便食品等在美国就很受欢迎；而在我国，人们的时间观念淡薄，工作效率低，就餐讲究原汁原味，因而消费者更喜欢购买各种食品原料自己烹调，较少去餐馆就餐。

小案例：看美国人、欧洲人和中国人怎么买车

星期六早晨，人们走进汽车销售公司，一边吃着为顾客免费提供的汉堡包，一边听销售员殷勤地唠叨，不一会儿，交钱、拿车钥匙、开车走人。这是美国人的购车方式。我们不禁哑然失笑：美国人买车，原来就像吃麦当劳那样随意。

与美国人比起来，欧洲的买车族更像从经典油画中走出来的贵族。当欧洲人有了买车的想法后，他们会漫步到经销商那里订购，订购的车将在数个星期之后被送到家里来。整个过程，就像坐在巴黎左岸的酒吧里品尝雪茄那般慢条斯理，有些许的诗意和悠闲。

在中国，我们买车就好像读一个 MBA，首先要温习功课：排量多少，哪国产的，有啥特点，发动机什么型号、什么性能……对一切都要了如指掌。在中国，想要买车的人好像都要达到专家级别才不会吃哑巴亏。至于现在不买车但以后想买车的人也都像专家。有一天我竟然听到一群年轻人在聊吉利美人豹时，谈笑间就分析了中国汽车产业的结构和未来的竞争态势。

是的，中国人买车似乎在拍一张全家福，往往拖儿带女去看车。所以车主大多是没有“主权”的，还往往紧张得就像被北大光华管理学院的名教授检查 MBA 的入学资格一样。渐渐地，中国经销商开始普及试车，这增加了买车的时间成本，但并没有对购买决策有什么实质性帮助。事实上，大多数人试完车后，还得回家上网搜索和反复研究报纸周末版的试车报告。

买车真累。于是才发现美国人的潇洒。但回过头来想一想，美国方式的潇洒中，多少还体现着负债民族的消费冲动。

太多的美国人往往驾驶着一辆自己原本不需要的车离开车行。他们希望银色时尚型的，却开走了一辆酷似邮政车的绿色玩意儿。他们被业务员的怂恿所诱惑，买了两千美元的汽车导航系统，而实际需要的只是一个能头顶蓝天的廉价天窗。

而欧洲人通过订购表现出了那块大陆上的悠闲、贵族气质。据《福布斯》杂志报道，法国制造的雷诺车60%是订购的，而通用汽车在德国的Opel品牌有52%是经过订购销售的。

事实上，这种气质并不仅仅在汽车订购上显现其文化印记，即使在成衣工业异常发达成熟的今天，高级时装的订购在时装界仍然意味着最高的特权。在很多欧洲人看来，像在超市购物一样选车买车，是平庸之人没品位的生活方式。为一辆新车等上几个星期，美国人压根就没有过这种概念。在这个讲求实效的国度里，耐心指数比道·琼斯股票指数低得多。《福布斯》的数据显示，通用汽车在北美的销售中，订购所占的比例只有10%。

当然，在中国也有订购汽车的，但我们的订购更多的是象征性和宣传性的。比如某新型车，从发布价格之时就宣布接受订单无数，可还没过上半年就开始促销降价了，你让我们善良的消费者们究竟该相信谁呢？

其实，说穿了，美国、欧洲和我们的买车方式存在着差别，但不是差距。那只是适合与不适合的差别，是汽车文化不同造成的差别，是汉堡包、雪茄与全家福的差别，不存在可比性。

资料来源：徐刚．看美国人、欧洲人和中国人怎么买车［J］．中国经济周刊，2005（36）．

（三）社会文化不同导致审美观不同

审美观是指在欣赏美的事物和创造美的等活动中，审美主体所持的态度和看法的总称。以色彩为例，不同的民族，由于文化差异、风俗习惯、宗教信仰不同，对色彩的喜爱是不同的。在一个民族受欢迎的颜色，在另一个民族可能就不受欢迎。白色对欧美人来说，象征着纯洁、光明、美好；印度人则认为是卑贱。红色对中国人、欧美人来说，是热情、兴奋、向上；而法国人则认为是危险、恐怖和专横。美国销量第一的高露洁牙膏进军日本市场时，由于不了解日本民族对色彩的消费心理，采用了对美国人来说代表热情、奔放，而对日本人来说视为神圣而敬而远之的红色为主设计色调，结果最终败给素雅一身的狮王牙膏，黯然退出日本市场。

小案例：美国化妆品在日本为什么不受欢迎

美国作为世界化妆品的生产大国，曾经为如何打入日本市场大伤脑筋。美国商人最早运到日本的化妆品大量积压，销量极少。为什么呢？经过市场调查发现，美国化妆品滞销的根本原因竟是两个民族传统审美取向的冲突：美国人生产的化妆品的色彩根本不符合日本人的审美观念，美国商人忽视了两个国家民族文化心理的差异。美国人属白色人种，而人们皮肤色彩的审美观念却是喜欢略深或稍黑一些。在美国人眼里，具有深色的皮肤表明自己处于富裕阶层，有较高的收入和社会地位。因为在竞争激烈的美国社会中，只有富人才有空闲时间去游泳和晒太阳，只有皮肤颜色深一些看起来才美。基于这样的市场需求，生产厂家大都是以色彩略深的化妆品为主要产品，这已经成了一种习惯化的市场行为。而在日本文化中，美的象征是那终年为白雪覆盖的富士山和令人心醉的洁白的樱花。大和民族是一个崇尚白色的民族，他们的皮肤色彩观念是以白为美。这种在日本社会中占主流地位的消费审美取向决定了美国化妆品在日本市场上的命运。在这里，文化的排他性功能得以体现。

资料来源：佚名. 美国的化妆品和日本的空调器［EB/OL］. http://zhidao.baidu.com/link？url = 5VNn3pweilLZquu6VwjK_ezXggXRZJgyXcyVCRaoG - GtM2WCO0fyAKQvSz1LmGCCIQIShgJaDL7sGAHud - uupa.

（四）宗教信仰对消费心理的影响

宗教对消费心理有比较重要的影响，这主要表现在各教教徒的禁忌和有关的节日消费上。例如，伊斯兰教徒喜欢吃牛羊肉，忌食猪、犬、驴等肉；佛教徒不吃荤菜，但消费植物油和豆制品较多。在基督教的重要节日圣诞节（12 月 25 日，耶稣诞生日）时，教徒们家里要摆上圣诞树，有不少人化装成圣诞老人，向儿童赠送礼物等；在伊斯兰教的主要节日之一的开斋节（伊斯兰教历十月一日）时，教徒们要着盛装，要相互祝贺。这些节日都要增加相应的消费品。此外，在使用商标图案上也有宗教禁忌。

小案例：宗教信仰与消费禁忌

2001 年印尼警方拘捕了日本味之素公司在当地分公司的 6 名管理人员，因为负责审核食品的宗教机构宣布，成百万印尼人每天食用的一种味精调味品含有伊斯兰教义所禁止的取之于猪肉的酶。

1992 年我国有一批鞋类商品出口到中东地区，鞋底上的花纹印在地上，看起来就像是阿拉伯文字“真主”这两个字。伊斯兰教的教徒看到这种鞋子，感觉受到了极大的污辱，向我国有关部门提出了强烈的抗议。最后，我方将这批鞋子收回并向这些国家做出道歉才了结此事。

在印度教经典中，牛是大神的坐骑，神圣无比。牛被印度教徒视为神圣，杀牛、吃牛肉，都是对印度教的不敬。2001 年，印度的麦当劳公司遭到指控，因为在其出售的炸薯条中使用了牛油。示威者包围了麦当劳设在新德里的总部，向麦当劳餐厅投掷牛粪，并洗劫了孟买一家麦当劳连锁店，还要求总理下令关闭印度国内所有的麦当劳连锁店。最后，以麦当劳向印度全国做出详细解释并道歉了事。道歉信在各网站全文公布。但是这次抗议浪潮，使麦当劳在这个南亚次大陆国家大伤元气。

注：作者根据相关资料整理。

第二节　社会阶层与消费心理

一、阶层概述

（一）社会阶层的定义与划分

社会阶层是依据经济、政治、教育、文化等多种社会因素所划分的社会集团。这里应当指出的是，社会阶层不同于社会阶级，其划分衡量的标准不仅仅是经济因素，还有其他各种社会因素。例如，社会分工、知识水平、职务、权力、声望等。较常见的是根据职业、收入、教育和价值倾向等因素划分。如按社会宏观分工可分为工人、农民、军人、知识分子和商人等，按职业可分为工人、干部、教师、医生、科学家，等等；按在生产过程中担任的角色分为蓝领阶层和白领阶层等。在市场营销学中通常是按经济地位和收入水平进行划分。

一般讲，无论何种类型的阶层，其内部成员都具有相近的经济利益、社会地位、价值观念、态度体系，从而有着相同或相近的消费需求和消费行为。如图

6 -3 所示。

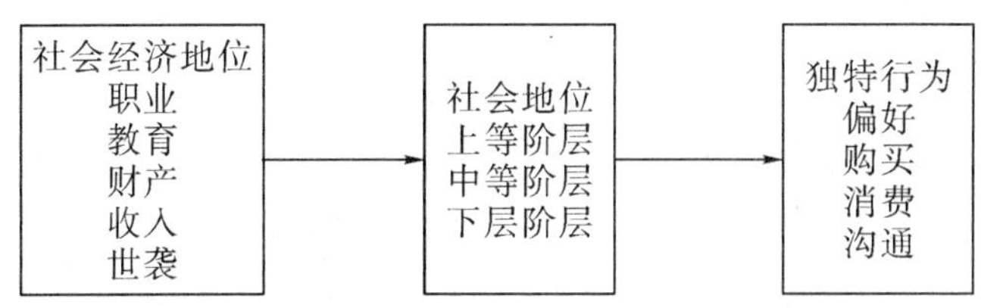

图 6 -3　社会地位的产生及其对行为的影响

思考一下：在购买高档跑车、酒、国外旅游、快餐食品等商品时，消费者的教育、职业、收入所起的作用是什么？

（二）我国社会的五种消费阶层

西方最有影响的是美国社会学家华纳的划分方法。他依据收入来源、收入水平、职业、受教育程度、居住条件、居住地区等，把社会成员划为七个不同阶层。而中国经济学家描述了中国社会的五种消费阶层：

（1）超级富裕阶层。该阶层主要是成功的私有企业或中外合资企业的老板。他们有数千万至上亿元资产，经常出入酒店，购买自己喜欢的东西且从不问价。他们偏爱洋货。

（2）富裕阶层。该阶层大都是中外合资企业的高级管理人员或专业技术人员、高级知识分子、走穴的演职人员、有较富裕的海外亲属者、中小项目的承包商。他们收入丰厚，存款上百万元，购买高档用品不考虑价格，经常购买时髦用品或贵重物品以炫耀自己的经济实力和地位。

（3）小康阶层。该阶层包括合资企业的中层管理人员、兼职的知识分子、个体业主或商人、工头，他们可能有几十万元的存款，他们生活舒适，有各种家用电器，他们能够赶时髦但也比较讲实惠。

（4）温饱阶层。该阶层是效益较好的企业工薪族，有少量的存款，他们的消费行为特点是买价廉而实用的商品。他们时常上街但并不一定购物。对商品的耐用性和售后服务有很高的要求。

（5）贫困阶层。该阶层没有多少存款，几乎难以糊口，他们孩子多、工作单位效益不好，只买廉价的生活必需品，而不择品牌或颜色。

不同的社会阶层有着不同的心理特点，如表 6 -2 所示。

表6-2　　美国中等阶层和下等阶层的心理差异

中等阶层	下等阶层
着眼于将来	着眼于过去和现在
具有长远的时间观	时间观不如中等阶层那么长远
理智的和井然有序的生活感	情绪化和模糊的生活感
视野较开阔，有自由选择感	视野较狭窄，感觉选择的余地小
充满自信，愿意冒险	不如中产阶级那么自信
对世界和国家大事较关心	不太关心国家大事
工作导向而非快乐导向	更强烈的工作导向
具体和现实的思维方式	更具体和更现实的思维方式
宗教不是很重要	宗教不重要
认同城市生活方式	强烈地认同城市生活方式

每一个社会阶层都会有一种被本阶层广大成员接受和认可的价值观和行为规范。处于同一阶层的人为了使自己的角色、地位与所属阶层相符，他们往往都会有意无意地遵循一种共同的规范行事。处于不同阶层的人，生活方式和消费习惯有相当大的差别。例如，一名大学教授和一名出租车司机，在衣着打扮、娱乐消遣的方式、对价格和广告的反应等多方面都可能存在差异。这一事实要求企业营销人员应根据不同阶层的购买行为特点制定出相应的产品、价格、分销和促销策略。

思考一下：哪一种社会地位变量（如果有的话）与下列消费行为有最直接的关系？

a. 购买别墅；b. 参加高尔夫俱乐部；c. 到国外旅游；d. 购买进口豪华汽车；e. 宠物类型；f. 向慈善组织捐款。

二、阶层对消费心理的影响

（一）阶层对消费心理影响的依据

个体消费者在其从事的社会活动中，总会根据自己的职业、受教育的程度、经济收入水平、社会地位等因素，自觉或不自觉地将自己界定于某一社会阶层。在心理上承认自己是该社会阶层的一员，在消费行为过程中往往将该社会阶层的消费习惯、价值标准、消费趋向作为自己采取消费行为，做出消费决策的标准。

这种影响通常是通过消费者的一种很强的阶层意识来实现的。社会阶层对消费心理的影响主要源于两个方面：其一是某一社会阶层原有的为大多数成员所遵守的消费习惯的影响。如一个刚参加工作的大学毕业生，在其住房的布置中不会忘记安排个书架，而对农民来说，只要有亲戚朋友的婚嫁喜事，即使手头没钱，也会借债送一份像样的礼品。其二是同一社会阶层中成员之间的相互模仿所形成的影响。这种影响具有明显的攀比和容易形成某一阶层的消费趋向。如近年来，管理阶层的豪华轿车热，可以说在一定程度上是社会阶层影响的结果。

不同社会阶层的成员有着不同的购买行为。这种差异在有的消费领域里表现明显，在有的消费领域表现得则不那么突出。总的来说，低阶层的消费者，一般都存在一种立即获得感和立即满足感的消费心理，注重安全和保险因素。中层消费者一般讲究体面感，怀有强烈的社会同一感，同一阶层内消费者彼此之间影响较大。上层消费者注重成熟感与成就感，所以对具有象征性的商品比较重视，对属于精神享受的艺术品比较青睐。另外，就感觉而言，高阶层的消费者喜欢较温和的产品，低阶层的消费者则喜欢较刺激的产品。就审美观而言，高阶层成员的审美观较一致，而低阶层的成员，由于受教育水平低，对于美感的刺激，多依赖于主观经验，因此差异性很大。

例如，在服装、家具、娱乐和汽车等消费领域，各社会阶层通常有不同的产品和品牌喜好。奔驰、宝马备受上层消费者青睐，吉利、夏利汽车则主要面向中低层消费者。各社会阶层对媒体的喜好也不同，上层消费者喜爱阅读杂志和书籍，而下层消费者更喜欢看电视。即使对电视这同一媒体，上层消费者喜欢新闻和信息，而下层消费者则喜欢电视剧和娱乐节目。

思考一下：在我国社会中，不同社会阶层消费者的消费行为有何差异？

（二）阶层影响在市场营销中的应用

社会阶层对消费心理的影响是很明显的。这种影响的最大特征是使同一阶层消费者的消费观念、行为、要求趋向一致，产生相似的价值标准和消费习惯。因此，在市场营销中就能比较方便地按社会阶层对消费者进行市场细分，选择目标市场，并制定相适应的营销策略，有的放矢地占领市场。如美国某品牌啤酒公司，就是在濒临破产的情况下，根据大多数“蓝领”阶层工人喜欢喝啤酒的特点，重新设计产品包装，进行针对性的广告宣传，仅用一年时间就使该品牌一跃成为全美第二大畅销啤酒品牌。

从社会阶层角度掌握消费心理，有四点应注意：

（1）基于阶层“认同心理”，人们自然地表现出维护本阶层消费形象的倾向，希望所购买的商品能与其社会地位相符，并遵循该阶层的消费模式行事。例如自认是“上层阶级”的人，不管是否真心喜欢，都倾向于以打高尔夫、高级会所等作为主要的休闲活动，以符合上层身份。凡勃伦在其《炫耀性消费》一书中就曾谈到，富有的消费者通过他们的财产来证明他们是上层社会中的一员。换句话说，房子、衣服和其他可以看得见的财产都是成就和地位的象征。经营者可以根据消费者的这种消费心理，来进行产品的市场定位，塑造企业和产品形象，使自己这一品牌的产品，符合某一社会阶层的消费习惯，甚至成为一定社会阶层的消费象征，从而达到拥有稳定消费者群的目的。

（2）基于不愿往下掉的“自保心理”，人们大多抗拒较低层次的消费模式。例如一位自认为“有名望”的政府官员，可能会认为吃路边餐是一件“有失身份”的事。

小案例：本田摩托车拓展美国市场

第二次世界大战后，日本最大的摩托生产商本田公司在进军美国市场时曾遇到很大的阻力，美国公众对摩托车所持的态度不佳。在美国，摩托车往往与流氓、阿飞或黑社会联系在一起。因此，消费者将摩托车作为交通工具就要承担很大的社会风险。本田公司要在美国扩大市场，就必须设法改变公众的这种固有的看法，创造出一种新的消费观念。该公司以“你可以在本田车上发现最温雅的人”为主题，大力开展促销活动，广告画面上的骑车人都是神父、教授、美女等，经过一段时间后，终于逐渐改变了美国人对摩托车的态度，使本田公司在美国的营销计划获得了极大成功。

注：作者根据相关资料整理。

（3）基于人往高处爬的“高攀心理”，人们会做一些“越级”的消费行为，以满足虚荣心。阶层的影响不仅表现在本阶层内，不同阶层之间仍然存在相互影响，主要是较低阶层的消费者有对较高阶层的强烈向往，常把较高阶层的消费行为作为自己的模仿对象。经营者可以通过鼓励上层社会的名人使用某种商品，或进行广告宣传，而引起人们的纷纷效仿，达到推销产品的目的。

(4) 基于阶层的“排斥心理”，人们可能会反感其他某阶层的人消费同样品牌的某些商品。这种相互排斥性使一些商品或某些名牌商品在这个社会阶层中有稳定的消费者市场，而其他社会阶层的消费者则很少购买。为此。企业在扩大商品市场占有率，提高市场覆盖面时，应注意维护产品和企业形象，避免不同阶层之间的消费排斥性。如有的企业对同一种商品，采用不同的品牌、不同的分销渠道，满足不同阶层的消费者，其用意就在于此。

第三节　参照群体与消费心理

社会是一个集合的概念，任何社会都有其内在的层次和结构，依据不同的划分标准，社会可以划分成若干个不同的群体。在一定时期内，任何一个消费者都从属于某一群体，而在同一群体内的人们由于受多种等同或近似因素的影响，以致有着相同或相似的消费需要、消费方式、消费结构和消费水平。同样，不同社会群体的人由于所处社会地位不同，所扮演的角色不同，生理特征和心理特征上存在的差异，又导致了他们的消费需要、消费方式、消费结构、消费水平以及消费心理、消费行为各具特色。

一、参照群体概述

参照群体是指对个人的态度、意见偏好和行为有直接或间接影响的群体。包括血缘的、社会的、经济的、职业的等不同类型的组织。如家庭、朋友、社会组织、购物群体、工作群体等。

参照群体可以分为直接的参照群体和间接的参照群体（见图6－4）。直接的参照群体是直接接触到人们生活的面对面的成员群体关系。他们可以是主要成员群体或次要成员群体。主要成员群体包括人们以非正式的面对面的方式经常相互影响的所有群体，其规模相对较小，但与消费者存在密切联系，如家庭、朋友或同事。相反，人们与次要成员群体的交往是非持续而且更正式的，成员之间当面交流较少，相互影响较小，这些群体如俱乐部、学生会、宗教团体等。

间接的非成员群体包括渴望参照群体和非渴望参照群体。渴望参照群体是人们渴望加入的群体，典型的如青少年对明星的崇拜模仿。非渴望参照群体是人们试图与其保持距离、避免与其有关的群体。

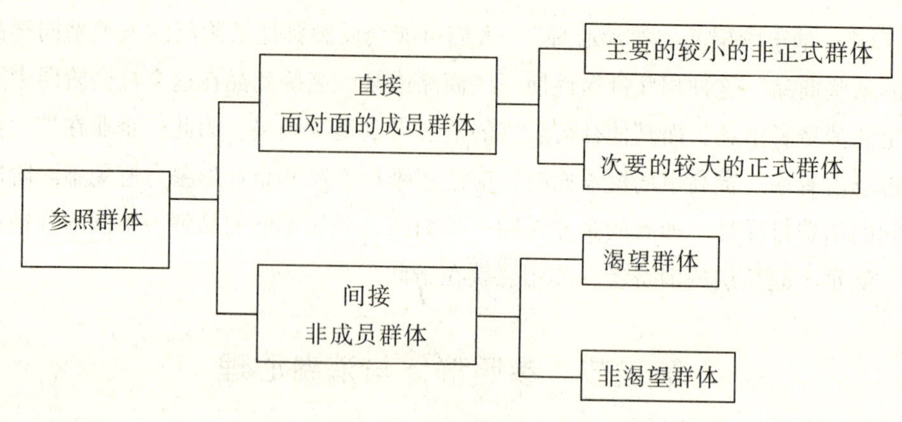

图 6-4　参照群体的类型

二、群体对消费心理的影响

世界上的每个人都不是孤立地进行消费活动的，而是在与其他人的相互影响的过程中实现自己的消费行为的。因而，人们的消费行为，必然要受到群体的影响。这种影响是通过个体在群体中的角色、参照群体、群体的规范和压力以及群体内部的信息沟通等形成的。

图 6-5 描述了社会情境对一种甜食属性的影响。令人瞩目的是，价格和口感无论对家庭消费还是个人消费均至关重要，而在聚会时，该甜食为大多数人所接受则是关键性因素。在广告设计方面，企业恐怕应注意这些要素。

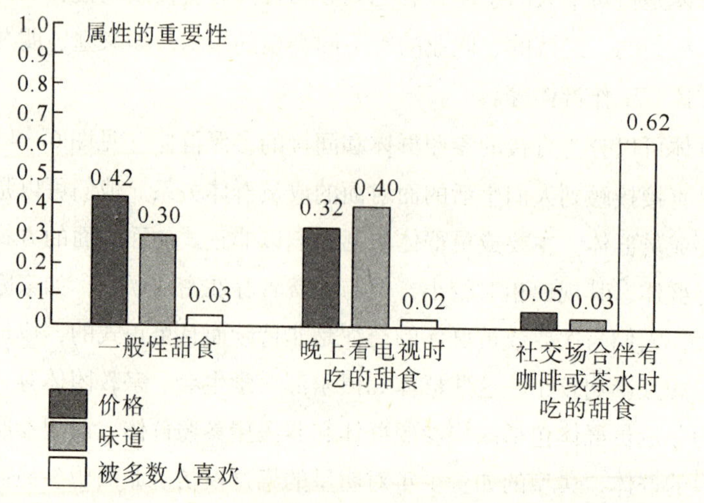

图 6-5　社会情境对甜食产品理想属性的影响

（一）影响作用分类

表6－3显示了三种相关群体的影响方式。在规范性影响的情况下，相关群体满足了消费者从亲和关系中获得奖励的需要，群体的奖励使消费者采取了顺从行为。在信息性影响的情况下，相关群体提供信息，满足了消费者对于来源可靠的知识的需求，群体的专门知识导致了消费者认可和接受某一产品或品牌。在价值表现性影响的情况下，相关群体满足了消费者维护身份地位的需要，使其在一群相似的人中获得自我确认，并且赢得其他成员的认同。

表6－3　**参照群体影响消费者心理的主要方式**

参照群体影响消费者心理的主要方式
规范性影响
·为迎合工作同事的期望，消费者容许同事的偏好来影响自己的品牌抉择
·消费者的决策顺从于常有社交往来的人的偏好
·家庭成员的偏好影响消费者的选择
·为迎合他人的愿望，影响到消费者的品牌选择
信息性影响
·消费者从职业社团或专家群体那里搜寻品牌信息
·消费者从专门从事有关产品的工作的人那里搜寻信息
·消费者从朋友、邻居、亲戚或同事那里搜寻有关品牌的知识和经验
·消费者所选择的品牌受到观看某一独立检测部门肯定性报告的影响，在这种情况下，消费者从其并不隶属但抱有好感的群体那里获得信息
·消费者观察到的专家的所作所为，影响到他们的品牌选择
价值表现性影响
·消费者感到购买或使用某种品牌可以改善在他人心目中的形象
·消费者感到购买或使用某种品牌的人具备他们极想拥有的品质和特征
·消费者有时感到成为广告中所显示的使用某种品牌的那类人是相当不错的
·消费者感到那些购买某种品牌的人受到其他人的崇敬或尊重
·消费者感到购买某种品牌有助于向他人展示自己是怎样的人或将成为怎样的人（一位优秀的运动员、一位贤妻良母、一位成功的商人）

1．规范性影响

规范性影响是指由于群体规范的作用而对消费者的行为产生影响。规范是指在一定社会背景下，群体对其所属成员行为合适性的期待，它是群体为其成员确定的行为标准。规范性影响之所以存在，是由于奖励和惩罚的作用。为了获得赞赏和避免惩罚，个体会按群体的期望行事。一些广告声称，如果使用某种商品，就能赢得社会的接受和赞许，利用的就是群体对个体的规范性影响。同样，宣称不使用某种产品就得不到群体的认可，也是运用规范性影响。

2．信息性影响

信息性影响是指相关群体其他成员的观念、意见和行为被个体作为有用的信息予以参考，由此在其行为上产生的影响。当消费者对所购产品缺乏了解，凭眼看手摸又难以对产品品质作出判断时，他人的使用和推荐将被视为是非常有用的证据。群体在这一方面对个体的影响，取决于被影响者与群体成员的相似性以及施加影响的群体成员的专长性。例如，某人发现好几位朋友都在使用某种品牌的护肤品，于是她决定试用一下，因为这么多朋友使用它，意味着该品牌一定有其优点和特色。

3．价值表现性影响

价值表现性影响是指个体自觉遵循或内化相关群体所具有的信念和价值观，从而在行为上与之保持一致。例如，某位消费者感到那些有艺术气质和素养的人，通常是留长发、蓄络腮胡、不修边幅的，于是他也留起了长发，穿着打扮也不拘一格，以反映他所理解的那种艺术家的形象。此时，该消费者就是在价值表现上受到参考群体的影响。个体之所以在无须外在奖惩的情况下自觉遵守群体的意见和规范，主要是基于两方面力量的驱动：一方面，个体可能利用参考群体来表现自我，提升自我形象；另一方面，个体可能特别喜欢该参考群体，或对该群体非常忠诚，并希望与之建立和保持长期的关系，从而接受和内化群体的价值观念。

上述三种影响在现实生活中是普遍存在的。但是，不同产品或者在不同的情景下，参考群体对消费者行为影响的程度是有差异的。这取决于多种因素，包括产品的性质及其对个体和群体需要满足的程度以及消费者个体的特征及其与群体之间关系的性质等。

（二）决定群体影响强度的因素

决定群体影响强度的因素可以从产品特性、消费者个体特性、相关群体自身的特性等方面来进行分析。

1．产品的可见性

相关群体对不同商品产生的影响程度是不同的，一般而言，产品或品牌在使用时的可见性（或“炫耀性”）越高，群体的影响力就越大，反之则越小。而表6－4从产品可见性和产品的必需程度两个层面对消费情形进行了分类，显示了相关群体在这些具体情形下对产品种类与品牌选择所产生的影响。

表 6－4　　产品特征与参照群体的影响

	公　共　场　所		
	产品 品牌	影响小	影响大	
必需品	影响大	在公共场所使用的必需品 影响：对产品的影响小 对品牌的影响大 举例：手表、汽车、男装	在公共场所使用的奢侈品 影响：对产品、品牌的影响都很大 举例：高尔夫球、滑雪	奢侈品
	影响小	在私人场所使用的必需品 影响：对产品、品牌的影响都不大 举例：床上用品、牙刷	在私人场所使用的奢侈品 影响：对产品的影响大 对品牌的影响小 举例：游戏机、制冰器	
	私　人　场　所			

2. 产品的必需程度

对于食品、日常用品等生活必需品，消费者比较熟悉，而且在很多情况下已形成了习惯性购买，此时相关群体的影响相对较小。相反，对于奢侈品或非必需品，如高档汽车、时装、游艇等产品，购买时受相关群体的影响较大。

3. 产品与群体的相关性

某种产品、消费行为与群体功能或价值实现的关系越密切，个体遵守群体规范的压力就越大。例如，钓鱼协会对会员选购渔竿的行为影响甚大，但对选购电视机的行为影响却小。

4. 产品的生命周期

当产品处于投入期时，消费者的产品购买决策受群体影响很大，但品牌决策受群体影响较小。在产品成长期，相关群体对产品及品牌选择的影响都很大。在产品成熟期，群体影响在品牌选择上大而在产品选择上小。在产品的衰退期，群体影响在产品和品牌选择上都比较小。如表 6－5 所示。

表 6－5　　产品生命周期与群体影响的关系

	产品购买受群体影响	品牌决策受群体影响
导入期	较大	较小
成长期	较大	较大
成熟期	较小	较大
衰退期	较小	较小

5. 个体对群体的忠诚程度

个人对群体越忠诚，对群体的认同程度愈高，愈易受群体意见和群体规范的影响。例如，当参加一个渴望群体的晚宴时，在衣服选择上，我们可能更多地考虑群体的期望，而参加无关紧要的群体晚宴时，这种考虑可能就少得多。

6. 个体在购买中的自信程度

人们的消费信心愈低，愈易受相关群体的意见影响。例如消费者在选择保险及外科医生时，因不确定性较高，经常会听取家人、同事、权威人士的意见。这些产品既非可见又同群体功能没有太大关系，但是它们对于个人很重要，而大多数人对它们又只拥有有限的知识与信息。这样，群体的影响力就由于个人在购买这些产品时信心不足而强大起来。

受相关群体影响大的产品和品牌的制造商必须设法接触并影响相关群体的意见领袖者。意见领袖者既可以是主要群体中在某方面有专长的人，也可以是次要群体的领导人；还可以是向往群体中人们仿效的对象。意见领袖者的建议和行为，往往被追随者接受和模仿，因此，他们一旦使用了某种产品，会起有效的宣传和推广作用。

三、参照群体的心理与行为效应

具体来说，参照群体对其内部成员消费心理和行为的影响，主要表现在从众、模仿、暗示、循环刺激、流行等方面。

（一）从众

从众行为又称遵从行为。个人因受到群体压力而在知觉、判断、动作等方面做出的与众人趋于一致的行为。生活实际表明，人们对于外界的认识、见解，是受众人的认识、见解影响的。个体消费行为也容易被群体意识同化。

任何一个群体都有一定的群体规范，这种规范会转化为一种无形的心理压力，对其内部的个体产生影响。群体规范是指群体以约定俗成的非正式形式或共同商定的正式形式而确定的行为准则。一般说来，消费者群体的规范大多是一些约定俗成的标准。而且，个体消费者在大多数情况下往往会自觉地遵从群体规范，使个体的很多消费行为与群体规范取得一致。这种一致性主要是屈从的一致性和鉴别的一致性的表现。

例如，一些经济状况好的消费者，其在自由的消费过程中往往习惯于求名、求美，但是在提倡节约、反对铺张浪费的群体规范下则不得不强行改变自己的消费心理，使自己和群体的消费行为尽量趋于一致。

消费心理和消费行为中的从众行为，也有它消极的一面，即对消费者的积极心理（购买动机）起阻碍作用。如果一位消费者约几个好友到商店买东西，他认为某种商品好，而他的朋友们却认为不好时。那么他可能会放弃原有的购买决策。

从众行为的发生，既与群体的条件有关，如群体人数的多少、吸引力的大小、个人在群体中的地位、群体中与自己条件相似者的行为、群体成员的反从众行为等；也与个人的个性心理特点有关，如顺从型的人多缺乏主见，在大多数场合下都容易发生从众行为等。

（二）模仿

个体看到别人的行为以后，便会产生仿效和重复别人行为的趋向。这种仿照一定的榜样而做出类似的言行举止的过程就叫模仿。模仿是学习和习惯形成的方式之一。当被模仿的行为具有榜样作用，社会或群体又加以提倡时，这种模仿就是自觉、有意进行的。人们在自然接触中，更多发生的是无意识的模仿。模仿发展的基本趋势，一般是从无意地模仿到有意地模仿。凡是能引起个体注意和兴趣的新奇的刺激，都容易引起模仿。

模仿通常在某一个具体的群体中得以迅速展开，进而广泛流传，例如，青年学生对某一歌星、影星、体育明星的崇拜而导致的模仿性消费行为。被模仿者通常是时代的领先者、消费的先驱者，或是市场效应较强的标榜性人物，其消费行为具有示范效应，能够产生巨大的市场效应。尤其是在参照群体中，一旦产生新的消费行为或消费倾向，更多的消费者将通过纵横交错的信息通道，获得信息并模仿其行为，从而加入某种消费风潮。

小案例：总统喜欢看的书

美国一家出版商有一批滞销的书久久不能脱手，便给总统送去一本，并三番五次地征求总统的意见，忙于政务的总统没有时间与其纠缠，便随口应了一句："这本书不错！"出版商如获至宝般地大肆宣传："现在有总统先生喜欢的书出售！"于是，这些滞销的书很快就被一抢而空了。不久，这个出版商又有书卖不出去了，他又送给总统一本。总统上了一回当，想奚落他一下，便说："这本书糟透了！"不料，出版商听后大喜，他打出广告："现在有总统最讨厌的书出售！"结果，又有不少人出于好奇而争相购买，此书又随之脱销。出版商第三次将书送给总统时，总统出于前两次的教训，不置可否。原本无奈的窘迫局面又一次被出版商打破，出版商大做广告："现在有总统难以下结论的书出售！"结果，出版商居然又一次大赚其利。

资料来源：佚名．美国九个经典有趣的商业思维模式［EB/OL］．http://www.newdur.com/post/1694.html.

（三）暗示

暗示是人用含蓄、间接的方式，对别人的心理和行为施加影响的过程。受暗示者如果接受了暗示，往往会盲从、附会地按照一定的方式行动，或者不加批判地接受一定的意见或信念。暗示多采取言语的形式，但也可以采用手势、面部表情、动作或暗号来进行。

暗示可以来自别人，也可以来自自己，后者称为自我暗示。受暗示者所接受的暗示，有时是有意施加的，有时是从别人无意识的行为中接受的。

在购买行为中，人们因受暗示而影响决策行为的情况颇为多见。如果某种商品摆在紧俏商品的柜台里，就可能会吸引到很多顾客购买，而同样的商品如果摆在一般商品的柜台里，就可能无人问津。我们也常常看到，柜台前只要有人排队，马上就会有人跟着排上去。长队也可以成为暗示的因素。一些消费者选择酒店就餐时，常常会观察其门前停有多少轿车，如果门庭冷落，消费者就会避而远之，这是因为车辆多少暗示着菜品和服务质量的好坏。商业部门常常根据暗示对人产生的心理效应来设计广告，增强宣传的效果。售货员在接待顾客时正确运用暗示，也会比直接劝说获得更好的效果。

但是，暗示的效果也要受到各种主客观条件的制约。儿童、妇女和顺从型的人容易接受暗示。然而，如果过于容易接受暗示，又常常会使人产生盲从的行为。

（四）循环刺激心理

在一个群体内部，若干个消费个体相互联系、相互影响、相互刺激，形成了互动关系，群体内某一个消费者产生的消费欲望，通过信息沟通可能会使群体消费产生连锁反应，或者成员之间消费需求产生共鸣，形成新的消费心理和行为，又作为新的刺激因素发生作用，由此构成一种群体的循环反映。

（五）流行

流行是一个时期内社会上流传很广、盛行一时的大众心理现象和社会行为。一种或一类商品，由于它的某些特性，在一段时间内在众多消费者中广泛流行，这种消费趋势就是消费流行。一些吃、穿、用的商品都有可能成为流行商品，然而穿着类和使用类的商品流行的机会要多得多。流行的方式也是多种多样的，可以在不同社会阶层之间自上而下、自下而上，或是横向流行。总之，流行意味着一种群体共同追随的行为，其行为往往具有时期性、自发性、反传统性和社会普遍性；流行可以在不同民族、国家、地域之间展开，但也会因其流行的背景不同而各具特色。例如，我国就曾经流行过呼啦圈、唐装、变形金刚、MP3 等许多商品。

流行具有一定的周期性，其周期可长可短。如玩“呼啦圈”风行一时，但很快消失；而牛仔裤、绿色食品风靡世界多年，至今仍然如火如荼。流行的生命周期和产品的生命周期很相似，可分为酝酿期、发展期、高潮期、衰退期四个阶段。

商品流行的速度和商品的市场寿命周期有关，也和商品的分类性质有关。其中，商品的市场生命周期长短、价格高低与流行的速度呈反比关系。对企业而言，把握好商品流行的速度和周期十分重要。一种商品成为流行商品以后，销量增长迅速，销售时间集中，能给企业带来巨大的利润。但如果对消费心理变化估计不足，流行期一过，产品也可能会大量积压，给企业带来很大的损失。

从心理上讲，消费流行是人们追求个性意识的产物，是人们渴求变化、追求新奇、表现自我的心理活动的社会表现。外界客观事物总是不断变化的，与这种变化相适应，不少人具有求新、求变的心理特征。每一种新事物出现，它的特点就会引起人们的注意和兴趣。很多人热衷于追求新奇来表现自己的身份、地位和个性特点。随着时间的流逝，当大家都熟悉或习惯后，事物新的特点就体现不出来，一种流行便结束了。同时，消费流行也建立在人们的从众和模仿的心理基础上，它导致了消费者行为的一致性，促进了消费者共同的消费理念和对商品、品牌的共同偏好，使得人们的消费对象、消费方式同质化，这又与市场追求的差异化竞争产生矛盾，因此，流行导致的趋同性具有阶段性和时期性。

小资料：《江南 Style》风靡全球所折射出的社会心理

韩国鸟叔 PSY 以《江南 Style》一曲爆红，从原本的乐坛“屌丝”一夜之间成为“高富帅”。尽管很多人对《江南 Style》的含义不明就里，但简单易学的马式舞步、搞笑演绎充分满足了人们求新、求趣、纾解心理压力和乐于自我表现的心理需要，以及审丑文化、从众心理、群体效应、偶像崇拜的推波助澜，使其在短时间内便风靡全球。但对于不断追求新奇感的年轻人而言，《江南 Style》也最终还是会像《Nobody》《Sorry Sorry》一样成为过眼云烟。

资料来源：聂鑫焱.《江南 style》风靡全球的传播心理学解读［J］. 传播与版权，2013（4）.

第七章 商品生产与消费心理

商品是市场营销活动的物质基础，是消费者的购买对象，是影响消费心理与行为的最主要的外在因素。从消费心理学的角度上看，商品整体的概念应包括三重含义：一是商品实质，即商品的使用价值，能为消费者提供基本效用或利益；二是商品外形，指商品的形式，是满足消费者心理需要的外在表现，它包括商品的命名、式样、花色、重量、体积、规格、商标、包装、装潢等；三是商品附加利益，是指商品销售过程中的营销服务，是消费者对商品效用的延伸，它包括售前、售中、售后服务。商品在效用、形式和服务这三方面的特性能给消费者带来有形与无形的利益，对消费行为都会产生较大的影响作用。本章将着重对商品设计、商品命名、商标设计和商品包装等方面与消费行为的关系进行研究，以使工商企业的生产经营活动能更加适应消费者的心理需要，从而取得更加理想的经营效果和社会效果。

第一节　新产品设计与消费心理

人的需要是在不断发展变化的，随着新技术、新工艺的不断采用，商品的更新换代是必然趋势。能否开发、研制出适应市场需要的新产品，往往是关系到企业在市场激烈竞争中生死存亡的大问题。新产品是作为商品来生产的，必然要进入市场进行交换，成为商品。新产品能否买得出去，被消费者所接受，受着许多因素的影响，其中最主要的是产品设计能否很好地满足消费者不断发展变化的物质或精神需要。

现实中，新产品开发方面的失败率是令人瞩目的。在美国，大约有46%的资源被用到那些不成功的产品开发和市场推广上，这些项目要么夭折，要么不能获得足够的收益。有一份报告称，平均每100个进入开发期的项目中，有63个会被中途取消，有12个会失败，最终仅有25个获得了商业上的成功。如果能够在新产品开发过程中正确地进行消费心理研究，并将其获得的市场知识整合到新产品之中，就会大大提高产品的成功率。

一、新产品分类与扩散过程

（一）新产品分类

新产品是相对于老产品、旧产品而言的。所以，对于消费者来说，凡具有新颖性的产品，都可称为新产品。对于任何新产品，我们都可以根据其创新程度和对消费者行为的改变程度划分为连续创新、动态连续创新和不连续创新产品三大类，如图 7－1 所示。图 7－1 中的行为改变，是指消费者若要采用或使用创新产品所需做出的行为（包括态度和信念）或行为方式上的改变。它不是指产品技术或功能上的改变。例如，新口味的碳酸饮料并不需要行为有显著改变，但购买和使用电动汽车则需要做出这种改变。

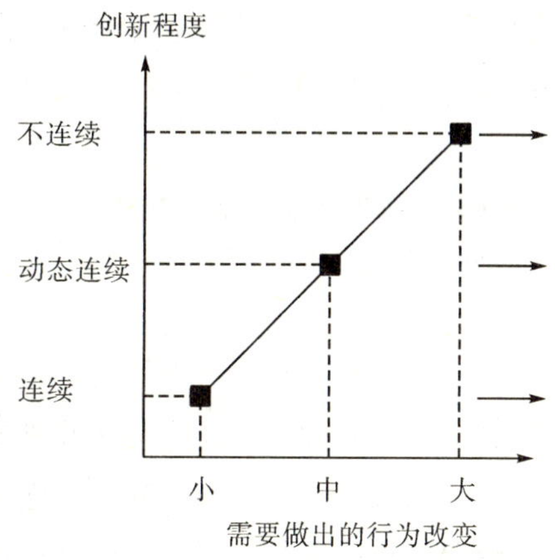

图 7－1　创新产品种类

1. 连续创新

连续创新指采用的新产品只需作出一些细微的，或是对消费者无关紧要的行为改变。这类产品往往是在原有产品用途不变的情况下，在设计工艺、结构、用料、式样等方面作部分改进，其效能和性能会有所变化或提高，以适应消费者的不同需要。这类产品能满足人们求新、求变的心理，或能满足消费者的特殊需要，但对人们的消费行为等方面影响不大，取代旧产品的能力较差，也容易被消费者所接受。事实上，大多数连续创新的产品只引起少量的决策行为。市场上出现的新产品多属此类，比较典型的如一些手机厂商不断推出的迭代手机产品。

在发展迅猛的电子产品行业，为了快速占领市场，厂商往往会尽快推出一个并不十分完美的产品，然后针对每一个产品细节，收集用户行为和信息反馈，逐步完善产品。这样做并不完全是由于技术上的不完善，主要是由于开发者难于完全、准确地把握当前用户的需求，而采用“走一步，看一步”的方式，通过不断细化来加深对问题的理解，并不断推出迭代连续创新产品。

小资料：iPhone 6S 的前世今生——苹果智能手机的迭代与演化

从很久以前，苹果就开始遵循这样的路线：围绕既有软硬件理念加以创新，将其他领域的一流技术应用到智能手机，继而将其转化到自己的移动平台之上，以此大获成功。早在推出第一代 iPhone 时，批评者就指出，苹果所做的无非是从其他领域的技术中提炼创意，而不是在技术领域构建自己的独特愿景，独辟蹊径，推动技术进步。iPhone 的进步凭借的就是硅谷每一家数字初创企业都奉为圭臬的东西——迭代和演化，比起创新，苹果更强大的是它的产品迭代能力。它并不要求每一个产品都是最完美的，而是通过众多的小步骤不断改善自身，其间砍掉不起作用的旁枝末节。

资料来源：佚名. iPhone 6S 的前世今生：苹果智能手机的迭代与演化［EB/OL］. http://www.forbeschina.com/review/201509/0045227.shtml.

2. 动态连续创新

动态连续创新是在原有产品的基础上，经过重大改进或革新发展而形成的新产品，这类产品往往具有更突出的性能和效用，甚至产生了新的用途，有可能很快取代旧产品，形成新的消费热点或流行趋势。采用这种产品要求人们在某个不太重要或中等重要的行为领域做出重大改变。如数码相机、新能源汽车、Apple Watch 和网上购物等。

3. 不连续创新

不连续创新是指从造型、结构、性能、名称等各方面都是完全创新的产品，一般是由于科学技术的进步或为满足消费者某种需求而发明的产品。这种新产品对消费者的消费观念、消费方式、消费心理与行为等方面会产生重大的影响，可以导致新的消费方式的产生。如眼部激光手术和全自动厨具的出现等。

当然，创新的程度及重要性都是由消费者决定的。因此，对于一个喜欢摄影技术的消费者来说，数码相机也许就成了不连续创新的产品。

思考一下：在目前市场上有哪些新产品？说明它们是连续创新、动态连续创新还是不连续的创新产品。

（二）新产品的扩散过程

随着科学技术和生产力的发展，以及社会经济文化和生活水平的提高，新产品不断在市场上涌现。由于各方面的原因，消费者对不同新产品的感知程度、心理反应和接受程度都是有很大差异的。但一般来说，消费者对新产品的接受率或新产品的扩散过程呈现“S”形态，即先慢后快、先低后高，直至达到自然极限，如图7－2所示。消费者接受新产品一般要经过知晓、评价、形成购买动机、试用、采用等发展阶段，有一个从不了解到了解、从疑虑到信任的过程。营销者应通过各种有效的广告宣传、针对目标消费者的营销策略以及良好的售后服务措施，来加强消费者对新产品的认识，引导消费者形成新的消费观念和消费方式，诱发消费者的购买动机，尽可能减少消费者的购物风险，鼓励试用，从而加速消费者对新产品的接受过程。

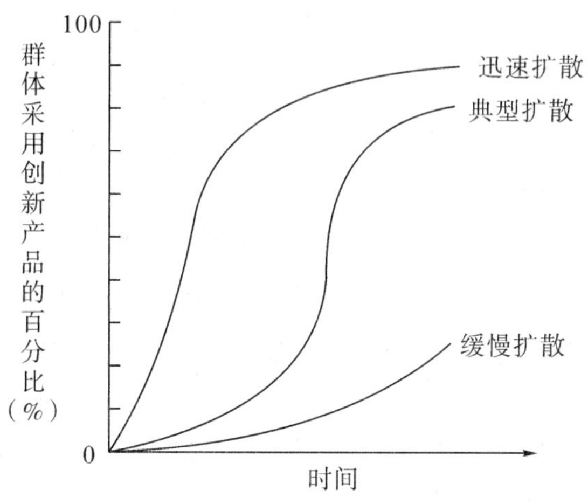

图7－2　创新产品随时间推移的扩散速度

新产品扩散是指“商品或服务由生产者流向消费者的过程”。它类似于“投石入湖”：把石头丢进一泓平静的湖里，于是水面上会荡起阵阵的涟漪，涟漪由小而大，由近而远，渐渐地扩大，最后终于扩散到湖里的每个角落。当新产品刚进入市场时，只有少数人购买，这就好像第一层涟漪一样，圈子很小；渐渐地，围绕在原始购买者周围的人也开始购买产品，于是涟漪荡得更大；最后，新产品终于传布到更多的消费者，而新产品完全被所有的消费者接受则是不太可能的。

图7-2中的累积曲线描述了随着时间推移，使用新产品人数增长的百分比。如果把这一曲线从累积形式变成对应每一时点采用创新产品人数百分比的形式，就会得到我们所熟悉的钟形曲线或正态分布（如图7-3所示）。也就是说，一小部分人会很快采用创新产品，另外一小部分人则极不情愿采用，群体中的大多数人采纳的时间介于这两者之间。同时，根据人们采用产品的相对时间，可以将任何一种创新产品的采用者划分成五组。其中创新用户和早期采用者仅共占16%左右。

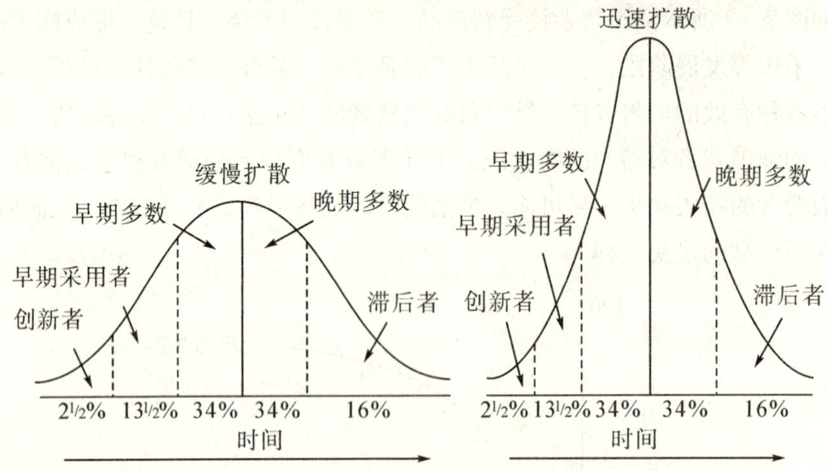

图7-3　产品创新过程中的各类用户

消费者创新性研究很多是以个体为基础，如斯迪坎布（Steenkamp）认为，创新者的动机和个性特点包括：寻求刺激；爱好新奇的事物；喜欢与众不同，享受购买新产品带来的差异感；具有很强的独立性，不容易受到其他人购买行为的影响。

另一个研究方向是从总量角度识别影响消费者创新性的主要因素，得出的结论包括：①产品的类别对消费者创新性影响比较大，女性对家庭用品、时尚、食品和杂货的消费者创新性比较强，男性对汽车、运动器具的创新性比较强，而年轻人对电子数码产品的创新性比较强。②如果不考虑产品差别，那么人口特征，如种族、收入、年龄、人口流动性和受教育程度对消费者创新性影响比较小。但迪斯坎布对DV市场的研究表明，年龄与消费者创新性存在着显著的负相关性，成年人中，年纪较小的消费创新性更强。不少研究者也发现性别对消费者创新性的影响比较显著，男性比女性更具有创新性。③宏观环境对消费者创新也有影响，经济开放程度、经济发展速度、产业化程度和鼓励冒险的传统文化对消费者创新性都有一定的影响。比如高经济开放性国家，由于有更多的对外贸易，消费者接触新奇产品的机会增加，容易培养消费者的创新性。

二、影响新产品销售的心理因素

（一）影响消费者购买新产品行为的产品因素

一般来讲，一款商品在被购买到被抛弃要经历六个阶段：购买、配送、使用、修配、保养、抛弃（见图7－4）。同一款商品在不同的阶段对消费者产生不同的影响，而消费者在购买该商品时，实际上从效率、简单、方便、风险、乐趣、环保六个层面评估了它的所有六阶段的效用。

图7－4 商品的生命周期，流动中的“物”

在购买阶段，产品是否能快速捕获消费者的注意力，是否能使消费者迅速做出购买决定；在配送阶段，是否方便携带和安装；在使用阶段，产品的功能是否适当，可用性如何；在修配阶段，产品是否需要其他的产品和服务的配合来使这一产品更有效，这些是否容易获得；在保养阶段，产品是否易于维护和升级；在抛弃阶段，产品是否易于处理，是否环保，是否可再生等。比如，宜家的家居产品都是以配件形式散装，然后由用户在家自行装配，从而方便购买者配送携带；Moto推出的可降解手机则是从抛弃阶段的环保设计方面考虑，这种手机内置向日葵种子，在泥土中分解后的手机，会为这粒种子提供营养物质。

对于新产品而言，产品因素、广告因素、营销因素、经济因素、社会因素、目标群体因素等都会对其扩散过程产生影响，但最根本的还是消费者对新产品的心理反应。

1．相对优越性

俗话说：“不怕不识货，就怕货比货。”消费者通过对比，认识到新产品具有明显的优越性，能给他带来实际的利益或某种心理需要的满足，则新产品被接受的速度就快。新产品的相对优点越多、越显著，满足消费者需要的程度越高。受市场欢迎的程度也就越高。例如，手机明显比传呼机方便得多，因此手机取代传呼机是必然的；而手机取代小灵通的过程则要慢一些；4G手机取代3G手机则会更慢。产品的相对优点也可以表现在产品的外观、包装或售后服务等方面。

2. 适应性

人们在长期的消费过程中，形成了一定的消费方式、消费习惯和消费观念。如要形成新的消费方式和观念，往往需要一段时间。如果新产品与消费者本来的生活方式、经济水平、消费习惯和价值观念相适应，它就容易被消费者接受。反之，新产品的扩散就会遇到较大的困难和习惯的抵制。这种适应性还与当时的社会风气、消费潮流、政府的政策法令等有关。例如，速溶咖啡在进入西方市场初期，受到主妇们的抵制，是由于其对原有的消费习惯、消费观念、消费方式的适应性程度低的原因。

3. 复杂性

复杂性是指消费者对新产品的性能、质量、用途、使用方法等方面的理解与掌握的困难程度。产品易使用、易理解、质量易把握，就容易引起消费者的兴趣，疑虑心理就较少，因而也就容易被人所接受。相反，如果影响产品质量及性能的因素太多，不便维修，消费者操作使用上也不方便或需要花较多的时间和精力才能熟悉和掌握，这就会更加强化其对新产品已有的顾虑心理，自然也就不肯轻易购买了。例如，美国生产的带电脑的多功能家用缝纫机，在发展中国家的销路并不好，因为这些国家的家庭主妇文化水平一般不高，不愿使用这种复杂、不便维修的产品。当然，如果新产品的目标消费者的专业知识水平较高，接受复杂性产品的能力很强，这部分消费者也愿意接受结构复杂、性能先进的科技产品。总之，新产品在使用设计上，应力求简单方便，并明确易懂地介绍新产品的特点和使用方法。

小案例：软件产品的设计

有一个设计微型计算机软件的厂家，推出了一种在功能、效用上比较先进的地理信息系统软件（这里称之为A），发现不好卖；与此同时，另一家的同类产品（这里称之为B），并没有什么先进性，却相当赚钱。究其原因，A产品的界面文字（画面文字）是英文，而使用该软件的用户绝大部分不懂英文；B产品虽然落后一些，但是界面全是中文。在这里，专业的、专家的评价与用户的评价不一致，是用户选择错误吗？不是！根本原因在于，一个产品要让用户接受，不但要有先进的功能（效用），更重要的是必须使先进的功能在顾客手中实际发挥出来。而要使其功能充分发挥，其设计就必须考虑目标顾客的知识能力、操作能力，还有不属于心理能力的支付能力等。

注：作者根据相关资料整理。

4．可试性

可试性是指消费者以低代价、低风险获得新产品试用的可能性大小。消费者购买不熟悉的新产品要冒较大的风险，一般都希望通过实际试用，发现产品所具有的特点，并减少购物风险。一些低值产品，如日用百货、食品等以及一些可租、可借或可以在零售商店内试用，并在短时间内能充分显示其特性的新产品，其扩散率就高；反之，在短时间内难以获得明确的印象和效果，价格又较高的新产品，其扩散率就低，如某些家用电子治疗仪。营销部门可以通过现场操作、免费试用或包退包换等优惠措施，也可以采用出租的方法，来降低购物风险，鼓励试用。

5．可观察性

新产品的新属性和使用新产品的好处如果容易被消费者所觉察、沟通、想象和形容，这个产品的沟通性就强，扩散也就快。一些穿或用的商品，如服装、交通工具、家庭陈设品、家用电器、首饰等，由于往往显露于外，能见度高，也容易使人产生想象或联想，在消费者中就容易形成大众传播，其扩散的速度就会加快。

有人曾对饮料市场的新产品进行过研究，发现对新产品购买意向强的群体是受教育程度比较低的年轻消费者，他们对产品的视觉和味觉刺激比较敏感，而反映产品内在品质的质量、品牌、价格和功能等指标却没有对购买意向产生明显作用。一种可能的解释是，消费者对产品的内在品质的认识更具有内隐性，只有通过亲身的消费体验，才会认识产品的内在质量，从而对行为产生作用。而饮料新产品的视觉和味觉刺激比内在品质特征更具有沟通性，很容易对消费行为产生作用。以前的许多研究也证实，加强产品或广告的视觉效果，可以提高对消费者的劝说性。

另外，新产品所满足需要的重要性、风险知觉的大小、新产品原有品牌的形象等都会影响新产品的扩散过程。例如，如果是原有名牌商品的改型，加之这些在款式、功能等方面的改进本来就是消费者所希冀的，那么，新产品就可能很快被消费者所接受。

思考一下：在网络时代，新产品的扩散过程和影响因素有什么新特点？

（二）扩散促进策略

在新产品的目标市场大致选定后，企业应当首先把注意力集中在目标市场内最有希望成为创新者和早期采用者的人身上。在产品宣传上，应强调产品的新颖和革新特点。表7－1列出了更多的影响创新产品扩散的因素，并为制定拓展创新产品市场接受程度的策略提出了思路，关键之处是从目标市场的角度分析创新产品。这种分析能够发现妨碍市场认可与接受的潜在阻力——扩散障碍，并由此制定促进扩散的策略来克服这些障碍。当然，企业应当通过市场调查和实践来判断目标市场消费者对新产品的看法以及他们对各种扩散促进策略的反应。即便在缺少市场调查的情况下，通过对“扩散障碍”的分析仍有助于发现创新产品的不足并提出应对策略。

表7－1　创新产品分析和扩散促进策略

影响扩散的因素	阻碍扩散的情况	扩散促进策略
1. 群体性质	保守	寻找其他市场，以群体内的创新者为目标
2. 决策类型	群体决策	选择可以到达所有决策者的媒体，提出化解冲突的主题
3. 营销	有限	以群体内的创新者为目标，使用地毯式轰炸策略
4. 感知的需要	弱	作大量广告表明产品利益的重要性
5. 相对优势	低	降低价格，重新设计产品
6. 适应性	冲突	强调与价值规范相符的属性
7. 复杂性	高	在服务质量高的零售店销售，使用有经验的推销人员，使用产品演示，大量的营销努力
8. 可试性	困难	向早期采用者免费提供样品，向租赁机构提供优惠价格
9. 可观察性	低	大量使用广告
10. 知觉风险	高	成功记录；权威机构认证或证明；担保

小资料：电动汽车的推广障碍

一是新能源汽车方向模糊不清。一会是混合动力，一会是纯电动。方向上的不确定，导致汽车生产商在研发上不敢轻易投入，地方政府和电力公司在充电桩等配套设施的建设上也不敢投入，研发、应用不能形成完整的链条，并形成恶性循环。

二是地方政府热情不高。在试点城市中，出于地方保护主义，对非本地生产的新能源车限制进入新能源车目录，以此保护传统能源汽车和本地汽车产业。而购车补贴更是“千呼万唤始出来”，由于缺乏鼓励政策，导致私人购买电动车几乎为零。实际投入使用的电动车，多数都是政府采购，用于公交等领域，以此来完成总体发展销量规划指标。

三是实际使用的方便性差。仅从上海地区来看，充电设备建设速度也远低于政府提出的计划目标，买来的纯电动车只能在特定的区域运行。

四是电动车价格偏高。虽有补贴政策，但价格仍然偏高。近期发布的比亚迪e6，指导价为36.98万元，即使在试点城市深圳，虽然国家给予补贴6万元、地方补贴6万元，个人仍需支付近25万元。这样的价格，是普通百姓心理价位的3倍左右。

五是新能源汽车性能、质量还较差。这也是阻碍电动汽车推广的主要障碍。电动汽车与传统汽车技术要求不同，核心的“三电”（电机、电控、电池）技术距离实际需求还有一定差距，尤其是消费者对汽车电池可支持行驶的距离、寿命、可靠性及安全性还有较大顾虑。

资料来源：佚名. 拒绝作秀，中国新能源车推广进入新阶段［EB/OL］. http://www.zhev.com.cn/news/show-1332128981-1.html.

（三）消费者对新产品的心理需要

周斌（2002）认为，商品的质量属性应以“对消费者主观需要的满足程度”为最根本的标准，所谓“质量检验合格的产品不是合格的产品，消费者满意的产品才是合格的产品”。由此，可把商品的质量属性分为自然属性与社会属性两个方面。前者包括：功能性、可靠性、安全性、耐久性、方便性、舒适性、经济性、配套性等；后者包括：美学性、情感性、象征性、时尚性、声誉性、信息性、服务性等内容。为了较为全面准确地将需求转化为产品质量特性可采用质量功能展开（Quality Function Deployment，QFD）的方法。从消费心理上看，新产品设计主要应考虑以下方面：

（1）多能多效。产品的多功能以及自动调控等特别功能是家用消费品设计的重要发展趋势，它符合人们普遍存在的求实效、求便利的消费心理。比如，带有摄像头、音箱和话筒的笔记本电脑等。现代智能手机在互联网条件下，正具有越来越多的功能，新增功能也将不断促进手机的更新换代。谷歌正在研究开发一款名为Project Glass的眼镜，这是一种能够显示网络资讯的特殊眼镜，搭载Android作业系统，方便使用者即时查看透过网络取得的同步资讯，同时将具备3G或4G连线上网及数个传感功能，包括GPS导航。这些多功能产品必将大大方便人们的工作和生活。因此，设计功能类商品时，除了要保证基本效能外，还应注意增加附属效用。

切瑞纳特尼和迈克·东纳德（Chernatony and McDonald，1998）认为，产品利益可以通过两个方面来衡量：一是满足生理性需求的功能性利益；另一个是满足心理需求的表现性利益。由此可将产品分为：高功能—高表现型（如豪华轿车）、高功能—低表现型（如电冰箱）、低功能—高表现型（如服装）、低功能—低表现型（如锁具）四种类型。对于不同类型的产品在设计和市场营销方面都应当有不同的侧重点。

思考一下：你看好谷歌眼镜（电子穿戴设备）的市场前景吗？为什么？

（2）方便舒适。随着生活水平的提高，消费者对商品使用上的方便与舒适、轻松与愉快的要求更为强烈。因而在产品设计上应注意适应人的生理及心理特点、简化操作程序、构造巧妙精致以及方便安全省力等因素，既保证商品用途，又尽可能让消费者使用时感到满意，满足其享受的需要。例如，为方便电脑、手机与电视之间的信息传递，就出现了“云”电视；为方便电脑操作，设计了无线光电鼠标；有人嫌打领带费事，便有了“一拉得”“一挂得”，等等。

（3）美观大方。商品的色彩、造型、式样是否美观悦目、新颖独特，日益成为影响消费者选购商品的重要因素。产品外观的工艺化、个性化、趣味化已成为重要的设计趋势。例如，新一代香皂的外形设计已不同于传统的方形、鹅蛋形或圆形，而设计为花朵、贝壳、星星、水果等形状；又如，壁挂式彩电给人以轻巧、美观、舒适的感受，而老式彩电却使人觉得沉重、累赘和压抑，前者自然容易博得消费者的青睐。因此，在产品设计上，要注意针对目标消费者不同的审美情趣，设计出既具有使用价值，又具有一定欣赏价值，能满足人们审美要求的产品。一般地讲，产品造型设计，适于男性消费者的要大方、舒展；适于女性消费者的要纤巧、雅致；适于儿童消费者的要活泼、鲜艳等。

小案例：香皂和可乐瓶子的设计

20世纪70年代以前的香皂，大多呈长方体，体积分量都很实在。80年代初期，设计人员通过研究，发现消费者在购买香皂时，除了注重香皂的实际功能外，都希望香皂更美观一些。设计人员可以在香皂上雕刻一些图文，进行装饰。而这恰恰又满足了企业的要求，节约了原材料，达到了降低成本的目的。于是当时这种像雕刻的印章似的香皂流行一时。

进入20世纪80年代中期，世界范围各类商品的圆弧形流线设计，改变了人们以往的审美观点。在这种潮流下，设计者发现将方正的皂体改为圆弧形，可以节约原材料，降低产品成本，同时又能满足消费者追求时尚的流行趋势，这一设计又大获成功。

到了20世纪90年代初期，设计人员通过研究消费者反馈回来的信息发现圆弧形设计的香皂在使用中，很容易从手中滑落，于是又大胆地推出了两边向内弯曲的皂体设计，节约了材料，降低了成本，但这种易于握持的造型设计并没有因少了材料而遭拒绝，相反却大受消费者的欢迎。

无独有偶，这种“易于握持的造型设计”也曾使可口可乐公司受益匪浅。可口可乐的设计人员将瓶子上人手最常握持的部分设计成向内弯曲，减小了手握持部分的瓶子直径，又将这部分进行棱化设计，起到了防滑作用，更增强了握持的稳定程度。对于企业来说，这种向内弯曲的造型设计，在瓶子大小不变的情况下，减少了存储容量，降低了成本，更利于市场竞争。对于消费者来说，他们往往会忽略这种设计所带来的容量的减少，而更好奇于瓶子的这种奇异造型设计和这种设计带来的全新的握持感受。事实证明了设计人员的设计理念是对路的，可口可乐公司获得了巨大成功。

资料来源：张云龙．可口可乐瓶子变身记［J］．工业设计，2011（1）．

（4）创新时髦。求新、求变、追求时髦，这是消费者普遍的心理特征。新产品应当力求在功能、款式、结构、成分、包装等方面有自己的独到之处，吸引消费者的注意和兴趣，满足人们不断发展的物质文化生活需要。同时，要紧跟社会消费潮流，适应人们在消费习惯、消费结构、消费心理、消费风气等方面的变化，及时预测某些商品的流行趋势，吸收国内外最新流行商品的特点和设计经验，设计出适应时代、符合市场要求的时髦商品。

小案例：Nike +：利用手机卖运动鞋

有前瞻性的品牌商，已着手于社交网络营销的布局。社交网络营销既可以利用第三方的社交平台，也可以自行搭建社交平台，或者二者结合。耐克在这方面做了一个颇为成功的尝试。

即便是对于很多酷爱跑步的人来说，跑步也是一样比较枯燥和孤独的运动。

耐克很早就发现了这一点，因此和苹果合作，诞生了第一款 Nike + iPod，其初衷无非是给跑步这项无聊的运动增加点趣味，让跑步和音乐结合起来。可如今，作为一名跑步爱好者，你可能更希望加上以下这条数据记录：

“2015 年 7 月 3 日；路程：10 公里；时长：62 分钟；消耗热量：627 卡路里；平均速度：10 公里/小时。”

甚至再加上一个功能：实时分享。在以上跑步记录后面加上一条“你希望将这条记录共享到你的朋友圈，新浪微博或者是微信群吗?”

耐克很聪明地建立了这样一个和跑步爱好者互动及让跑步爱好者和其他人互动的平台——“Nike +”。

Nike + 是什么？Nike + 最先是一个手机上的应用，可以安装在智能手机上。你跑步的时候，它会自动在地图上记录你的跑步线路、距离、海拔、时间、速度及燃烧的卡路里。并且边跑边为你播放音乐，为你提供音频反馈，还有顶级运动员为你加油鼓励的声音。

耐克跑鞋里有一个芯片，它可以追踪时间、距离和能量消耗在内等各项运动数据。只要运动者穿着 Nike + 的跑鞋运动，iPod 就可以存储并显示这些数据。

但如果仅仅如此的话，耐克提供的不过是一个运动辅助产品，并没有体现大数据时代和社交网络营销的特色。Nike + 把用户的所有跑步信息，实时上传更新到社交网络的账号里，包括 Facebook 和耐克自己的社交平台上。

根据耐克和 Facebook 达成的协议，用户上传的跑步状态会实时更新到 Facebook 账户里，你在 Facebook 里的朋友可以评论并点击一个“鼓掌”按钮。神奇的是，这样你在跑步的时候便能够在音乐中听到朋友们的鼓掌声，跑步的用户体验也就不再如之前那般枯燥单调。因此，跑步不再局限于锻炼身体这个概念，上传自己的跑步数据和体验，与朋友分享这项运动有了新的社交层面的延伸。

有了 Nike +，耐克还可以组织跨城市、跨州、跨国界的、全球性的互动。譬如，耐克组织的城际跑步竞赛，各个城市的跑步者在规定时间内将自己的跑步数据上传，看哪个城市的跑步者累积的距离长。伦敦那次活动的参与者在 15 天的活动中发起的跑步总距离相当于绕地球半圈：2.02 万公里。

Nike + 在许多方面，为耐克的营销带来了无可估量的影响：

①凭借运动者上传的数据，耐克公司已经成功建立了全球最大的网上运动社区，超过 500 万活跃的用户，这些用户的忠诚度因 Nike + 而大大提升。

②跑步者们每天不停地上传数据，耐克由此很轻松地获取了大量跑步路线的信息，这些由跑步爱好者上传的路线信息涵盖了世界各地的大街小巷，耐克因此掌握了主要城市的最佳跑步线路，总结出热门的跑步圣地。以后，耐克在投放户外广告的时候，就可以选择在这些跑步线路沿途，从而获得最佳性价比的广告位。

③除了传统的广告牌，耐克还可以在热门跑步路线投放互动式广告。譬如，设置"补给站"，为跑步者提供存放衣服、提供饮品等服务。这比传统广告又大大迈进了一步。

④同时海量的数据对于耐克了解用户习惯、改进产品、精准投放和精准营销又起到了不可替代的作用。因为顾客跑步停下来休息时交流的就是装备——什么设备追踪得更准，耐克又出了什么更炫的鞋子。

⑤Nike + 甚至让耐克掌握了跑步者最喜欢听的歌是哪些。这些搜集到的一手数据可以为未来的产品设计提供重要的参考，进一步改进他们的产品。Nike + 在和消费者建立了一种牢固的关系的同时，轻松地搜集到各种用户的反馈，提高了产品附加值。

在这个日益火爆的社区平台上，消费者的满足感很容易通过网络即刻放大。Nike 通过数字化的营销搭建的平台越来越吸引新的消费者加入进来，这不仅仅是一个健身运动的平台，更是一个社交的平台。其实未来类似的平台甚至还可以拓展到游泳、球类等其他运动上。Nike + 的会员数在 2011 年增加了 55%。耐克的跑步装备业务营业收入增长了 30%，达到 28 亿美元，Nike + 功不可没。

资料来源：陈硕坚. 透明社会——大数据营销攻略［M］. 北京：机械工业出版社，2015.

（5）适应个性。消费者往往是从个人的角度去评价或购买商品，对商品的选择心理往往融入了个人的某种生活追求，不同个性特点的消费者对同一商品会产生不同的心理反应。消费者注意和偏爱某种商品，主要就是由于商品具有符合其个性需要的特点所造成的。因而，产品的设计也要有"个性"，并与目标市场的那部分消费者的个性需要相适应。产品的"个性"是通过产品的象征意义的心理功能而起作用的，而产品的象征性功能是在人们的想象、比拟、联想等心理作用下产生的。设计产品时，产品的用途可以相同，但在款式、造型、色彩等方面应有不同的特色，使之具有不同的象征意义，以适应不同性别、年龄、地位、爱好、性格、气质的消费者的个性心理需要。例如，价格昂贵、款式豪华、做工精细的商品，可能被看成事业有成、地位显赫的象征；色彩明快、新颖别致、功能奇异的商品，可能被看成年轻的象征；夸张有趣、活泼艳丽的商品，往往被看成儿童的象征；结构简单、造型粗犷的商品，可能被看成男性的象征；设计独特、使用巧妙的商品，可能被看成是聪明智慧、富于创新的象征；简洁大方、功能实用的商品，往往被看成稳重、自尊的象征，等等。

小案例："黄鹤楼"系列香烟产品的品牌定位与消费者的价值需求

黄鹤楼1916：怀旧经典：体现出低调的奢华感受。

黄鹤楼漫天游：浪漫经典，体现出对自由、浪漫和飘逸的追求。

黄鹤楼论道：唯美经典，通过红黑对比表现美的无限向往。

黄鹤楼雅香：简约经典，通过简单的产品设计透出不平凡的产品理念。

黄鹤楼08：专为运动人士打造，体现科技、人文、绿色理念。

黄鹤楼问道：为知识人士打造，体现出对"道"的不断探索。

黄鹤楼感恩：为文艺人士打造，展现德艺双馨之美。

资料来源：杜鹏，等. 从产品营销到价值营销案例分析［J］. 河南教育学院学报：自然科学版，2009（4）.

（6）适应群体。消费者都生活在一定的社会群体中，每个群体都有其大致相似的消费方式和消费习惯。人们往往有意识或无意识地通过使用某种式样的商品（如服装、手提包等）来表明自己的社会角色或属于哪一社会群体，这也是群体趋同消费心理的作用。因此，在设计群体类产品时，要考虑它是否能适应购买者所属群体的特点，如某社会职业或社会阶层在经济收入、文化状况、消费习惯、工作环境、消费心理等方面的特点。例如，日本精工株式会社推出了一种"穆斯林手表"，它能把世界上114个城市的当地时间转换成穆斯林"圣地"麦加的时间，并且每天鸣响五次，提醒教徒准时祈祷，结果受到了穆斯林教徒的广泛欢迎。

现在女性驾车者已十分普遍，但针对女性特点开发的汽车却较为少见。女性化汽车的设计也都仅仅停留在流畅的外观、小巧的车身、亮丽的颜色方面，还应当考虑女性随身的手提包放置、由于开车更换下来的高跟鞋放置、汽车使用与维护保养的简易化、适合女性特殊生理特点和身体结构特点的座椅等方面的问题。

小案例："地瓜洗衣机"

海尔集团总裁张瑞敏听说农民抱怨洗衣机不好用，因为不能洗地瓜。针对此事，张瑞敏认为，既然消费者用洗衣机来洗地瓜，说明存在这种需求，企业应该突破技术，研发一种既能洗衣服，又能满足洗地瓜要求的洗衣机。于是，海尔进行产品的部分改造，扩大水流输出部分，能够承载洗地瓜的要求。设计好后，就在当地推出了"地瓜洗衣机"。结果，产品一投放市场就大受当地农民的欢迎。随后，海尔还研发出了针对食堂使用的削土豆皮的洗衣机、针对青海和西藏地区人们使用的打酥油洗衣机、可以洗"荞麦皮枕头"的洗衣机以及洗龙虾的洗衣机等，在当地都传为了佳话。另外，在很多企业认为夏季是洗衣机淡季的时候，海尔提出"只有淡季的思想没有淡季的市场"的理念，设计出专为夏天使用的小容量洗衣机，从一双袜子到一件衬衣，都可以进行及时的清洗。这就是比普通容量的洗衣机省水节电的小小神童洗衣机，它具有极高的市场占有率。随着人们卫生、保健意识的逐渐增强，海尔又紧紧抓住消费者的心理，利用抗菌、消毒技术开发了"保健双动力"洗衣机，凭借其电脑全自动控制杀菌消毒功能，在市场上显示出强大的产品魅力和市场威力。正是由于对消费者需求进行深入研究，海尔把高高在上的科技概念转化成了现实的市场需求，应用高科技大胆地创新，让海尔越走越远。

注：作者根据相关资料整理。

设计产品还必须考虑提高产品的附加价值，包括审美价值、道德价值、理论价值、社会价值、认知价值、感情价值和宗教价值等。晁钢令（2011）还提出了"隐性消费价值"的概念。这是一种由产品（服务）的显性消费价值而延伸出来，使顾客的消费满意度得以扩展和提升的某种附加价值。"显性消费价值"和"隐性消费价值"的区别可用一个三维三分模型来描述（见图 7－5）。三个维度分别是：消费内涵、消费过程（时间）、消费社会性。其中文化价值、企盼价值、追忆价值、同伴价值、社会价值都属于隐性消费价值。图 7－5 共有 27 个方块，其中深颜色的那一部分属于"显性消费价值"，而其他部分则属于"隐性消费价值"，不少企业在产品开发和服务中往往只考虑到几个方块，对许多"隐性消费价值"视而不见。

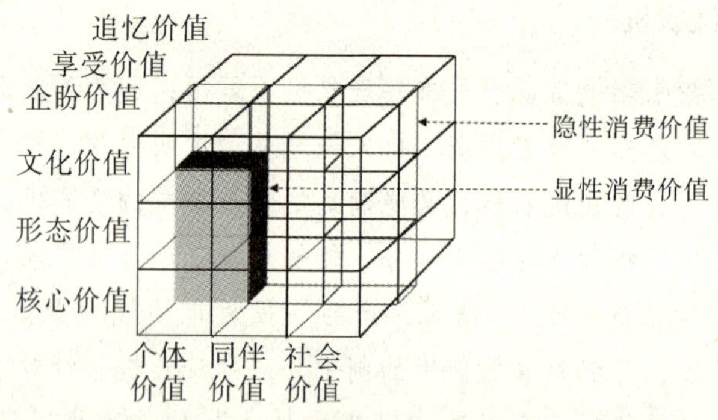

图7－5 全方位价值消费模型

在消费中受到关注、赞扬都会提高消费的“社会消费价值”。而消费者都喜欢与朋友一道去卡拉OK厅唱歌，极少有人单独前往，因为这时“同伴消费价值”（与他人共同消费中所增加的满足）很重要。我们还可以看到很多这样的现象：情人节的玫瑰花价格可以比平时翻几番，因为它是“爱的象征”；泰山顶上庙宇中出售的铜牌挂件，价格也是山下的数倍，因为它有“高僧开光”；很多品牌也都喜欢给自己讲一些传奇、有趣的故事或典故，给品牌赋予一种新的文化价值内涵，利用的则是“文化消费价值”（即产品所可能赋予的象征意义）。

在感性消费愈受重视的今天，开发“隐性消费价值”成为企业市场竞争的新领域。隐性消费价值主要产生于消费者主观感知，如果企业不断识别、扩展和递增顾客的隐性消费价值，就可能让他们更满意、更忠诚。耐克公司将一款运动鞋打造成可穿戴的电子设备，并与手机的Facebook等SNS社区服务相连，跑步的路径与里程数都可与朋友分享，消费者也可以从朋友的“点赞”中获得“社会消费价值”。

小案例：旅游的隐性价值

胡小姐是一家跨国公司的白领，尽管工作十分繁忙，但每年总有那么一段日子令她兴奋和难忘，那就是公司安排的“Outing”（外出度假旅游）。度假的时间也就十天左右，但令她沉浸在快乐中的日子却有一个多月——从商量度假计划、准备出游行装，一直到度假归来整理和分享景点照片、交流旅游观感、在博客上撰写游记攻略。胡小姐经常感叹：一样花钱，花在旅游上最值。

这种感觉背后的原因在于，旅游的消费价值比较复杂，往往是多重的叠加——尽管直接或真正的旅游消费不过是短短的十天，但出发前的企盼、归来后的追忆、交流中的回味、分享中的自得都是对消费者内在需求的一种满足，是一种由直接消费价值派生而来的“隐性消费价值”。

资料来源：晁钢令．微妙的“隐性消费价值”［J］．中欧商业评论，2011（2）．

第二节　商品命名、商标设计与消费心理

在市场营销活动中，商品的名称、商标是区别各种商品的重要标志，对消费者的购买欲望以及商品的形象也有重要的影响作用。因此，为新产品设计一个符合消费者心理要求的品名、商标，对产品的市场销售大有裨益。

一、商品命名与消费心理

（一）商品名称的心理功能

商品名称是在一定程度上反映某类商品某些特征的文字符号。市场上的商品种类繁多、性能各异。可以通过商品的名称进行区别和分类。商品名称不仅具有标志功能，而且大多数商品名称都直接地、概括地反映了商品的用途、产地、形状、成分或性质等主要特性，这种概括功能也是与商标所不同的地方。不同种类的商品可以有相同的商标，但不能有相同的命名。

一个好的商品名称，能起到激发人们的兴趣、引人注意、便于认识、帮助记忆、启发联想、诱发美感、增强喜爱、增进信赖、刺激购买等多种心理效果。

（二）商品命名的心理策略

为了很好地发挥商品名称的心理功能，使之对消费者的心理活动产生积极的影响，在命名时应注意以下方面：

（1）反映特性：商品名称应能直接而概括地反映或描述商品的主要特性，使消费者能顾名思义，无须看到商品本身，就能对其性能、用途、成分或产地等特性有所了解，提高消费者对商品的认知、记忆和接受程度。

（2）方便记忆：商品名称应力求简明、易懂、易读、易记、易传播，以利于提高商品知名度。商品名称的文字一般不要超过五个字，切忌采用生僻、晦涩以及拗口、复杂难懂的字句，也要避免用鲜为人知的方言土语或过于专业化的术语，对怪异的外国商品名称，应尽量采用通俗易懂的译名或以其功能重新命名，从而使商品命名尽可能与消费者的知识水平、记忆及读诵规律相一致。

(3) 诱发情感：商品命名应尽可能根据商品主销对象的心理特点和人情风俗，给商品取个具有某种情绪色彩或“性格”特征的名字，以诱发消费者的积极情感，使人产生亲切感和美感，这对树立良好的商品形象以及刺激消费者的购买欲望十分有利。当然，具体商品应区别对待，或文雅别致，或朴实大方，或刚硬有力，或生动形象，或柔和高雅，或寓意深刻，并做到雅俗共赏。

(4) 激发兴趣：具有科学性、新颖性、趣味性、形象性和艺术感染力以及寓意深远、含义良善的商品名称，能激发消费者的兴趣和求知欲，启发消费者的联想，唤起消费者对美好景象的向往，从而刺激其购买欲望。同时，应注意避免雷同和一般化。

(三) 商品命名的心理方法

根据上述商品命名的心理策略，商品命名的方法一般有以下几种：

(1) 以用途命名：这是商品命名的主要方法，大多适用于日用工业品、药品等。如：洗衣机、山地车、褪字灵、照相机、爽身粉、西服呢、胃舒平、止咳糖浆等。这样命名的好处是，可以使人直接了解商品的效用，迎合消费者的求实心理，还可以起到扩大商品影响和指导购买行为的作用。例如，某种有催眠功能的西药，有的厂家直接用外语译音命名为“司可巴比妥钠”，结果在医院和药店里少有人问津，而有的厂家将这种药物取名为“速可眠”，使产品的功能一目了然，结果不仅医院大夫乐于选用，摆在药店里也很受失眠患者的欢迎，销路由此大增。

(2) 以成分命名：这是以商品的主要成分命名的方法。主要用于药品、饮食品、化妆品。如：麝香虎骨膏、联苯双酯、花粉田七口服液、中华鳖大补膏、八宝粥、五粮液、午餐牛肉、珍珠霜、纯羊毛华达呢等。由于某些商品的构成成分直接决定其价值的大小和质量的好坏，因而这种命名方法可以起到区别于其他同类商品，并显示商品的价值和地位的作用，也满足了消费者关心这类商品构成成分的心理需要，能增强消费者对商品的好感和名贵感。

(3) 以产地命名：这是根据商品出产地或传统生产所在地名称命名的方法。多用于中草药、土特产品和名牌产品，因为它们往往是利用当地独特的原材料或采用历史悠久的传统工艺制作的，用其产地命名，可使消费者产生真实可靠、品质上乘、独具地方特色的印象，产生仰慕、信赖的心理。如：天府花生、川贝母、高丽参、哈密瓜、东北人参、黄岩蜜橘、龙井茶、青岛啤酒、茅台酒、北京烤鸭等。

(4) 以人名命名：这是以商品发明者、制作者或有名气的特殊爱好者的名字命名的方法。多用于历史悠久的土特产品。如：张小泉剪刀、赖汤圆、麻婆豆腐、杜康酒、东坡肘子、傻子瓜子、中山装等。这种方法将特定的人与特定的商品联系起来，可以借用名人来树立商品形象，引起人们的兴趣、记忆和遐想，也可以给人以传统名牌、历史悠久、用料独特的感觉，使人留下深刻的印象，并可以有效地激发人们的购买动机。

(5) 以外观命名：这是根据商品的形象或色泽命名的方法。多用于食品和工艺品。如：宝塔糖、动物饼干、龙须面、娃娃头、翡翠烧卖、黑木耳、绿茶、龙凤宫灯、蝙蝠衫、三脚架、开衫等。这种方法生动形象，能引起消费者的注意和兴趣，也易增强对商品形象及名称的记忆效果，并给人以美感。

(6) 以褒义词命名：这是以有吉祥、喜庆或良好意味的形容词、褒义词或夸张性语言来命名的方法。多用于用途较广的商品，如：长寿面、百岁酒、万金油、千斤顶、老头乐、保龄球等。这种方法可以暗示商品的功效，激发消费者美好的情感、愿望或联想，迎合消费者求实惠的心理。但是，要注意不要过分夸张，以免消费者产生逆反心理。

另外，还有的用制作过程的特点命名，通过独特的制作工艺来提高商品的威信，并满足人们的求知欲，如：六六六、烧饼、二锅头、景泰蓝等。对进口商品也可直接用译音命名，主要用于西药、西餐食品、化工产品和纺织品，以满足求新、求异、求洋的消费心理。如：阿司匹林、巧克力、威士忌、咖啡、夹克衫、麦尔登、涤纶、尼龙、沙发、三明治、凡士林、敌敌畏等。还有的根据能源命名，如电车、电炉、煤油灯等。

总之，各种各样的命名方法都应当充分发挥商品名称的心理功能，符合消费者的心理要求，并根据商品的特征而采取高度概括化的手法来进行。

思考一下：请你为以下新产品命名，并分别说明命名的理由：a. 一种新的治疗头屑的药；b. 一种能让家长跟踪儿童方位的电子童鞋；c. 一种治疗妇女脱发的药片；d. 一份面向65岁以上男性的杂志；e. 一种青少年服用的维生素。

二、商标与消费心理

商标是区别不同商品生产者或经营者所生产或经营的商品的一种特定标志。商标主要通过名称或图案形象来表示商品的独特性质，以区别于其他同类的竞争商品。同一类的商品因产自不同的厂家而有不同的商标。商标一般由文字、图案或符号注明在商品或商品包装上，也通过招牌、广告等视觉途径告之消费者。商标经过登记注册，就具有专利，并受法律保护，禁止他人假冒和伪造，以维护生产经营者和消费者的利益。

（一）商标设计的心理要求

商标的设计灵活性很大，一般由文字、图案、颜色、字母、符号等组合而成，取材可包罗万象，如厂名、山水风景、花草树木、鸟兽虫鱼等。商标的设计要考虑到商品的特点，更要注意消费者的心理反应，还要注意法律责任和社会效果，不要违反《商标法》对商标文字及图案的规定。商标设计，尤其是商标的名称设计，是影响消费者对商品印象的重要因素。有人曾对日本的“朝日”啤酒和“麒麟”啤酒的销路情况进行了分析，尽管这些啤酒在品质上几乎没有多大差别，而且“朝日”啤酒的广告宣传更有声势，可销路却不如“麒麟”啤酒。通过语义区别法进行所谓“印象歧异”的研究表明，这是由于“商标印象”上的差异所致。“朝日”的取名固然给人以鲜红、明朗、新鲜的感受，却与人们对啤酒的褐色印象相反，而且，在图案设计上，具有女性的明朗、甜美与轻柔；“麒麟”啤酒则正相反，给人以男性、粗涩的印象，使人联想到男性的稳重与魅力。显然，“麒麟”啤酒的商标设计更符合人们对啤酒的印象，更符合目标消费者的心理特点，因而其销路较好。所以，在商标设计时，要注意适应消费者的各种心理需要，诱发消费者对商标的注意、记忆和偏爱，使之产生美好的联想和深刻的印象。为此，商标设计要注意以下心理要求：

1. 文字简洁，形象鲜明

人在单位时间里接受的信息量有限，对商标的注意时间极短。商标应力求使人在短暂的时间里过目不忘，并留下深刻的印象。“美尔雅”肯定比“美特斯—邦威”的识别功能和传播功能强。因此，商标文字要简练、通俗、易读、易懂、易记，最好能悦耳动听，避免消费者在念读和回忆时产生混淆或烦恼的现象。如“步步高”“娃哈哈”“上好佳”，等等。“IBM”原来使用的名称是 International Business Machines（国际商用机器公司），但品牌运作了很长时间也没有知名度，经过调研得知是品牌命名的问题。后来国际商用机器公司把原品牌缩短为“IBM”三个字母，从而提升了品牌的信息传递效果，成就了其高科技领域的“蓝色巨人”形象。

商标图案要形象生动、单纯明快、易于确认、易于理解，比如日本三菱公司的品字形菱形图案；德国“奔驰”牌汽车的方向盘商标图案；一些艺术化的动物、花卉形象也常用作商标图案；国外不少企业还常采用公司名称的字母缩写作商标。这样，商标的形象就能鲜明有感染力，使人一目了然，能在短暂的视听时间里给人留下强烈而清晰的印象，从而有利于消费者识别和记忆，有助于提高商标的广告效果。在当代，商标图案和文字设计的简洁化是一个世界趋势。

小案例：麦当劳与摩托罗拉的品牌对比

人们熟悉的金色拱门是麦当劳的招牌，无论在哪个国家、哪座城市，只要看到“M”形的金色拱门，就看到了麦当劳。鲜艳的金黄色拱门“M”，棱角圆润、色泽柔和，给人以自然亲切的感觉，在许多城市，金色“M”都是当地最醒目的路标之一。同样是一个“M”标志，摩托罗拉公司的含义就截然不同，摩托罗拉充分考虑到自己的产品特点，把一个“M”设计得棱角分明，双峰突起，就像一对有力的翅膀，配以“摩托罗拉，飞越无限”的广告词，突出了自己在无线电领域的特殊地位和高科技形象，展示出勃勃冲劲，生机无限。

注：作者根据相关资料整理。

2. 寓意美好，启发联想

消费者往往把商标的图案与名称同所代表的商品的用途、质量、甚至厂商的信誉联想在一起。好的商标设计，应能适应消费心理，暗示商品特点，启发积极联想。如“红豆”象征纯洁的爱情或友谊；“雀巢”使人联想到母爱和温暖。另外，商标的形意一致性是十分重要的，商标要与其所代表的商品名实相符，商标的名称与图案要互相关联，内容寓意能给人以美好的联想。例如，“企鹅”牌一般应是防寒或制冷商品的牌号，商标图案最好是企鹅的形象；又如“洁银”牙膏、“明可达”保健台灯、“乐口福”麦乳精等，都能使人产生积极的联想。这样，就有利于消费者视标知物，并引起兴趣和联想，产生好感和信任。对于外国商品商标的译名，也应力求做到信、达、雅，使之音义俱佳、易读易记，而没有中文意义的译名，则往往不利于记忆和联想。比如，“可口可乐”饮料给人以爽口快乐的联想；“奔驰”汽车给人以质量卓越的联想；另外，如“爱丽西施”化妆品、“精工”手表、“美加净”洗涤剂、“登喜路”和“万宝路”等，都是上佳的译名。如果商标的含义与商品特性不相符，词不达意，或易引发不良联想，就会使商标缺少感染力，甚至引起反感。比如，食品用“金盾”“钢花”；电冰箱用“火炬”“烈焰”；自行车用“蜗牛”“金龟”；或“白花”牌香皂、“杂物”牌垃圾箱等，都会令人产生十分不良的心理反应，给商品销售带来困难。当然，由于商标本身表达的局限性，不少商品难于找到与商品、企业或劳务相比附的而且形象化的名称或图案作商标，这时也通常使用“中性化”的商标。

例如“金利来”，当初取名为“金狮”（Goldlion）。广东话的发音为“尽失”，“金狮”与“尽失”让消费者产生了读音近似联想。在很长一段时间内，“金狮”总是无人问津，原因是谁也不愿意用“金狮”而“尽失”。后来，金利来掌门人曾宪梓博士分析了原因之后，就将 Goldlion 分成两部分，前部分取 Gold 的意译为“金”，后部分 lion 音译为“利来”，取名“金利来”。这样，既符合中国人的文化心理，又保持了原有英文名称的稳定性，从而成功消除了品牌危机。可以说，“金利来”取得如此辉煌的业绩，与它取名吉利而让人产生的美好联想是密不可分的。

商标设计还要注意与目标消费者的喜好相适应。例如，“力士”这个品牌给人男性化的感觉，但我们知道，一般在家庭生活中采购香皂的大多数都是家庭主妇。而“舒肤佳”这一名称更广泛地贴合了目标消费者的偏好，而且通过强调“舒”和“佳”两大焦点，给人以使用后会全身舒爽的联想，因此它的亲和力更强。

另外，对于外销商品的商标设计，还应注意商品主销国的种族、制度、宗教、法律、历史、文化、语言、风俗等方面的情况，有意识地采用当地人喜爱的标志，避免采用别人忌讳或易误解的文字或图案作商标，做到“入乡随俗”。例如，“熊猫”牌商品在日本受欢迎，而在伊斯兰国家就可能触犯宗教禁忌，因为伊斯兰国家不允许以猪或与猪近似的图案作为商标；印度人忌讳新月，认为不完整的月亮是不祥之兆，而欧洲人却视新月为美好的象征；日本人喜欢樱花而不喜欢荷花；意大利人忌用菊花；法国人不喜欢孔雀；瑞士人不喜欢猫头鹰；英国人忌用人像等。有的国家对颜色也有忌讳，如伊斯兰教地区忌用黄色；新加坡和瑞士忌用黑色；巴西忌用紫色等。另外，有的国家的法律还对涉及商品原料、功能、形状、质量以及地理名称和数字的商标严加限制。应当指出的是，商标名称的汉语拼音或英文名称，一定要注意避免引起误解。例如，“芳芳”牌唇膏，其牌号的汉语拼音在英语里是“毒蛇毒牙”的意思；“白猫”牌洗衣粉的商标，将白猫的两个英文首写字母 WC 过分突出，使人与英语“厕所”的缩写字母相联系；“玫瑰”牌衬衫在欧洲打不开销路，因为“玫瑰”在英语里还有另一种解释，即“生活不严肃的人”；“马戏”牌扑克的汉语拼音在英文里是“最大限度的呕吐”的意思，这些意思自然会使人望而生畏，从而影响其销售。

小案例：给汽车起个好名字

汽车制造厂家都想给生产的汽车起个好名字。美妙的商标名称能取悦用户，打开销路。德国大众汽车公司的桑塔纳轿车，是取“旋风”之美誉而得名。桑塔纳原是美国加利福尼亚一个山谷的名称。在山谷中，经常会刮起一股强劲的风，当地人称这种旋风为“桑塔纳”。该公司决定以“桑塔纳”为新型轿车命名，希望它能像桑塔纳旋风一样风靡全球，结果好名字带来了好销路。

汽车的商标名称也有因疏忽而受“冷遇”的，并使其销路大减。20 世纪 60 年代中期，美国通用汽车公司向墨西哥推出新设计的汽车，名为“雪佛莱诺瓦”，结果销路极差。后来经调查发现，“诺瓦”这个读音，在西班牙语中是“走不动”的意思。又如，福特公司曾有一种命名为“艾特塞尔”的中型客车问世，但销路不畅，原因是车名与当地一种伤风药（艾特塞尔）读音相似，给人一种“此车有病”之感，因此问津者甚少。

更有趣的是，美国一家救护公司成立 30 年来，一直以“态度真诚”“可靠服务”为宗旨，并将这 4 个词的英文开头字母“AIDS”印在救护车上，生意一直很好。然而，自从艾滋病流行以来，这种车的生产一落千丈。因为印在救护车上的 4 个英文字母恰恰与“艾滋病”的英文缩写完全一致，患者认为这是运送艾滋病人的车而拒绝乘坐，也时有嘲弄司机的行为发生。这家公司最终只得更换了 30 多年的老招牌。

资料来源：给汽车起个好名字［EB/OL］. http://www. zybang. com/question/af476e4bcb8e91bf0f1a264ccc269a41. html.

3. 构思新颖，个性显著

商标是企业或商品的独特标志，应当最大限度地同已出现的商标相区别，以帮助消费者辨认并留下深刻的印象。所以，商标设计，尤其是商标名称的设计，应力求独特新颖、别具一格、创出个性，以激起消费者浓厚的兴趣和好奇心理，从而取得不同凡响之效，如“三毛”衬衫、“一匙丽”洗衣粉、“两面针”牙膏、“康师傅”方便面、“王麻子”剪刀等。但现在不少商标存在雷同和一般化的现象，这主要是由于设计上过分集中于动物、植物、景物、亭台楼阁等，如熊猫、牡丹、长城，以及商标名称过多地采用常用词，如春雷、友谊、幸福、光明等，这样就使消费者缺少新鲜感，对消费者缺乏感染力，识别率也低。另外，在图案设计上，还要注意应能反映企业的风格或商品的特色，并具有美学价值。比如，“双箭”牌刀具采用两只箭交叉的图案形象等。现代商标设计在表现手法上，逐步由写实图形转向抽象、几何图形，并以文字字母图案的表现手法最为突出，从而易使商标达到严谨而活泼、多变而统一、纯朴而高雅、概括而鲜明的视觉效果。

应该注意的是，品牌命名求新、求异无可厚非，但其创意必须符合当今社会的审美情趣和价值观念。例如，上海某公司将一种儿童食品命名为“黑老大”，山东某公司把其生产的冰激凌命名为“大款”“小蜜”。而湖北某制药厂把治疗肠炎的药品命名为“泄停封”，估计谢霆锋见了这则广告肯定会目瞪口呆！这些名称有损于消费者的情感与心理健康，都是应该被抛弃的。

4. 浓缩产品信息

有一些品牌，从名称一眼就可以看出它是什么类型的产品，这就有利于快速传播品牌信息。因此，在设计品牌名称时，要与产品特点结合起来，尽可能多地将有利于企业、产品的信息浓缩其中，简洁准确地表达出产品的特征和性能。例如，品牌名称“宝马”用于轿车，准确地展现了产品的属性，形象地表达了消费体验与价值。“商务通”的命名，使得它几乎成为掌上电脑的代名词，消费者去购买掌上电脑时，大多数人会直接购买“商务通”，甚至以为“商务通”即掌上电脑，掌上电脑即“商务通”。又如“脑白金”这三个字不仅朗朗上口、通俗易记，而且这三个字在传播的同时使人们自然地联想到品牌的两个属性：一个是产品作用的部位，一个是产品的价值。

总之，商标设计应当做到语言精练贴切、形象生动别致、色彩鲜明和谐、构思独到新颖、寓意健康良善、适应习俗、名实相符、尊重法规，以取得良好的心理效果，最大限度地发挥商标的心理功能。

小案例：以文化撑腰，树至尊形象：国窖 1573

中央电视台有这样一则广告：（留声机的发明）可以听到的历史 124 年，（照相技术的产生）可以看到的历史 246 年，（泸州老窖国宝窖池兴建）可以品味的历史428年。这则广告词配上古朴的画面透出的广告创意高贵别致，同时突出了泸州老窖的悠久历史和在国窖中酿造的至尊品质。广告围绕着“酒·生活·文化”这一中心展开的描绘，把泸州老窖定位为见证着中国数百年历史的“文化酒”。同时突出该酒酿造的独特地点，彰显该酒绝无仅有的酿造工艺。

据调查显示，泸州老窖的知名度在90%以上，但与茅台和五粮液比起来，泸州老窖似乎还稍逊一筹。在对消费者进行调查之后，泸州老窖集团发现，消费者对泸州老窖并没有什么具体的印象，因此厂方决定重新定位泸州老窖，总结出该产品的几个具体特征：拥有400多年，沿用至今被称为“国宝”的老窖池，可以酿造出品质独一无二的“国窖1573”；有世界公认的酿酒技术，1915年，国窖1573曾经获得过“旧金山万国博览会巴拿马金奖”；酿造浓香型白酒的技术功底最深厚：他们拥有泸州所有的老窖池，使用时间达百年以上的就有300个，其中四个最古老，建造于明朝万历年间（公元1573年），这就是“国窖1573”的来历。正是总结了这些原因，泸州老窖才有底气和实力打出这张“文化酒”牌，把自己拥有的4个老窖酒池的社会价值、文物价值、科学价值、生产工艺价值作为泸州老窖的文化支撑，提升了自己的品牌形象和品牌价值。

资料来源：马菡．多模态视野下“国窖1573”广告的意义构建［J］．科技信息，2013（14）．

（二）商标运用的心理策略

商标的巧妙运用，也是树立商品及商标良好形象的途径。商标运用的心理策略有多种，如：

1．是否使用商标

使用商标，对大部分商品可以起到积极的推销作用，但对消费者而言，并非所有的商品都必须使用商标。因此，企业首先应对是否使用商标加以权衡。一般说来，以下几种情况可以不用商标：

（1）商品本身并不因制造者不同而有所不同。例如，电力、钢材、煤炭、木材等，属于无差别商品，只要品种、规格相同，商品的性质和特点就基本相同。这种情况的商品就可以不使用商标。

（2）一些差异较小的日常生活用品和鲜活商品。例如，食盐、蔬菜、鱼、肉、蛋等，消费者一般没有根据商标购货的习惯，因此，也可不使用商标。

（3）一些临时生产的一次性商品或作为商品销售的物品。例如，纪念品等，可以不使用商标。

（4）不动产通常不使用商标，如房屋、土地等。

2. 统一商标策略

统一商标策略又称为家族定牌策略或系列定牌策略。它是指企业对其所有产品都使用同一商标。由于消费者对使用同一商标的商品在质量和信誉上会产生相似的联想和概括，因而这种策略可以借已经建立起高信誉的商标来开拓新产品市场，消除消费者对企业新产品的不信任感；节省广告费用；扩大企业声望；避免在营销工作中，针对分散的、为数众多的商标，分别进行代价高昂的宣传和推销。这种策略尤其适用于驰名商标的系列产品，而且，企业名称也常常与名牌商标名称相统一。例如，“东芝”“索尼”“夏普”“日立”“丰田”“飞利浦”“可口可乐”“百事可乐”“苹果”等名牌商标，均采用与企业相同的名称。这样有利于记忆和树立企业及产品的良好形象。另外，同一名牌以系列产品的方式出现，其中有高档、中档和低档，还可以满足经济能力有限的消费者追求名牌的愿望。广州油脂化工总厂原有五十多个商标牌号的产品，但产品及企业的形象模糊，甚至出现“自相残杀”的现象，后来，企业对所有产品均以“浪奇”为商标名称，企业也改名为“广州浪奇实业公司”，使该名称叫得更响。

当然，这种策略也有局限性，如难于进一步强调某种商品的特性，使之与同类商品有较鲜明的区别；如果某些商品出现质量问题，还可能引起连锁反应，影响其他同类商品的销售和声誉。

3. 独立商标策略

该策略是指企业对不同产品使用不同的商标，而且主要是对不同类别的产品分别采用不同的商标。如果企业的产品类别较多，产品系列之间的关联程度较小，企业不同类产品在生产条件、技术专长以及产品质量上有较大差别时，采用独立商标策略较为有利。

例如，联合利华同宝洁一样一直都采用多品牌制，联合利华在全球有400多个品牌：旁氏、力士、夏士莲、奥妙、中华、和路雪等13个品牌分属家庭及个人护理用品、食品等三个系列的产品，使得在中国贴有联合利华标签的产品种类已经可供开设一家很像样的商店，遍及人们日常生活的各个方面。试想如果当时将其旗下的冰淇淋和洗衣粉等都使用联合利华的话，不知道消费者在吃“和路雪”的时候会不会吃出满嘴的“奥妙”洗衣粉味道，或者吃出满嘴的“高露洁”牙膏的味道？而当宝洁的SK－Ⅱ被消费者投诉含有腐蚀成分并且欺诈消费者的时候，消费者看到的只是SK－Ⅱ专柜下架的情况，消费者并没有将SK－Ⅱ和宝洁的其他产品相联系，因此，SK－Ⅱ专柜下架没有影响到宝洁在中国的销售市场，去屑的消费者仍然钟情于“海飞丝”，要求顺滑的依然执着于“飘柔”，要给头发滋养的首选“潘婷”。

可见，这种策略有利于企业增加花色品种；明确商品的质量差别；容易适应商品目标市场不同的消费心理和消费习惯；而且，还可以在一定程度上避免因某一种商品的失败而损及整个企业的全部产品的危险。当然，商标太多，容易削弱商标的宣传攻势；对企业的各种产品需要分别树立商标形象，也比较困难；还可能给消费者以混乱的感觉。所以，应当根据情况适当加以控制。

总之，商标的设计和应用会对消费者的心理活动产生重要的影响。但是，应当指出，提高商品质量和服务质量才是树立良好商标形象的根本保证，广告宣传也是十分重要的途径。

小案例：娃哈哈的商标战略

有了好产品，还得有叫得响的好名称，这正在成为我国企业界人士的共识。探究杭州娃哈哈食品集团公司的发迹史，其中他们为“娃哈哈”这个名称所付出的种种艰辛而又耐人寻味的努力是挺有意思的。

当初，工厂与有关院校合作开发儿童营养液这一冷门产品时，就“取名”之事花费了很多的精力。他们通过新闻媒介，向社会广泛征集产品名称，然后组织专家对数百个应征名称进行了市场学、心理学、传播学、社会学、语言学等多学科的研究论证。由于受传统营养液起名习惯的影响，人们的思维多在“素”“精”“宝”之类的名称上兜圈子，谁也没有留意源自一首新疆民歌的“娃哈哈”三字。

厂长宗庆后却独具慧眼地看中了这三个字。他的理由有三：其一，“娃哈哈”三字中的元音a，是孩子最早最易发的音，极易模仿，且发音响亮，音韵和谐，容易记忆，因而容易被他们所接受。其二，从字面上看，“哈哈”是各种肤色的人表达欢笑喜悦之状。其三，同名儿歌以其特有的欢乐明快的音调和浓烈的民族色彩，唱遍了天山内外和大江南北，把这样一首广为流传的民族歌曲与产品商标联系起来，能够提高它的知名度。一言以蔽之，取这样一个别致的商标名称，可大大缩短消费者与商品之间的距离。宗厂长的见解得到了众多专家的赞同。

商标定名后，厂里又精心设计了两个活泼可爱的娃娃形象作为商标图形，以达到商标名称和商标形象的有机融合。

俗话说，创名牌容易，护名牌难。这是因为，只要是名牌商品，恐怕十有八九都会出现假冒品。有鉴于此，娃哈哈在产品尚未投产的时候，便先行作了商标注册。另外，还注册了系列防御性商标“娃娃哈”“哈哈娃”“哈娃娃”等，而且陆续在相关商品类别上注册“娃哈哈”和它的“兄弟姐妹”商标。娃哈哈商标一经国家商标局注册，企业便利用报纸、广播、电视等大众传播媒介进行了大规模的广告宣传，以期先声夺人，占领市场。这一招果然见效，在许多地区，一些侵权或变相侵权产品始终难以打开销路，因为消费者只认娃哈哈。正是通过这几年的广告，形成了处处可见娃哈哈的良好销售环境。

商品包装的刻意改进，也成了有效的宣传手段。为一改过去产品商标不引人注意、不便认读的状况，公司的设计者们扩大了娃哈哈的文字和图形，使之占据包装的大部分面积，醒目突出，让消费者在购买和饮用商品时，首先认准商标，强化其对娃哈哈的印象。久而久之，娃哈哈在消费者心目中便自然取代了“儿童营养液”，甚至成为这类商品的代名词。

回首往事，娃哈哈集团公司总经理宗庆后感慨良多：“娃哈哈如果没有‘娃哈哈’商标和成功的商标战略，就不会有今天的市场，也就不会有我们企业的今天。”

资料来源：夏文革. 娃哈哈的商标战略［J］. 江苏纺织，1995（11）.

第三节　商品包装与消费心理

商品不但要有响亮的名称、设计出色的商标，还要有装潢精美的包装。包装是人们借色彩、形状、设计与商标等所烘托、酝酿出来的商品的附加价值。在现代营销活动中，商品包装对商品的形象及销售产生着愈来愈大的影响，不少消费者往往首先被商品包装所吸引，进而产生购买的欲望。商品包装不仅具有承装、储运、携带和保护商品等物理功能，而且也是商品美化、商品识别、商品宣传、商品增值和商品推销的重要手段。商品包装作为首先刺激消费者感官，并使之形成对商品“第一印象”的因素，对消费者的行为活动产生着不可忽视的影响作用。

国外曾有人做过一个实验，把同一种洗衣粉分装在不同装潢设计的包装中，迎合消费者心理的那种包装设计的洗衣粉得到了消费者较高的评价，十分畅销，而另一种却反映不佳。在现实的营销活动中，因包装影响商品销路的例子也不胜枚举。

一、商品包装的心理功能

（一）激发购买动机

消费者对商品的认识是从包装开始的。具有艺术性、时代性和名贵感的商品包装，往往能提高商品在消费者心目中的地位，吸引消费者注意，引起消费者对商品的兴趣和好感，甚至“一见钟情”，从而诱发其购买欲望和购买动机。在市场上，不少消费者就是因受商品包装的影响而选购商品的。一些高质量的商品包装，即使提高了商品价格，消费者也可能出于某种心理性动机，而乐于购买；相反，粗陋、俗气的包装，非但不能促进销售，甚至还会抑制消费者的购买欲望。以前，我国不少优质出口商品，就是因为包装的简陋、寒碜，而被外国消费者当成劣质产品，使销售大受影响，形成“一等商品，二等包装，三等价格，四等销售”的情况。有的出口商品在经外国人重新包装后，不仅价格较高，销路也好。这样的教训是十分令人痛心的。

（二）促进对商品的认识

商品包装以其独特的外观设计区别于其他商品，有利于消费者辨认和识别。同时，许多商品信息，如功能、规格、型号、成分、分量、生产厂家、生产日期、保质期、产品证书的印章、使用方法、注意事项等，都在包装上有所注明，这样，消费者在接触商品包装物的同时，即可获得商品的有关信息，并可通过研究包装来研究商品，从而影响消费者对商品的认识和选择。在包装设计中，根据商品的主要特点和消费者的不同愿望，在包装上加上提示性的语言，往往会起到特殊的作用，如食品包装上标上“新鲜”“酥脆”或“松软”等，就可以适应不同消费者的心理要求，加强他们对商品的喜爱和购买动机。另外，还可以针对消费者所担心的问题，在包装上加以注明，使之对商品产生安全感、可靠感和信任感，如饮料包装上注明“不含色素和糖精”、药品包装上注明“无毒、无副作用”等。

在实际生活中，消费者往往因为包装未能传达出令人满意的信息，而难以下决心购买。尤其是在自选商场、开架售货等方式盛行的当今社会，向消费者介绍商品的责任，更多地将由包装来承担。

所以，有人称包装是“无声的推销员”，认为它是一种和商品最接近的广告，也是影响消费者决定是否购买的最后广告。

（三）形成对商品的良好印象

商品包装常被视为商品的象征，影响消费者对商品的印象。对于名牌商品而言，精美的包装会使之有锦上添花之感；而对于质量、功能一般的商品而言，好的包装会起到美化商品形象的作用。富丽堂皇的商品包装往往可以使消费者产生“爱椟及珠”的购买心理，给商品赋予美好、高贵的形象，并满足人们求荣、求美的心理需要。

美国某公司在超级市场和连锁店具有强大的分销优势。利用这一优势，它推出了标价5美元的小瓶香水。这种香水购买和使用均十分方便，然而销售结果却令人沮丧。开发这一产品所耗费的1 100万美元的投资，几乎血本无归。诚如一位专家在评估这一亏损项目时所指出的：“香水属于情感性售卖品，并非方便品和效用品，新产品包装缺乏女性色彩和魅力，看起来像打火机。”

在实际生活中，有的消费者在难于了解商品的内部质量时，往往就是凭商品包装的特点来判断该商品的质量，有意或无意地把商品包装的质量当成商品本身的质量。尤其是对于礼品，消费者十分注重包装的象征意义。

二、商品包装设计的心理要求

商品的包装设计不仅要考虑到防震、防压、防潮、防污染等物理功能，还要注意满足消费者的心理要求，使商品包装能被消费者所喜爱或感兴趣。

（一）使用安全方便

消费者不仅要求保证商品的安全性，也要求包装器材的安全性。对那些有毒、易燃、易爆、易挥发物质或食品、名贵品等，包装的安全性是非常重要的。同时，包装要使商品便于携带、便于存放、便于使用。市场上，一些采用密封式、携带式、挂包式、折叠式、拉环式、按钮式、喷雾式的商品包装，就符合方便、适用的要求。比如，易拉罐饮料尽管价格较高，也颇受人们的欢迎；而我国一些罐头食品因包装难以开启，结果影响了销路。另外，在包装物上注明保管及使用方法、注意事项等，都可给消费者以安全感、方便感。

（二）突出商品形象

因为消费者一般更关心商品本身的情况，所以，商品包装应能突出反映商品形象并和商品形象和谐地结合在一起，如印有鲜明、真实的商品实体或使用效果的摄影包装；或使包装便于消费者直接观察商品，如食品的透明式包装、服装和工艺品的开窗式包装等。这样，便于消费者对商品特征的了解和对商品的挑选，也利于发挥包装的广告宣传作用。同时，包装本身的设计也要生动且富有吸引力，并在造型、体积、色彩、图案等方面力求与商品的特点、价值和使用者的个性心理相和谐。例如，妇女用品的包装要秀美、精巧、柔和、雅洁、富有情感，突出艺术性与时代性；男性用品包装要粗犷、大方、厚实、庄重、对比强烈，突出实用性与科学性，一些高档耐用消费品和五金商品也宜采用男性包装；儿童用品包装要形象生动、色彩鲜艳、有幻想色彩，富有趣味性和活泼性；中青年用品包装要美观大方、华丽明快、新颖奇特，并根据消费者对商品的具体心理要求，或华贵或典雅或潇洒或素净，突出科学性和时尚感；老年用品的包装则要朴实庄重、古色古香、色彩柔和、造型大方、便于携带，具有实用性和传统性，并设计一些延年益寿、福乐康泰的图案。比如，美国生产巧克力糖的厂家，就针对不同年龄阶段消费者的心理特点，采取了年龄差别性的包装策略。总之，商品的包装要形象突出，内外协调，给消费者留下良好的“第一印象”。

（三）具有时代特色

富有浓郁时代气息和现代色彩的包装，可以满足消费者求新、求变、追求时尚的心理需要，赢得消费者的好感。因此，应力求包装材料新型化，制作工艺现代化，图案新颖独特，色彩简洁明快，造型富于变化，从而给人以新鲜感和时代感。当然，有些传统的土特产品，使用柳条、竹、藤等传统材料，加上现代工艺的包装，更能突出其历史的悠久和特色，也符合人们的习惯心理。

（四）富有艺术魅力

富有艺术魅力的商品包装，往往是引起消费者好感，吸引消费者购买的重要因素。特别是对一些高档工艺品、礼品，精美华丽的包装可以提高商品的形象和社会价值。所以，商品的包装应力求在造型、图案、色彩等方面满足人们的审美情趣。

（五）诱发美好联想

商品包装如能诱发消费者吉祥、欢乐、福寿、高雅等方面的美好联想，就会加强消费者对商品的好感和购买欲望。所以，在包装设计上，一定要注意主销对象的喜好与忌讳，力求使包装设计在色彩、图案、文字等方面能符合目标消费者的良好愿望和心理要求，使消费者易于联想，并产生积极健康的美好意境。例如，不同的颜色具有不同的心理效应，会引起不同的联想，红色使人感到热烈，绿色使人感到清洁和安全，橙色使人感到醇厚，黑色使人感到稳重，白色和蓝色使人感到洁净等，不同商品的包装就应采用不同的色彩，使色彩与商品的特性及使用环境相协调。如医疗用品宜用白色或绿色，科技产品或大件家用电器宜用黑色，厨房用品宜用淡蓝色或乳白色，洗涤剂宜用蓝色，天然物宜用绿色，化妆品或女用内衣宜用粉红色，另外，不少商品采用白色包装可使人感到素洁和轻巧。而且，不同的国家、民族和地域的消费者对色彩也有不同的喜好或习惯。如我国人民认为红色是象征吉庆的喜色，每逢喜庆之日，人们喜欢红色包装的礼品，而忌讳可能产生消极联想的白色、黑色或灰色；但在德国和瑞典，红色则被视为不祥之兆，所以，出口到德国和瑞典的用红色包装的烟花爆竹，自然就无人问津，而改用灰色，却受到人们的喜爱。

小案例："孔府家酒"的文化品位

"孔府家酒"原本用普通玻璃瓶装，色彩语言与品牌思想风马牛不相及，进入香港市场后被视为大路货，难登大雅之堂。经过一番考证，孔府人意识到：只有选用古色古香的青色作为其色彩语言，才能准确表现孔府家酒"源远流长的儒家文化和酒文化特色"的品牌思想。结果，采用青瓷罐做包装后的孔府家酒，由于造型古朴典雅，极易让人品出"红砖青瓦""殷商青铜"的文化韵味。此时的孔府家酒早已超出一般的文化范畴，成了儒家思想的延伸，显示出饮者不落凡俗的文化品位，一时成为宴请、家用或送礼的上等佳品。

资料来源：佚名. 色彩是企业标志设计的点睛之笔［EB/OL］. http://www.zhesich.com/sheji/zhishi/id/3189.html.

（六）反映商品声誉

消费者在选购商品时，往往担心商品的质量与性能是否可靠、有无副作用、使用是否方便、售后服务能否得到保证等。所以，在包装设计上应注意宣传商品的有关情况，如商标、厂址、电话号码、出厂日期、有效期限、构成成分、使用与保管方法、售后服务方式等，以解除消费者的疑虑和不安全感，增加信任，同时反映厂家的信誉及负责精神，从而促进消费者购买。

三、商品包装设计的心理策略

针对不同的商品或不同的消费群体，应当采用能产生不同心理效果的不同包装策略，以充分发挥商品包装的心理功能。

（一）惯用包装

这是指采用某类商品长期沿用的、特有的包装形式。它适应于消费者的习惯心理或传统观念，使消费者易识易记，也乐于接受，还可使包装产生更好的广告效果。如茅台酒的大小酒瓶均是白色圆柱形瓷瓶，装潢始终不变，成为茅台酒的象征。所以，某种商品一旦打开了销路，就不要轻易更改其包装。

（二）分量包装

分量包装是把商品按不同的数量进行包装。如方便面、饮料、茶叶的一次用量包装。它可以适应消费者的消费习惯或生理特点，使消费者有方便感；有的商品价格较高，而小分量包装就能使消费者觉得可以接受；同时，小包装商品也适于消费者试用，使其风险意识减小，购买信心增强。比如雀巢速溶咖啡就有多种不同大小的包装。

（三）配套包装

配套包装是将同一类商品或具有相似功能的各种相关商品组合在一起的包装。电工工具、礼品、文具、理发用具、化妆品、儿童玩具、茶具等，都可以采用配套包装，以方便消费者购买、携带和使用，节省购物时间，有时还可增加商品的名贵感和新鲜感，有利于扩大销售。例如，化妆盒内包括口红、粉饼、胭脂等常用化妆品，并附有化妆刷和小镜子，便于消费者外出时随身携带，深受女性消费者的青睐。

（四）系列包装

系列包装或称类似包装。这是生产厂家将种类不同而用途相近的商品，采用同一商标及同一图案的包装。这样，使消费者对包装形成统一的视觉印象，有利于企业系列产品和包装的广告宣传，扩大商品的影响；也使消费者能从对某一商品上的好感，泛化到类似包装的其他商品上，从而有利于知名度低的新产品打开销路。如国外的一些名牌商品，多用此种包装方法，而且不轻易变更包装。

（五）等级包装

等级包装指按商品价值的大小，分高、中、低档设计包装。如对不同质量与价格档次的服装、工艺品等，在包装上也应有所区别。高档品的包装要豪华气派，低档品的包装则要经济实用。对同一商品也可进行不同的包装形式，如书籍、香烟等商品的精装与简装。这种方法可以满足不同层次消费者的心理需要，也可体现商品的价值。

（六）特殊包装

特殊包装是为某些稀有、珍贵的商品设计的包装。如对珍贵药材、艺术珍品、文物古董、珠宝首饰等商品的包装设计，往往要求构思独到、选料上乘、制作精细、保护性强，具有较高的艺术欣赏价值。这样，包装本身就成了一件上佳的工艺品，它可使人倍感商品的名贵和稀罕，增加消费者对商品的信任感。它主要用于满足消费水平较高或求荣、求名心理强烈的消费者的需要。

（七）复用包装

复用包装指能周转使用或具有多用途的包装形式。即当商品用完后，这种包装可用作其他用途或再次使用。这类包装应当具有适用性、耐用性和艺术性。它可以利用消费者一物多用的节约心理，吸引消费者购买，如市场上常见的一些美观大方的糖盒、饼干盒、瓷制花瓶状酒瓶等；有时，厂家为了降低包装费用，减轻消费者负担，或为了防止假冒伪劣产品，而对可重复使用的包装物进行回收利用，如名酒酒瓶、汽水瓶、酱油瓶等。有些包装容器设计成杯、瓶、碗、提包等式样，既可作生活用品，又可作工艺品，往往对消费者有较大的吸引力。如重庆生产的龟苓膏，用完后即是一盖碗，可用来泡茶，很受老年人的喜爱。有时，消费者就是因为喜欢一件漂亮而又有其他用途的包装物，才产生了购买这种商品的欲望。意大利的国土面积很像女人的高跟长靴，一些饮料瓶、调味瓶等就采用这样一种类似意大利地图一样的包装瓶，又好看又有纪念意义，很受一些外国旅游者的喜欢，其购买行为实际上主要是出自一种“买椟还珠”的心理。

（八）礼品包装

礼品包装是对一些用于赠送他人的商品的包装形式。它往往要根据不同民族的风俗习惯进行具有相应特色的装潢设计。我国的礼品包装一般装饰华丽、色彩鲜艳，富有喜庆色彩和民族情调，从而可使礼品的社会价值倍增。但对于不同用途的礼品，在包装上应有所区别。例如，中秋月饼的包装，往往与明月、团圆有关；新年礼物的包装可以扎上吉祥的红绸带，附上“恭贺新禧”等字样；结婚礼物的包装往往有“囍”字样；生日礼物的包装往往有“生日快乐”等字样；送给老人的礼物的包装往往印有福、禄、寿、喜、龟、凤、麟、龙、仙、鹤等文字或图案；有的名酒包装上附有奖章吊牌和蝴蝶花结。这类包装形式的心理效果是：增添节日气氛和欢乐情调；使送者感到大方、荣耀，也使受者觉得受人敬重、符合心意。

（九）附赠品包装

附赠品包装是在包装物内附有赠品或奖券的包装形式。例如：儿童玩具或儿童食品的包装中，附赠连环画、识字图片等；在名酒包装中附送一只精巧的小酒杯；有的珍珠霜包装中附赠一颗珍珠，十五颗即可组成一串美丽的项链，以此来鼓励重复购买；盒装“奥妙”洗衣粉的包装内附送一块“力士”香皂，以“买一赠一”的形式来吸引消费者购买。

（十）简便包装

简便包装是一种成本低廉、设计简单、突出实惠的包装。常用于一些大量或经常购买的、与日常生活联系密切的日用品或食品，如卫生纸、日用工具、熟食品、食盐、蔬菜、海带等物品。这种主要采用塑料薄膜、纸袋等材料的简朴的包装，可以满足人们求实、求利、求便的心理，产生实惠感。

（十一）透明包装

透明包装采用透明的包装材料，如玻璃、塑料，使消费者能看见全部或部分内装商品的实际形态，能透视商品的新鲜度或色彩，从而可以满足消费者的求知欲，使其放心地购买。这种包装多用于化妆品、食品、服装等。如衬衣的包装均采用透明包装。

（十二）错觉包装

错觉包装是利用人们的错觉心理进行的包装设计。例如，笨重的物体用浅色包装，会使人觉得轻巧、大方；分量轻的商品用黑色或深色包装，会给人以庄重、结实的感觉；同样的容量，扁形包装要比圆柱形包装显得大一些，而菱形包装看上去比正方形包装大一些；同样形状的包装物，字体和图案粗大的包装要比字体和图案纤小的包装显得大，而图案简单、色彩明快的包装要比图案复杂、色彩凝重的包装显得大；一个图案将三个面连在一起的包装要比图案仅在一个面上突出的包装显得大些等。

另外，包装设计的图案形状，还要考虑到主销地域或民族的消费习惯和心理。例如，罗马人喜欢三角形的造型，而三角形包装却不受香港人喜爱，土耳其人将三角形用来表示“免费样品”，还有不少国家将三角形作为警告标志等。

总之，包装设计要努力符合消费者的心理需要，充分发挥其心理功能，从而有力地推动商品的销售。

第八章
商品价格与消费心理

影响消费者购买行为的商品因素中，价格和质量当首推前列。价格是所谓“性价比”的分母，是消费者购买商品支付的主要成本。商品价格直接关系着消费者的切身利益，是市场交易中消费者十分敏感的因素。不同的价格或价格变化，会引起消费者不同的价格心理反应，从而起到刺激或抑制消费者购买动机和购买行为的作用。所以，研究消费者的价格心理，探讨如何制定符合消费者心理要求的价格策略，对于促进销售、搞活流通，有着十分重要的现实意义。

政治经济学认为，价格是商品价值的货币表现，价格是由商品价值所决定，并受市场供求关系的影响而围绕价值上下波动。但价格与消费者心理之间还存在着相互作用的关系，有些根据价格构成的客观依据所制定的理论上合理的商品价格，却不被消费者接受；相反，有些不合理的商品价格，因为符合了消费者的某种心理要求，或被消费者认为付出的价格代价能换来其所需要的主观效用，而能被消费者所接受。

所以，消费心理学认为价格是建立在消费者心理上所愿意接受的货币形式，但它必须以反映商品的实际价值、反映供求关系、适应竞争需要和保护消费者利益为前提。市场交易得以进行的前提条件是，消费者愿意支付的价格必须大于或等于营销者愿意出售的价格。

第一节　商品价格的心理功能

价格对消费者购买心理的影响作用，我们称之为价格的心理功能。由于不同的消费者在价格的认识程度、知觉程度以及个性差异、经济条件等方面存在差异，对商品价格会产生不同的心理反应。但研究和营销实践都表明，商品价格具有某些带有普遍性的心理功能，并在一定程度上影响消费者的购买行为。

一、衡量商品价值和商品品质的功能

在日常生活中，消费者往往根据经验，把商品的价格高低作为衡量商品价值和品质的标准，从价格上来判断商品的优劣。认为价格昂贵的商品，价值就大，品质就好；而价格低廉的商品，价值就小，品质就差。尤其是在缺乏其他认识商品质价关系线索的时候，这种功能尤为突出。市场营销活动也表明，价格低的商品，未必好卖；而价格昂贵的商品，销路未必不好。常言道："一分钱，一分货"，"便宜无好货，好货不便宜"，就是价格在这种心理功能上的生动反映。

这种认识实际上也与政治经济学的原理是一致的，因为价格是价值的货币表现，价格的差别也就在某种程度上反映了以货币为代表的价值差异。由于消费者往往难于真正了解商品的实际价值和优劣，因而，不管他们是否了解政治经济学知识，都会很自然地把价格作为判别商品价值和品质的尺度和标准。

小资料：中国年轻人厌恶廉价商品，优先选品牌货

《日本产经新闻》在2015年对亚洲20多岁的年轻人的消费动向进行了调查，其中中国年轻人注重商品质量和服务甚于价格的倾向十分突出，他们抱有"即使价格高也要买质量好的商品"的强烈意识，这与中国消费者"价格取向型"的传统形象很不相符。在选购洗发水或化妆品时，中国年轻人首先会排除最便宜的品牌，然后在具有一定档次的品牌中进行比较、选择。在不了解某类产品时，价格很容易成为衡量产品品质的标准。在食品安全等问题频发的中国，人们已经不相信厂商能以低廉的价格提供优质商品。另外，新加坡的年轻人即使在网上进行个人交易也不大怀疑"是否为假货"，他们在购物重视要素调查中则表现出"价格取向派"。可见，与其说是价格意识不同，不如说是对商品的依赖度在起作用。

资料来源：佚名. 中国年轻人厌恶廉价商品，优先选品牌货［N］. 参考消息，2015-02-04.

实际上，在市场经济条件下，价格与商品价值、品质之间并不存在绝对的对应情况，因为价格的制定本身就受多种因素的影响。比如有的厂商就利用价格的这种心理功能，故意将价格定得高于竞争对手，以使消费者产生"价高质也好"的认识。

西方学者认为，消费者在进行购买决策时通常会对购买这种产品的感知质量（利益）和感知成本做出比较，当感知质量（利益）大于感知成本时，意味着消费者对该商品具有正的感知价值，消费者才会产生购买意愿。商家所定的价格在消费者的价值感知及购买行为决策中起着多重作用，一方面，价格作为消费者的货币付出会使消费者感到一种牺牲，这种感知的牺牲不光与价格的实际金额有关，还与消费者心目中的心理价格（或称为参考价格，即消费者愿意为购买该商品所付出的价钱）有关，价格高于心理价格的程度越高，感知的牺牲就越大；另一方面，价格与消费者的质量感知之间可能存在着一种正相关关系，即价格越高，消费者感知到的该产品的质量也越高，从而感知利益就越大。价格与消费者的感知价格、感知质量、感知的价值及购买意愿之间的联系可用图 8－1 表示。

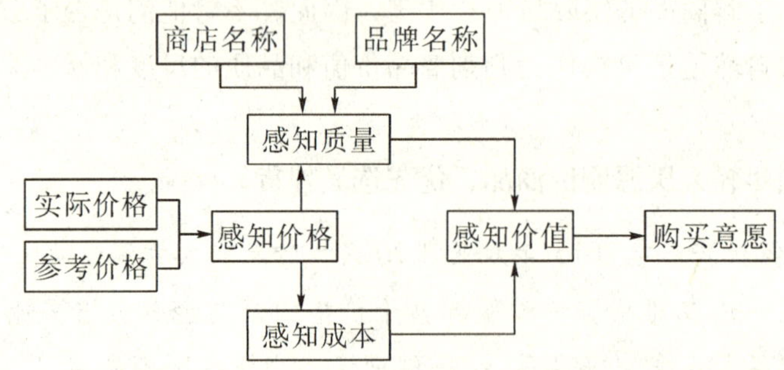

图 8－1　消费者感知价格、感知质量与感知价值之间关系模型图

消费者的心理价格往往不是一个明确的价格点，而是设定一个可接受的价格范围，低于最低可接受价格的产品，其产品质量会被怀疑，消费者一般不会考虑高于最高价的产品。

二、自我意识比拟的功能

商品的价格不仅表现商品的价值，在某些情况下，还具有表现消费者社会价值的心理含义，至少在某些消费者的自我意识中如此。这是因为价格能使消费者产生自我意识比拟的心理作用，即消费者通过联想，将价格的高低与个人的情感、欲望、想象联系起来，进行有意或无意的比拟，以满足个人的某种心理需要。这种比拟功能产生于消费者对自身和自身以外客观物质的认识，也有个人的主观臆想与追求。主要的内容有：

（1）社会地位、经济地位的比拟：有些消费者热衷于追求名牌、高档的商品，以出入高档商店购物为荣，认为到地摊、小店处购物或购买廉价处理品有失其高贵身份；不少“比阔气”“比豪华”的人，往往希望通过所购商品的价格来显示自己的社会地位。相反，有的人却乐于购买廉价品、折价品，即使手头较宽裕，也很愿意这样做，因为他们心目中认为这类商品物有所值，适合自己的经济能力和经济地位，而价格贵的高档品应是有钱人买的。这就是把商品价格与个人的社会地位、经济地位进行比拟。

案例分析：便宜的绣花鞋为何不好卖？

中国某厂家的绣花鞋和韩国某厂家的绣花鞋曾经同时在美国市场出售。质量方面二者相差无几，而中国绣花鞋的价格仅为韩国绣花鞋的 1 成。以常理推断，中国鞋必定要占领这一市场了。然而事情偏偏出乎人们的意料：韩国鞋畅销，中国鞋滞销，最后中国鞋竟被挤到地摊上去了。这难道是美国人故意与中国产品过不去吗？不是，美国女性购买东方绣花鞋的目的，并非为实际穿着而是被好奇心所驱使，或者是用于在亲朋好友面前进行炫耀。一件价格极低的便宜货值得如此炫耀吗？显然不能，它只能降低炫耀者的身份。一句话，中国绣花鞋滞销的最根本原因就在于价格过低而无法满足美国消费者的身份感与自尊感。韩国绣花鞋之所以畅销，正是由于厂家把握并满足了美国消费者的这种需要，故而引发了消费者的购买行为，同时也给自己带来了高额利润，正所谓皆大欢喜。

资料来源：佚名. 国际市场调研 [EB/OL]. http://wenku. baidu. com/link? url = TQOyS5ad9mi5jmc - FT0Jq9Lv83c _ j3dvBGMEQIytvJw _ _ pYCYifV84DPj9JuaTV8TplONFvDn - kZsqBKfc46cXblICKGuM4mNq0bzGl5XfW.

（2）文化修养、生活情趣的比拟：比如有些购买钢琴者实际上不会弹钢琴，甚至连一般简谱都不识，但价格昂贵的钢琴却能显示其兴趣、风雅以及对培养子女的期望，从而满足其某些心理需要。还有的人乐意出入高档音乐会，愿意购买昂贵的音响器材，或乐于求购名人字画或高价文物、邮票等收藏品，这与其文化修养和生活情趣的比拟有关，同时也能赢得别人的羡慕。

价格的这种心理功能，其表现形式是因人而异的，它与消费者的兴趣、动机、性格、气质以及态度、价值观等个性心理特点密切相关。但都有一个共同点，就是从社会要求和自尊出发，重视商品价格所显示的社会价值或象征意义。比如送礼的人，就十分重视礼品价格的社会价值，总是希望选择符合自己身份以及双方知交程度的礼品，价格太低的礼品就拿不出手。而收礼品的人，也习惯于从礼品的贵重程度看出对方对自己的重视程度，并以此来推测对方的意图。

三、刺激和抑制消费需求的功能

从商品价格与需求变化的一般规律来看，商品价格的涨跌会影响到商品需求的增减。即在其他条件（如供应量、币值等）不变的情况下，某种商品价格上涨，则消费需求量会减少；当价格下降时，则消费需求量会增加。反过来，需求对价格的变动也有反作用。同时，价格对不同商品需求量变化的影响程度，又受商品需求弹性的制约。油、盐、酱、醋、粮食等生活必需品的需求弹性小，价格变化对需求量的影响程度也小；而非生活必需品的需求弹性大，当价格变化时，需求量的变化就较大。

一般认为，商品的销售量 = K×（消费者心理价格/商品自身价格）。这说明，企业产品的销售状况同消费者的心理价格成正比，同商品自身价格成反比。如图 8－1 所示，商品价格和消费者心理价格并非各自独立对商品销售量起作用，但商品自身价格也能通过对消费者感知价格发生影响从而影响到感知价值（价格高低具有衡量商品价值和品质的功能），进而影响商品销售量。

日本学者曾研究认为，价格上涨后，消费者会在一段时间内减少对这种商品的购买，但以后又会恢复到正常的水平，这个“回复期”一般约在半年至一年之间。降价也是这样，在价格刚刚降低时，销售量会有上升，但随着时间推移或者降价结束，销售又会回落到正常水平。

从价格变化对消费心理的影响上看，商品价格变化与需求量变化之间的关系还要更复杂一些。这主要体现在三个方面：

（1）若消费者对某种商品的需求越强烈、越迫切，对其价格变化就越敏感，如生活必需品；反之，价格变化对消费需求的影响就小。尤其是流行、时髦的商品，需求量对价格变化的敏感性很高；而对于消费者不太需要的、过时的商品，即使降价幅度较大，也难于刺激消费需求。另外，消费者对于名牌、时髦商品价格上的小幅上涨，一般并不太介意或敏感，而对其价格的下降很敏感。

（2）消费者对价格变化的反应是不对称的，通常人们对价格升高的反应要比对价格降低的反应更强烈，价格升高所带来的损失感觉比降价所带来的收益感觉对人们品牌的选择影响更大。这是由于通常人们对损失的感受要比收益更深刻，所以对价格升高的反应要大一些。

(3) 价格的变化可能使消费者产生“买涨不买跌”的消费心理，从而出现同价格与需求量变化关系的一般规律相背反的情况。这种价格逆反心理，主要是由于对价格变化的理解而产生的紧张心理或期待心理所致。当价格上涨，消费者可能认为价格还会上涨，或联想到这种商品可能要短缺。或联想到商品是热门货，结果价格上涨反而刺激了消费需求和购买动机。我国曾出现商品房价格不断攀升的现象，住房具有投资性质，更主要的是消费者对住房价格上涨的预期心理，因而，商品房价格越涨越“抢”，进而又可能造成市场供应的短缺，从而还会造成价格的进一步上升。而当某种商品价格下跌时，人们又可能会期待价格还会继续下跌而持币观望，或对商品的品质和销售等情况产生怀疑，或猜测可能有新的替代品或竞争品出现，结果价格下跌并未导致需求量的上升，反而抑制了购买行为。这类似于股票交易市场中不少股民的“追涨杀跌”的心理。

有的商品存在价格弹性较大而且弹性系数为正值的情况，即随着价格的提高，需求量不仅不降，反而会逆势而上。而如果降价，就不仅会在短期销售业绩的表现上弄巧成拙，更有可能损害相关品牌在目标消费者心目中的形象，尤其当品牌提供或代表的是高品位、高质量和值得信赖的产品或服务时。20 世纪 80 年代以前，在全球的威士忌酒行业中，苏格兰威士忌以悠久的历史和精湛的工艺著称于世。到了 20 世纪 80 年代的初、中期，威士忌酒市场供大于求，整个行业出现过量库存，造成产品积压。由于各公司向市场以低价倾销过剩的威士忌，造成大量的廉价二等品和“等外品”充斥市场，夺走了已有品牌的份额，并严重降低了苏格兰威士忌酒的形象品位。此外，苏格兰威士忌酒行业还犯了一个更加严重的错误——由于错误地认为降价可以刺激消费，生产者降低了正常品牌产品的价格，从而降低了该酒的地位。同一时期，上等法国白兰地的形象持续提高，苏格兰威士忌迅速降格为一般商品。相反，我国的茅台酒长期处于价格上升过程，却牢牢巩固了其国酒地位，成为商务宴请不可缺少的主角。

总之，价格的心理功能要比价格的一般功能复杂得多。价格的心理功能既受社会生活的影响，又受消费者个性特征的制约。同时，价格的心理功能又和消费者的价格心理密切联系，难于严格区分，并对消费者的购买行为产生着重要的影响。研究价格的心理功能以及消费者的价格心理对于市场营销活动有着重要的意义。

第二节 消费者的价格心理

消费者的价格心理，是消费者认识商品价格时的心理活动。它是影响消费者接受商品价格的重要因素。它是由消费者对价格的知觉程度和消费者的个性心理共同构成的，而且受社会生活的影响，情况十分复杂。下面就消费者认识价格时的比较稳定或带有规律性的几种价格心理作一介绍。

一、消费者对价格的习惯性

消费者对价格的习惯性是由于消费者在长期的、多次的消费实践活动中，通过对某些商品价格的反复感知而形成的。消费者对商品价格的习惯认识一旦形成，就不易改变，并以此来作为衡量同类商品的价格高低或合理程度的重要标准。一般来说，消费者对满足自然需要的商品价格有较强的定型，而对满足心理需要商品的定型则较为模糊。

一般而论，由消费者对价格的习惯性所形成的参考价格（或心理价格）较为清晰，只具有一个很小的价格范围。消费者参考价格主要是基于过去遇到的价格而形成的内心价格标准，从根本上讲，内部参考价格起到一个向导的作用，帮助消费者估算该标价是否可以接受。除了对价格的习惯认识外，消费者对商品的心理需要程度、消费者个人的特点、促销的频率、商店的特点、价格的变化趋势等，也会影响到对市场价格的认知以至心理价格的形成。例如，价格敏感的顾客价格知识要比价格不敏感的顾客准确；经常购物的消费者价格知识也要更准确一些；对同质化产品价格知识的准确程度就要高于异质化产品；对强势品牌产品的市场价格较清楚；对经常购买的产品价格知识的准确程度就要高于不常购买的产品；价格经常发生变化或市场上价格越不一致的商品，消费者的价格知识就越不准确。另外，市场上的价格信息可得性也会影响到顾客的价格知识，如零售商在报纸、杂志等媒体上公布它们的商品售价、权威机构公布它们对市场上价格的调查比较结果会使消费者对价格更加敏感，价格知识也会更加准确。

与心理价格一样，消费者也会从习惯价格中去联想和比较价格的高低涨落和商品质量的优劣差异。同时，消费者对许多商品价格的习惯性认识往往也是一个有着上、下限的价格范围（或称“价格阈限”）。如果商品价格超过上限，就认为太贵或价格上涨了；如果价格低于下限，则会对商品的质量产生怀疑；如果价格符合消费者的习惯认识，则产生信任和认同。尤其是对于购买频率高的日用生活必需品，消费者心目中的习惯价格十分清晰，对价格存在相对固定的认识，即形成一个相对较窄的价格阈限，如果商品定价偏离习惯价格，消费者往往一时难于接受。

因此，对于习惯性价格的调整，一定要慎重，价格变化的幅度不宜过大，速度不宜过快，一般不要超过这种习惯心理的变动范围；同时，做好宣传解释工作，如价格高于习惯上限，应使消费者了解商品新的优良品质或性能，使消费者在心理上形成新的价格阈限，如价格低于习惯下限，应明确是由于销售原因而非质量原因等，以求得消费者的理解。

价格的习惯性形成后是相对稳定的。但当商品价格变化时，在新价格的冲击下，消费者也会逐渐适应和习惯，形成新的习惯价格。从总体上看，由于经济的发展和人民收入与生活水平的提高，再加上通货膨胀因素的作用，商品价格容易呈现稳步上升的趋势，消费者心中的价格阈限也是一个稳步向上攀升的变量。

二、消费者对价格的敏感性

消费者对价格的敏感性主要是指消费者对商品价格高低及其变动的反应程度。由于价格的高低及其变动关系着消费者的切身利益，所以消费者对价格一般是很敏感的，并反映到消费需求量的增减上。但由于消费者在想象中对不同商品的价格标准高低不一等种种原因，从而影响人们对不同类商品价格变动的敏感性。对于想象中价格标准低、价格习惯程度高、价格的习惯性上下限范围小、使用普遍、购买频率高或质量易被体验的商品，如主要副食品或主要日用工业品，其敏感性就高；而对于奢侈品、高档耐用品、工艺美术品等商品，人们往往认为价格越高质量就越好，价格的习惯性上下限范围也大，对价格变化的敏感性就低。比如，有的消费者对蔬菜每斤贵了几角钱大为不满，而当他购买高级家具或电器时，即使比购买其他同类商品多花几百元也心安理得。价格敏感性的高低也与原价格的高低有直接的关系。价值越大、价格越高的商品，要使消费者对其价格变化产生反应的价格差异量就越大；反之，就越小。这种敏感性还与收入水平有关，低收入阶层敏感性高，而高收入阶层敏感性低。广告、信息媒体能经常提供价格对比的信息，也可以提高消费者对价格的敏感性。

从需要类型上看，衣食住行等基本生活商品主要满足人的自然需要，对于这一类需要，消费者大多只重视商品的使用价值，而较少考虑这种需要的社会意义，需求弹性较小，商品的性价比容易衡量，因此价格变化的敏感性就高。由此看出，对日用消费品采取薄利多销的策略，保持商品价格相对稳定，是符合消费者的价格心理的。相反，用于满足心理需要的商品，消费者一般是以一定范围内的社会环境为基础，较多地考虑在购买和使用中的社会意义，消费者在购买和使用中会注入较多的个人情感，对商品性价比的衡量主观性强、弹性大，价格变化的敏感性就低。因此，对于心理需要类商品的定价策略选择应特别关注一定时期内消费者的心理动向，把握消费者对价格的一般心理反应。

有人认为，由于价格往往趋于不断上涨，价格的习惯上限也不断上移，会使人产生一种“通货膨胀心理”，即对价格的上涨变得适应和麻木，而对价格下降却更加敏感。

三、消费者对价格的感受性

消费者对价格的感受性是指消费者对价格高低的感觉和知觉程度。消费者对价格高与低、昂贵与便宜的认识，往往带有浓厚的主观色彩。一般而言，消费者对商品价格高低的认识或感受有以下特点：

(1) 以“特性/成本”的方式决定商品价格的贵贱。“特性”主要指商品的质量、功能以及效益等。其中“效益”既与商品的功能、质量有关，更主要受消费者对商品使用价值、社会价值等方面价值的主观认识以及对商品的色彩、造型、大小、包装、知名度等商品属性的主观评价及主观需要的影响。“成本”主要是指商品的价格，但对汽车、家用电器等商品，它还应包括使用时的电费、燃料费、保养及维修费、燃油税等其他有关费用。例如，出租车公司的广告可以提醒消费者，他们在开自己汽车的时候并不是免费的，因为汽车需要保险费、停车费、护理费用等，如果乘坐出租车将更加省钱。

可见，消费者对于非常喜爱和需要的商品，即使价格较贵也乐于接受；而消费者对于不需要的商品，即使再便宜，买了也不觉得划算。例如，有些消费者对购买价格昂贵的进口或名牌商品，却往往觉得比购买其他非名牌的同类商品更合算。这表现出似乎有忽视价格的倾向。因而，在商品介绍中，应当努力将消费者的注意力引向这种“相对价格”，强调商品能带给消费者的好处。当然，当商品的特性明确或相同时，消费者对价格就特别重视了。

我们都知道在购物过程中消费者对价格的注意极高，但这种注意的心理基础是对商品品质的衡量。就是说价格高的商品，一般被认为是质量、档次也相对较高的商品；相反，则被认为是质量、档次也较低的商品。同样，也可以用商品品质来说明商品价格，即高质、名牌商品，价格昂贵不会使消费者反感。因此，在企业的促销活动中，用商品价格来传播商品的品质，或者用商品的品质来说明商品的价格，进而使消费者乐于接受较高的商品价格。比如价格较高的化妆品一般比价格较低的化妆品更好销，其原因就在于此。

（2）根据对价格的习惯性认识、心理价格以及对同类商品价格进行比较而得到对商品价格高低的认识。在价格放开的情况下，消费者购买价值较大的商品时，往往“价比三家”。另外，与其他不同类商品或服务消费支出的比较，也是消费者进行价格判断的重要方法。

从图 8－2 中可看出，消费者在评价某一商品的价格吸引力时，并不仅仅依据该商品的绝对价格，而是将商品的实际售价与内心的价格标准进行比较，如果售价高于这一标准，消费者会觉得这个价位太高，反之，则会觉得比较便宜，感知价格的高低决定着商品在消费者心目中的价格吸引力。

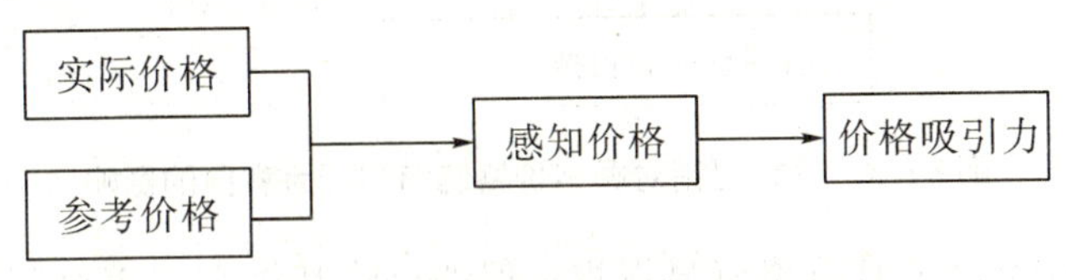

图 8－2　参考价格的作用过程

另外，厂商制定的“建议零售价”“原价”“市场价”等“外部参考价格”（消费者基于购买现场所观察到的价格水平）也会对消费者的价格感受产生影响。但很多消费者也发现，实际零售价基本上都远比建议零售价低，由此人们开始漠视“建议零售价”，认为它只不过是厂商玩的文字游戏。

不少研究发现以“外部参照价格＋销售价格”形式表述的价格促销广告对消费者价格感知的影响最大，而且，价格促销主要是通过影响顾客的内部参考价格而起作用的，如图 8－3 所示。

（3）受商品价格背景、销售方式以及现场气氛的影响。同一商品的价格，如果分别摆放在高价系列和低价系列的营业柜台里，由于周围陪衬的各类价格不同，消费者会产生不同的价格感受。如果某商品处于高价系列中，其价格会显得低而畅销；而在低价系列中，其价格会显得高而滞销。这种价格感受性，主要是由于系列刺激产生的价格错觉所致。另外，商品的归类也会影响消费者对价格的感受性。例如，一种十几元的用于化妆前后洗脸用的香皂，如将其归为只用于

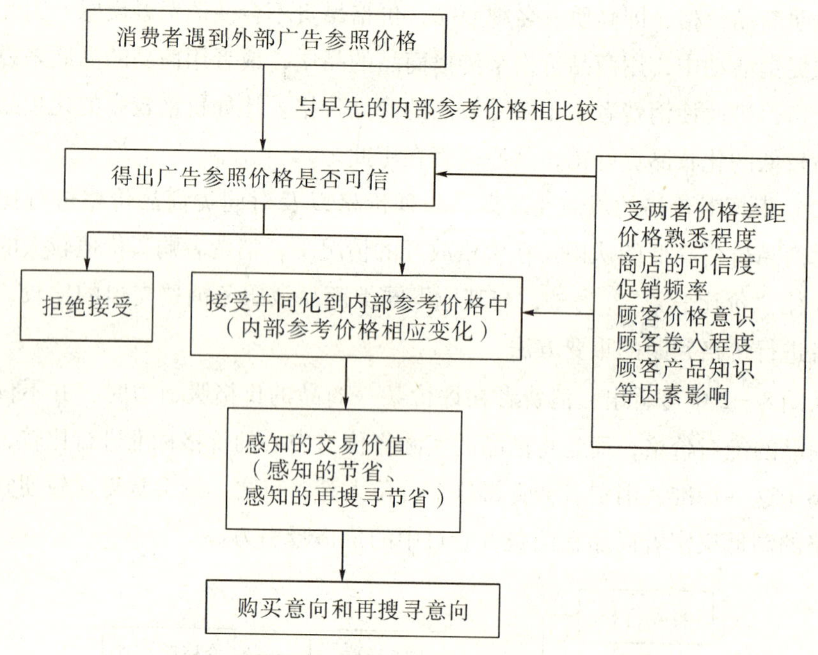

图 8－3　价格促销对顾客价格感知和行为意向的影响

“清洁”的日用杂品，其价格就显得贵；但如果将其作为“美容”用的化妆品，价格就不觉得贵了，因为化妆品一般价格都较高，而且人们也存在“为了美，多花点钱也值”的心理，因而将这种香皂放在经营化妆品的商店或柜台出售，价格就不会显得贵。

例如，在甲柜台中 20 元、25 元的商品给人昂贵的印象，而在乙柜台中 20 元、25 元的商品给人以价格低廉的感觉。这就是在商品摆放中，通过相互间的陪衬，形成的价格曲解，如下所示。

同种不同等级商品价格（元）

甲柜台	5	10	15	20	25		
乙柜台				20	25	30	35	40

对价格的判断也受到出售场地、现场气氛的影响。繁华地段、豪华商店、豪华娱乐场所的商品价格往往较高，但消费者的价格判断却不高。如果购物现场的气氛十分热烈、踊跃，消费者的价格判断也会趋低。例如，同一价格的商品，如果摆放在自选市场或豪华百货商店的专业柜台里，消费者可能会感到前者“较贵”，因为消费者认为自选市场的东西应当是比较便宜的。有人曾经做过一个对

比实验：把某大商场一件价值 1 800 元的名牌西服和地摊上一件价值 300 元西服去掉标签互换，结果到地摊上卖的名牌西服没有卖出去，而地摊上的西服在大商场却已被 900 块钱卖掉了。

高档、贵重商品如果混放在一般商品中，或在日杂小店以及低价柜台中出售，不仅会使价格显得贵，还会降低商品的形象、地位及特殊性，消费者也缺乏信任心理，并由此影响销售。因为消费者往往还会通过销售地点来理解产品。当一个品牌出现在高级奢侈品商店时，它所传达的信息，就与摆在沃尔玛、家乐福这样的平价商店里所传达的信息有很大的不同。特别是那些代表身份地位的商品，如劳力士手表，如果摆在平价商店里的话，就会与它的品牌定位和价格信息发生矛盾。

（4）受消费者对商品需求的紧迫程度的影响。当消费者急需某种商品而又到处求购不到时，往往就不大计较商品的价格了。消费者在外出旅行、重大庆典、与恋人约会等情况时，也不大在乎花费是否太高。

消费者最终购物时乐于支付的价格，即消费者对价格的心理评价，取决于各自对商品的需求强度，取决于实际价格与心理价格的差距，即马歇尔所说的“消费者剩余”（支付意愿减去实际支付量）。所以，在企业进行定价选择时，必须了解消费者的心理价格，这样就可使企业制定的实际价格尽可能接近消费者的心理价格。

事实上，在现实的买卖行为中都存在两种价格。一种是由收入和偏好决定的消费者价格，另一种则是由市场供求关系决定的市场价格。前者遵循着边际效用递减规律，而后者则遵循着供求规律；前者之和体现了消费者获得的效用之和的总量（对同一物品的购买），后者则体现了消费者为获得一定的效用总量所实际支付的货币总量。消费者价格与市场价格之差，就是体现消费者满足感或福利感的“消费者剩余”，当然，这种“消费者剩余”并不是实际收入的增加，只是一种心理感觉。

（5）受付款方式的影响。采用赊销、分期付款、信用卡或利用销售方的欠款购物等付款方式以及优质服务等营销措施，也容易使消费者接受较高的商品价格。例如，一些商家通过使用代用币来刺激消费者消费更多，例如电子游乐场或赌场，就是通过代用币使得玩家或赌徒在支付的时候不感觉到心疼。

但是，应当看到，对于消费者参与程度较低的商品和购买过程来讲，货币价格可能对消费者感知、认知和行为影响很小或没有影响。消费者对许多商品可能仅有一个不明确的价格范围，只要价格落在这一范围内，消费者甚至可能不把价格估算作为购买参照标准。与此类似，有些产品在没有任何价格质疑的情况下，就被轻率地购买下来，在购买时无论被索要多少，都会毫不犹豫地进行支付。在超市结款区和药店中的冲动性购买商品，可能经常就是以这种方式进行的，就像消费者购买其他自己忠诚的品牌一样。在后一种情况，消费者可能仅依据品牌标识进行购买，而无须再比较货币价格及其他消费成本。

有时消费者会对他们经常进行购物的商场的价格信誉形成依赖，故而不用仔细地分析比较价格信息。比如像沃尔玛这样的折扣商场，在消费者心目中一般被当成了廉价超市。故而也就无须再把这些商场的商品价格与其他商场进行比较。消费者并不经常在记忆中仔细地储存那些琐碎的价格信息，即使对于他们曾买过的商品也不例外。比方说，研究人员发现消费者即使对刚刚进行完的购买活动的价格信息的关心和记忆也是如此残缺不全，仅有不到一半的消费者能够回想起他们刚刚放在购物篮中的商品的价格。对于一些实行优惠价格的“广告商品”，也只有极少数消费者是在既知道商品原市场价格，又清楚减价幅度的情况下进行购买的。

四、消费者对价格的倾向性

消费者对价格的倾向性是指消费者在购买过程中对商品价格进行选择的倾向。对于各方面没有明显差别的同类商品，消费者当然倾向于购买价格比较低的商品。而对于不同档次的商品，不同的消费者出于不同的价格心理，对商品的价格档次、质量和商标的选择会表现出不同的选择倾向。比如，有的消费者认为价格和商标是质量好坏的主要标志，高价意味着高质，在“要买就要买好的”这种求质、求名心理支配下，对高价商品或名牌有明显的倾向性；而有的消费者认为不同价格档次的商品在质量和使用价值上相差不大，商标的社会意义和实际意义也不大，就倾向于购买价格低廉、经济实惠的商品，甚至商品不太理想也无所谓。

1．消费者对不同类型商品的价格倾向性

对于不同类型的商品，消费者在价格倾向性上也有不同。一般而言，对于日常生活用品、使用期短的时令商品，消费者倾向于价格较低的商品；对于高档耐用消费品、高级奢侈品（如化妆品、首饰等）、礼品、技术性强的商品、流行时髦商品以及特殊商品（如文物、工艺品、嗜好品等），消费者可能在求质、求名、求荣等心理因素或“一次到位”及保值的消费观念的支配下，倾向于选择价格较高的商品，消费者对这些商品在质量、功能、款式等方面的追求往往强于对价格的要求。这种价格倾向性还会形成消费者的主观偏误，如对满足心理需要的商品，特别是情趣类、荣誉类商品等一般表现为对价格超高认定的正向主观偏误，如化妆品或装饰品等价格偏低反倒引起消费者对商品质量、性能等方面的疑虑，而价格稍高却能符合一般人的心理愿望。因此，以成本为基础的求实定价，反倒不能起到促销的作用。而对于大多数普通日用消费品，即满足自然需要的商品，消费者多表现为偏低认定的负向主观偏误，这时企业应通过广告等手段，校正消费者过低的偏误，提高消费者的心理价格水平，以使消费者乐于接受企业制定的市场价格。

2. 消费者个人特征对价格倾向性的影响

消费者价格倾向性心理的形成，主要与消费者的收入水平、个性心理、购买经验、购买动机、消费方式以及对价格的知觉理解有关。在我国目前的经济条件下，工薪阶层的消费者比较倾向于选择那些价格适中、具有一定使用功能的比较实惠的商品。同时，这种倾向性还要受消费者个人的价值观、需要程度、主观愿望以及价格的自我意识比拟功能的影响。比如，有人认为选择高价奢侈品可以影响别人对自己社会地位的评价；喜爱音乐的“发烧友”，不惜重金购买高档音响器材；喜爱摄影的人，对购买昂贵的高级照相机毫不心痛，一般人却为之咋舌；有的妇女购买高级时装或化妆品时，追求高档，而在修补自行车胎、交自行车停车费时却觉得价格高；有的人请客吃饭不吝啬，看病吃药却觉得不划算；有的人觉得花很多钱去饭店吃顿饭简直是傻瓜，而对具有社会价值或使用时间长的服装等商品却舍得花钱。

3. 心理账户理论

美国芝加哥大学的萨勒（Thaler）教授最早提出的“心理账户”概念可解释消费者的非理性消费行为。与传统的金钱概念不同，心理账户最本质的特征是“非替代性”，也就是不同账户的金钱不能完全地替代，由此使人们产生“此钱非彼钱”的认知错觉，导致一系列的非理性经济决策行为。也就是说，人们根据财富来源、支出及存储方式可划分成不同性质的多个分账户，每个分账户有单独的预算和支配规则，金钱并不能容易地从一个账户转移到另一个账户，不同的心理账户购买商品时会表现出不同的价格倾向性。

例如：从财富来源上看，人们一般舍不得花辛苦挣来的钱，而如果是一笔意外之财，可能很快就会花掉。李爱梅和凌文辁（2006）进一步研究表明：不同来源的财富有不同的消费结构和资金支配方向。奖金收入最主要的支配方向排序依次为：储蓄、人情花费、家庭建设与发展开支；彩票收入最主要的支配方向排序为：人情花费、储蓄、享乐休闲开支；正常工资收入最主要的支配方向排序为：日常必需开支、储蓄、家庭建设与发展开支。

从不同消费项目上看，名烟名酒等奢侈品是"买的人不用，用的人不买"，说明作为日常生活开支，这些商品是太贵了；而作为礼物送给朋友或官员，属于情感开支，能满足社会性需要，就舍得花钱。因此人们欣然接受昂贵的礼品却未必自己去买昂贵的物品来用。

消费者有为不同的消费支出账户设置心理预算的倾向，并且严格控制该项目支出不超过合适的预算，而不愿意由于临时开支挪用别的账户。例如，每个月的娱乐支出300元，每个月的日常餐饮消费1 000元等。如果一段时间购买同一支出项目的总消费额超过了预算，人们会停止购买该类产品。即使在同一个消费项目中，不同的消费也会有不同的预算标准，同是娱乐消费，看电影的消费是200元人民币，买一本武打小说的消费是50元人民币。一般来说，人们当前在某一类项目的消费支出会减少他们未来在同一类项目的支出，而对其他项目的支出几乎没有什么影响。这是心理账户通过心理预算调节着人们的消费行为，但这种心理预算通常会低估或者高估购买特定商品的价格，因此常使人们产生"穷鬼"和"大富翁"的认知错觉，从而出现消费不足和过度消费的消费误区。

小案例："心理账户"

实例1：一个偶然的机会，一对在外打工的农村夫妇花4块钱买了两张彩票，没想到竟中了500万元大奖。他们兴奋之余，将其中的100多万元分别赠送给自己的亲朋好友，多的达十几万，少的也有好几万。如果这不是意外之财，而是辛苦打工所得，他们会这么随便赠予别人吗？从理性的角度分析，不管钱是如何得来的，500万元就是500万元，不会有什么差别。为什么意外之财会使人产生不同的甚至不可思议的行为呢？

实例2：李女士打算买一床新被子，她计划买豪华双人被。到了商场，发现有3种款式可供选择——普通双人被、豪华双人被和超大号豪华被。而且这个星期被子促销，所有款式的被子售价一律为400元。这是一笔不小的折扣，3种被子的原价分别是450元、550元和650元。她觉得既然价钱一样，何不买原价最贵的超大号豪华被呢？这样“赚”得最多。她非常得意于自己的选择，结果发现每天早上醒来，这超大的被子都会拖到地上，她不得不经常换洗被套。从理性的角度考虑，豪华双人被最合适，效用最大。为什么人们在消费决策时会受到原始价格的干扰？

实例3：约翰先生一家已经存了15 000美元，准备购买一栋理想的度假别墅。他们计划5年以后购买，这笔钱放在商业账户上的利率是10%。可是他们刚刚贷款11 000美元买了一部新车，新车贷款3年的利率是15%。明明贷款利率高于存款利率，他为什么不用自己的15 000美元购买新车呢？

实例4：王先生非常中意商场的一件羊毛衫，价钱为1 250元，他舍不得买，觉得太奢侈了。月底的时候他妻子买下那件羊毛衫并作为生日礼物送给他，他非常开心。尽管王先生的钱和他的妻子的钱都是这个家庭的钱，为什么同样的钱以不同的理由开支心理感觉不同？

实例5：小王和小刘都是今年毕业的大学生，被分配在同一个部门工作，月底的时候两人都领到了第一个月的工资2 000元钱。小王非常高兴，因为他之前听说第一个月试用期的工资在1 000元左右。小王却很沮丧，他预期这样一个高科技企业工资至少在2 500元以上，他开始后悔自己的选择。为什么同样的工资导致两个人的情感体验截然不同？

实例6：小周准备去中华广场花200元买一件衬衫，但走了一圈觉得200元左右的衣服都不适合自己，有一件300多元的倒是比较合适，但嫌贵没买。出来的时候碰到一位中学时候一起打球的同学，相约到一个地方打了一场球，而且请朋友吃了晚饭，花了320元。为什么买衣服舍不得300多元，请客吃饭就舍得300多元呢？

实例7：有人对出租车司机提了一个问题：你是在生意好的日子工作时间长还是在生意不旺的日子工作时间长呢？司机的回答是：当然是在生意不好的日子工作时间长。为什么？回答是：同样长的工作时间，在生意不好的日子赚钱少，为了避免经济损失，自然要多工作一段时间，而生意好的日子不必额外增加工作时间，也能赚到同样多的钱。按照“经济人”的理性分析，单位时间里生意好的时候经济效益更高，为什么生意好的时候不多工作一些时间赚更多的钱，而在生意不好的时候增加工作时间呢？这种做法符合经济学的理性假设吗？

实例8：如果你去一个离家1千米远的超市买了3千克大米、1千克鸡蛋和1千克蔬菜，你会不会打的士回家？反之，如果你在这家超市买的是5千克重的电脑主机，你会不会打的回家？绝大部分人在前一种情况下选择不打的回家，而在后一种情况下选择打的回家。为什么类似的两种情况下会有截然不同的选择？

实例9：李小姐讲了自己的一个体验：未办理信用卡的时候，我用现金购物消费，当衣服超过500元以上时，往往觉得过于昂贵，一般不买。但当使用了信用卡以后，往往不觉得心痛，500元以上的衣服也慢慢消费起来了，花费大幅上涨。大部分人是否都有同样的感觉呢？都是自己的钱，为什么用信用卡消费和现金消费心理感觉不一样呢？

……

资料来源：李爱梅. 心理账户与非理性经济决策行为的实证研究［D］. 广州：暨南大学，2005.

上述的决策实例每天都在发生，可这显然违背了传统经济学理论中的理性人决策假设。那么，造成人们上述非理性决策行为的内在心理机制是什么呢？

心理账户的运算法则是根据值函数假设得来的。值函数假设是卡尼曼（Kahneman，1979）在前景理论中提出来的。如图8－4所示：①得与失是个相对概念而不是绝对概念，人们对某一价值主观判断是相对于某个参照点而言的，高于预期参照点视为得，低于预期参照点视为失。②得与失都表现出敏感性递减的规律。因为值函数是一个S形的曲线。因此，人们感觉20～30的差额比1 000～1 010的差额要更大。③值函数中，损失曲线的斜率比获得曲线的斜率要更大。因此，我们说得到的快乐远远小于失去的痛苦。值函数的三个特点，对心理账户的运用有许多启示：①设计不同的参照点，可以改变人们对于结果的认知。②同样差额在不同的原始价格下，影响作用是不同的。③相同的决策结果，表述为损失还是获益会改变人们的风险偏好。

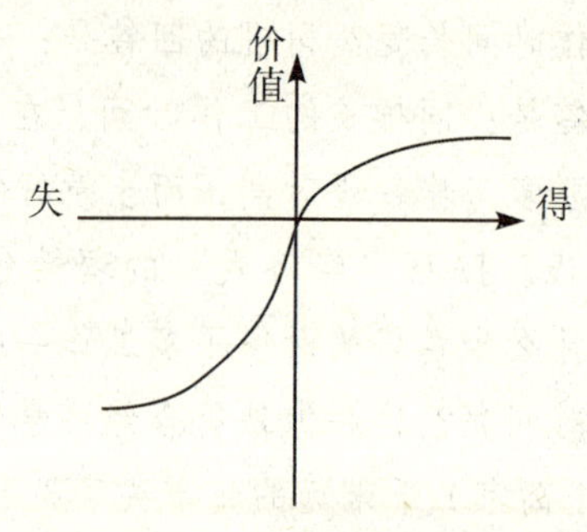

图8－4　值函数假设

五、消费者对价格促销的逆向心理

一般情况下，价格下降对消费需求量的上升有刺激作用。因此，不少企业喜欢采用价格竞争这一有力的营销手段。但人们很快发现，虽然短期能促进销售的增长，但却损害了品牌的形象和企业的长期利益，而又迫于竞争者也都在这么做，只好不得已而为之，从而陷入“促销陷阱”和“过度促销”。产生的结果是：随着价格促销强度的不断加大，价格促销效用却越来越低，即出现所谓“强度”与“效用”上的“二律悖反”现象。这种现象的产生主要是由于消费者对价格促销产生了逆向心理，它表现在以下几个层面：

1. 价格促销的社会刻板印象

价格促销在国内似乎具有与“虚假、欺骗”等义的“社会刻板印象”。

(1)“疑价效应”。尽管价格削减是价格促销的灵魂，但是很多企业在搞价格促销时经常玩弄虚假价格促销的方法欺骗消费者。如先将商品的常规售价提升，然后在提高后的常规价格基础上进行打折，以给消费者一种让利幅度很大的错觉，试图以此来提高打折促销的吸引力。这些行为的直接后果不仅造成了价格促销策略“公信力”的降低，而且还导致了消费者“疑价效应”心理的产生。

(2)“疑质效应”。价格和质量存在密切的关联，价格促销造成的价格变化会降低消费者对产品质量的感知。再加上国内消费者长期饱受价格促销中“三无产品”的困扰，必然促使消费者将价格促销与低质量相联系。这种心理在食品购买中最为明显。

(3)“库存效应”。企业通过价格促销清理库存可以实现库存成本向消费者或渠道的转移。在国内，由于经常受到零售商“处理、过期品促销”等信息的不断强化，消费者较容易将价格促销看成是企业处理库存的基本手段。

(4)“过时效应”。过时效应与库存效应有一定的联系，因为厂家在清理库存中也会经常解决一部分已经过时（过期）的产品。但是，这里的“过时”是与产品“风格、时髦、技术创新”等特点有关的概念。在一些以技术和时尚为特征的行业中，大规模的促销往往意味着技术或款式的淘汰。例如在家电、手机、计算机、服装等行业中，在新产品上市前，往往都会有一大批旧型号的产品降价出售，而且降价幅度一般都比较大。对于消费者来说，一旦将产品款式和技术创新特征与价格促销结合起来，那么极易认为搞促销的产品有可能是市场即将淘汰的产品。

2．过度促销的社会认知

这个层面与企业过度竞争有关。价格促销是一种易于模仿并富有攻击性的工具，其使用稍有不慎，即会导致整个产业内因竞争压力而形成滥用的局面。对消费者来说，过度促销一方面意味着“刺激泛化”，即促销策略会变得越来越没有吸引力；另一方面则会使消费者感到“信息超载”，进而将价格促销作为生活中的“经常事件”，对其充耳不闻、视而不见。

（1）“程式化效应”。程式化意味着形式趋同甚至雷同。事实上，价格促销程式化与价格性促销泛滥、促销时间选择、地点安排和激励力度规律化等有关。例如，新产品推出时必然试用，零售商进入新市场必然利用“特价品”。程式化不仅让价格促销失去新鲜、刺激感，而且也让消费者发现可以利用的机会。

（2）“麻木效应”。麻木效应是信息超载和刺激泛化导致的结果。科特勒（1999）指出，促销媒介（优惠券、竞赛）等快速增长，已造成与广告喧嚣相同的促销喧嚣。在这种条件下，优惠券和其他促销工具的效果大大减弱。为了克服喧嚣，企业不得不加大促销力度。

（3）“敏感度增大效应”。促销敏感度增加是指消费者对价格促销激励强度要求变高了。现实生活中，消费者由于受到大量价格促销激励行为的冲击，进而对低水平激励没有任何反应。美国学者乔治（2000）的研究显示54%商品是在促销激励下购买的。

3．价格促销的规律认知

这个层面与消费者有意识地学习与总结有关。如果价格促销有规律的话，消费者就会知道并利用其策略性安排。价格促销的规律认知可归纳为以下四个方面：

（1）“零售促销规律”。例如，新店开张、法定节假日及传统节日都是要促销的，这些日子打折幅度也较大。颜亮（2002）发现，由于节日时间跨度不大，因此在购买高价商品时，顾客往往会等待节日促销而不是立即购买。因为消费者购买行为不仅会受当前价格影响，而且还受预期价格影响。不仅如此，有规律的零售促销还会导致不促销顾客不来，促销了来的都是敏感度较高的顾客，又赚不到钱。孙丰国（2007）认为，零售促销期间的销售量中有80%是消费者原本就要买的。

（2）“季节性促销规律”。季节性促销规律反映的是商品或服务在一个年度以内的商业周期，也就是“淡季”和“旺季”的促销规律。由于一些商家经常会在淡季对旺季坚决不降价的产品进行大幅度地降价促销，如女性品牌服装。因此，对于谙熟其中规律的消费者来说，就会持币观望。而对于平时买不起流行性商品的消费者来说，在换季时购买此类商品是非常值得的一件事。

(3)“制造商品牌规律”。代维等（David，2002）发现，零售商喜欢对市场份额高的品牌进行促销，而品牌印象会降低小品牌的促销效用。由于一般消费者容易受到品牌光环的影响，因此，有好名声的产品促销会收到加倍的效果。事实上，由于知名品牌的价格变动较少，因此在很多人眼中，购买正在促销的知名品牌是值得的。

(4)“零售商品牌规律”。现在零售商也注意打造企业的品牌形象，零售商品牌规律并不是完全指零售商的自有品牌产品，这里指零售作为一个企业的外在形象和标志。由于消费者和零售商之间并非只打一次交道，因此，零售商必须关注消费者的利益。消费者一般会认为知名零售商以及大型国有零售商店促销打折比较真实、可靠。

当然，在不同的价格促销方式下（如打折、返券、买赠等），这些心理效应对消费行为的影响也存在差异。

正是由于以上效应的存在，一些商家把价格促销活动看成是一种“保健因素”，也就是说，在很大程度上，它只能让消费者的不满意感消失，但并不能说消费者就满意了。然而如果不做促销，消费者的不满意是肯定存在的。这样，虽然商家投入了很多人力物力，但是并没有收到理想的效果，还不得不在竞争的压力下硬着头皮去做。

第三节　商品定价的心理策略和方法

定价是企业经营活动的重要环节。通过价格的制定可以起到调节需求、引导消费、搞活流通、刺激生产、获取利润的作用。从消费心理学上看，价格制定的主要目的就在于鼓励消费者购买商品。因此，应当充分考虑到消费者对商品价格的行为反应和接受标准，根据不同的商品和不同的购买对象，采取相应的定价心理策略和方法。

一、新产品的心理定价策略

由于市场上没有同类商品存在，没有竞争价格可供参考，消费者对新产品也缺乏了解和购买信心，因而新产品的定价有较大的选择余地，但又比较困难。

（一）撇脂定价法

这是一种先高后低的价格策略。在新产品进入市场初期，由于没有竞争的替代物，可以采取较高的价格，等到出现竞争或市场销路缩减时，再逐步降低价格。这就好像从鲜牛奶中撇取乳油一样，从厚到薄、从精华到一般，因此也称为“取脂定价法”。它的好处是：利用消费者“一分钱，一分货”及“优价优质”的心理，提高新产品的身价；尽快收回投资和赚取利润；可以随时调低价格，在竞争中处于主动地位。

这种定价策略主要是利用消费者的求新、求奇、赶时髦的心理。一般适用于新颖奇特、易流行、有独到使用价值的高档品、奢侈品和特殊商品，或短时间内无竞争对手和替代品出现的专利产品。

（二）渗透定价法

这种定价法与撇脂定价法正相反。新产品进入市场初期，消费者一般不熟悉，有疑虑，可以先低价出售，以打开销路，然后再逐步渗透，扩大市场占有率，当产品为消费者所认可或形成消费习惯后，再逐步将价格提高到一定水平。这种策略主要是利用消费者求廉、求实的心理，给消费者以价廉物美、经济实惠的良好印象，吸引消费者注意和购买，扩大销售量，同时也使竞争对手感到得益不大，而不会积极仿制。这种策略适合于一些低档品、适应面广的生活必需品，也适合于一些专用性不强、替代性高的新产品。但要求产品必须具有较高的品质或特殊的优点，能够一进入市场就能打开销路或树立起良好的声誉并吸引大量购买者，从而为以后逐步提高价格打下基础。这种策略的主要问题是其后调高价格时可能引起消费者的反感和抵制，因此，掌握好提价时机十分重要。

（三）反向定价法

反向定价法即通过预测消费者对某产品所期望或愿意支付的价格来确定零售价，由此倒算出对生产成本和费用的要求，然后再去考虑产品的质量、包装等生产标准。这种方法不是通常的依据产品定价格，而是依据价格定产品，所以被称为“量入为出”的反向定价法。

这种定价法由于适应了消费者在价格上的期望和要求，能够与大多数消费者的消费能力和价格心理相一致，使消费者比较满意这种价格标准，所以也被称为“满意定价法”。有人认为，在目前激烈而残酷的竞争中，这种以消费者为导向的定价方法才是能让企业的产品得到顾客的认可和接受，从而得以生存和发展的主要方法。这种策略主要适用于日用品、礼品和技术性要求不高的新产品。

在商品的营销过程中，这种方法也可采用。由于消费者受价格的自我意识比拟功能的影响，对商品总有他所期望支付的价格，如果商品符合其价格期望，就可使之产生购买行为。有些价格高得令人咋舌的服装、名表、名烟、名酒仍有销路，主要就是因为符合了某些人的价格期望。

（四）引导试用法

引导试用法主要是采用免费试用样品、免费咨询、有奖销售、附送赠品、提供配套服务和现金折扣等方法来减少消费者对新产品的风险心理，吸引消费者的注意，鼓励和引导其试用，还可以培养消费者对厂商的亲近感情和对新产品的信任感，为以后的购买奠定基础。国外一些企业经常采用免费试用样品的形式，让消费者通过亲身体验来发现新产品的好处，并对厂家和产品产生较深的印象和好感，同时，节省广告费用。免费的试用品，不应是高档、名贵的耐用消费品，一般是低价的、需要经常购买的日用品或副食品，如牙膏、牙刷、清洁剂、调味品等。

二、市场销售过程中的心理定价策略

在商品的市场销售过程中，应充分考虑到商品所处的生命周期阶段、市场状况、商品特点等方面，根据消费者的价格心理特点，采用有效的心理定价方法，以促进商品的销售。

（一）非整数定价法

非整数定价法也称尾数定价法。就是给商品定一个带有零头数结尾的非整数价格。欧元区和美国的零售企业由于普通商品价格的面值一般不大，所以比中国市场更常采用非整数定价法。其主要的心理功能有：

（1）给消费者以定价精确的印象。非整数价格使人觉得这个价格是经过仔细核算成本和差率等费用而制定的，是比较精确合理的，从而产生一种信任感而乐于接受。相反，整数价格易让消费者认为是粗糙、概算的价格，从而产生疑虑或讨价还价的心理。

（2）给消费者造成价格偏低的感觉。非整数价格与整数价格虽然相差不大，但传达给消费者的心理信息却易产生感觉上的差距比实际差距大的价格错觉。比如，97 元的商品，给人的感觉是“100 元以下的商品”，而 101 元的商品则给人的感觉是“100 多元的东西”的概念，似乎贵了许多。

据调查，在美国，在低于2美元的商品价格中，尾数为9的较多，如：0.19美元、0.49美元、1.99美元等；在5美元以上的价格中，尾数为较“干脆”的5较多，如：9.95美元、29.95美元、38.50美元等，这样也利于计算和节省找零的时间。另外，我国和美国的商品价格尾数中，以奇数为多，因为很多人有种心理定式：单数比双数少，所以价格尾数采用奇数似乎显得比偶数便宜。

（3）给消费者一种商品降价的心理错觉。非整数价格可能使人觉得是在原价上打了折扣。而且，当一种商品价格靠近某一整数线以下，同时，数字系列又趋小时，如：95元、820元、985元等，容易使消费者产生价格下降的心理错觉，从而使消费者的购买动机在无意识中被刺激。

（4）易满足消费者数字中意的心理要求。由于民族传统、风俗习惯、社会文化等因素的影响，不同国家和地区的人对数字有不同的偏好和忌讳。比如，我国不少人觉得8、6、7是吉祥数；日本人较喜欢8、7、5、3等，讨厌4、9；西方人忌讳13。非整数定价法易于有意识地选择消费者偏爱的数字，回避其忌讳的数字，使价格数字符合其心意，而增强其购买动机。

（二）习惯定价法

这是根据消费者对某类商品价格的习惯心理而采取的定价策略。某些商品价格，在长期的购销活动中，逐步形成了一定程度的固定性，消费者对此类商品的价格也有较稳固的习惯认识。这种价格就是习惯价格（或称通常价格）。习惯价格的商品多是一些已有消费习惯的、适应面广的、销量大的主副食品、日用工业品，如粮食、食盐、肥皂、牙膏、火柴、洗衣粉以及公路、铁路运费和水、煤、电、气的费用。采用习惯定价法的主要好处是：

（1）可以给消费者价格稳定的感觉。由于形成习惯价格的商品多是与人民日常生活密切相关的商品，消费者对习惯价格的变化是很敏感的，即使上调幅度并不大，也可能使消费者产生强烈的反应。

（2）给消费者以价格合理的感觉。消费者往往把习惯价格作为衡量价格高低和质量好坏的标准。如果商品质量等因素未变，而价格较习惯认识高，消费者就会认为不合理；如果价格下降了，人们又会怀疑商品品质有问题，或是积压卖不出去了。

因此，对习惯价格的调整要十分慎重。在提价时，应尽可能采用渐进式或变通式的方式。如提高商品的质量与功能、改变型号和品种、更换商标、改变包装，使消费者产生新的商品形象；或者在消费者感知的差别阈限内，适当降低商品的品质或减少分量，同时作好解释工作，使消费者在心理上和感情上容易接受习惯价格的上调，避免或减轻消费者对新价格的抵触情绪，并逐步形成新的价格习惯。

(三) 整数价格法

整数价格法或称方便价格法。多用于特别高价或特别低价的商品以及名牌产品、稀罕品、高级礼品等，难于准确估计价值大小的服务性收费也多采用这种方法。其主要作用有：便于记忆和宣传；方便收款找零，比如5元钱一袋的小包装儿童饼干或糖果；起到加强商品形象的心理作用，尤其对于高价的名牌、时髦商品，整数价格可赋予商品高贵的形象，显赫的整数价还可以给人以身份感和自豪感，满足个人的自尊和社会性需要。比如880元一套的西服，如定为878.50元，就会影响商品的形象和信誉。

徐刚（2002）通过实验发现，电饭煲的整数价格策略的销售量比零数价格策略低16%，而礼品的整数价格策略却比零数价格策略的销售量增长35%。这是因为消费者对电饭煲讲求“实惠”，属理性需求。而礼品主要针对以个人或组织为对象、商品购买者与使用者相分离的特殊消费群，消费者购买商品的目的不是自己使用，而是馈赠他人，在商品的价格需求主要是考虑社交礼仪的要求时，尽管礼品的整数价格高于零数价格，但实验的结果是礼品的整数价格销售效果比零数价格的好。

(四) 声望定价法

声望定价法又称威信定价法。这是利用消费者求名、求荣心理以及价格衡量商品质量的心理功能，通过制定较高的价格来满足消费者崇尚名牌商品、名牌商店的心理而采用的一种定价策略。它可以起到抬高消费者以及商品、商店身价的心理作用。该策略适用于知名度较高、广告影响力大的名牌或高级消费品。消费高价商品是现代人身份地位的象征，如戴劳力士手表、提LV包等，被会认为是有地位的成功人士。用于正式场合的西装、礼服、领带等商品，且服务对象为企业总裁、知名律师、外交官等职业的消费者，则都应该采用声望定价策略。否则，这些消费者就不会去购买。微软公司的windows 98（中文版）进入中国市场时，一开始就定价1 998元人民币，便是一种典型的声望定价。因此，企业可利用名牌、极品的声望，制定出能使消费者在精神上得到高度满足的价格。另外，声望定价策略还被运用在质量不易鉴别而消费者又特别关心质量好坏的这一类商品，如收藏品、中药、金银首饰以及餐饮、娱乐服务等行业。

当然，声望定价和其他定价方法一样，也有其适用范围和界限。正确使用必须明确其适用条件，而不能照抄照搬。在使用声望定价策略时应注意以下两点：首先，必须是具有较高声望的企业或产品才能适用声望定价策略；其次，声望定价策略的价格水平不宜过高，要考虑消费者的承受能力，因为消费者往往清楚价格中的一部分是为牌号、商标、信誉和服务付的款，价格太高会使消费者“望名兴叹”，转而购买替代品。

（五）组合定价法

在经营两种以上相互关联的商品时，可以根据消费心理采取互相补充的定价方法即组合定价法。它适合于家具、化妆品、文具、食品、鲜花等可以成套、配套使用的商品。一种做法是实行成套优惠价格，既使消费者能得到实惠，又可鼓励成套购买而扩大销售。另一种做法是压低价格较敏感或购买次数少的商品的价格，而对配套使用的但价格不太敏感或购买次数多的商品定价提高一些，以引诱消费者购买，并获得整体和长远的利益。

（六）招徕定价法

利用消费者的求廉心理，有意识地降低少数具有习惯价格的商品的价格，甚至可以低于成本，借此招徕消费者购买，而消费者到商店购买时，往往还会顺便买走商店的其他商品，从而提高整个销售额。选用的商品被称为“诱饵商品”，它应该是消费者普遍需要、购买频率高、低值、市场价格和质量都较熟悉的商品，如日用生活必需品，以使消费者能明确意识到购买这些商品而获得的实际利益。

许多商场经常会开展优惠促销活动，并进行广告宣传。如图8-5所描述的，仅仅估量被广告产品的购买情况远远低估了零售促销广告的实际影响。因被广告产品吸引进入商店的顾客购买其他产品被称为“外溢销售”。研究表明，外溢销售额几乎与被广告产品的销售额相等，所以，零售店在评价价格或其他促销手段带来的利益时，应该考虑它们对商店的整个销售额和利润额的影响，而不仅仅是对那些做了促销广告的商品所做的贡献。

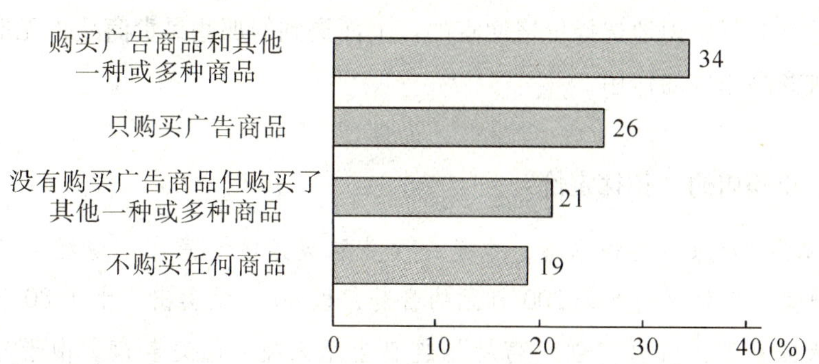

图 8-5　由于广告商品吸引进入商店的购物者的消费

超市的定价模式主要有两种，一种为天天低价模式（Everyday Low Pricing，EDLP）；另一种为高低价促销模式（Hi-Low Pricing，HILO）。在 EDLP 模式中，其商品平均价格要低于 HILO 模式，且价格比较固定，较少发生变化；在 HILO 定价模式中，商品平均价格高于 EDLP 定价模式，但是总会有某些产品价格低于 EDLP 定价模式中的产品，且产品的价格经常发生变动，造成这种价格变动的原因是零售商的促销策略。一般而言，零售行业内的成本领先者往往采用 EDLP 定价模式，典型代表是沃尔玛。行业内，成本处于劣势的零售商往往采用 HILO 定价模式，通过高低价促销模式增加价格的变动，消除自身的成本劣势。但是，解志韬（2006）也发现不同超市之间采用的定价模式往往是模糊的，即无法明确判断一家超市的定价模式是 HILO 还是 EDLP。

其中，HILO 定价模式实际上就是一种招徕定价法。例如，家乐福、好又多等大型超市经常对一些日常生活食品，如鸡蛋、鱼类、大米、蔬菜进行优惠以吸引消费者，而消费者前来购买这些食品时，又往往会产生不少计划外购买行为。而且还可能产生“晕轮效应”，使消费者以为这家超市所有东西都较便宜。在货品陈列上，他们会将最具有吸引力的特价品放在容易引起消费者注意的位置，其余则分散摆放在超市的各个地方。为了寻找特价商品，消费者往往会把整个超市转一遍。不知不觉中，消费者在超市里待的时间延长，非特价品也会被他们顺便购买很多。

又如，有一个大型商场，货架上的商品品种齐全，每类都有一些价格相当昂贵的商品，摆放了很久，一件都没卖掉，却一直占据着一块销售区。有人可能会认为是售货员偷懒，没有及时撤掉滞销的商品。事实上，这些商品是有意保留的，其目的是利用人们购买产品时的对比心理：当发现一种商品比另一种商品更贵时，通常会下意识地选择价格便宜的。上面提到的那些昂贵商品，无形中就起到了促进商品销售的作用。

小案例：小药店的“招徕定价”

日本松户市原市长松本清，本是一个头脑灵活的生意人。他经营“创意药局”的时候，曾将当时售价200日元的膏药，以80日元卖出。由于80日元的价格实在太便宜了，所以“创意药局”连日生意兴隆，门庭若市。由于他不顾血本地销售膏药，虽然这种膏药的销售量越来越大，但赤字却免不了越来越高。那么，他为什么要这样做呢？

原来，前来购买膏药的人，几乎都会顺便买些其他药品，这当然是有利可图的。而其他药品的利润，不但弥补了膏药的亏损，同时也使整个药局的经营出现了前所未有的盈余。

这种“明亏暗赚”的创意，以降低一种商品的价格，而促销其他商品，不仅吸引了顾客，而且大大提高了知名度，有名有利，真是一举两得的创意！

采用招徕定价策略时，必须注意以下几点：

（1）降价的商品应是消费者常用的，适合于每一个家庭应用的物品，否则没有吸引力。

（2）实行招徕定价的商店，经营的品种要多，以便使顾客有较多的选购机会。

（3）降价商品的降低幅度要大，一般应接近成本或者低于成本。只有这样，才能引起消费者的注意和兴趣，才能激起消费者的购买动机。

（4）降价品的数量要适当，太多则商店亏损太大，太少则容易引起消费者的反感。

（5）降价品应与因残次而削价的商品明显地区别开来。

资料来源：迟竹强. 创意营销 赚钱奇招［N］. 河北经济日报，2010-08-30.

（七）拆零定价法

这是指将大包装商品改为小分量包装后，价格拆零计算的方法。商品因包装分量不同，价格就不同，一般情况是，包装数量越大，单位价格就越低。但消费者一般难于或不愿很快去换算商品数量与价格的关系，甚至会感到小包装商品便宜，而且可避免浪费，购买风险也小，因而购买小包装商品时也就较少犹豫。有的超市或不标明单位价格，或利用单位价格计算比较复杂搞乱消费者。比如，商家自产的凉拌小菜 7 元/袋，标注的单位价格是 4 元/200 克，消费者觉得还便宜，但如果知道它是 10 元/500 克，就会觉得它贵了。实际上，现在厂家的各种袋装食品都没有单位价格，而是“元/袋”，包装上虽也印有重量，但重量五花八门，如 150 克、288 克、356 克、410 克，等等，就是很少有 500 克、1 000 克的。如果换算成单位价格，消费者就会发现，这些商品比农贸市场的散装商品要贵得多。笔者常去成都伊藤洋华堂春熙店的食品馆购物，就从没计算过其包装食品的价格高低，其商品即使有单价，重量单位也不统一，很少看到 500 克单位的。

相反，如果要鼓励消费者购买大包装商品，或者方便消费者比较和选择商品价格，则应当统一同类商品的单位。如：310 克装或 1 000 克装的洗衣粉，在包装或价格标签上既注明整件价格，又标出“元/斤”的单位价格，使价格直观明了。这种方法又称为“单位标价法”。

（八）一揽子定价法

或称安全定价法。有些大件耐用消费品，不仅其价格昂贵，而且搬运、安装、调试、维修等售后问题也会影响消费者的购买欲望，成为其购买时的心理障碍。如分体式空调器的安装问题，是一般消费者难于解决的。因此，工商企业可以实行一次收费一条龙服务的一揽子定价法，如送货上门、代为安装和调试、附送易耗零配件、保修期免费维修等。这种方法可以解除消费者的后顾之忧，使消费者感到便利、快捷、放心；售后的安全保证也可以降低消费者对价格的认识；还能使消费者对商品和服务产生好感，增进买卖双方的感情和信任感，因为消费者可能以为这些服务是厂商额外提供的。反之，如果在一些小事上向消费者收费，就会因小失大，引起反感，并使消费者对价格变得敏感起来。

“心理账户”理论认为，在不同情况下，人们在面临得与失的时候，其分开估价和整合估价将发生有规则的变化，例如人们倾向于“分离收益、整合损失”。这一规律可以解释生活中的很多现象：假如想送朋友两件礼物——一套衣服和一个健身器，最好分两次送，两次分别送一件礼物所带来的心理体验之和比一次送两件礼物的心理体验更好，这是“分离收益”规则。“整合损失”是说个体对负的收益偏好于整合价值。例如跟团旅游时，先付掉旅行所有的费用可以尽情玩乐，因为钱已付了。如果先付一部分钱，然后每次门票费再另付，可能路线、费用都一样，但客人的舒服度和情绪就不如前者好，因为总是在掏钱。又如，开会收取会务费时，应当一次收齐并留有余地，若有额外开支一次次增收，虽然数量不多，会员仍会牢骚满腹。售房也是这样，售楼合同书一定要清晰，将所有的成交流程、费用列清，不能采取“先上车再买票”的策略，让客户一步一步地感受痛苦。

（九）投标定价法

利用购买者的竞争好胜心理，事先不规定价格标准或只确定底价，以拍卖或招标方式，让购买者竞相出价，最后以最有利的价格或条件成交，从而取得最大利润。它适合于难以辨别价值而又十分珍贵、稀少的商品，如收藏品、文物、名人字画、手工制品、工艺品、吉祥号码等，也用于贵重的罚没品、抵押品。我国一些地方在处理党政机关“超标”小汽车时，就曾采用拍卖的方式。另外，工程承包、土地或房屋转让等商业活动，也常使用招标的方式。

（十）分档定价法

也称分级定价法。这种方法将同类的不同牌号、规格、花色、式样的商品分成若干个档次，对每一档次的商品制定一个价格，而不是传统的一物一价。例如，将出售的各种皮鞋分别归为五个档次，分别标价为：34.95 元、49 元、54.72 元、68.50 元、82.50 元等。通过制定不同档次的商品价格，使消费者认识到价格档次反映了不同的商品品质水平，从而可以满足不同消费者的消费水平与消费习惯；也可以简化消费者选择商品时的斟酌过程，方便其挑选；同时，也简化了交易手续；还可以满足某些消费者自我意识中“不是斤斤计较之人”“做事要潇洒”的心理需要。

在决定分级档次时，级数不要过多或过少，档次间的差别也不宜过大或过小。如果档次标价过于接近，消费者可能不理解这一档为什么比那一档高，从而对分档产生疑问；如果档次间价格相差太大，一部分期望中间价格的消费者，就会另找其他商店购买。

（十一）统一定价法

对于生活日用品，对不同款式花色的商品甚至价值相近的不同种商品，采用统一价格能给顾客以便宜感，很多消费者都期望能从中找到符合自己需要而又便宜的商品。同时也能方便顾客选购付款，便利交易。一些商家在价格促销时采用“全场七折”“所有商品一律 10 元”等也是这个道理。

图 8-6 显示的是东京银座一皮具商店的统一定价法，其中一些高档箱包也采用了 5 400 日元的价格。

图8-6　东京银座皮具商店的统一定价法

小案例：各式袜子只卖一个价

20世纪初，日本人盛行穿布袜子，当时各种大小、布料、颜色的布袜子品种达100多种，价格也多样，买卖很不方便。有位专门生产经营布袜子的石桥先生，受电车无论远近都统一收费的启发，产生灵感，决定以同样价格出售布袜子来扩大销路。同行全都嘲笑他，认为如果价格一样，大家便会买大号袜子，小号的则会滞销，那么石桥必赔本无疑。但石桥胸有成竹，力排众议。由于统一定价方便了买卖双方，深受顾客欢迎，布袜子的销量达到空前的数额。

资料来源：佚名．商品定价策略组合［EB/OL］．http://www.docin.com/p-1315312047.html.

三、商品调价的心理策略

价格调整是指在原有价格的基础上，降低或提高商品价格。价格调整的原因是非常复杂的，可能是由于商品价值、进货渠道、市场供求、竞争需要、通货膨胀等方面因素的变化而引起的。随着条形码和光学扫描收款仪的广泛采用，各家大型零售企业积累了大量详尽的实时销售数据，这些销售数据可以帮助研究者探讨不同调价措施对销售额的影响，如根据所关注的时间跨度，研究促销对短期销售额的影响、对促销期后销售额的影响、对长期销售额的影响等问题，从中掌握调价对消费者心理和行为的影响，帮助营销者正确地运用调价的心理策略。

（一）商品降价的心理策略

商品降价可分为被动型降价和主动型降价两种。被动型降价是指由于商品滞销或存在质量问题，以及急需周转资金或降低库存等原因，迫不得已采取的降价措施。比如，残次商品、换季商品、积压商品、换代商品的降价处理。相应的价格策略称为处理性定价策略。主动型降价又称为进攻型降价，是在商品各方面没有多大变化的情况下，出于竞争和扩大销售的目的而进行的。比如，国外的商业企业就经常利用大减价来招徕消费者，刺激购买欲望，其销售额往往比平时增加两三倍。在日本，每年的6~12月都要组织一次大规模的降价推销，平时不少企业也经常定期降价销售。这种价格策略也称为优惠性价格策略。优惠性价格策略的形式是多种多样的，如：节日优惠、淡季优惠、展销优惠、试销优惠、批量优惠、重复或累积数量优惠、“消费指导者”优惠等多种形式。某些优惠性价格策略不仅能满足消费者的心理要求，还能在一定程度上满足消费者的自尊心理。比如，“六一”儿童节前后，对儿童用品进行折扣优惠，可以体现对少年儿童的关心，有利于树立企业的良好社会形象，这种节日优惠对于专业性商店尤为重要。

降价带来的销售增长有四个来源：

* 现有品牌使用者提前购买未来所需的产品（储存）。

* 竞争品牌的使用者可能会转向降价品牌。这些新的品牌使用者可能会也可能不会成为该品牌的重复购买者。

* 从来没有使用这类产品的消费者也许会购买该产品，因为它比替代品或没有该产品时能带来更多的价值。

* 不经常在此店购物的消费者，也许会来光顾和买该品牌商品。

古珀塔（Gupta，1988）研究发现，降价促销带来的销售增长大部分都来自于品牌转换，只有少部分来自于消费增加和储存备用。但也有学者认为造成促销时销售增长的主要原因是因产品而异的，比如人们通常不会因为促销而大幅增加大米的消费量，而零食就不同，促销很可能会诱使顾客增加消费量。伯莱特伯格（Blattberg，1989）研究还发现，品牌之间的促销，其相互影响是不对称的，高质量品牌在开展促销活动时，从低质量品牌那里吸引来的品牌转换者数量要远远大于低质量品牌开展促销时从高质量品牌那里吸引来的顾客数量；而在提价时，低价品牌的损失则要比高价品牌更大一些。可见，对于高品牌资产的商品来说，促销是更有力的竞争手段。

降价策略主要是利用消费者的求廉心理，刺激和鼓励消费者购买。所谓

“仓市”“平价超市”“廉价商场”“十点利商场”“最低价商场”等以及国外的“跳蚤市场”，也都是利用价廉物美来争取消费者。但必须要让消费者得到的实惠是明白和确实的，使之觉得确实“买得划算”“占了便宜”“这是购买的好机会”，而不能采取先暗中提价，再虚张声势地夸大降价幅度；或隐瞒商品实情，借机推销假冒伪劣商品的做法，这些做法是违背商业道德的。

消费者对优惠性价格策略和处理性价格策略在心理反应上并不完全相同，比如消费者对于处理商品在质量及销路上的疑虑相对较重。而且，消费者在对商品降价的理解上与商家可能会有一定距离的，在价格下调时，消费者还可能产生如下心理反应和行为表现：

* 便宜→便宜货→质量不好等一系列联想引起心理不安。
* 便宜→便宜货→有损购买者的自尊心和满足感。
* 可能有新产品即将问世，所以降价抛售老产品。
* 降价商品可能是过期商品、残次品或低档品。
* 商品已降价，可能还会继续降，暂时耐心等待，以购买更便宜的商品。

从某种程度上讲，价格是一把“双刃剑”。企业应当注意降价手段的合理使用，以使商品降价行为能为众多的消费者所接受。

1. 做好宣传和解释工作

可通过多种广告手段，大造声势，引起注意。同时，将商品的情况、降价原因（如周年庆典）、降价幅度等问题如实告诉消费者，以打消其疑虑，尤其是对于难以从表面上判断质量情况的包装商品或食品、药品、烟、酒等，如果对有关情况避而不谈，消费者的疑虑、警惕心理就会更重，甚至产生逆反心理，而抑制购买动机的形成。实际上，像香烟这类商品的价格弹性很小，因为香烟的重度使用者通常具有相对较高的品牌忠诚度，消费者不容易理解和认同降价的营销措施。如果不做好解释工作，除非同时转移目标市场，而且新的目标市场是价格敏感型的顾客，否则，只会带来收入和利润的降低，而在销量和市场份额上不会有明显的效果。

另外，销售时间也不宜太长，力求短暂而热烈，这样就容易激发消费者机不可失的紧迫感和求同意识，甚至形成抢购风。

2. 尽可能采用暗降的形式

价格下降，尤其是主动型降价，往往对商品的形象会产生不利的影响，并对以后价格的回升产生困难，还可能招致同行的不满而引发“价格战”。同时，如果商店经常采用降价措施，还会使人觉得商店经营不善，并影响商店的形象。所以，应当尽可能采用诸如有奖销售、使用优惠券或优惠卡、附送赠品或连带品、赊销或分期付款、厂家退还部分货款以及简化包装、更换品牌，使商品以“新面貌”出现等多种暗降形式。代蒙德（Diamond 等，1989）将促销方式分为“非金钱性促销”与“金钱性促销”两种，发现非金钱性促销会被消费者视为收益，而金钱性促销会被消费者视为损失的减少。

在实际经营活动中，不少知名厂家或商家往往希望稳定价格，而通过提高“心理价格”来赢得消费者，一般都采用大做广告、增加服务项目、提高产品质量等非价格竞争策略来扩大市场占有率，实现价格促销向价值促销的转化，其原因同出一辙。比如，美国的可口可乐与百事可乐公司，在多年的竞争中，主要采取非价格竞争策略。而我国一些地方的电信运营商为争取用户，纷纷低价竞销，导致手机资费大战，结果是两败俱伤，当然，消费者从中得到了实惠。

3. 采用合理的降价促销方式

对于大同小异的促销活动，消费者往往见惯不惊，商家应当研究消费者在购买不同产品时的购买心理，从消费者购买行为的角度，有针对性、创新性地设计降价促销方式。例如，对于实用型产品来说，采用金钱性促销更有效；对享乐型产品来说，采用非金钱性促销比较有效。西汉和史密斯（Sinha and Smith，2000）的研究发现，产品的可存储程度不同，同一促销方式的效果也不同，越容易失去消费价值的低可存储性商品，直接打折的效果较好；相对来说较容易存储的商品，赠送的效果会好一些。

王焕弟（2010）研究了习惯性购买（如牙膏）、多样化购买（如饼干）、复杂性购买（如数码相机）三种购买行为类型与三种促销方式之间的关系。如图 8－7 所示。

其研究结果表明，促销方式对消费者购买意愿的影响与购买类型存在一定相关性。在习惯性购买行为下，能够促成消费者购买行为的促销方式由高到低排序是：特价促销、赠礼促销和抽奖促销；在多样化购买行为下，能够促成消费者购买的促销方式由高到低排序是：赠礼促销、特价促销和抽奖促销；与多样化购买行为一样，在复杂性购买行为下，能够促成消费者购买的促销方式由高到低排序是：赠礼促销、特价促销和抽奖促销。即仅从比例分析而言，对于习惯性购买来说最有效的促销工具是特价促销，对于多样化购买来说最有效的促销工具是赠礼促销，对于复杂性购买来说最有效的促销工具也是赠礼促销。另外，抽奖促销对

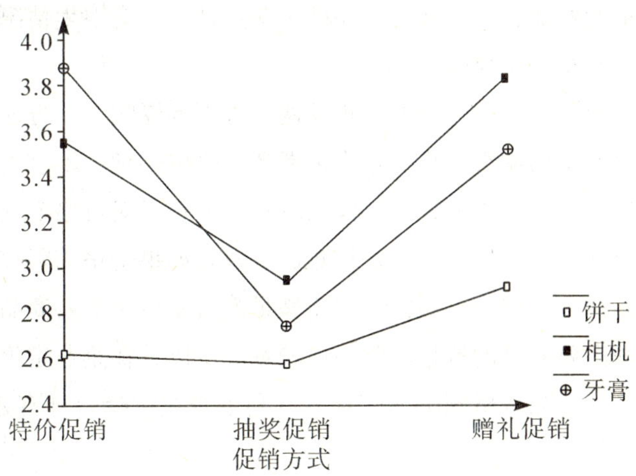

图 8-7　在特定购买行为下受特定促销方式影响的效果比较图

三种购买行为的影响都不明显；对于多样化购买来说，特价促销、抽奖促销、礼品促销的作用都不是特别明显。

从消费心理来看，不同的降价策略可能影响消费者的决策。例如："买一送一"的策略倾向于使消费者认为单个商品物超所值，产生好的购买体验；"赠送购物券"的方式让消费者为了使用购物券，必须再投入现金，迫使其购买一些并不需要的商品；采用"折上折"或"省上省"的捆绑销售策略，由于消费者往往乐于分开计算二笔节省额，因而能更有效地促进消费；折扣降价可使消费者更倾向于买质量更好的产品，因为在同样折扣情况下，价格高的商品消费者获利更大；而现金返还对消费行为的影响就小一些，因为可把节省来的钱用作别的用途；从四种基本促销手段来看，在不考虑商品类型的情况下，其效果好坏依次为：奖券、折扣、奖品（赠礼）、抽奖活动。

4. 降价幅度既要能引起消费者的注意，又要避免造成消费者的疑虑

进行价格调整时，要考虑消费者的价格阈限，也就是消费者对价格变动的最高和最低的心理接受界限。降价的目的在于促销，如果降幅太小，就引不起消费者的注意和兴趣，难以激起其购买行为。尤其对于过季或过时商品，如果降价幅度过小，消费者是不屑一顾的。有时，还人为设置偏高的"原价"，变相"加大"优惠幅度，以增加人们的购买过程中评估得出的"交易效用"（即商品的参考价格和商品的实际价格之间的差额效用）。但是，降价幅度也并非越大越好。由于多数消费者缺少专门的商品知识，降幅太大，比如超过 50%，就会增加消

费者对商品质量的疑虑，甚至怀疑商品的可使用性、安全卫生情况、是否伪劣商品等，而不愿去承担购买风险。

消费者价格阈限的幅度对企业有正反两个方面的影响。一方面，价格阈限较宽，有利于企业的价格调整，也能稳定消费者的价格心理，不会引起消费者对价格调整的过激反应；另一方面，价格阈限较宽，消费者对价格变动的反应程度降低，这时，企业利用价格促销，则往往难以奏效。如果价格阈限较窄，则有利于价格促销。在实际生活中，一般讲，用于满足消费者自然需要商品的价格阈限较窄，而满足心理需要商品的价格阈限一般较宽。所以，在企业定价中，掌握消费者不同时期、不同商品价格阈限的变化，有利于企业选择合理有效的价格策略，以实现促销的目的。

降价的方式有差率和差幅两种。前者多用于大范围的降价及折扣，如主动型降价。后者的灵活性较大，可采用非整数定价法等多种心理定价方法。但有时使用整数价格，反而显得大方一些，能避免因数字烦琐而引起消费者的反感，因为降价差额本来就是粗略性的定价形式；同时，整数价格也便于记忆、宣传和购销。研究表明，对于单价低的商品，宜采用和宣传降价差率；而对于价格很高的商品，宜采用差额的降价形式，这样可以使消费者主观上的“便宜”感觉相对增强。例如，购买200元的商品能节省10元，突出的是节省金额；如果购买20元商品能省10元，就应当同时强调节省的金额和比例；当购买3元能节省1元的商品时，就应当突出节省的比例。同时，在任何一种情况下，原价都应予以标明。日常价（节省金额计算的基础）应当是这样一种价格，即商店出售合理数量的该种商品时所制定的正常价格。

小资料：价格感知——绝对值优惠与相对值优惠

1982年，特维尔斯基和卡尼曼研究了对绝对值优惠与相对值优惠的价格感知现象。他们通过设计以下情景实验引入“心理账户”与消费者购买决策行为。

实验情景A：假定你要买一件夹克和一个计算器。在某商场夹克的价格是125美元，计算器的价格是15美元。这时候有人告诉你，开车20分钟去另一个街区的一家商场计算器的价格是10美元。请问：你会去另一个商场买计算器吗？

实验情景B：假定你要买一件夹克和一个计算器。在某商场夹克的价格是15美元，计算器的价格是125美元。这时候有人告诉你，开车20分钟去另一个街区的一家商场计算器的价格是120美元。请问：你会去另一个商场买计算器吗？

在这两个情境中，其实都是对“是否开车20分钟从140美元的总购物款中节省5美元”做出选择。然而，实验对象在两个情境中的回答却不一样。在情境A中，68%的实验对象选择去另一家商场；而在情境B中，只有29%的实验对象选择开车去另一家商场。选择偏好发生了逆转。

卡尼曼提出，消费者在感知价格的时候，是从三个不同的心理账户进行得失评价的。一个是最小账户，就是不同方案所优惠的绝对值账户。在本实验中的最小账户就是5美元。另一个是相对值账户。例如，在实验情境A中开车前往另一家店的“相对值账户”表现为计算器价格从15美元降为10美元（相对差额为1/3）；而在实验情境B中的“相对值账户”表现为计算器价格从125美元降为120美元（相对差额为1/25）。第三个是综合账户，综合账户就是总消费账户，该实验的综合账户为140美元。

卡尼曼认为，在上面的实验中，消费者自发地通过相对优惠值来感知价格。情境A有33.3%的优惠；而情境B仅有4%的优惠。因此，人们的购买行为发生了反转。表现为在实验情境A中，68%的实验对象选择去另一家商场；而在实验情境B中，却只有29%。

李爱梅、凌文辁（2006）通过情景实验研究进一步发现：人们对相对值优惠与绝对值优惠的心理感知不同。在绝对值优惠低时，相对值优惠效应明显；在绝对值优惠高时，相对值优惠效应不明显；而且相对值优惠与绝对值优惠效应受原始价格影响。当某种商品的购买金额或价格较小时，相对值优惠效应更突出；随着购买金额或价格的增加，绝对值优惠效应与相对值优惠效应之间的差距逐渐缩小直至相等；当购买金额或价格超过某一点后，优惠体验就会出现相反的结果，此时，绝对值优惠效应更明显。

资料来源：李爱梅．不同的优惠策略对价格感知的影响研究［J］．心理科学，2008（2）．

5．准确选择降价时机

如果降价时机选择得好，会大大刺激消费者的购买欲望，否则，可能会降低降价的吸引力。如流行商品在流行高峰期刚过，就要采取降价措施；季节性商品在季中时，就要考虑降价以减少库存；对于一般性商品，在成熟期阶段的后期就要开始降价，以免成为过时商品而无人问津。

杰德（Jeddi，1999）研究了价格促销频率和幅度对促销效果的影响，发现当商家大幅打折时，顾客常有超量购买或过量贮存打折商品的现象。而频繁打折促销会增加消费者的价格敏感度，使品牌资产下降，给品牌的长期发展带来负面影响。而且，促销越频繁，促销所带来的销售增长就越低，其原因主要有两方面：一方面是频繁打折会降低消费者内心的参考价格，一旦恢复原价，消费者将原价与降低了的参考价格进行比较，会感到一种损失，为避免损失发生，消费者会回避购买，而且由于参考价格降低，今后再开展促销活动时，促销的吸引力会下降；另一方面频繁促销还会将消费者培养成只在促销时购买的习惯，不少消费者能够摸索出频繁促销商品的促销规律，他们会将自己的购买周期和购买数量根据促销规律来进行调整，形成在更少的购买场合（促销期间）购买更大数量商品的消费模式，这就使得零售商的利润受到一定的影响。但这种促销所带来的长期效应可能从品牌经理的角度来看是比较有利的，因为消费者一次购买较大数量的产品会使他们在一段时间内保持较高的存货水平，无须多次重复购买，这就使得消费者在一定程度上远离了竞争者的产品。

例如，不少专业市场的商家反映，在节日或周末进行促销活动时，会刺激销量上升，但“活动”期一过，便会门庭冷落，因为不少消费者已形成打折消费习惯，即只在优惠期间出手购买诸如家具、洁具等非急需大件生活用品。这样，由于销量一升一降，商家似乎并没得到好处，但是由于别的竞争市场搞促销活动会分流走客源，所以还得通过这种形式来参与竞争。

但是对于零售商而言，经常浅幅打折的EDLP模式与高低定价结合的HILO模式相比，前者所塑造的商店价格形象更低，更能够吸引消费者。艾伯等（1994）研究发现，在平均价格相同时，被调查者往往认为经常针对不同商品进行浅幅度打折（每日低价）的商店总体价位比偶尔深幅打折的HILO模式的商店更低。而且EDLP零售店的消费者的总体消费额度也要大于HILO零售店的消费者。这一研究结果为沃尔玛等零售商EDLP策略的成功提供了解释。

6. 保持价格的相对稳定

采取降价策略应当事先掌握好降价幅度，最好能“一步到位”。如果价格在短期内连续向下波动或变化不定，就可能加大消费者对商品质量和业绩上的疑虑。或认为价格不稳定，期待价格继续下跌，从而持币观望，推迟购买时机。有的企业在商品开始降价时，往往降幅较小，如果仍不能销售出去，再加大降价幅度。这种做法其实不妥。

（二）商品提价的心理策略

消费者对商品的涨价往往有一种本能的反感，因为价格上涨意味着购买同一商品需要支出更多的货币。但由于物价指数、收入水平、原材料价格、成本、产品质量、市场供求、国家政策、进货渠道等因素的变化或不同，企业有时不得不提高商品价格。当企业迫于各种原因不得不提价时，应充分考虑消费者的购买力和心理承受能力，认真分析和预测提价后消费者可能产生的心理反应，注意因提价而可能发生的消费需求转移，并采取相应的心理策略。通常采用的提价策略有：

1. 提价幅度不宜过大

心理学研究给商家的启示是：若要上调价格，应以低于差别阈值的幅度进行系列价格微调，这比一次性大幅度上调（涨幅达到或超过差别阈值）的方法要成功有效得多（即每次上调一点）；若要下调价格，降价幅度则必须一次性达到差别阈值，才能使消费者的感知价值明显提高，达到刺激消费需求的目的。

所以，产品在提价过程中应注意尽量压低提价幅度，避免引起消费者的抱怨和不满，减少消费者的恐惧心理。国外涨价幅度一般以5%为界，这样符合消费者的心理承受能力。同时，产品提价应循序渐进，让消费者有一个接受适应的过程。

2. 注意采用暗调策略

直接提价往往使消费者产生反感。在可能的情况下，企业最好采用暗调策略进行提价。首先，可以更换产品型号、规格、花色、包装等。同一产品只要稍作改动，在消费者没有觉察的情况下提价，不会引起消费者心理上的反感。其次，减少产品原料配比或数量，而价格不变，以达到实质上提价的目的。

3. 做好宣传解释工作

从实际应用效果看，明调的影响最大，企业最好避免使用，但在迫不得已的情况下，提价已成为必然，企业应当针对不同的提价原因，积极做好相应的解释工作，使消费者理解和接受价格的上涨。比如，强调成本提高、原材料涨价、此类商品价格在市场上普遍上扬等客观原因；增加服务项目，改善销售环境，提高服务质量，依靠良好的声誉和服务来提价，使消费者感到较多的花费给自己带来的实际利益或好处，而且，额外的服务项目也往往被视为某种形式的合理补偿或降价。

比较好的方式是对商品进行一些改进，如增加某种功能，使其成为换代产品，就容易吸引消费者购买涨价新产品，尤其是耐用消费品。如不少品牌将产品分为N代，高一代的产品自然会有所改进，但这些改进未必实用，性价比也不如原来的产品高，但消费者大多还是喜欢涨价后的最新产品，手机市场就是一个新品迭出的市场。

在房地产经营中，往往分期进行开发，且房价呈上升趋势。尽早购买期房会比购买现房便宜很多。这主要是为了适应人们“买涨不买跌”的消费心理，来促进购买，而如果价格下降，就不仅会引起人们的观望心理，还会导致老业主的不满。所以，一般是先将位置较差的地方进行一期开发或销售，房屋销售完以后，已购房业主自然会抬高二手房的价格。然后再进行后期开发，并形成价格上涨态势，同时刺激新客户的紧缺心理，新客户就会接受较高的房屋单价。如果因为国家宏观调控或市场环境变差，开发商往往会采用明升暗降的方式，维持市场信心，即表面上单价是上涨的，但由于赠送的面积较大，实际上房价是下跌的。

总之，商品提价关系着消费者的利益和企业的声誉，一定要谨慎从事，要充分考虑到消费者的心理要求，要让消费者了解涨价的原因，又要使之感到多花钱能带来的实际利益，并严格掌握提价的幅度。

第九章 消费者的决策

从一定意义上讲，购买行为的全过程实际上就是消费者不断进行决策的过程。决策在消费者购买行为中占据重要地位。因为：首先，决策的进行与否决定着购买行为的发生与否。当消费者经过认定需要、选择商品而作出购买的具体决定时，一次购买行为才实际发生。其次，决策的内容规定着购买行为的发生方式。经决策确定的具体商品、购买地点及购买数量决定着消费者何时、何地、以何种方式进行购买。最后，决策的质量决定着购买行为的效用大小。正确的决策可以促成消费者以较少的费用、时间买到质价相符、称心如意的商品，最大限度地满足特定的消费需要。反之，错误的决策不但使消费者的花费超过所得，需要无法得到全部满足，而且可能导致不同程度的经济、时间的浪费与损失，进而对以后的购买行为产生不利影响。

由于消费决策在购买行为中的核心地位，影响消费心理和行为的因素往往也是影响消费者决策的因素，如消费者个人因素、消费者所处环境以及商品刺激因素等。

第一节　消费者决策的内容

一、消费决策的含义

（一）消费决策的含义与特点

消费决策或称消费者购买决策，它是指消费者为了满足某种需求，在一定的购买动机的支配下，在可供选择的两个或者两个以上的购买方案中，经过分析、评价、选择并且实施最佳的购买方案，以及购后评价的活动过程。它是一个系统的决策活动过程，包括需求的确定、购买动机的形成、购买方案的抉择和实施、购后评价等环节。

消费决策除具有决策的一般特点外，还具有决策主体单一、决策范围有限、决策影响因素复杂、决策具有情景性等特点。

（二）消费决策的基本原则

消费者在发生购买行为前，会对特定的购买形成一定的感知。消费者在做购买决策时，会选择感知价值最大的方案、感知风险最小的方案。

（1）最大满意原则：在制定购买决策时，力求通过决策方案的选择、实施，取得最大利益，使某方面需要得到最大限度的满足。遵照最大满意原则，消费者将不惜代价追求决策方案和效果的尽善尽美，直至达到目标。实际上，这只是一种理想化原则，现实中，人们往往以其他原则补充或代替之。

（2）相对满意原则：现代社会，消费者面对多种多样的商品和瞬息万变的市场信息，不可能花费大量时间、金钱和精力去收集制定最佳决策所需的全部信息，即使有可能，与所付代价相比也绝无必要。因此，在制定购买决策时，消费者只需做出相对合理的选择，达到相对满意即可。贯彻相对满意原则的关键是以较小的代价取得较大的效用。

也可以用詹塞曼（Zeithaml，1988）提出的“感知价值理论”来说明：消费者在购买商品时存在两种感知：想要的特性（感知利得）与不想要的特性（包括确定性的成本和不确定性的感知风险），将这两者相减就是感知价值。即，感知价值是消费者所能感知到的利得与其在评估、获得和使用商品时所付出的成本（包括货币成本、时间成本、精力成本和体力成本）进行权衡后对商品效用的总体评价。而相对满意原则就是力图使消费的感知价值最大化。

（3）风险最小原则（或称遗憾最小原则）：估计各种方案可能产生的不良后果，比较其严重程度，从中选择情形最轻微的作为最终方案。风险最小原则的作用在于减少风险损失，缓解消费者因不满意而造成的心理失衡。

消费者任何购买行为，都可能无法确知其预期的结果是否正确，而某些结果可能令消费者不愉快。消费者会对发生不良后果的可能性与不良后果的重要性进行主观估计，风险的大小来自于二者的乘积。感知风险的测量和估计可用下面公式来说明：

$$OPR_j = \sum_{i=1}^{n}(PL_{ij} \times IL_{ij})$$

上式中，OPR_j 为对品牌 j 的感知风险；PL_{ij} 为购买品牌 j 发生 I 损失的可能性；IL_{ij}为购买品牌 j 发生 I 损失的严重性。

（4）预期—满意原则：有些消费者在进行购买决策之前，已经预先形成对商品价格、质量、款式等方面的心理预期。消费者在对备选方案进行比较选择时，与个人的心理预期进行比较，从中选择与预期标准吻合度最高的作为最终决策方案，这时运用的就是预期—满意原则。运用预期—满意原则，可以大大缩小消费者的抉择范围，迅速准确地发现拟选方案，加快决策进程，同时可避免因方案多而举棋不定。

二、消费者决策的主要内容

在购买前，消费者的决策会遇到各种各样的问题，而且消费者必须对这些问题作出决策。从一般意义上归纳起来，主要有以下几方面的问题：

（一）为什么购买（Why）

为什么购买即权衡购买需要和购买动机。消费者的购买需要和购买动机复杂多样，而且往往有较大的差异。例如，同样是购买一台影碟机，有的消费者是为了欣赏优美的音乐，享受生活；有的消费者是为了攀比、赶时髦；有的消费者是为了社交需要；有的消费者则是为了防止涨价、货币贬值；有的消费者注重质优；有的消费者注重价廉等。

对于营销人员而言，应当用“消费者的眼光”来了解商品，搞清楚几点：消费者为什么买我的商品或服务？为什么不买？在消费者眼中，自己的商品到底好在哪里？消费者的购买需要往往是多元化的，因此其购买动机也是复杂的，不只限于某单一因素。有些动机是显而易见的，例如买洗发水是为了清洁头发，令头发漂亮；有些动机是潜在的，例如驾驶汽车可能会令男性消费者联想到驾驭女人。有的动机连消费者本人都不易察觉。营销人员必须从多方面透视消费者的深层动机，并从中发掘出最主要、最有影响力的“优势动机”，以便集中火力攻其要害。

（二）购买什么（What）

购买什么即确定购买对象，这是决策的核心和首要问题。购买什么是由为什么购买决定的。决定购买目标不是只停留在一般类别的商品上，而是要确定具体的购买对象及其具体的内容，即确定购买商品的名称、商标或牌号、产地、规格、等级、款式、价格、包装和售后服务等。

在消费者购买行为中，一般是从众多品牌中选择出最适合自己的。因此，营销人员应该建立这样一个重要概念：任何产品都是可以被替代的。首先要搞清楚：竞争者是谁？目标消费者以本产品替代什么产品？或有可能以什么产品替代本产品？这些同类商品之间的优劣关系是怎样的？这些问题也涉及消费者的“品牌忠诚度”。而影响品牌忠诚度的因素亦十分复杂，例如消费者的本身特性（如心理性格、年龄、性别、角色），购买行为的特性（如购买量的多寡、购买时间间隔长短、以前购买效果的优劣）、市场结构特性（如可供选择的品牌数量、产品的销售策略、产品的市场占有率）等皆是。掌握了相关信息，有助于营销人员制定营销策略：一方面增加忠诚于己方品牌的消费者人数及其购买量，并吸纳新的忠诚消费者；另一方面改变其他品牌的忠诚消费者的购买行为。

商品效用（即消费者从消费该商品所获得的满意程度）是影响消费者商品选择的重要因素。按照西方经济学的观点，消费者应当按照等边际原理来进行决策，即在货币收入和商品价格一定的条件下，如果购买各种商品的边际效用（指每增加购买一个单位数量的商品时，所增加的满意程度）与其所付价格的比例相同，就能获得效用总和最大化。换句话说，如果购买不同数量的各种商品所花费的单位货币所能提供的边际效用相等，可使货币总量能提供总效用的最大化。但现实中人们在做出消费决策时有时不会考虑得非常周全，并不能达到其效用的最大化，从而产生非理性消费行为。美国心理学家与经济学家卡尼曼（Daniel Kahneman）认为恰恰是人的非理性消费行为，会影响到客观的市场，并由此获得了2002年度诺贝尔经济学奖。

小资料：非理性消费行为

非理性消费是指消费者在各种因素影响下做出的不合理的消费决策。根据其形成及表现的形式，可以将非理性消费行为分成以下常见的几类：

1. 没有实现效用最大化的非理性消费行为

有人曾做过一个冰淇淋试验：有两杯哈根达斯冰淇淋，一杯冰淇淋A有7盎司，装在5盎司的杯子里面，看上去快要溢出了；另一杯冰淇淋B是8盎司，但是装在10盎司的杯子里，看上去还没装满。研究者以此调查人们愿意为哪份冰淇淋付更多的钱。试验结果显示，在分别判断的情况下，人们反而愿意为分量少的冰淇淋付更多的钱，这就是一种未能达到快乐最大化的非理性消费行为。

至于消费者在购买商品时为何未能实现效用的最大化，主要有两方面的原因：一方面，是消费者购物时未仔细考虑或对商品缺乏足够的认识和了解，主观上形成决策上的失误，例如，购物时未能做到货比三家，对商品了解的信息不完备等；另一方面，是受到商家降价、虚假广告促销、欺诈等手段的诱惑，掉入“消费陷阱”。这些陷阱都是商家抓住消费者贪图便宜、一味追求新产品、新鲜事物的心理，使消费者上当受骗，不能实现其购物的效用最大化。

2. 不满足边际效用递减规律的非理性消费行为

西方经济学认为，商品的边际效用是递减的。它反映了随着相同消费品的连续增加，从人的生理和心理的角度讲，从每一个单位消费品中所感受到的满足程度、对重复刺激的反应程度是递减的。但事实上，有些商品或服务在人们消费过程中的边际效用并非递减的，比较典型的就是能够使人上瘾的消费产品，如毒品、烟、酒、某些药品、赌博、某些游戏产品、电脑上网等成瘾性商品或服务，在消费者使用该类商品达一定时间以后，会产生依赖性，消费得越多，其所感受到的满足程度不仅不会减少，反而会越来越高，即边际效用不是递减的。

3. 没有考虑收入或收入阶层等约束条件的非理性消费行为

消费者在购买商品时，必然会受到自己的收入水平、社会收入阶层、商品价格水平、购买商品的成本、消费文化习惯背景等约束条件的限制。在西方经济学中，理性消费者是在满足收入和价格约束条件的预算线上，实现其效用和偏好最大化的。如果消费者在购买商品时忽视了自己的收入水平，一味追求商品或服务的效用，盲目攀比高档消费，就会导致非理性消费行为的出现。

理性的人们会按照自己所处的收入等级阶层来选择消费品，厂商正是利用这一点进行市场细分。如果消费者在消费决策时不考虑自己所处的收入阶层约束，而选择与自己的地位、收入阶层差别比较大的消费阶层，一般就认为这是一种非理性的消费。

消费者在做出消费决策之前，对消费品（特别是大件消费品）往往会花上一定的时间收集有关产品的信息，进行对比比较。在购买消费品时，也存在运输、搬运等程序，这些都构成购买的成本，成为消费的一种约束条件，如果消费行为全然不顾购买成本的大小，当然也是非理性消费的一种。例如，有人在冲动之下，为了扫荡香港的打折名牌，而专程打“飞的”购物；为奔赴某大卖场抢购那便宜几毛钱的纸尿布而在出租车上暗暗着急等。

4. 错误的风险、机会等预期意识导致的非理性消费行为

现实经济生活中，人们对风险的意识也决定着其消费行为和决策的变化，如

果正确地判断和意识到风险的来临，可以通过购买有效的消费品或保险等各种手段来规避风险。但如果受不正当消息的误导错误地估计或过分地意识风险的存在，会导致非理性（特别是群体非理性）的发生，比较典型的就是“抢购风”。有时，人们错误地认识购买的机会，认为这次不购买，下次就没有机会了，会导致消费者购买到质次价高的商品，也导致非理性行为。

5. 异常消费行为中的非理性消费

这里指的消费行为“异常”有两方面的含义：一方面是个体消费行为异常于群体消费行为；另一方面是指个体的某些消费行为异常于其过去或平时的消费行为。产生异常消费的原因，多数是由于消费者的好奇心理、对利益的冲动、贪图便宜、不计后果等心理。例如，细心的年轻父母经常发现自己的孩子异常购买一些混装玩具的食品，他们购买的目的不是吃其中的食品，而是偏好于食品袋中的玩具。再如，一些小学生狂买“小浣熊”干脆面，其目的并非满足食欲，而是收集干脆面中的“水浒风云卡”，更有甚者购买后直接把干脆面扔进垃圾桶里，只保留风云卡。这显然是一种异常的消费行为，也是非理性的。

资料来源：黄守坤：非理性消费行为的形成机理［J］. 商业研究，2005（10）.

（三）何时购买（When）

何时购买即消费者确定购买时间。消费者购买商品的时间受到许多因素的影响，包括消费的地点离销售地的远近、商品性质、季节、节假日、休闲时间、商店营业时间、消费者需要的急迫性、资金以及存货的多少等。商品的性质不同，购买的时间也不一样，如日用消费品，以工作劳动之余购买为多，高档耐用消费品则大都在节假日购买；季节性商品，往往是季节前少量预先购买，季初购买达到高潮，季中购买开始有所下降，季末只有零星购买。

总之，何时购买是购买决策的重要内容，它也与购买主导动机的迫切性有关。工商企业必须研究和掌握消费者购买商品的时间、习惯，以便合理调整营业时间和在适当的时间将产品推向市场。例如，日本的“7-11”连锁便利店以及“好又多”“家乐福”等大型超市就是考虑到消费者一般都是在上班前后才有充足的时间来商场购买商品，因此，将营业时间延长到上班之前和下班之后。另外，一般地讲，在大中城市、娱乐中心、闹市街区和车站码头的商店，营业时间要长些；在夏天的晚上和节假日，商店营业时间也应长些；饮食业、百货商场、综合服务部门的营业时间也应长些。这样，才能更好地满足消费者购买时间上的要求。

（四）何处购买（Where）

何处购买即确定购买地点。购买地点是由很多因素决定的，如商店信誉、路途远近、交通情况、可挑选的商品品种数量、价格、运送以及服务态度等。它既与消费者的惠顾动机有关，也和消费者的求廉动机、求速动机有关。如对于副食品、日用杂品等日用消费品，消费者都习惯就近购买；而对于服装、家具等选购品，则愿意到集中的商业区、专业市场去购买；名牌商品愿去专卖店买；特殊品则宁愿多走路到信誉好的大商场或专业商店去购买。再如对工薪阶层来说，现在有不少的消费者喜欢到价格低廉的批发市场、自选商场去购买商品。于是，商店店址选择就非常重要了，商店的地理位置好，到店里购物的顾客就多，销量自然就会增加。

为了节约时间和精力，消费者更愿意在某一次计划的购物中，以最节省时间的方式把所需要的物品或服务全部买回来。为了避免这些麻烦和时间上的耗费，“一站购齐”式服务把传统的农贸市场、超市、银行、电影院、洗衣店、餐饮店等的功能都集中到一起，使得消费者只要在一个购物地点，就可以买到他所需要的一切产品和服务，从而减少了消费者去别处购买所带来的成本，自然就能吸引消费者前往。我们看到，家乐福、沃尔玛、好又多等外资超市经营各种老百姓每天必需的生鲜食品，在提高人流量方面就比传统的百货商场有很大的优势。

一般地讲，店址应力争选在商业活动频繁、居民聚居、人口集中、方便顾客、同类商店集中的地方，同时还要根据目标市场和所经营商品的特点的不同，合理地设置商店，如日常用品的商店应在居民区、居民点，特殊品的商店则应集中，而且要注意专业化。

对于一般生活用品而言，消费者大多喜欢到超市购买。主要是因为超市能充分满足消费者自主随意比较、选择甚至后悔的心理，同时消费者也能方便而快速地获取商品信息。但是消费者对于大额商品的购买行为较为慎重，希望获得有关该商品较为详尽的信息，甚至有时候为了了解一项商品的信息而不惜花费大量的时间和金钱。这时，由销售者主动提供商品信息的销售方式反而会节约交易成本，从而更利于交易的完成。比如，一个人在购买轿车时往往选择能够提供较为详尽信息的商家，而不是选择那些可以自由选择的汽车超市。

解志韬（2006）认为消费者对超市的择店行为和消费额度是紧密联系的，这体现在两个方面：消费者预期消费额度的大小是消费者作出择店决策的重要依据；同时，消费者一旦作出择店决策，其所选择的超市类型又对消费额度的大小产生影响。如图 9－1 所示。

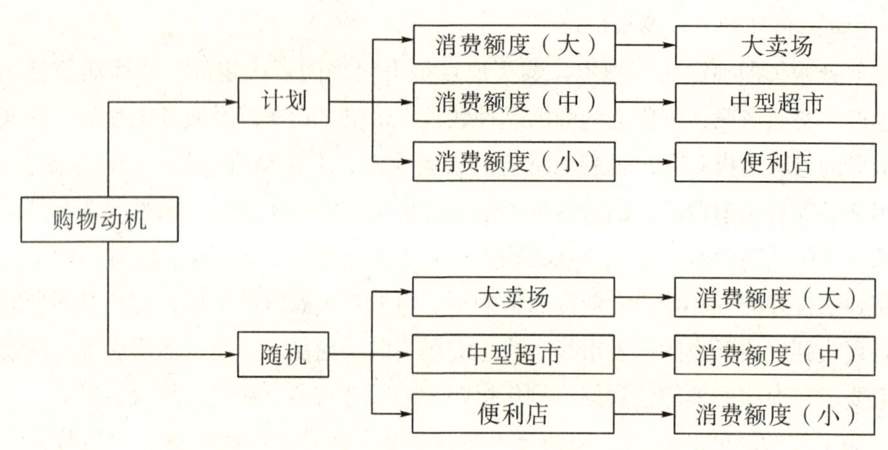

图 9-1　消费者择店行为同消费额度之间的关系

商店知觉图是在二维或者三维空间上表现的消费者对商店的看法（或知觉状态）。图 9-2 是由多属性量表法来分析的各商店形象的知觉图。横轴表示价格/质量，纵轴表示品种的宽度/深度。根据这个知觉图，商店 A、B、C 的商品品种比较少且主要销售低价/低质量的商品；相反，商店 D 和 E 是以中间水平的价格/质量来销售品种较多的商品；商店 F 的产品品种有限，但销售高价/高质量的商品，所以具有高档的形象；商店 G、H、I 具有产品品种一般，但具有价高/质量高的形象。这些商店形象可利用于目标市场的选择上。社会经济地位低的消费者一般重视产品品种的宽度（各种各样的产品群），所以可能偏爱商店 D 和 E；相反，社会经济地位较高的消费者更重视产品品种的深度（特定商品群的各种各样的品牌），所以会选择商店 F。

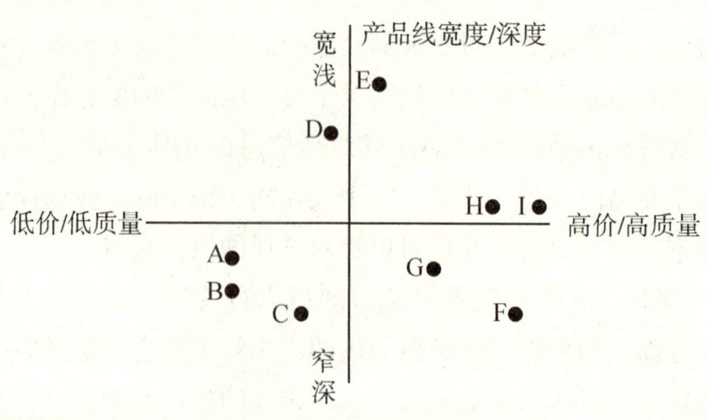

图 9-2　商店知觉图

有时，消费者还会为产品贴上“空间”的标签，认定一项产品“只适宜”或“最适宜”于某个地方购买或使用，这将影响产品的销售渠道。如某公司看好中国台湾的减肥市场，就从美国引进碧芝减肥糖。碧芝减肥糖虽有减肥功效，但实际上是一种食品而非药品，在美国一直以食品的销售方式零售，售价低廉，只有在超市和食品店才买得到。但在中国台湾市场状况却远非如此，为此该公司进行了营销策划。在广告方面，该糖仍以食品的姿态出现，以强调重要性；但在销售渠道上，通过药房出售，这样可凸显该糖的减肥功效，又可配合高价值策略（碧芝糖的售价比普通糖果高出许多）。此举使碧芝糖的销售大获成功。

传统消费行为中，消费者的购买行为会受到商家场地的极大影响，包括距离、交通、营业时间等各方面的限制。但是在网络时代，配合新的发达的物流体系，地点与区域已不再成为人们的限制；同时日益完善的物流配送体系可以将消费者购买的物品配送至消费者指定地点。消费者的购买行为也从以前的单一渠道即实体店购买转变为复杂的跨渠道购买：在线查询—实体店购买；实体店体验—在线查询—在线购买；宣传单页（广告）—在线查询—在线购买；宣传单页（广告）—在线查询—实体店购买等多种形式的跨渠道购买行为。这种“信息搜索—购买转移”的消费行为是目前关注的热点，特别是从线下转移到线上。

（五）如何购买（How）

如何购买即确定购买方式：是网购、邮购、电话电视购买、托人代购还是自己去买；是现金购买，还是信用卡支付；是预购、一次性付款，还是分期付款等。有的消费者愿意在超级市场自选，有的愿意就近购买或在家通过电话购物、网上购物；对一般消费品，消费者愿意一次付清货款，对住房或汽车等高档耐用消费品，消费者则可能希望分期付款等。现在，越来越多的消费者选择网络购物的方式。

（六）购买多少（How many）

购买多少即确定购买的数量和频率。购买数量一般取决于消费者的实际需要、商品的使用周期、家庭人口、支付能力以及市场的供应情况等。一般来讲，实际需要大，购买数量就多；商品使用周期长，购买数量就少；家庭人口多，购买数量就多；优惠幅度大，多买会优惠，也会刺激消费者增大购买数量；而市场供应充裕，购买数量就不会太多。工商企业要准确把握消费者的购买数量特点，这有助于对生产和销售规模的掌握。

购买频率和购买数量之间有较为紧密的联系。在其他因素（指家庭人数、家庭收入、消费能力等）相似的情况下，一段时间内的消费总数差别并不显著，购买频率就会因购买数量的增加而减少。购买频率和购买数量从理论上讲存在负相关关系。

总之，一般消费者的决策，都是在外界各种信息的刺激下，决定购买什么、为什么购买、怎样购买、到哪儿去买、什么时候买以及买多少。无论消费者有什么样的购买行为，都要对上述几方面的问题进行决策。

三、消费卷入

1. 消费卷入的含义和种类

消费卷入，也称消费者介入或消费者参与，是指消费者为满足某种特定需要而产生的对购买活动的关心或感兴趣的程度。如果消费者对平板电脑卷入程度高，会被激发去搜寻大量不同品牌的信息。相反，消费者购买一双在家里用的拖鞋，却不愿过多卷入，价格便宜一点即可。

卷入从程度上可以分为高度卷入和低度卷入，相应地，也可把消费决策分为深涉决策和浅涉决策。高度卷入是指消费者对某一具体事物（如产品或商店）的积极强烈的关注和参与，这种关注和参与最后落实到消费者积极的信息搜集、加工和评价上。低度卷入通常表现在消费者日常生活用品的购买当中，因为此时的购物风险相对较低，通常不会引起消费者内心大的波动，这时消费者的购买决策过程就会缩短。主观上对于这些因素的感受越深，表示对该产品的消费卷入程度越高，称为消费者的“高卷入”，该产品则为“高卷入产品”，反之则称为消费者的“低卷入”或“低卷入产品”。高、低卷入的行为差异如表9－1所示。

表9－1　高、低卷入程度的行为差异

卷入程度／行为	高卷入程度	低卷入程度
产品采用过程	知晓→了解→兴趣→评估→试用→采用	知晓→试用→评估→采用
学习方式	认知→态度→行为	认知→行为→态度

消费者的卷入程度不同会反映在处理信息、评估品牌和购买决策等方面，从而表现出消费行为差异（见表9－2）。

表 9－2　　卷入程度与消费行为

行为＼卷入程度	高卷入程度	低卷入程度
信息处理的积极性	信息处理者	随机学习信息
信息搜寻的主动性	主动搜寻	被动接受
广告影响	积极观众，影响很弱	消极观众，广告影响大
品牌评估	购买前评估	购买后评估
决策目标	寻求最大期望满意水平，对品牌进行比较，寻求利益最大化的品牌，属性是关键	寻求可接受的满意水平，购买问题最小化的产品，熟悉是关键
个性和生活方式的影响	有关，与消费者形象和信念体系有关	无关
相关群体的影响	影响不大	影响大，产品与群体规范和价值有关

卷入理论在市场研究中正获得越来越广泛的应用。对于具有独特优势的高附加值产品，商场营销人员往往希望消费者能高度卷入，因为没有消费者的高卷入，产品的价值和特点就会不被发现。进一步来说，高卷入的消费者通常也是接受新产品的创新者和口碑传播者，甚至还是舆论领导者。而对于没有市场竞争优势的产品，提高消费者卷入度并没有什么好处，这样的品牌和商品为了保护自有的市场份额而进行防御时，往往只有降低销售价格，把降低价格作为其竞争利器。

2．卷入的理论模型

（1）卷入四水平说

格林沃德和勒威特（Greenwald and Leavitt）参照个体进行信息加工时所提取的注意资源和对记忆产生的影响，把受众卷入分为四个层次，即前注意、集中注意、理解和精细加工，并指出如果提高卷入水平，那么信息分析的抽象水平同样得到提升。

（2）FCB 网格模型

FCB 广告公司职员维格汉（Vaughn）为了研究在不同的产品或服务情况下，理性与感性诉求会有何种影响，提出了 FCB 网格模型（FCB Grid）。他用矩阵对商品进行了四个象限分类，即纵轴表示高卷入和低卷入、横轴表示思考型和情感型，如图 9－3 所示。

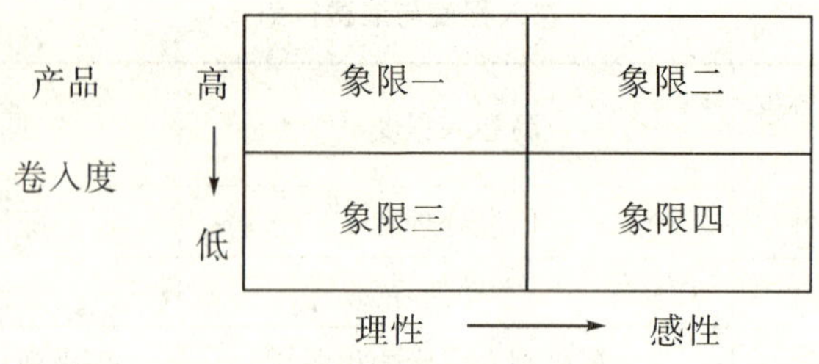

图9-3 FCB 模式基本构架

第一象限：高卷入/理性。在购买此象限中的产品时，消费者需要大量的信息以供参考。由于产品的重要性和理性的关联性颇高，主要可能是因为第一次购买该项目产品，或是对刚上市新产品的购买，如车子、房子、家具等。消费者对于此类产品的功能、价格及效益会相当重视，因此可称这类消费者为“理智者”。

第二象限：高卷入/感性。此类产品的购买决策属于高卷入，但是与第一象限不同的是，消费者购买此类产品的态度及感觉却比特殊资讯更为重要，这是因为与个人的自我意识有关，如珠宝、化妆品和流行事物都属于此象限，可称此类消费者为“感觉者”。

第三象限：低卷入/理性。消费者在购买此类产品时的卷入程度较低，且消费者倾向于习惯性、方便为主的购买行为。此时，资讯所扮演的角色只是提供产品之间的差异而已。多数的消费者会经由习惯发展出忠诚度，但是其可接受的品牌可能多于数个，而非仅单一品牌，食品及日常用品皆属于此象限，可称此类型消费者为“行动者”。

第四象限：低卷入/感性。此类产品是为了满足个人的品位，如香烟、酒、糖果、电影等，消费者对于此类产品的购买可能源自于同伴之间的影响，且此类产品的购买较难以持久，可称此类消费者为“反应型”。

思考一下：当你分别购买牙膏、电脑和服装时，你的行为过程有何区别？你在旅游过程中购买商品与你在家中网购商品，为什么会有不同的卷入程度？

四、消费者购买决策的类型

决策类型通常是根据消费者决策过程的复杂程度进行的分类，但显然与消费卷入程度也有很大关系。

（一）慎重型决策

如果消费者属于高度卷入，同类产品不同品牌之间具有显著差异，则会产生复杂的购买行为。慎重型决策指消费者需要经历大量的信息收集、全面的产品评估、慎重的购买决定和认真的购后评价才能作出的决策。一般来讲，消费者对于购买不熟悉、价格比较高、风险比较大、质量的可靠性较重要的商品，如高档耐用消费品、礼品、服装等，都采取慎重型的决策。例如，消费者准备购买一台新上市的汽车，就需要通过广告、产品说明书、别人介绍等，力求搞清楚该产品的性能、质量、功能设计、操作特点以及维修保养等问题，比较该品牌与其他品牌的优劣，最后决定购买目标。

（二）习惯型决策

习惯型决策即消费者按照自己的购买习惯或喜爱的牌子购买商品时采用的决策，经常购买的低值日用品和频繁购买的一般商品多属于这种情况。消费者对这类商品的种类、特征和主要品牌等都比较了解和信任，甚至具有“牌子偏爱”心理。他们购买这类商品时，不必经过过多的挑选和比较，行动迅速，并且经常重复购买。

对习惯性购买行为的主要营销策略是：

（1）利用价格与销售促进吸引消费者试用。由于产品本身与同类其他品牌相比难以找出独特优点以引起顾客的兴趣，就只能依靠合理价格与优惠、展销、示范、赠送、有奖销售等销售促进手段吸引顾客试用。一旦顾客了解和熟悉了某产品，就可能经常购买乃至形成购买习惯。

（2）开展大量重复性广告加深消费者印象。在低卷入和品牌差异小的情况下，消费者并不主动收集品牌信息，也不评估品牌，只是被动地接受包括广告在内的各种途径传播的信息，根据这些信息所造成的对不同品牌的熟悉程度来选择。消费者选购某种品牌不一定是被广告所打动或对该品牌有忠诚的态度，只是熟悉而已。购买之后甚至不去评估它，因为并不介意它。购买过程是：由被动的学习形成品牌信念，然后是购买行为，接着可能有也可能没有评估过程。因此，企业必须通过大量广告使顾客被动地接受广告信息而产生对品牌的熟悉。

为了提高广告宣传效果，广告信息应简短有力且不断重复，只强调少数几个重要论点，突出视觉符号与视觉形象。只要不断重复代表某产品的符号，购买者就能从众多的同类产品中识别出该产品。

（3）增加购买卷入程度和品牌差异。在习惯性购买行为中，消费者只购买自己熟悉的品牌而较少考虑品牌转换，如果竞争者通过技术进步和产品更新将低卷入的产品转换为高卷入并扩大与同类产品的差距，将促使消费者改变原先的习惯性购买行为，寻求新的品牌。提高卷入程度的主要途径是在不重要的产品中增加较为重要的功能和用途，并在价格和档次上与同类产品拉开差距。

比如，洗发水若仅仅有去除头发污渍的作用，则属于低卷入产品，与同类产品也没有什么差别，只能以低价展开竞争；若增加去除头皮屑的功能，则卷入程度提高，提高价格也能吸引购买，扩大销售；若再增加营养头发的功能，则卷入程度和品牌差异都能进一步提高。

（三）随意型决策

随意型决策是消费者在一定购买环境下临时作出的购买决策。此类购买行为通常没有明确的购买目标和计划，如消费者漫无目的地随便逛店，碰到感兴趣的商品或受环境气氛的影响后就决定购买。通常情况下，零星的、价格不高的非生活必需品以及即兴商品、短缺商品的购买，其决策就属于随意型购买决策，由于购买时间所限，消费者一般不多加考虑。

还有一种情况是寻求多样化的购买决策，也称为求变购买行为（Variety - Seeking - Behavior，VSB）。有些商品牌子之间虽有差别，但消费者并不倾向于做习惯性的购买决策，也不愿在上面多花时间，而是不断变化所购商品的牌子。如在购买点心之类的商品时，常常会换一种新花样。这样做往往不是因为对产品不满意，而是为了寻求多样化。布瑞克曼（Brickman，1975）认为，消费者长期暴露在一个特定的刺激下会产生厌倦心理，并以“消费者厌倦”来解释求变行为。杰兰德（Jeuland，1978）的解释是：对一个品牌的先前的消费经验减少了消费者对这个品牌的效用。诺特尼特（Ratneretal，1999）指出：消费者从不同喜欢程度的产品当中转变以寻求变化，即消费者总是会不断地从不同的产品当中寻找一些主观满意度，来尝试一些不同的东西。

求变分为主动求变和由外部刺激引起的被动求变。从个体特征来看，年龄、性别、教育程度、收入水平等会对消费者的求变行为产生影响。朱瑞庭（2003）认为，通常情况下年轻的消费者比年老的消费者有更多的求变倾向；男性消费者会比女性消费者更频繁地寻求变化；收入越高，购买行为的求变倾向越强；较高的受教育程度的消费者具有较高的求变倾向；性格外向、乐于冒风险、容易受外部刺激影响的冲动性消费者，具有较高的求变行为。从产品类别和消费行为特征上看，产品的挑选范围越大，产品之间的区别越小，涉入程度越浅，购买风险越小，消费频次越高，对产品的忠诚度越低，购买风险越小，产品关注程度越低，那么消费者的求变欲望就越强，消费者就越会改变原有的购买行为。比如购买饼干，他们上次购买的是巧克力夹心，这次购买的是奶油夹心。这种品种的更换并非对上次购买的饼干不满意，而是想换换口味。

对于寻求多样化的购买行为，市场领导者和挑战者的营销策略是不同的。市场领导者力图通过占有货架、避免脱销和提醒购买的广告来鼓励消费者形成习惯性购买行为。而挑战者则以较低的价格、折扣、赠券、免费赠送样品和强调试用新品牌的广告等营销措施来吸引消费者的注意，鼓励消费者改变原习惯性购买行为。

第二节　消费者决策的过程

消费者决策并不仅仅指决定“买”与“不买”的简单问题，事实上消费者在购买之前，都要经历一个决策过程，即作出购买决策的过程。这个过程是一个有意识、有目的的心理过程。

消费者决策过程（尤其是深涉决策）主要包括以下阶段：认识需要、寻求商品信息、比较评价、做出决定、购后评价与行为等，如图 9－2 所示。

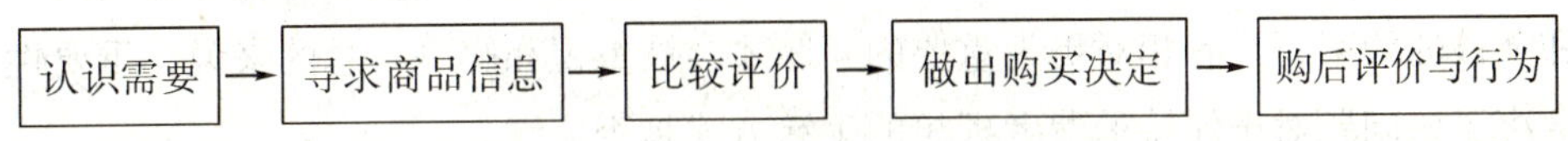

图 9－2　消费者决策过程的主要阶段

显然，购买决策过程早在实际购买前就已开始，而在购买后还会有影响。但是，并不是说消费者的任何一次决策都会按次序经历这个过程的所有步骤。在有些情况下，消费者可能会跳过或颠倒某些阶段，尤其是卷入程度较低的购买。比如购买特定品牌牙膏可能会从确定需要牙膏直接进入购买决定，跳过了信息搜寻和方案评价阶段。

思考一下：描述你最近的一次购买，此次购买在多大程度上遵循本章介绍的消费者决策过程？你如何解释其中的差别？

一、认识需要阶段

认识需要是消费者决策的第一阶段，当消费者意识到一种需要并准备购买某种商品以满足这种需要时，购买决策过程就开始了。在这一阶段，消费者要搞清楚：要满足的需要到底是什么？希望用什么样的方式来进行满足？想满足到什么程度？消费者只有意识到其有待满足的需要到底是什么，才会发生一系列的购买行为。

（一）认识解决问题的意愿水平

从根本上讲，认识需要是指消费者意识到理想状态与实际状态存在差距，并且考虑是否有必要采取进一步行动。消费者是否采取行动或采取何种行动取决于问题对于消费者的重要性、当时情境、该问题引起的不满或不便的程度等多种因素。

一方面，消费者解决某一特定问题的意愿水平取决于两个因素：理想状态与现实状态之间差距的大小；该问题的相对重要性。例如，某个消费者觉得自己汽车的油耗水平与他的期望水平有差距，但这一差距并不会大到促使其产生购买新车的地步。另一方面，即使理想与现实之间差距很大，如果问题并不是十分重大，消费者也不一定着手收集信息。例如，某个消费者现在拥有一辆开了 10 年的吉利汽车，他希望能有一辆新款奥迪 A6，应当说差距是相当大的。但是，与他面临的其他一些消费问题（如住房、子女教育）相比，这个差距的相对重要性可能很小。相对重要性是一个很关键的概念，因为所有的消费者都要受到时间和金钱的约束，只有相对更为重要的问题才会被重视和解决。总的来说，重要性取决于该问题对于保持消费者理想的生活方式是否关键。

认识需要是消费者购买决策的中心阶段，没有需要的认识就无须消费者决策，消费者购买决策的其他阶段都是围绕需要而展开的，都是以实现需要为其最终目标。

企业发现消费者问题的方法主要有两种：一是直觉和经验。如静音吸尘器和洗碗机的发明就是针对消费者面临的潜在问题得出的合乎逻辑的解决方法。二是市场调查。美国一家公司进行了一次面向全国妇女的调查，内容是她们怎样护理头发及在护理过程中遇到了哪些问题。调查发现现有洗发水品牌均未能解决头发的油腻问题，于是，该公司针对这一问题开发了一种新的香波和一种新的清洗液，两种新产品均获得了极大的成功。

思考一下：消费者往往对一些商品存在“消费惰性”，你觉得应当采取哪些措施来激发消费者的消费热情？

（二）认识问题的性质

需要的满足根据其性质的不同可分为几种不同的类型，如按照问题的紧迫性和可预见性两个指标可将需要满足的问题划分为以下类型（见表9－3）：

表9－3 需要解决的问题

预见性	紧迫性	
	需要立即解决	无须立即解决
在预期之中	日常问题	计划解决问题
非预期之中	紧急问题	逐步解决问题

（1）日常问题。日常问题是预料之中但需要立即解决的问题。事实上消费者经常面临大量的日常问题，如主副食品、牙刷牙膏、毛巾肥皂等，经常要购买。在解决日常问题时消费者的购买决策一般都比较简单，而且容易形成品牌忠诚性和习惯性的购买。但是，如果消费者感到前一次购买的商品不能令人满意，或发现了更好的替代品，他也会改变购买商品的品牌或品种。

（2）紧急问题。紧急问题是突发性的而且必须立即解决的问题。如汽车爆胎、眼镜镜片失手打碎等。紧急问题若不立即解决，正常的生活秩序将被打乱。紧急问题一般难以从容解决。这时消费者首先考虑的是如何尽快买到所适用的商品，而对商品的品牌、销售的商店甚至商品的价格都不会进行认真的选择和提出很高的要求。

（3）计划解决问题。计划解决问题是预期中要发生但不必立即解决的问题。计划解决问题大多数发生在对价值较高的耐用消费品购买，例如，一对开始筹备婚事的恋人准备年内购买一套家具等。由于消费者计划解决问题从认识到实际解决的时间比较长，因而对于这种类型的购买活动，消费者一般都考虑得比较周密，收集信息和比较方案的过程比较完善。

（4）逐步解决问题。逐步解决问题是非预期之中也无须立即解决的问题。它实际是消费者潜在的有待满足的需求。例如，一种使用新面料做成的服装出现在市场上，大部分消费者不必立即购买它，当然也无须计划过多长时间去购买它。然而随着时间推移，这种面料的服装的优点日益显示出来，到时购买者便会逐渐增多。一旦该种面料的服装得到社会的充分肯定，原先的逐步解决问题很可能就演变成了日常问题或计划解决问题。

（三）消费需要产生的影响因素

直接使消费者产生需要认知行为的影响因素主要有：

（1）消费物品缺乏。如果消费者原来就想拥有某一物品，但并不急于获得，这种消费需要尚处于潜在状态，而一旦条件具备，消费者就会从“不足之感”发展为“求足之愿”。另外，当消费者用完了一种产品而必须补充时，消费需要也会出现。此时的购买行为通常是一种简单和惯例的行为，通常是去选择一个熟悉的品牌或该消费者信任的品牌来解决这个问题。

（2）消费者对正在使用的产品或接受的服务不太满意。如觉得一体机电脑的有线键盘与有线鼠标不雅观，打算换成无线的。

（3）情况的变化。消费者生活中的变化（如收入、需求环境的变化等）不仅影响期望状态，也影响实际状态，从而导致新需要。比如，当你搬家时，就可能重新购置一些新的家具；当你经济条件有所改善后，你可能会考虑购买一辆高档轿车。

（4）相关产品的获得。某些商品之间存在互补性关系，因此消费需要也可以由某种产品的购买激发起来。有时，设计时尚、精巧实用的配套商品也可能形成新的消费热点。例如，一些厂家虽然不能与手机巨头们展开竞争，却能够在手机充电宝、手机自拍杆等配套品上分享手机市场的高速发展带来的效益。手机自拍杆使游客在景点拍照时可以更方便，而不用麻烦他人，也与近年来流行的“自拍文化”相适应，不仅受到独自旅行者和自恋者的喜爱，许多女孩子或情侣们也将之视为“自拍神器”。在前往旅游目的地的班机、专列上推销此产品，常会受到热捧。

从消费需要的数量变化上看，消费者对于有互补性关系的不同商品，其需要数量间变化的关系是正相关的。尤其是主导商品对配套商品有较强的消费拉动作用。例如，随着汽车快速进入家庭以及自驾游的日渐流行，汽车的娱乐功能、生活功能也在不断拓宽，“后备厢经济”逐步升温，拉动了行车记录仪、车载导航仪、车载电视、车载电源逆变器、汽车护航表、车载氧吧、车载冰箱、充气床垫等产品的热销。比亚迪还率先将汽车“触网”，通过配套的“云服务”实现了手机端、PC 端、车载终端间的无缝链接，可以远程汽车控制（开空调、解锁、上锁）、导航及定位（GPS 定位、历史行车轨迹查询等）、整车体检（胎压、发动机、ESP 等）、汽车上网、应用商店、电话通讯（汽车间组队通讯、呼叫客服）等功能。

思考一下：你觉得在生活中还有哪些配套产品可以开发？

（5）新产品的上市。市场上出现了新产品并且这种新产品导致了消费者期望状态的提高时，也能成为问题确认的诱因。营销商应当经常介绍新产品和服务，并且告诉消费者他们解决问题的类型。例如，消费者最初购买手机，主要考虑到无线通话这一功能，但随着手机在功能、性能方面不断更新换代，消费者会对原有手机感到不满意，显然，智能手机的出现，大大推动了手机产业的更新换代。

（6）营销因素。消费需要是可以被营销商激发或“创造”出来的，尤其是广告宣传能帮助消费者认识商品，激发消费者的潜在需要。比如，很多个人卫生用品的广告是通过创造一种不安全感，使消费者确认需要，而消除这种不安全感的最佳方式就是使用他们推荐的产品。又如，营销商通过改变服装的款式、质地和设计，在消费者中制造其原有服装落伍的感觉，帮助消费者确认需要。

有时候，广告或其他环境信号会使消费者产生不平衡的心态。例如，一向对自家花园引以为自豪的某位男性，可能会看到广告中的新式割草机比自己使用的割草机更好看、效率更高，这则广告使他产生了严重的心理不平衡，由此产生了对新式割草机的购买需要。

当然，对于营销商刺激消费者产生需求确认的企图，消费者并不总是买账的，在有些情况下，消费者也许看不到问题或意识不到营销商正售卖的产品到底有什么用。比如，许多消费者不愿意购买家用摄像机的主要原因是他们习惯使用数码相机，而操作相对复杂的摄像机似乎没有多大的用处。因此，有些精明的制造商曾尝试用这样的方法来激发消费者的需要，即强调摄像机在记录孩子成长过程，尤其是毕业庆典这样一些重要时刻时所起的作用。

被“激发”的消费需要问题可分为一般性问题和选择性问题。一般性问题对消费者往往是潜在的或至少对于目前不是特别重要的，相关产品处于生命周期的前期，而且由于产品的差异度小，问题认知后的外部信息搜寻也相对有限。如银杏产品既具有药用价值，又具有很强的保健作用，而且受到医药界的推崇。然而，一般消费者对这些产品了解很少，而且也缺乏主动了解这些产品的积极性。因此，经营这类产品的企业需要激发消费者对这类产品的一般性问题认知。显然，这一推广工作需要全行业的通力合作和努力，受益的是全行业，最大的受益者是行业的领导企业。

而选择性问题认知涉及的理想状态与现实状态的差别，通常只有某个特定品牌才能解决。例如，某新型环保涂料宣称其产品不会造成任何空气污染，是“可以喝”的绝对环保的绿色产品。所以，企业激发选择性问题认知要强调其产品或品牌的独特性，它有助于增加某一特定品牌或特定企业的产品销售量。

思考一下：一般性问题认知与选择性问题认知有何区别？公司在什么条件下试图影响一般性问题认知？

（7）社会潮流的兴起、消费观念的变化。追求时髦能给人以心理上的满足，所以社会上的消费流行或消费时尚可以刺激消费者产生新的消费需要，并形成新的购买欲望。例如，随着可穿戴设备成为不少年轻人的时尚选择，一些年轻白领开始淘汰曾经引以为豪的“劳力士”手表以及智能手机，转而购买具有强烈信息时代特征的智能手表。苹果智能手表 Apple Watch 就代表着这一发展趋势。相信随着智能手表配置越来越多的功能和技术，传统手表未来可能会逐步消失在历史的印记之中。

另外，新的消费观念也会使消费者对已有状态产生不满足感，从而形成新的消费需要。例如，新奢侈主义消费观念使得一些消费者对 LV、Gucci、Hermes 等国际名牌商品趋之若鹜，即使它们只是“披着洋皮的国货”也无所谓。

（8）个人情绪。各种情绪（如厌烦、抑郁或狂喜）可能被作为支配购买行为的问题而被认知（“我心情不好，所以我要去看场电影”）。有时，这些情绪会导致未经认真思考的消费行为，如一个感到焦躁不安的人会下意识地决定去吃顿快餐。在这种情形下，“问题”并未真正被认知（在有意识的层次上），其尝试的解决方法通常也并不奏效（大吃一顿并无助于焦躁情绪的缓解）。

二、寻求商品信息阶段

一旦消费者意识到一个问题或需求可以通过购买某种产品或服务得到解决，他们便开始寻找与购买决策相关的信息。如果需要很强烈，对可满足需要的商品又很熟悉且易于得到的话，消费者就会马上采取购买行为，购买有关商品或劳务来满足自己的需要，有时也会通过电视广告或经验来源进行消极的信息搜寻。但是，在多数情况下，消费者往往需要积极寻找或收集信息，确定满足需要的方案，作出购买决策。

对要做出购买决策的消费者来说就面临着各种购买决策的不确定性或者风

险，而消费者尽量减少这些购买不确定性或风险的方案之一就是在购买产品之前搜寻相关信息。图 9 - 5 描述了消费者交易行为的不确定性与信息不对称之间的关系，σi 表示消费者第 i 阶段掌握产品信息后进行交易的具体产品选择范围。可以看出，随着消费者对产品信息的不断深入了解，其消费行为波动空间逐渐缩小，不确定性在逐渐降低，这也正是企业所追求的品牌锁定效应，品牌传递给消费者更多的产品信息和质量保证，消费者购买产品时需要的是品牌确认而不是在同类产品中反复的挑选与比较。

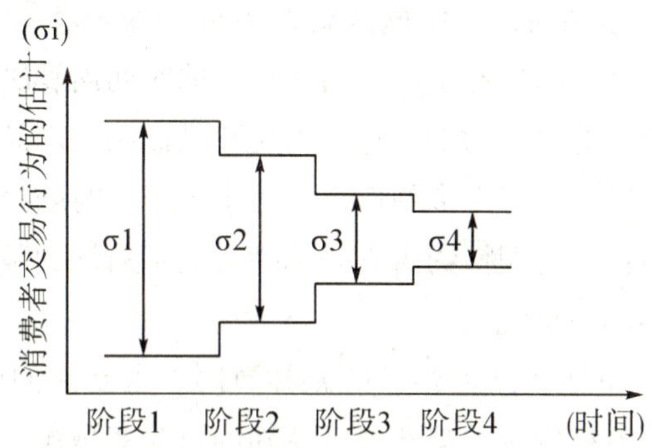

图 9 - 5　消费者拥有为信息与交易行为不确定性的关系

小案例：中关村鼎好电子商城商贩耍骗 7 博士

某高校的访问博士李先生在北京中关村鼎好电子商城内某商家处花 6 400 元购买了某品牌的笔记本电脑，可回家一查发现新买的电脑还没有他的旧电脑配置高，而且在网上的报价竟然只有 3 199 元。第二天，他和 6 名博士好友一起找商家理论，要求退货，但商家只同意退回 4 900 元。李先生说，被扣的 1 000 多元是店家要求支付的折旧费和损失费，自己就当花钱买了个教训。李先生的同学董先生也很无奈："我们七个博士竟然没搞定一个商户……"

工商局和商城工作人员则认为，对于电子产品，经营者有自主定价的权利，消费者自行选择消费。若因非质量原因退货，目前没有统一的处理办法，只能由消费者与商家自主协商解决。同时提醒消费者在购买电脑前应当充分了解商品信息，不能仓促购买。

资料来源：佚名. 博士中关村买电脑被骗：我们 7 个博士竟没搞定 1 个商户 [N]. 北京青年报，2015 - 01 - 24.

（一）影响消费者搜寻信息努力的因素

（1）市场环境：包括方案的数量（如可选择的品牌数）、方案的复杂性（产品之间的差异）、方案的市场营销组合、方案的完全性（新方案的出现）、信息的可用性、商店的分布等。消费者能利用的备选方案（品牌、产品、商店等）越多，就越要搜寻更多的信息。但是在方案之间类似性大的时候或者商店之间的距离比较远的时候，消费者就不努力去搜寻信息。极端的情况是，在完全垄断状态下，如接受公用事业服务和办理驾驶执照，根本无须收集外部信息。

（2）情景因素：包括时间、空间或财政方面的因素和利用信息源的可能性以及其他心理上或物理上的条件。如需要在较短的时间内解决消费问题，消费者因时间压力就来不及搜寻更多的信息；为赠送礼品而购买产品的时候，消费者为减少可感知的风险就需要搜寻更多的信息；在求大于供时的抢购情况下，人们对信息的搜索是有限的；面对拥挤的店堂和营销人员不耐烦的服务，消费者最基本的反应是尽量减少外部信息收集。

（3）产品因素：包括产品价格、可感知风险、方案之间的差异以及重要属性的数量等。产品的价格越贵，消费者可感知的风险就越大，为减少或消除这些风险就要搜寻更多的信息。在产品之间存在显著差异的时候，消费者也要搜寻更多的信息。一般的情况下，消费者购买感知风险大的产品（例如价格昂贵、社会象征性高、技术复杂的产品）的时候需要搜寻更多的信息。例如，消费者要买商品房，由于价格高，对生活影响大，因此，这是一项风险较高的决策。为了降低风险，他开始广泛地收集有关商品房的信息，包括房子的质量、结构、位置、交通状况、周边环境、物业管理费用、开发商的信誉等方面的信息，可能会花费更多的时间查找资料。相反，购买商品的风险小，就不会花费这么大的精力。

西方市场营销学将产品分为搜索产品、体验产品和信任产品三大类。搜索产品一般不需要经过复杂的信息搜寻过程，日常生活中许多小的生活必需品大多属于此类。体验产品是消费者在购买之前一般不可能准确获悉其质量特征的产品，只有在使用之后才能做出判断，因此，消费者需要花费一定的时间和精力搜寻这类产品的信息，这类产品有汽车、住房和大宗家用电器等。而对于信任产品，消费者需要进行长期的信息搜集和整理，信息成本非常高，如化妆品和一些特定功能的保健品等。

我们在第三章曾把商品分为实用商品（满足某些功能目的的商品）和感性

商品（为消费者创造愉快、想象、享受等体验的商品）两大类，也有人将之称为功能性产品和享乐性产品。当消费者把某个产品视为实用商品或感性商品时，他们的信息搜寻模式是不一样的。如表 9-4 所示：

表 9-4 感性商品与实用商品的信息搜寻对比

感性商品	实用商品
感官刺激为主	产品属性信息为主
持续地搜寻信息	具体购买时的信息搜寻
个人来源信息最重要	非个人来源信息最重要
符号和象征最有效	产品信息最有效

另外，企业也可以利用上述区分以进行更有效的营销沟通。例如，某品牌运动自行车为了重建它在自行车爱好者中的形象，它的广告试图以公路上的自行车手挑战小汽车的图像来打动自行车爱好者的心弦。这个广告绝大部分是图像，只有很少的文字。与此相反的是，它的自行车头盔的广告几乎全是文字，用以宣传它的产品属性。自行车头盔可能很难引发愉悦和想象，它是为了实用的安全目的而设计的。相对来说，感性产品的信息易于通过符号和形象来传递，而实用产品的信息则更易于通过文字来传递。

（4）个人因素：包括过去的经验与知识、兴趣、风险知觉、解决问题的方法、搜寻信息方法、卷入意愿（即搜寻态度或对购物活动的重视程度）以及人口统计特性（如收入水平、教育程度等）。例如，消费者对产品或服务了解得越多，搜寻的范围小，效率就越高，搜寻时间也就越少；自信心强的消费者，信息搜寻的范围小，时间短；有先前购买某种商品经验的消费者，与没有经验的消费者相比会减少信息搜寻的范围和时间，但对产品领域一无所知的消费者可能因为新信息太多而产生对外部信息搜寻的惧怕感，反而不愿意从事外部搜寻；对某产品很感兴趣的消费者会花费很多的时间搜寻信息；消费者在购买低卷入商品时，品牌意识往往起着突出的作用。

但也有人发现，单就经验本身而言是不会减少信息搜寻的，只有当经验带来了满意并且产生了对相同品牌的重复购买时，信息搜寻才会减少。例如，打算换车的消费者，其信息搜寻努力并没有随过去购买汽车数量的增加而减少，但是，如果消费者重复购买相同的品牌，其信息搜寻就会减少。这可能还与卷入程度、风险知觉等因素有关。

调查表明，人口统计特性与信息搜寻努力有一定关系：

* 中等收入的消费者较更高或更低收入水平的消费者搜寻水平更高。

* 外部信息搜寻程度似乎随社会地位的增加而增加。

* 购买者的年龄与信息收集呈反比。也就是说，随着年龄的增长，外部信息搜寻呈下降趋势。这是由于随着年龄的增长，消费者知识增加，对产品也更加熟悉。

* 新组成的家庭，以及步入家庭生命周期新阶段的家庭，较之于既有家庭对外部信息有更大的需求。

对某一产品领域卷入程度很高或“持久性卷入”的消费者一般会随时搜寻与该领域有关的信息。这种随时搜寻和由此形成的知识背景可能导致这些消费者在购买前无须进行外部信息搜寻。当然，这也可能随他们对该类产品的卷入程度的不同而变化。例如，追求多样性的葡萄酒嗜好者更多地从事外部信息搜寻活动。

孙曙迎和徐青（2007）对消费者网上信息资源的搜寻努力及其影响因素进行了实证研究，结论是消费者网上信息搜寻努力与网络使用频率、购买经历、网上信息搜寻能力感知、产品卷入、产品知识正相关，与时间压力、网上信息搜寻收益感知无关，而与知觉风险、传统信息资源的使用负相关，网络信息源成为传统信息源的替代信息源。

孙曙迎和徐青的研究认为，虽然知觉风险与消费者的传统信息搜寻努力存在显著的正相关关系，但在网络环境下，知觉风险与网络的信息搜寻有负相关关系。其原因是：消费者的知觉风险水平越高，则其对网络信息搜寻的收益感知水平就会越低；对于知觉风险较高的消费者而言，网络信息本身就存在风险，因而，知觉风险高的消费者会更倾向于从传统的途径获取信息。据消费决策经验来看，这一结论值得怀疑。因为对有较大风险的购买，越是倾向于网上信息搜寻，除非购买仅涉及社会风险，因为网上信息更丰富、更全面。

（二）信息来源

信息搜寻可以从内部、外部或内外部同时产生。

1. 内部信息来源

内部信息来源即通过对记忆中原有的信息（知识、经验）进行回忆。例如，一个消费者可以通过回忆自己过去购买活动的情况或广告中的有关内容，来搜寻满足自己当前需要的信息，他现在需要购买一个电脑配件，他就会设法唤起以前购买或自己经验中有关这种配件应该在什么地方去买、价格如何以及配件质量怎么样等情况的印象，从而找到购买商品的有关信息。

通常消费者在做购买决策时，都会先通过内部搜寻。对许多简单的、日常的、习惯性和重复性的购买行为来说，使用以前的消费经验就足够用了。

2. 外部信息来源

如果内部搜寻没有产生足够的信息，或者以前的知识与经验已不适应市场的快速变化，消费者便会通过外部搜寻来得到另外的信息。外部信息搜寻通常是指消费者的主动信息搜寻，而被动搜寻类似于被动接收信息。

对外部信息来源可进行不同的分类。例如，根据“营销人员可控制性”和“人际来源”两个维度将外部信息来源分为四类：可为营销人员控制且属人际来源，如销售员；可为营销人员控制且属非人际来源，如广告和销售点展示；不可为营销人员控制且属人际来源，如亲友之口碑和专家意见；不可为营销人员控制且属非人际来源，如商业评论或新闻。根据信息来源与消费者关系的远近，可把消费者信息来源分为私人来源、专业来源和营销来源。

不同的信息来源具有不同的客观公正性，这些外部信息来源包括：

（1）商业来源：即消费者从广告、经销商、商店售货人员介绍的途径以及商品展览或商店商品陈列、商品包装、商品说明书等途径得到信息。一般地说，消费者寻求的商品信息大多来自商业来源。

（2）公众来源：即消费者从报纸、杂志、广播、电视等大众宣传媒介“中立”的或客观的宣传报道和消费者组织的有关评估中得到信息。

（3）网络来源：互联网具有传统渠道和媒体所不具备的特点，使得网络信息搜索行为与传统信息搜寻行为有所不同：

* 信息获取的成本（如交通成本、时间成本）大大降低了；
* 信息获取的便捷性增加了，几乎可以随时随地通过网络获得需要的信息；
* 网络信息资源极其丰富。

因而，在购买某种商品前通过网络搜寻有关信息已成为很多年轻消费者的习惯行为，相比网络浏览而言，使用搜索引擎成为他们获取商品信息的最流行途径。

思考一下：网上商店与实体店所提供的商品信息有什么差异？

(4) 个人来源：即消费者从家庭、亲友、邻居、同事和其他熟人等处得到信息，也就是所谓的“口碑”。在一般情况下，“口碑”效果是在使用过产品的消费者向其他消费者传递有关其使用经验信息的时候产生的。这条信息来源渠道有其特殊的地位。很多研究都表明，人们通过日常的直接或间接的接触，在消费者面对面的传递中所交换的商品和服务的信息比正规的广播、电视等专门宣传的信息源有更重要的作用。所以，对企业来说，在消费者中形成肯定的“口碑”效果是非常重要的。

在个人来源中，意见领袖有着特别重要的作用。所谓意见领袖（或称消费指导者）是指在日常生活中，那些对商品有经验的“内行”或知名人士，他们对周围人的购买决策出主意、提建议并协助最终选购，直接将自己的意识和影响施加于他人。意见领袖具有较强的说服力，会直接影响消费者的购买决策。假设你打算购买一种不太熟悉的产品，并且这种产品对你十分重要，如一套新的音响、一个雪橇。你是怎么做出购买什么类型、什么品牌的决定的呢？在你的多种可能行动中，你很可能跑去向一个你认为深谙这种产品的人咨询。那个人就成了你的意见领袖。

表9－5显示消费者在不同情景下寻求意见领袖的可能性的高低。如果购买者知识有限但购买介入程度很高，就很可能向意见领袖进行咨询。在低度介入的购买中，人们则较少询问意见领袖（想象你找到一位朋友，然后问他哪种铅笔最好的情形），然而，意见领袖同样会自动为那些低度介入的产品购买提供信息。当然，对于意见领袖，这些产品的购买也许并非是低介入度的。

表9－5　　寻求意见领袖的可能性

产品/购买介入程度	产品知识	
	高	低
高	中	高
低	低	中

工商企业应当善于识别意见领袖，并给予特殊赠送产品样品、提供产品资料、提供特殊服务或奖励等。例如，《健身世界》杂志的订阅者可能是健身产品的意见领袖；由于意见领袖很合群，某些俱乐部和社团成员，特别是俱乐部的活跃分子会成为相关产品的意见领袖；某些产品领域有职业性的意见领袖，如装修

设计师与装修产品、药剂师与保健护理品、教师与教材、理发师和发型师与护发产品、计算机专业人士与个人计算机及相关配件。了解意见领袖对产品的意见，并有重点地作好营销工作，对提高市场影响力有重要意义。

(5) 经验来源：即消费者通过推断、联想以及参观、操作、检查、试验和实际使用商品等方式得到信息。消费者往往相信他们自己主动寻求到的商品信息，而不大相信被动接受的信息。他们认为个人接触到的商品信息较可靠，而其他渠道获取的信息则不太可靠。

对很多新产品而言，消费者最初的产品信息主要得自商业来源，即由企业控制的来源起着告知作用。而个人来源则起着认同或评价作用，也是最有效的外部信息来源。营销人员要调查了解顾客的信息源，了解不同信息源对消费者的影响程度，根据调查结果拟订广告及促销计划，就能扩大对自己产品有利的信息传播渠道，提高信息传播的有效性。

(三) 信息收集的范围

消费者决策通常需要如下的信息：

(1) 解决某个问题的合适评价标准；

(2) 存在哪些潜在或备选解决方案；

(3) 每一备选办案在每一评价标准上的表现或特征。

如图 9 -6 所示，信息搜集就是寻找上述三种类型的信息。

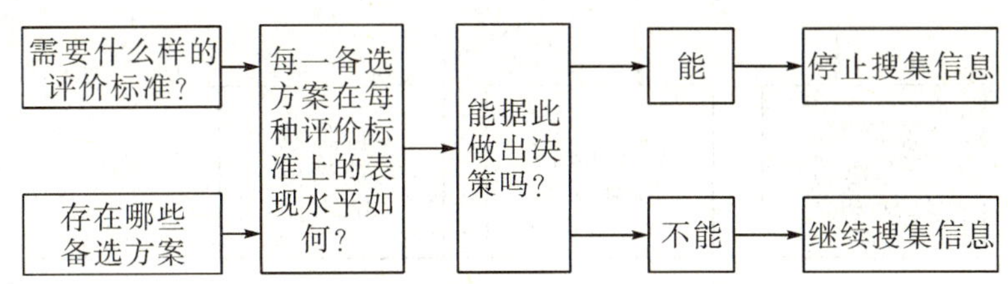

图 9 -6　消费者决策中的信息搜寻

思考一下：请使用互联网为后面所列产品找到有关以下方面的信息：①合适的评价标准；②备选方案；③表现特征。

a. SUV 汽车；b. 便携式电脑；c. 减肥食品；d. 旅游胜地

消费者所面临的可解决其需要的问题的信息是众多的，他们一般会对各种信息进行逐步地筛选，直至从中找到最为适宜的解决问题的方法。这个过程将针对特定的品牌而不断缩小搜寻范围。如图 9－7 所示，能被消费者注意的品牌是意识域。激活域是消费者为了解决某一特定问题将要进行评价的品牌，激活域对于随后的信息搜寻和购买行动具有特殊的重要性。如果消费者尚未形成对某类商品的激活域，或是对已形成的激活域缺乏信心，则可能会进行外部搜寻去了解其他的品牌，以形成一个完整的激活域。排除域是消费者认为完全不值得进一步考虑的品牌，即使有关这些品牌的信息唾手可得，它们也会被置于一旁。还有些品牌消费者虽然也知道，但消费者对它们没有特别的印象和好感，这些品牌被称为惰性域或不活跃域。消费者通常会接受有关这些品牌的正面信息，但它们不会主动搜寻这些信息。当偏爱的品牌无法获得时，惰性域中的品牌通常是可以接受的。也有人把各种品牌集合称为“注意圈”“选择圈”以及“淘汰圈”“中性圈”等。

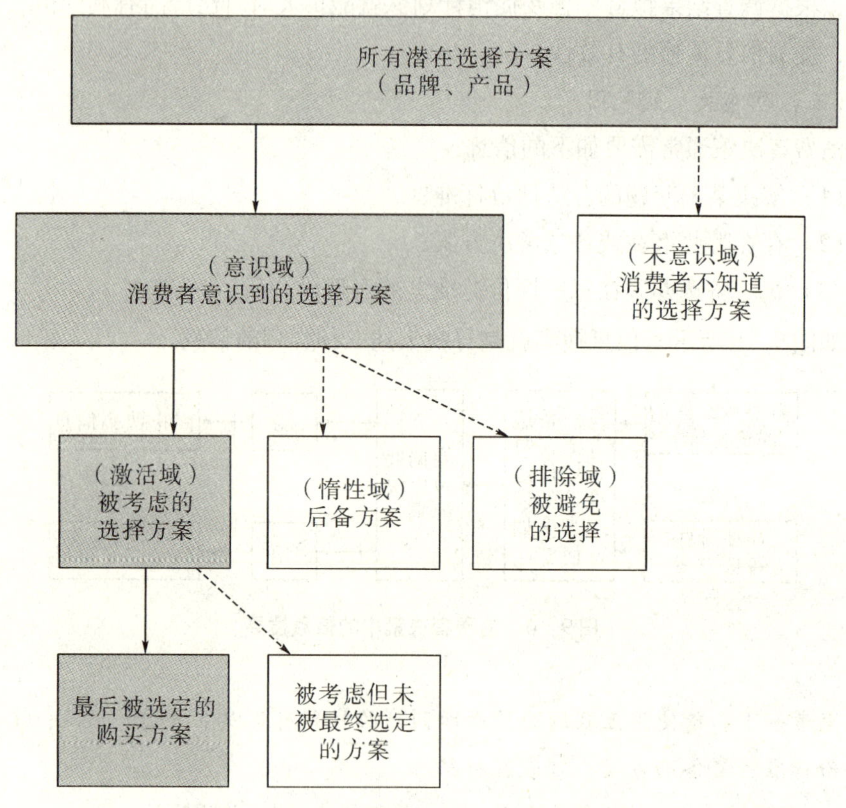

图 9－7　消费者决策时所涉及的连续性集合

虽然消费者可能不将广告或其他营销者提供的信息立即用于购买决策，但那些持续展露的广告信息会影响消费者对产品需求的感知，会影响意识域和激活域的构成，也会影响消费者所采用的评价标准和关于每一品牌表现水平的信念。应当注意的是，在所有情况下，激活域都远远小于意识域。由于消费者通常是从激活域中选择最终品牌，因此，营销战略仅仅以提高品牌知名度为目标是不够的。营销者必须努力使消费者在做购买选择时想起自己的品牌，同时觉得值得一试。

思考一下：对下列产品，描述你的意识域、激活域、排除域和惰性域是哪些品牌：

a. 便携式电脑；b. 牙刷；c. 香水；d. 鞋店；e. 餐馆；f. 轿车。

另外，当信息缺乏或无法提供时，也会出现缺失信息的现象。而消费者面临信息缺少时，会进行缺失信息推论，从产品或服务的已知属性来推论未知属性。例如，消费者在网上选购服装时，往往可以借由其配件（例如拉链和环扣）来判断所用材料的好坏，因为配件不错，通常所选用的主要用料也不会差到哪里去。

三、比较评价阶段

消费者在这个阶段将已收集到的有关商品信息进行加工、整理、对比和评价，最后挑选一种商品作为购买目标。各种品牌的商品各有利弊，消费者要权衡利弊后方能作出购买决定。

这一阶段是购买决策过程中的决定性一环。这一阶段如图 9－8 所示：

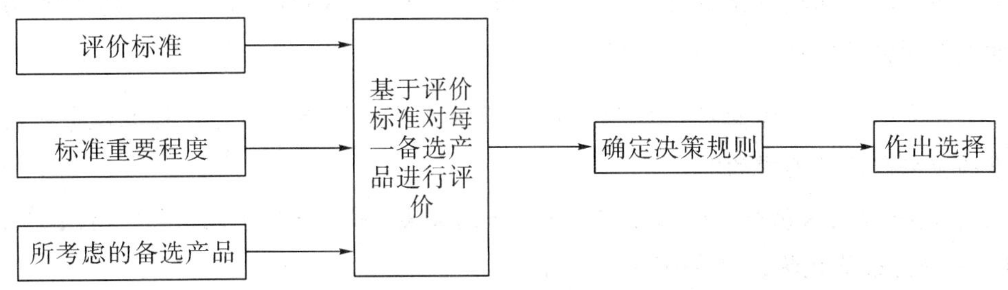

图 9－8　购买评价与选择阶段

消费者通过收集到的信息对各种商品的评价主要从以下几个方面进行：

（一）确定评价指标与标准

在寻求商品信息阶段，消费者已经知道了应当从哪些属性来对商品进行评估。在本阶段，消费者还要根据本人的使用需要，进一步明确评价指标，即商品能够满足消费者需要的属性。这些指标其实就是商品一系列主要属性所组成的集合的子集。例如消费者对一些熟知的产品，所关心的属性可能是：

照相机：照片清晰度、操作方便性、体积大小、价格等。

智能手机：操作系统、处理器、运行内存、显示屏等。

牙膏：洁齿、防治牙病、香型等。

轮胎：安全性、胎面弹性、行驶质量等。

手表：准确性、式样、耐用性等。

同时，消费者还要根据本人的实际需要，明确相应的评价标准，即对商品在这些指标方面应达到的水平。如有的老年人对手机的音量和字体大小有较高的要求。

（二）确定各评价指标的相对重要程度

确定各评价指标的相对重要程度即消费者对商品评价指标所赋予的不同的重要性权数。消费者不一定对所有感兴趣的商品属性都视为同等重要，而是有所侧重的。而且这种权数的确定也是因人而异的，如有的消费者看重质量，而有的消费者看重价格。一般而言，商品的功能是影响消费者是否决定购买的最基本的因素。而对于功能相同的商品，消费者就会考虑质量、外观、包装、商标、价格、服务等方面的因素，并有所侧重。市场营销人员应更多地关心属性权重，分析不同类型的消费者分别对哪些属性感兴趣，以便进行市场细分，对不同需求的消费者提供具有不同属性的产品，既满足顾客的需求，又最大限度地减少因生产不必要的属性所造成的资金、劳动力和时间的耗费。企业应该努力在目标消费者认为最为重要的方面超过竞争对手，并且应该向消费者传递自己的产品在这些属性方面拥有很强的优势。

思考一下：当你购买（或租用）以下物品时，所使用的评价标准及每一标准的重要程度是怎样的？

a. 一次周末旅行；b. 太阳镜；c. 一间公寓；d. 一只手表；e. 一份快餐；f. 一份父亲节礼物；g. 一台手提电脑。

（三）评价商品属性

消费者根据各评价指标及其相对重要程度，对各品牌的商品进行主观评价，从而建立起对各个品牌的不同信念。比如，确认哪种品牌在哪一属性上占优势，哪一属性相对较差。这里，消费者还必须具备一定的购买经验和拟购商品的信息，否则无法对商品进行评价。

消费者用来评价商品好坏的产品属性可以大致区分为内在线索和外在线索两种。

（1）内在线索，即内在于产品的属性，如大小、色彩、香味、手感、所用材料等。如果要改变这些属性就要伴随产品物质性的变化。消费者往往更相信内在线索，因为根据内在线索做出的购买决定更为合理、客观。但是以评价指标来利用的物质特性有时也与产品的质量无关。例如，消费者决定咖啡品牌的时候以味道作为评价指标来利用，但是在对味道的盲目测试（blind test）中却常常识别不出品牌。虽然产品质量对品牌的评价来说非常重要，但有时消费者缺乏客观评价质量的能力，难以认识品牌之间的质量差异，消费者就会以与物质特性相关的内在线索作为替代指标来利用。例如，根据面包的柔软程度来判断面包的新鲜度。

（2）外在线索，即像价格、品牌形象、原产国、出售场所等产品的外在特性，这些特性的变化不会引起产品物质性能的变动。由于交易双方信息不对称，消费者不能完全掌握卖方产品的内部信息，因而产品外部线索可以帮助消费者识别产品的品质和购买风险。消费者缺乏产品的使用经验时，就常以这些外在线索作为评价产品特性的替代指标。

不少消费者都有一种“原产地信念”，认为原产地不会有假冒产品、更正宗，所以不少旅游者喜欢到原产地购买土特产品。对于外国知名品牌商品，往往认为原装进口商品比合资品牌可靠，合资品牌又比自主品牌商品质量好。我国消费者在选购汽车时就常有这种“原产地信念”。

小案例：购车者为何不看发动机，反而反复开关车门?

汽车厂商在设计汽车时，必须在成本、售价、性能、用户体验之间做出最佳平衡。把所有装备都配置得很高级，固然可以提升用户体验，但高昂的成本和价格会把更多的顾客拒之门外。所以，根据好钢用在刀刃上的原则，必须把钱花在最能提升用户体验的地方。

于是，汽车厂商在汽车销售现场安置了大量的摄像头，录下了大量顾客选购车辆的视频数据，对顾客看车时的各种行为进行统计。结果发现：大量顾客喜欢在购车时反复地开关车门，不进出车厢而无意义的开关车门次数平均达到6次。

这一反常现象引起了研究人员的关注，开关车门对选一辆好车难道有什么帮助吗？这个问题似乎很难用常识来回答。他们在进一步的调查中得知，很多顾客说他们反复开关车门，是为了感受车门的重量，并听车门开关的声音。

研究汽车成交率与车门重量、车门开关声音之间的关联，发现它们之间有明显的相关性：

* 车门开关越费劲的，成交率越高；

* 车门关闭时声音越沉的，成交率越高；声音越尖细的，成交率越低。

原来，消费者认为，开关门越费劲，关门时候的声音越沉，说明车门越重、越厚实，车就越安全。于是汽车厂商在汽车出厂时，故意把车门轴承的润滑搞差一点，让车门开关起来比较费劲一点；同时调整车门接口处的材料，让车门关上时发出的声音尽量低沉。

在本案例里，消费者自己都没有意识到，他们把汽车的安全性等同于关车门的声音，他们也没意识到自己需要低沉的关门声音。而当企业发现这种潜意识的需求之后，就可以把这种需求转化为产品优势。

资料来源：陈硕坚．透明社会——大数据营销攻略［M］．北京：机械工业出版社，2015.

（四）确定决策规则

消费者在确定了评价指标以后的问题就是：如何评价各种牌号的商品，最后从中选出哪种商品。这就得先确定“决策的规则”。需要注意的是，消费者进行决策时的决策规则不一定是单一的，而大多数情况下，均是多规则的决策。实际上，消费者有很多比较评价策略。

应当说明的是，对于习惯型、情感型商品的购买，消费者往往并不需要这么理性的决策规则。例如，消费者购买流行时装时，消费者的评价常常会全部或主要基于对产品或服务的即时情感反应。

消费者的决策规则主要有补偿性规则、连接规则、析取式（分离式）规则、排除式规则和排序式（编纂式）规则五类。具体描述如下：

（1）补偿性规则：该规则是将属性的重要性和属性的评价水平综合考虑，采用加权求和的方法，计算每个品牌商品的得分。所得分数反映了该品牌商品作为一种潜在选择的相对值。假定消费者将选择所有被选对象中分值最高的品牌商品。

(2) 连接式规则：该规则是消费者为商品的每一个属性建立一个独立的最低可接受水平。在这种情况下，如果有商品在任何一个属性上的取值低于最低水平，则该商品将不在消费者的考虑范围之内。连接规则往往导致可接受的商品选项过多，需要结合其他规则辅助才能做出最终决策。例如，在购买房屋或租房的交易中，消费者对所有不符合其最低要求的价格范围、地理位置等重要特征的房子都将被排除在进一步作信息调查的范围之外，对符合这些最低标准的选项则再采用其他规则来做出选择。

(3) 分离式规则：该规则只对一些较重要的属性建立一个最低可接受的表现水平（它通常比较高），任一品牌商品只要有一个属性超出了最低标准都在可接受之列。这一规则同样可能导致满足最低标准的商品选项过多，需要结合其他规则辅助做出最终决策。

(4) 排除式规则：该规则将商品的各个属性按重要程度排序，并对每一属性或指标设立最低标准。从最重要的属性开始考察，将低于最低要求的商品排除在考虑范围之外。如果不止一个品牌超出最低标准，考察过程将根据第二重要的指标重复进行，这将持续到仅剩一个品牌为止。

(5) 排序式规则：该规则也要求将商品属性按重要程度排序，然后他将选择最重要属性中表现最好的品牌。将这一规则应用于目标市场中，你必须保证你的产品在最重要的属性上的表现等同于或超过其他任何竞争品牌，这是十分关键的。如果我们不能在最重要的属性上具有竞争力，那么次重要属性上再好的表现也不重要。

总的来说，消费者在评价选择过程中，有以下几点值得生产企业注意：

* 产品性能和质量是消费者购买商品考虑的首要问题；

* 不同消费者对商品的各种性能给予的重视程度不同或评估标准不同；

* 消费者既定的品牌信念（品牌形象）与产品的实际情况，可能有一定的差距；

* 消费者的评估过程的时间有快有慢，一般来说，市场上的紧俏商品、名牌商品、低档商品、日用生活品等，消费者选择所花的时间较短，而对高档的商品，选择的时间就较长；

* 大多数消费者的评选过程是将实际产品同自己理想中的产品相比较。

四、做出决定阶段

消费者经过比较评价后，就会形成购买决定。

（一）购买决定类型

通常购买决定有几种情况：

＊ 消费者认为商品质量、款式、价格等符合自己的要求和标准，决定立即购买。在决定进行购买以后，消费者还会在执行购买的问题上进行一些决策：到哪里去购买；购买多少；什么时候去购买；购买哪种款式、颜色和规格；选择何种支付方式等。

＊ 消费者认为商品的某些方面还不能完全令人满意而延期购买。

＊ 消费者对商品质量、价格等不满意而决定不买。

＊ 消费者对商品是否能符合自己的需要还没有把握，这样就可能回到前几个阶段，重新认识需要、寻求商品信息、比较评价选择，以做出另外的决定或克服、控制自己的消费需要。

（二）风险知觉

消费者的风险知觉直接关系着消费者是否作出购买决定，现代营销学之父科勒（Kotler，1997）也指出：消费者改变、推迟或取消购买决策在很大程度上是受到感知风险的影响，因此研究消费者的感知风险无论在理论上还是实践中都具有重要的意义。

1. 风险知觉的含义

消费者对购买风险的评估又称为感知风险、风险知觉或风险认知。它是指消费者在进行购买决策时，因无法预料其购买结果（是否能够满足购买目的）的优劣以及由此导致的不利后果而产生的一种不确定性认识。风险知觉包括两个因素：

（1）决策结果的不确定性（尤其是不利后果发生的可能性）；

（2）错误决策的后果严重性，亦即可能损失的重要性或主观上所知觉受到的损失大小。

库里格汉曼（Cunningham，1967）将以上第一个因素称为不确定因素，第二个因素称为后果因素。消费者知觉风险是两者的函数。也就是说，风险知觉主要是对发生各种不良后果的可能性以及不良后果的重要性进行的主观估计，风险的大小来自于二者的乘积。

风险知觉是个体对损失的主观预期，就预期本身而言，它并不能给消费者带来任何损失，同时它也并非是真实风险。因为个人在产品购买过程中，消费者可能会面临各种各样的实际风险，这些风险有的会被消费者感知到，有的则不一定被感知到；有的可能被消费者夸大，有的则可能被缩小；个人只能针对其主观感知到的风险加以反映和处理。因此，风险知觉与消费者在购买产品时遇到的客观风险是有区别的，无法感知的风险，不论其真实性或危险性多高，都不会影响消费者的购买决策。例如，人们对乘飞机的知觉风险一般要大于它的实际风险，事实上按公里计算的因空难而死亡的人数要远远低于因车祸而死亡的人数。

消费者对购买风险的评估并不只存在于购买行为过程中的购买方案评价阶段，实际上，消费者在购买的整个过程中都冒有某种程度的风险，每个消费者都在努力回避或减少这种风险。但在购买过程的各个阶段，感知风险的水平是不同的。一般情况是：在确认需要阶段，由于没有立即解决问题的手段或不存在可利用的产品，感知风险不断增加；开始收集信息后，风险开始减少；感知风险在方案评价阶段继续降低；在购买决策前，由于决策的不确定性，风险轻微上升；假设购买后消费者达到满意状态，则风险继续走低。如图 9 -9 所示：

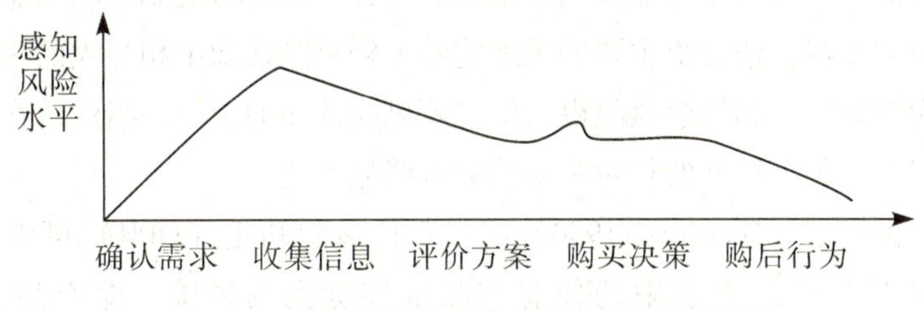

图 9 -9　购买决策的不同阶段的感知风险水平

2. 风险知觉的种类

风险知觉是从不同类型的潜在消极后果中产生的，主要的风险种类或维度包括：

(1) 功能风险：指产品没有所期望的功能的风险。如担心减肥商品没有效果。

(2) 经济风险：如买了 iPhone 6 苹果手机，却担心是否物有所值、是否还有更优惠的促销、是不是会很快降价等。

(3) 社会风险：担心所购买的商品不被亲朋好友所认同、降低自身形象、给社会关系带来损害、造成环境污染等问题。如担心买价格低档的商品是否被取笑，买高档商品是否会被人指责摆阔、逞能。又如，高保真音响设备可能会给周围的邻居带来噪音污染，而影响与周围邻居的友好关系，造成邻里不和，带来社会关系的负面影响和损害。

（4）心理风险：产品可能无法与消费者自我形象配合或者因为所选购的商品不能达到预期的水准时，造成对心理或自我感知产生伤害的风险。如对自尊心、自信心的打击。

（5）生理安全风险：担心产品是否会对自己或他人的健康和安全造成伤害。比如，就餐的食品是否卫生、财物是否安全、人身安全能否得到保障等。

在当今社会，消费者往往对涉及身体健康方面的产品质量问题尤为看重。例如，由于中国内地的婴儿奶粉曾出现三聚氰胺等质量问题，导致中国消费者对国内奶业产生了严重的不信任感。许多中国内地的消费者宁可舍近求远，千里迢迢去境外抢购奶粉。面对中国大陆的“奶粉购买大军”，香港、澳门和许多国家不得不采取了奶粉限购措施。同时，在进口奶粉大量进入中国市场的同时，国内大型乳制品企业出于产品安全和重塑企业形象的考虑，不愿意收购散户奶源，而出现了许多奶农“倒牛奶杀奶牛”的现象。这成为令国人尴尬的一大市场奇观。可见，忽视消费者食品安全需要的弄虚作假行为，最终将受到市场的惩罚。

许多研究发现，这五个主要的维度能够解释风险认知中相当大的一部分，但也有人认为时间风险和机会风险也是消费者风险认知的种类。当然，在不同产品的购买决策中，各个维度的相对重要性会有明显不同。

另外，大卫宁（Dowling，1994）提出整体风险知觉（OPR）可以分为两个要素，一是对某产品类别中的任意产品都知觉到的风险，即产品类别风险（PCR）；二是针对具体产品的风险的特定产品风险（SR）。其衡量风险的模式为：

OPR = PCR + SR

例如，如果一个消费者认为口红这种产品具有很大的潜在风险，同时她有自己一个喜欢的品牌，那她也可以放心购买。在这种情况下，虽然产品类别风险大，但特定产品风险低。当产品特定风险大于消费者可接受的风险（AR）时，消费者将不会选用该产品。

3．影响消费者风险知觉的因素

（1）个体特征对风险知觉的影响

消费者对风险大小的估计以及他们对冒险所采取的态度，都将影响到他们的购买决策。但不同消费者面对同一产品的风险知觉会存在明显差异。其影响因素包括人口统计变量、购买经验、产品知识、购买意愿、卷入程度、风险态度和情绪状态等。其中，人口统计变量主要指消费者的年龄、性别、职业、受教育程度、收入等，是对个人的客观描述，也是市场营销管理中区分消费者群体最常用的基本要素。

一般而论，消费者的个人特点与风险知觉有以下关系：

* 性别：男性消费者比女性消费者感知的生理安全风险小；

* 年龄：老年消费者比年轻消费者更多地知觉到生理安全风险；年轻女性比年龄较大的女性更看重社会风险；

* 职业对风险知觉的影响不大；

* 受教育程度与风险知觉呈负相关：学历越高，风险知觉越小；

* 收入与风险知觉呈负相关：收入越高，风险知觉越小；而且收入较低的消费者更容易知觉到经济风险；

* 卷入程度与风险知觉呈正相关；

* 购买经验、产品知识与风险知觉呈负相关；

* 购买意愿与风险知觉呈负相关；

* 风险态度与风险知觉呈正相关，即风险规避型的消费者感知到的风险比冒险者要多；

* 情绪状态与风险知觉存在正相关。情绪状态越高，消费者卷入程度也越高，因而感知到的风险也更高。

（2）产品类别对风险知觉的影响

风险知觉应该是基于具体产品而言的，购买不同的产品，消费者的风险知觉也是各异的。兹卡莫德（Zikmund，1973）考查了个人办公用品、割草机和彩色电视这三种产品类别的风险性质和维度，发现消费者对三者认知到的总体风险依次是从低到高的，而且风险的评价维度和风险要素在不同产品中也是不同的。一般来说，购买不熟悉的高档商品要比购买价低的日常用品知觉到的风险大些。

消费者产生感知风险的原因之一是信息不足或缺乏经验。缺乏信息和有关的知识会加深感知风险。显然，几乎不需要信息就能购买的产品或是几乎没有什么消极结果的产品，可能被感知为低风险购物。而需要大量信息，信息又匮乏时，感知风险会增加，如果不良选择会带来不良后果，那么消费者的感知风险也可能增加。如那些价格较高、较复杂的产品。不少消费者对于手机、存储卡等技术含量较高的电子产品，缺乏辨别能力，往往认为京东商城这样的 B2C 平台比 C2C 的淘宝商城更可靠一些。

对于搜索产品而言，生产者无法隐藏产品质量的信息。而对于体验产品，一般而言，生产者了解体验产品的质量，而消费者在第一次购买之前则不清楚，因此生产者和消费者之间便产生信息不对称问题，消费者就容易产生较高的风险知觉。

另外，网上购物、电话或邮寄定购通常比店内购物时知觉到更高的风险。随着网络购买的支付手段和信用体系的不断健全，买家有了拒付和对卖家进行公开评价的权利，网上购物的风险有所降低，但一些消费者仍然对网络存在惧怕，故风险认知的维度也有了新的含义，如个人数据（或信息）风险、权益保障风险。

从市场因素上看，市场信息不对称是风险知觉产生的一个重要原因。所谓信息不对称是指经济行为人对于同一件事所掌握的信息量有差异，即部分行为人拥有更多事件信息，而另一部分人则拥有相对较少而不完全的事件信息的状态。市场上有“买家没有卖家精”的说法，也就是说，商家对自己所经营的商品情况很了解，而消费者所进行购买活动大多是非专家型购买，不具有所欲购产品或服务的完整信息，同时搜寻信息的活动本身也会给消费者带来一定的搜寻成本，因而其所掌握的市场信息总会与商家存在信息不对称的情况，也就容易产生风险知觉。例如，保险公司的统计师可以依据大量历史数据通过精算来估算风险的可能性，而普通消费者掌握的信息却非常有限，他们经常会面对全然陌生的产品服务或购买情境，依据自己对产品的内在质量和实际价值的猜测作出的购买决定不一定可靠，因而消费者就会感觉到购买风险的存在。

4. 减少风险知觉的方法

如图 9－10 所示，当消费者的风险知觉大于可接受的风险时，消费者就会试图利用某些方法来降低风险，主要有两个途径：减少结果的不确定性（如购买名牌等）；降低损失的程度（如退款保证）。当风险知觉降低到消费者可以接受的程度或者完全消失，消费者会决定购买。否则，消费者会因为风险太高而放弃购买的行为。

阿坎（Akkan，1994）分析了直销购物中风险降低因素的相对重要性，结果发现，退款保证是最重要的策略，接下来依次是制造商名、产品价格、分销商美誉度、免费试用、信任者认可、过去经验和产品新旧程度。但这些策略在不同产品类别中体现出的相对重要性是不同的。一些零售商采用无条件退货、免费试用来减少消费者头脑中已觉察到的风险。如某大型商场“不满意就退货”、天猫商城“7 天无理由退换货”等。

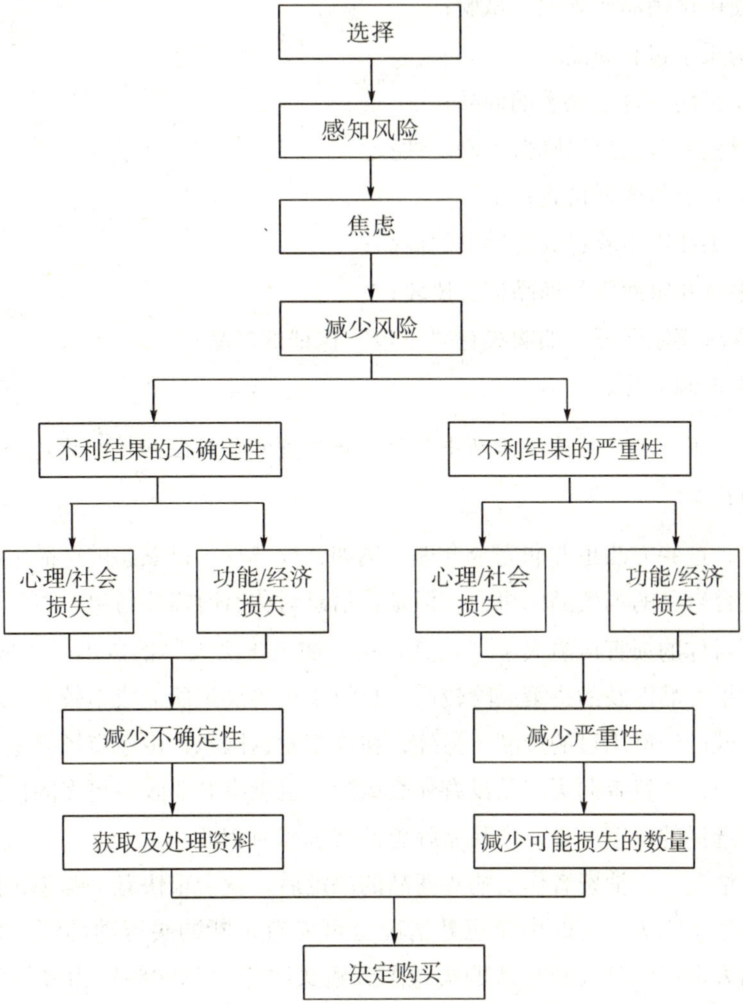

图 9－10　消费决策的风险承担架构图

从消费者方面看，为了减少购买决策的风险，消费者经常会求助于启发式，或者是一些经验法则，如高价格产品是高品质产品。尽管有时候这种捷径可能不一定会给消费者带来最佳利益，但有助于把风险知觉减轻到可以容忍的水平。例如：

＊ 购买名牌货；

＊ 从众购买；

＊ 到信誉高的商店或服务好的商店购买；

* 使用试销品或观察、试验；
* 购买小包装商品；
* 反复购买自己熟悉的商品；
* 寻找更多信息以降低不确定性；
* 买高价货或低价货；
* 购买政府检验过或奖励过的商品；
* 多对几家商店的商品进行比较；
* 寻求商家保证：如购买有“三包”保证的商品；
* 推迟购买等。

思考一下：在你的购买活动中，曾经产生过哪些风险知觉？你是如何降低这些风险的？

当然，这些方法也并非完全合理。例如，仅选择自己熟悉的产品，可能放弃获得更适合自己的消费品的机会。但是，信息对称有时需要付出成本，这种成本只有在不对称的损害风险大于“信息收集 + 加工 + 决策”的成本时才成为必要。所以，如果产品涉及的决策风险较低，且收集正确决策所需成本较高，消费者将倾向于忠诚已经使用过的产品。另外，在许多发达国家，由于市场规范性高，产品同质性强，消费者购买产品没有什么风险，也没有必要收集更多的信息，从而没有品牌选择的决策必要，产品品牌忠诚度也相对较低。

一般情况下，消费者作出购买商品的决定后，就会很快着手购买，但决定购买毕竟不等于购买，有时由于意外情况也可能有中断购买行动的情况发生。因此，营销人员应消除或减少从购买意图到购买决定再到购买行为之间的干扰因素，鼓动、刺激消费者尽快采取行动。

五、商品的使用与处置阶段

营销人员要研究消费者对产品的使用与处置，以便发现可能存在的问题或机会。

（一）商品的使用

消费也是指消费者对所购买商品的使用。深入跟踪、理解消费者在商品使用过程中的特点，可以发现现有产品的新用途、新的使用方法、产品在哪些方面需要改进，还可以为广告主题的确定和新产品开发提供帮助。可以从以下几个方面来了解商品的使用情形：

1. 何时使用商品

当我们在购买商品时，就已经决定了将在何时消费它。在餐馆吃饭，购买和消费是同步的，但大多数情况下，二者是不同步的。比如，买了期刊、书籍，阅读是在购买之后完成的。对病人而言，何时使用药物对治疗效果和身体健康尤为重要，例如有的药物应当饭后服用；有的应当空腹服用。

对企业而言，有时鼓励及时消费要比鼓励购买更有价值。美国食品制造商发现，很多消费者在购买食品后很长时间才消费这些食品，这一发现使得公司发起一场广告运动：鼓励消费者在晚上将这些食品当夜宵吃掉。西方的消费者习惯于在早餐喝果汁，西方的橙汁制造商们就试图用其著名的运动口号“橙汁不仅仅是为早餐准备的”来扩大其橙汁的销量。

2. 何地使用商品

理解消费者在什么环境、什么地点使用商品也是很有用的。有研究发现，美国80% ~90%的进口啤酒是在酒吧、饭店等公共场合消费，而70%的国产啤酒则是被人们带回家饮用，由此，经销商重新调整了进口啤酒的分销渠道与广告策略。又如，城市写字楼里的不少公司白领为了节省时间以及省却煮饭、洗餐具等工作，喜欢购买便当、外卖来解决中午饭，有时也用微波炉来加热食品，但市场上大量使用的以聚苯乙烯为主要原料的一次性泡沫餐具，在微波炉里加热时会释放出有害物质，从而影响了消费者的使用信心。有厂家为此开发出了绿色生态的玉米淀粉一次性餐具，这是一种不会产生对人体有害物质的环保产品，适合在办公室使用，结果一投放市场就受到了欢迎。

3. 如何使用商品

企业在设计产品时不仅要确保产品在正常条件下的使用安全，还应预计消费者可能采用何种创新性方式使用产品，或将产品使用到设计时所没有考虑到的场合，并对有可能导致身体伤害的使用行为作出警告。如果企业发现消费者对正确使用其产品存在困惑，则应通过重新设计使产品更便于使用，或通过详尽、易懂的使用说明书使其掌握正确的使用方法。消费者的使用创新有时也有积极作用，如发现产品的新用途，从而有利于产品的销售和改进。例如，洗涤灵在人们的日常生活中通常用来洗碗刷锅、清洁水池等，但实际生活中，有许多消费者用它代替领洁净来洗衣服，甚至刷运动鞋，且洗涤效果强于洗衣粉和肥皂。这样的话，企业就不能用一般的预测数据来做生产计划的标准了，它必须考虑到消费者对洗涤灵的额外需求。

消费者的商品使用方式多种多样，但从消费目的上看，可以分为功能性、象征性和享乐性使用等类型，弄清产品的使用方式，有助于企业改进产品设计（包括款式、包装）和广告策略。对于象征性产品，由于其具有重要的象征意义、纪念意义或品牌价值，即使它已不具有先进的功能或已过时，消费者也会无所谓。对于享乐性产品，消费者主要考虑能它能否给自己带来快乐，强调包装、款式等情绪化的因素。但大部分商品的使用都是功能性使用，对于这类商品，消费者一般会在初始目的背景下使用商品；但也有可能在购买后发现商品无法完成其初始目的，却能完成其他目的。如购买了洗碗机的顾客发现用其洗碗很不方便，却可用来进行餐具消毒。这时消费者就可能采用创新性方式使用产品，改变使用目的而继续使用该产品。因此，了解消费者如何使用商品（尤其是使用创新）有利于开发新的商业机会。

案例链接：宝洁公司从消费者使用产品调查中受益

宝洁公司的设计人员长期认定消费者在厨房洗碗碟时，是先将洗洁精倒入盛满水的水池中，再用抹布将碗碟擦干净，然后用清水漂。后来的调查发现，绝大部分消费者并不是如此行事。相反，他们先将洗洁精直接挤到要洗刷的碗碟上，用抹布将污渍擦掉后再用清水冲洗。这一调查结果对公司开发新产品大有帮助，例如，可以开发出浓度更低的洗洁剂，这不仅可以降低产品成本，也可减轻消费者的漂洗负担。

资料来源：J. 布莱恩. 消费者行为学精要［M］. 于亚斌，等，译. 北京：中信出版社，2003.

4. 使用数量的多少

企业还应了解消费者对产品的使用频率、每次使用量以及消费总量，以便采取相应的营销措施。不同的消费者会使用同一种产品，但他们消费的量却有很大的差别。比如，常年乘坐民航班机的人，一年到头在天上飞来飞去，从一个国家到另一个国家；而有的乘客则是偶尔为之，一年半载才坐上一回飞机。对于前者，世界各大航空公司无一例外地均对他们有里程奖励、票价折扣优惠等。

企业可以通过促销来扩大现有消费者对现有产品的使用量，也可以通过改进自身产品的方法来达到这一目标。比如，可乐、雪碧的瓶装容量从 1.5～2 升的变化；巧手洗衣粉从 1.5 ~1.7 千克超值家庭装的变化，都会在相当程度上鼓励人们更多地消费企业的产品。同样，随着人们消费文化水平的提高，在日常生活中大家也会自觉减少对某些商品，特别是食品的消耗量，如含糖量高、缺少营养价值的烹炸食品以及垃圾食品的销售量，都呈下降趋势。

对消费者进行累积性数量优惠可以刺激消费者不断地购买某种品牌，如购买某品牌小食品达到一定数量后，可以兑换奖品或得到现金折扣。对于耐用消费品，虽然在产品的使用寿命期内劝说消费者重复购买比较困难，但却可以通过一定的刺激促使消费者购买相关的产品，实现大量的相关销售。在很多时候，只有相关配套产品的购买比较方便，才能使得消费者打消各种顾忌，促成购买决策。以成套优惠的方式推销有互补关系的商品，不仅会给消费者的购买带来方便，还会扩大商品销售。对于 IT 产品、家具、床上用品等，都宜采用系列组合性的产销策略，使商品成龙配套。

（二）商品的闲置

消费者购买的产品并非全部使用。产品的闲置或不使用是指消费者将产品搁置不用或者相对于产品的潜在用途仅作非常有限的使用。如银行发行的信用卡数量不小，但消费者使用率较低；家庭储存的名酒尤其是洋酒多是作为摆设。

产品闲置主要有两大原因：一是购买决策与使用决策不是同时做出，存在一个时间延滞，购买时所设想的某种使用情境未出现，使得消费者推迟消费甚至决定将产品闲置不用。例如，有的消费者会在商品优惠降价的时候买了一些以后打算使用的商品，或并不需要的商品甚至是根本用不了的商品。二是产品的使用和消费缺少相应的条件与环境。例如，有的消费者买了电磁炉，却因为难以防护电磁辐射污染和电价上涨而闲置不用；有的消费者购买净水器时没考虑后续保养成本，以后才发现更换滤芯不仅成本高昂且不方便，而如果滤芯失效，会造成了二次污染，净水器变成了“污水器”，只好闲置不用了。在某些情况下，企业也通过提醒或在合适的时机给予启发，推动消费者使用所购的产品。比如消费者有体育场所的会员资格，但由于消费者认为自己根本不在运动状态或其他原因而将产品闲置。营销者通过消费记录发现消费者很少使用会员卡，这时可以电话询问并邀请这位消费者开始消费或参加某种培训活动。这时的促销任务不是鼓励购买，而是促使消费者赶紧消费。

（三）商品及包装物的处置

产品在使用前、使用过程中和使用后都可能发生产品或产品包装的处置。只有完全消费掉的产品（如蛋卷、冰淇淋）才不涉及商品处置问题。消费者处置商品或包装物的方式大体有保存、永久性处理、暂时性处理三种方案（见图9－11）。营销人员要研究消费者对产品或包装物的使用与处置，以便发现可能存在的问题或机会，有利于使自己的产品与消费者更新换代的周期相匹配。

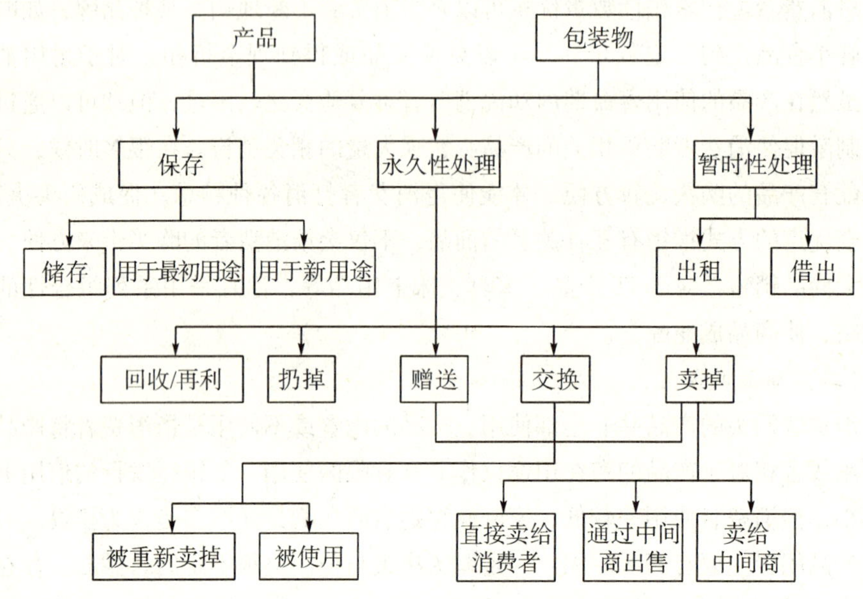

图9－11　消费者对产品或包装物的处置方式

1. 保存

消费者购买产品以后，一般会用于最初用途，也可能用于新用途，如将旧衣物作为抹布使用。但有些产品并不马上使用或消费，而是将之暂时储存。不仅是产品，有些产品的包装也成为消费者的收藏对象，例如，马爹利 XO 制作精美的瓶子是许多收藏爱好者的目标。

2. 永久性处理

大部分商品或包装物在使用后会被扔掉，但很多商品被闲置或淘汰后，其基本的使用功能并没有完全丧失，可以进行易物交换或赠送他人。尤其是一些更新换代较快的电子、电器产品，虽然过时但又舍不得扔掉，如一些城市家庭里往往有多余的手机，有的拿给小孩或老人使用，有的送给经济状况较差的亲友。

面对物价的上涨，网购市场上的换客族也变得越来越多，以物易物、各取所需逐渐变成一种时尚的生活方式。不少换客族将自己用不着的东西交换目前需要的可用物品，既解决了旧物品占用空间的问题，又能够不花钱获得实用的东西，可谓一举两得。一些网站也提供了专门的服务，如淘有网、换客网、95TIME交换网、以物易物在线等。换客族为避免上当受骗，应选择正规的换客网站，最好是同城交易，并在换物时仔细验货。

更多的不用物品会被卖到二手市场，除了传统的线下旧货市场，网络给二手商品的交易了提供了更多方便。赶集网、58同城、淘宝网、京东商城、天猫等C2C或O2O等电商网站都提供了闲置或二手商品的交易市场。但闲置商品与二手商品不完全一样，闲置商品指的是买家自用但很少或从未使用的物品，闲置物品很有可能是全新的，而二手商品一般指的是已经使用过的商品。

另外，一些产品使用后可以被回收或再利用，尤其是容易引起环境污染或部分材料有回收价值的产品，如对用过的电池、旧手机、旧电脑等电子垃圾的回收或循环使用，一些厂商也开始翻新旧构件以安装到新产品上。固体废弃物的处理已经成了一个日益受到社会各界重视的环境问题，企业应该把握消费者的环保意识，重视产品或包装物的回收或再利用，满足消费者对绿色产品的需求。

3. 暂时性处理

消费者暂时不用的产品可用于出租或借给第三者。这种情况主要出现在价格高企的住房（或挖掘机等大型生产资料），但房屋出租也会附带家具、家电等耐用消费品出租。

处置决定不仅影响那些对产品进行处置的个体的购买决策，还会影响该市场上其他个体的购买决策。处置决策主要通过4种方式影响厂商的营销策略：

（1）由于物理空间或财务资源的限制，在取得替代品之前必须处理掉原有产品。例如由于空间较小，住公寓的家庭在买入新的家具之前必须处理掉现有的家具。或者，某人需要卖掉旧车以筹钱购买新车。若现有产品难于处理，消费者可能会放弃新产品的购买。因此，协助消费者处置产品无论是对制造商还是零售商均是有利的。

（2）消费者经常做出的卖出、交易或赠送二手产品的决策可能会导致巨大的旧货市场，从而降低市场对新产品的需求。低收入消费者是二手旧货商店的主要惠顾者，而绝大多数经济敏感型群体均会进行消费者对消费者的销售。

（3）消费者有节俭心态，感到丢弃物品是件浪费和痛心的事。例如，如果一个人确信旧吸尘器会被重新利用或转卖，他可能会乐意掏钱买一个新的。然而，他们却不愿意将旧吸尘器扔掉或自己设法将其折价卖出去。因此，制造商和零售商可以采取措施以确保这些旧的或二手物品被重新利用。例如，家电产品的“以旧换新”策略曾大大促进了产品的更新换代。

在以旧换新消费中，衡量消费者如何平衡买方和卖方的角色既复杂也至关重要。消费者同时扮演买方和卖方的双重角色，消费者是如何把两个部分信息整合到一起从而做出整体性价格评估的呢？安德森（Anderson）认为，消费者可能通过对新产品和旧产品赋予一定的权重来评估总体的交换过程，消费者可能给一部分赋权更加重要而另一部分赋权不那么重要，而使得对重要部分的变化更加敏感。

许多学者援引禀赋效应（以及相关的损失厌恶观）来研究以旧换新消费行为，认为在相同净价格的情况下，消费者更为重视旧产品价格，并归因于所有者权益或隶属关系所产生的心理成本。普若汉特（Purohit）发现，购买汽车的消费者宁愿在旧车上获利而不愿在新车上得到优惠。朱、陈和达斯古帕塔（Zhu, Chen & Dasgupta）从心理账户理论视角研究以旧换新，认为购买新产品是开启一个新的心理账户，出售旧产品是关闭一个旧的心理账户，对消费者来说关闭一个心理账户更为重要。因此，在相同净价格的条件下，消费者更愿意在旧车价格上受益（在新车价格上损失）而非在新车价格上受益（旧车上损失）。

相反的观点则认为，消费者更加重视获得好的新产品价格。首先，新产品购买才是以旧换新消费的焦点，旧产品仅仅作为获得新产品的抵押，只是作为辅助部分。而且，新产品价格对净价格的影响远大于旧产品价格的影响。

(4) 在有些细分市场，消费者将产品包装能否回收视为产品的一项重要属性。因此，在赢得这类消费者的过程中，包装处理的简单易行（包括不使用包装）可作为营销组合的重要变量。如果扔掉的产品、包装不能被重新利用或者会对环境造成危害，消费者可能在做购买决定时会犹豫甚至退缩。

六、购后评价与反应阶段

消费者在购买商品后，往往通过对商品的消费使用与体验、自己的选择是否明智进行检验和反省，形成购买后的行为及感受。具体包括：购买后冲突、消费者的购后满意度、品牌忠诚、抱怨行为等方面，其中消费者满意度通常被认为是形成其他购后行为变量的中间变量。

（一）购买后冲突

购买后冲突是消费者购买后对购买的怀疑和焦虑。但并不是所有的购买都会产生购后冲突，这反映出消费者对自己的决策仍缺乏信心。消费者产生购后冲突的可能性及其激烈程度，是由以下因素决定的：

* 忠诚度或决定不可改变的程度。决定越容易改变，购后的不和谐就越不易发生。

* 决定对消费者的重要程度。决定越重要，越有可能产生购后冲突。

* 在备选品中进行选择的难度。越难做出选择，就越有可能产生冲突且冲突的激烈程度越高。决策难度大小取决于被选品的数量、与每一备选品相联系的相关属性的数目以及各备选品提供的独特属性。

* 个人体验焦虑的倾向。有些人更易感到焦虑，而越易于感到焦虑的人就越可能产生购后冲突。

购后冲突或不和谐之所以发生，是因为选择某一产品，是以放弃对另外产品的选择或放弃其他产品所具有的诱人特点为代价。在习惯型购买决策和随意型决策中，由于消费者不考虑被选产品不具有其他替代品具有的特色，因此这类决策不会产生购买后冲突。例如，某位消费者的激活域里有 4 个咖啡品牌，他认为这几个品牌除了价格外在其他属性上都旗鼓相当，此时，他会选择最便宜的品牌。这样一种购买一般不会带来购后冲突。

由于大多数购买卷入度高的决策涉及一个或多个引发购后冲突的因素，因此，这些决策常伴随购买后冲突。而且，由于冲突令人不快，消费者会设法减少冲突。消费者常用的减少购后冲突的方法有：

* 增加对所购品牌的欲求感；
* 减少对未选品的欲求感；
* 降低购买决策的重要性；
* 改变购买决策（在使用前退回产品）。

尽管消费者可以通过内心的再评价减少购买后冲突，收集更多的外部信息来证实某个选择的明智性也是很普遍的方法。支持消费者选择的信息自然有助于消费者确信其决策的正确性。

（二）消费者的购后满意度

1. “期望—实绩模型”

消费者选择某种商品、品牌或零售店是因为认为它在总体上比其他备选对象更好。无论是基于何种原因选择某一商品或商店，消费者都会对其应当提供的表现或功效有一定的期望。奥利弗（Oliver，1980）提出的“期望—实绩模型”认为，消费者购买商品后的满意度或不满意度是消费者对商品的期望功效 E 和商品使用中的实际功效 P 的函数，即 S = f（E，P）。这就是说，如果购后商品在实际消费中符合预期的效果，消费者就感到基本满意；如果购后商品实际使用的性能超过预期，消费者就感到很满意；如果购后在实际使用中不如消费者预期的好，消费者则感到不满意或很不满意。实际同期望的效果差距愈大，不满意的程度也就愈大。另外，消费者的购后满意度还受他人的意见和看法、购买行为的社会相似性等因素的影响。但是，这个模型只强调了认知因素（期望、实绩和两者之差）对消费者满意度的影响，忽略了情感因素的作用。奥利弗后来也认为，消费者满意度是消费者对其消费经历的认知与情感反应的综合。但是，汪纯本（1990）等人的研究表明，与实绩和期望之差相比较，消费者需要满足程度对其满意程度的影响更大。

2．MH 理论

既然功效的期望水平与实际功效是消费者满意与否的主要决定因素，因此我们需要对产品与服务的功效予以了解。对许多产品而言，功效包括两个层面：工具性的和象征性的。工具性功效与产品的物理功能相关，如对洗碗机、电脑或其他主要电器产品，正常运转和发挥作用至关重要。象征性功效同审美或形象强化有关。运动衣的耐穿性是工具性功效，而式样则是象征性功效。

日本学者小岛外弘根据美国心理学家赫茨伯格的双因素理论，在消费者行为学研究中提出了 MH 理论：M 是激励因素，是魅力条件；H 是保健因素，是必要条件。MH 理论认为，工具性功效的缺陷是导致消费者不满的主要原因；象征性功效的不足并不会使消费者感到强烈不满，而完全满意则同时需要象征性功效达到或高于期望水平。如果一件产品不具备某些基本的功能价值，就会导致消费者的不满。比如收音机杂音较大、电冰箱制冷效果差、洗衣粉去污力不强等，都会使消费者产生强烈的不满，并可能因此而采取不利于生产商的行为（如把不满告诉其他消费者、转换品牌、向媒体或监管部门投诉等）。另外，产品具备了某些基本功能和价值，也不一定能保证让消费者非常满意。要让消费者产生强烈好感，还需在基本功能或价值之外，提供某些比竞争对手更优秀的东西，比如某种产品特色更具个性化，或者更有内涵和象征价值的品牌形象等。

可见，虽然象征性功效与工具性功效在消费者评价产品时的重要性可能随产品种类和消费者群体的不同而异，但一定程度上说，工具性功效主要起着消除不满的作用，而象征性功效才可能产生高度满意的作用。这就提醒生产企业应致力于将导致不满意的属性功效保持在最低期望水平，同时要尽量将导致满意的属性功效保持在最高水平，而后者并不会花费太高的成本。

小案例："使顾客100%满意"

美国著名的IBM公司（国际商用机器公司）规定，售货员要针对流失的每一位顾客写出一份详细的分析报告并采取一切办法来使顾客恢复满意。因为他们知道，一个满意的顾客会：

（1）再次购买本公司的产品；

（2）购买公司以后生产的新产品；

（3）较少注意其他品牌和广告；

（4）对其他人说公司的好话。

越来越多的企业懂得：顾客不是我们要与之争辩和斗智的人，从未有人会取得与顾客争辩的胜利。

资料来源：邓学芬．企业如何提高顾客满意度并培养顾客忠诚［J］．现代管理科学，2005（4）．

（三）品牌忠诚

多数学者认为，顾客满意度是顾客忠诚度的必要条件，却不是充分条件。在满意和重复购买的消费者中，有一部分人会对品牌产生忠诚。

1．品牌忠诚的含义

所谓品牌忠诚，是指消费者对某产品或品牌感到十分满意而产生的情感上的认同，是对该产品或品牌有一种强烈的、持久偏爱，并试图重复购买该品牌产品的倾向。

品牌忠诚所表现出的特征主要有以下四点：

（1）再次或大量购买同一企业该品牌的产品或乐于接受其延伸产品；

（2）主动向亲朋好友和周围的人员推荐该产品或服务；

（3）几乎没有选择其他品牌产品或服务的念头，能抵制其他品牌的促销诱惑；

（4）发现该品牌产品或服务的某些缺陷，能以谅解的心情主动向企业反馈信息，求得解决，而且不影响再次购买。

忠诚的消费者在购买商品时不大可能考虑搜集额外信息。他们对竞争者的营销努力如优惠券采取漠视和抵制态度。忠诚的消费者即使因促销活动的吸引而购买了另外的品牌，他们通常在下次购买时又会选择原来喜爱的品牌。忠诚消费者对同一厂家提供的产品线延伸和其他新产品更乐于接受。而且，忠诚消费者极可能成为正面口传的来源。正是由于这些原因，很多营销者不仅试图创造满意消费者，而且致力于创造忠诚的消费者。

西方国家的销售学信奉“8：2 法则”（帕累托法则），即企业 80% 的业务是由 20% 的顾客带来的。显然，忠诚消费者比单纯的重复性购买者能为企业带来更多的利润，而重复购买者同样比偶尔性购买者更具吸引力。实行会员制或累积消费优惠等措施可强化消费者的重复购买与品牌忠诚，如某航空公司设计的“常客计划”：乘客在一年内乘机飞行的距离越长，获得的“积分”就越多，积分足够大时甚至可以获得一次免费乘机的优惠。

虽然保持住对品牌忠诚的客户是企业生存的关键，但在竞争逐渐加剧、产品和服务日趋同质化的环境下，绝对选择一个品牌或店铺的专一消费者逐渐减少。例如，很多人认为单反数码相机中，佳能和尼康都是可信任的品牌，在实际购买中主要根据具体型号的性价比较来决定品牌选择。不同的消费者对品牌的忠诚程度可以用从连续的、专一的品牌忠诚至品牌中立的购买序列来表示（见表 9－6）。

表 9－6　　以购买序列表示的品牌忠诚程度

购买类型分类	品牌购买顺序
专一的品牌忠诚	A A A A A A A A A A
偶然改变的品牌忠诚	A A A B A A C A A D
有改变的品牌忠诚	A A A A A B B B B B
分散的品牌忠诚	A A B A B B A A B B
品牌中立	A B C D E F G H I J

其中，专一的品牌忠诚是最理想的状态。而更常见的是偶然改变的品牌忠诚，偶然转变的原因形形色色：惯用的品牌无货了；新品牌上市，尝试一下新品牌；一种竞争性品牌以特殊低价销售；或在极偶然的情况下购买了一种其他品牌。这种消费行为在购买日常生活用品中较为普遍。分散的品牌忠诚（多品牌忠诚）是指对两种或两种以上品牌的连续交替购买，例如，许多消费者喜欢交替选择不同品牌和药用功能的牙膏，以使牙齿得到多方面的保健和治疗作用。可

见，为满足忠诚消费者“见异思迁”的需求，企业可以通过开发新的系列产品来迎合消费者。例如，宝洁公司设计并推出了9种不同品牌的洗衣粉来满足不同的顾客。有些品牌强调洗涤和漂洗功能；有些品牌会使织物柔软；有些洗衣粉具有气味芬芳、碱性温和的特点。

2. 影响消费者品牌忠诚形成的因素

影响品牌忠诚度的因素很多，如产品和服务质量、消费者满意度、品牌信任度、转换成本、替代者吸引力、自我概念等。如图9－12所示。

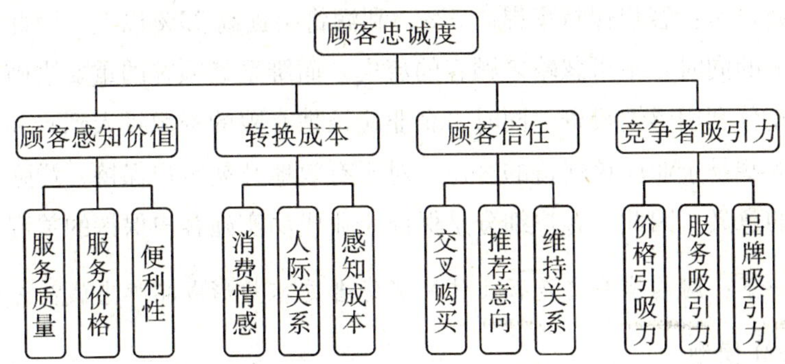

图9－12 消费者品牌忠诚度测评模型

小资料：客户忠诚度

客户忠诚是从客户满意概念中引出的概念，是指客户满意后而产生的对某种产品品牌或公司的信赖、维护和希望重复购买的一种心理倾向。客户忠诚实际上是一种客户行为的持续性，客户忠诚度是指客户忠诚于企业的程度。客户忠诚表现为两种形式，一种是客户忠诚于企业的意愿；另一种是客户忠诚于企业的行为。而一般的企业往往容易对此两种形式混淆起来，其实这两者具有本质的区别，前者对于企业来说本身并不产生直接的价值，而后者则对企业来说非常具有价值。道理很简单，客户只有意愿，却没有行动，对于企业来说没有意义。企业要做的，一是推动客户从“意愿”向“行为”的转化程度；二是通过交叉销售和追加销售等途径进一步提升客户与企业的交易频度。

例如，许多用户对微软的产品有这样那样的意见和不满，但是如果改换使用其他产品要付出很大的成本，他们也会始终坚持使用微软的产品。调查发现，大约25%的手机用户为了保留他们的电话号码，会忍受当前签约供应商不完善的服务而不会转签别的电信供应商。但如果有一天，他们在转签的同时可以保留原来的号码，相信他们一定会马上行动。

资料来源：周鹏义．客户忠诚度计划的设计与实施［J］．电子商务，2010（9）．

大量的研究表明，现代企业维系老顾客比争取新顾客更重要。据调查，保留一个老顾客所需的费用仅占发展一个新顾客费用的1/5，例如证券公司发展一个新客户将付出很高的代价（赠送 iPhone4s 或平板电脑等）；挽留一个不满意的客户的成本是保持一个老客户的 10 倍；而且新顾客的获利性低于长期顾客。大量的行业研究显示：客户保持率提高 5%，利润将会提高 25% 以上。因此，企业在发展新顾客的同时，不可忽略老顾客的流失。而维系老顾客的重要措施之一是心系顾客，充分利用感情投资。同时，企业应该把有限的资源投入到有利可图的客户，确定哪些是企业应该保持的客户，对于有效地开展客户保持、增强盈利能力有着重要的意义。因此，客户细分是保证企业成功实施客户保持的关键。

思考一下：网购消费者是否比传统消费者更容易形成品牌忠诚？为什么？

3．RFM 模型

胡格思（Hughes，1994）提出的 RFM 分析是以三个行为变量来描述和区分客户。“R”（recency）指上次购买至现在的时间间隔，“F”（frequency）为某一期间内购买的次数，“M”（monetary）是某一期间内购买的金额。基于这三个要素的评分方法模型称为 RFM 模型，如图 9－13。该模型在客户关系管理领域中得到了广泛的应用，可用于评价客户的忠诚度、客户流失倾向和衡量客户生命周期值。

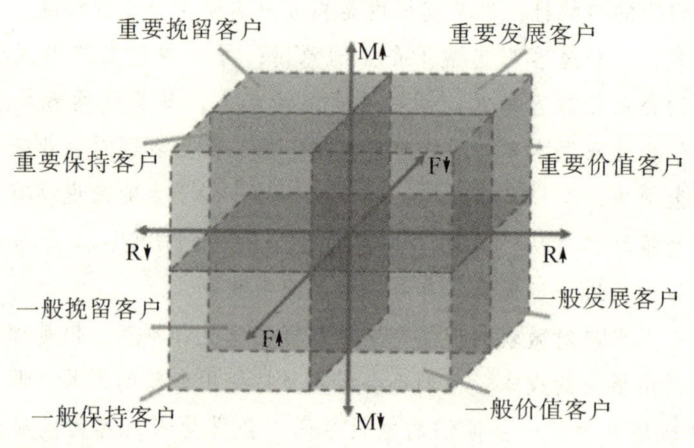

图 9－13　RFM 模型

4. 客户价值矩阵分析

马科思（Marcus）为了消除 RFM 模型中购买次数与总购买额间的多重共线性，采用平均购买额代替总购买额；另外，为了解决传统 RFM 分析过多细分客户群的缺陷，他提出用购买次数（F）与平均购买额（A）构造的客户价值矩阵来简化细分的结果，如图 9 - 14 所示。第三个变量“recency”在客户价位矩阵中被剔除，“recency”与其他的变量（如交易类型、关系的长度与客户价值矩阵）结合使用。

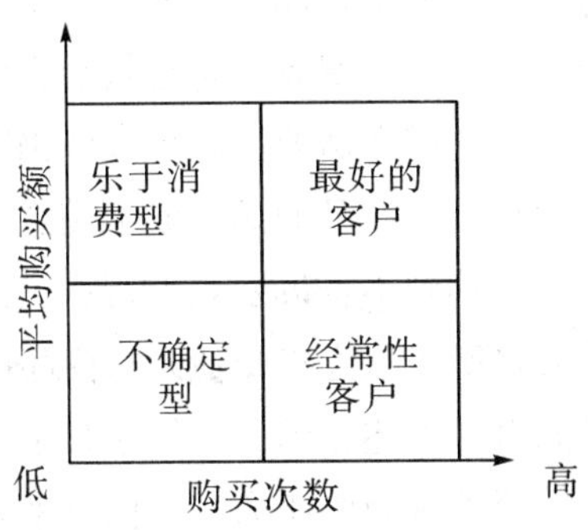

图 9 - 14　马科思客户价值矩阵图

（四）抱怨行为

1. 消费者抱怨行为的表现方式

西方消费行为学家研究了不满意的消费者的抱怨行为反应，如图 9 - 15 所示：

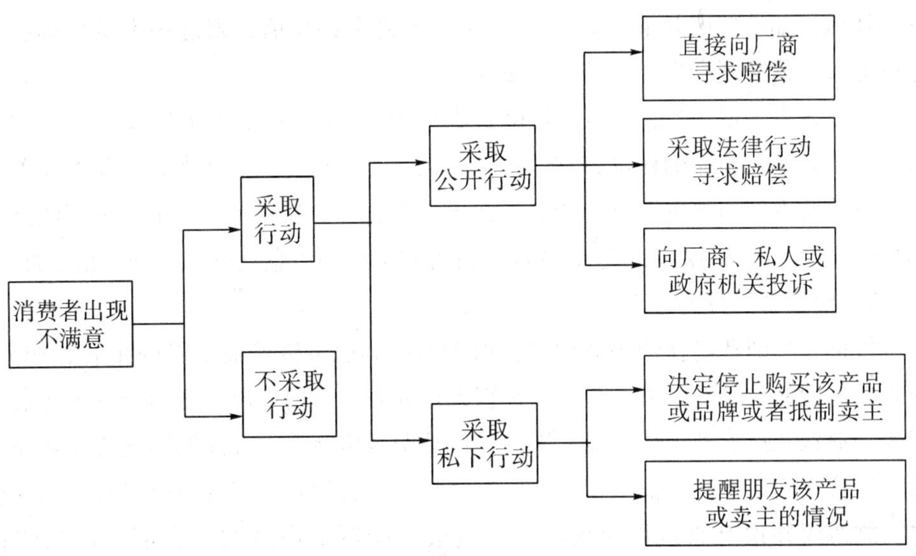

图 9 - 15　消费者处理不满意时所采取的方式

由图9－15可知，消费者若对产品不满意，并非只会无助地自认倒霉，而是通过多种途径进行“反击”。尤其是在网络信息时代，消费者还会通过在网上散布各种信息来发泄不满，从而对企业的形象、信誉产生负面影响。

消费者对产品是否满意不仅会影响其以后的购买行为，还将影响到其他人的购买行为，对企业信誉和形象关系极大。如果消费者感到满意或很满意，他们可能再去购买这种商品，并且会对别人介绍这种商品的好处和优势；如果消费者感到不满意或失望，就会对商品产生不良印象，甚至劝阻别人购买。为何有些消费者愿意提供购后评价，而另外一些消费者又乐意接受呢？消费者之所以愿意提供购物评价，一是可能满足自己的潜在需要，减少或者消除消费者购后对自己购物行为的疑虑；二是可能表达自己对产品的满意或不满意，由于他们自己对商品十分感兴趣或过分失望，心理上感到不告诉别人不行；三是借此增加与相关群体其他成员之间的交往。其他人之所以乐意接受他人对商品的评价并作为自己购买商品时的重要决策依据，可能由于下述原因：一是来自亲戚、朋友或相关其他成员的购物经验，因其非营利性而被认为要比商业性信息来源更加可靠；二是对于那些性能复杂而又难以检测的产品，消费者倾向于充分听取他人意见以减少购买风险；三是通过向其他人获取购买信息以减少自己信息搜寻的成本，这种购后评价以口头传播的形式，往往以高可信度影响消费者的购买决策。有关研究表明：一个满意的顾客向3个人介绍好产品的优点，而一个不满意的顾客会向11个人讲它的坏话。如果扩展开来，听坏话的11个人再去讲坏话，则这些不良口碑会对企业形象、信誉度产生极大的负面影响。

所以，有人说：“最好的广告就是满意的顾客。”消费者不仅仅是简单的消费者，而且也是商品的评价者和宣传者，经营者赢得一位消费者，也就意味着赢得一群消费者；而失去一位消费者，无异于失去一群消费者。营销人员不能抱着“钱到手便了事”的短视心理而忽视消费者购买后的信息处理及行动的重要性。

2. 消费者的投诉心理

投诉是指消费者在购物活动中，由于商品和服务因素而引发的矛盾和冲突，或者在他们的权益受到损害时，向销售人员或有关部门提出自己的意见和要求的行为。消费者投诉到市长热线、工商局或消费者协会，大都能使问题得到合理解决。尽管我们处于一个信息社会，但有时只是零售商对消费者的抱怨有较深的感受，制造商并没有直接面对消费者，这会影响制造商对改良和创新产品的积极性。

消费者投诉的原因是多方面的，除了产品质量、售后服务方面的问题外，厂商对待投诉的态度往往是矛盾激发的重要因素，我国消费者总体上是很宽容的，他们觉得在一定程度上是“态度决定一切”。

消费者投诉时的心理包括：

(1) 求尊重。消费者采取投诉行为，总希望别人认为他的投诉是对的和有道理的，渴望得到同情、尊重和重视，并向他表示道歉和立即采取相应的行动等。

(2) 求发泄。消费者在购物活动中，由于受到挫折，会利用投诉的机会把自己的烦恼、怨气、怒气发泄出来，沉重、郁闷和烦躁的心情因此会得到释放和缓解，以维持心理上的平衡。

(3) 求补偿。由于服务因素、商品因素或其他原因，消费者的权益受到损害，消费者希望他们的损失能够得到补偿。例如，侵犯人权的赔偿，质次商品的免费修理、换货、折价赔偿或退货等。由于消费者因产品质量问题的投诉会耗费一定的时间、精力和钱财的损失，厂商还应当给予消费者某种产品本身以外的额外补偿。

第十章 网络消费心理

20世纪末，对人类社会发展进程最有影响的莫过于互联网，由于网络的出现，商品零售迎来了新的方式——网络销售，网络已经成为一个非常有价值的营销渠道。网络销售的方便快捷、海量信息、交易成本低、即时性、跨地域性、互动性以及多媒体等特性，对传统的店铺商业活动产生了巨大的冲击，传统中间商甚至有被取代的可能，出现"去中间化"的趋势。

而网络消费者与传统市场消费群体有着截然不同的特性，企业要想卓有成效地开展网络营销活动，就必须了解和把握网络消费者的特征，分析网络消费者的消费心理与行为，尽可能地为营销活动提供可靠的数据分析和营销依据。

思考一下：你觉得网络购物比线下购物具有哪些优势？

第一节　网络消费者的特征分析

一、网络消费者的群体特征

网络购物已成为中国网民的一种普遍行为，不论是在PC端还是在移动端，2014年以来中国网购用户属性均已基本接近整体网民。网络消费者的群体特征包括：消费者的人口统计变量（年龄、性别、收入、教育程度、职业、家庭大小等）、购物导向、相关经验与知识（计算机、网络经验和知识，过去直销购物经验等）。

例如，香港网上消费者主要由男性、35岁以下、高学历者和家庭人均收入较高的消费者组成（sheehan，1999），这与美国网上零售早期发展相吻合。但随着互联网的普及，消费者的人口统计变量在网上购物行为中的影响作用将逐步弱化，网上购物者在性别、年龄、收入和教育等方面将逐渐与总人口的特征相符合。

（一）网购消费者整体男性偏高

从性别分布来看，我国网购消费者男性用户略高于女性，且移动端相对更高。一项针对美国网民的调查也表明，男性比女性更倾向于运用网络搜寻产品和服务的信息。男性网民的网上交易次数一般是女性网民网上交易次数的2.4倍。但从淘宝网、天猫的统计上看，我国女性网购消费者与男性大体相当。

如果说女性是商场、购物中心等实际购物场所的主力消费群体，那么按照逻辑来看她们同样应该是网络环境中的主体消费者。为什么研究得到的结论并非如此呢？性别差异下暗含的原因在于男性相对于女性来说对于网上购物更加信任，感知的风险比较低；同时男性在传统环境下羞于讨价还价和探讨产品细节，而在网络购物过程中不存在这样的顾虑与问题，相对于女性来说更会喜欢网上购物方便快捷的特点。另外，也与女性多使用配偶（或男朋友）注册账号进行网络购物的习惯有关，其原因或者是便于男方进行支付货款，或者是便于将商品配送至男方地址由男方搬运回家，等等。这也与我国整体网民男性占比稍高的特征相符。

（二）年轻人是网上消费的主流

根据调查，绝大多数网络消费者在35岁以下，表明网络消费的主体是年轻人。年轻人一般都追求创新、新潮观念，容易被新事物所影响，而且接受新思想、新知识快。成功的网购经历会使他们越加信赖网络，变成对网络形成依赖的网购族。并且，上网历史越长，购物比例也越高。

根据天猫对近年来网购消费者的年龄变化分析，发现36~40岁（包括40岁以上）的人群比重在不断增加，整个网络购物人群的年龄宽度越来越宽，这是我国电子商务普及和大众化的反映。

（三）以大专以上学历为主，但较低文化水平的网民增加较快

与人口总体相比较，网络消费者是属于其中学历较高的人群。主要是由在校大学生以及参加工作不久的大学毕业生组成。可见网络消费不仅仅是一种时尚，而且是一种需要一定文化修养的消费形式。但不同学历人群的互联网使用正呈现出逐步向较低学历人群扩散的趋势。

（四）中低收入者所占比重可观

据统计，目前我国上网用户大都属中低收入。另外，无收入者也占了一定的比例。家庭电脑的普及、上网途径的多样化、上网费用的降低都为低收入者涉足网络提供了便利。

（五）具有相关购物经验

网络群体往往都具有一定的网购经验，而60岁以上的消费者大多对计算机不熟悉，对网上购物的感知风险较高，不愿对网络购物进行学习和尝试。相反，拥有较多计算机、网络经验和知识的消费者就比较容易接受网上购物；拥有直销购物经验的消费者对网上购物也有一个比较正向的态度和意向。

二、网络消费者的心理特征

网络消费者的心理因素包括购物动机、个性特点、认知、学习、信念和态度等。

科高卡特等（Korgaonkaretal，1999）分析使用网络动机对消费者行为的影响，发现可能的网上购买与信息收集、交互、社会化、经济动机正相关，与交易安全、个人隐私担心负相关。逃避现实、交互、经济动机、年龄和收入与网上购物频率正相关。从购物导向上看，便利导向的消费者更倾向于采用网上购物方式，社会交互、购物体验导向的消费者对网上购物的兴趣少一些。

中国互联网络发展中心（CNNIC）第十次调查结果显示，我国消费者网上购物的主要动机依次是：节约时间（48.5%）、价格便宜（43.67%）、购物操作方便（42.4%）、寻找稀有商品（33.5%）、尝试新事物和有趣（25.5%）等。国内外许多研究都发现价格便宜、方便快捷是两个导致消费者网上购物的主要因素。

（一）个性化心理

网购消费者多以年轻、高学历用户为主，他们喜欢拥有不同于他人的思想和喜好，渴望变化、喜欢创新，其具体要求越来越独特，个性化越来越明显。而网络时代的消费品市场呈现出产品设计多样化、选择范围全球化的特点，网上的消费品在数量和种类上都极为丰富，加之网络系统的强大信息处理功能，使得消费者在选择产品时有了巨大的选择余地和范围，为满足消费者的个性化需求提供了良好的条件。同时，在网络环境下，消费者在购物过程中有效避免了环境的嘈杂和各种影响的诱惑，消费者在购买活动中的理性大大增强，理性增强的结果是需求呈现出多样化的特点，个性化随之显现出来。当然随着经济的不断发展，人们收入水平的提高，也促进了消费者的个性化心理。

在传统模式下，进行市场细分和市场定位的对象是顾客群，不可能是单个顾客。而大数据条件下可以把市场细分到单个消费者，实现“超市场细分”和一对一营销，能充分满足顾客的个性化需求，为其提供特定的产品和服务，同时盲目的促销也会大大减少。同时，厂商与消费者之间信息传递的便捷性尤其为那些具有特殊需要的消费者提供了方便，消费者可以绕过中间商直接向生产者订货，消费者和生产者直接构成了商业的流通循环，消费者可以直接参与产品的设计之中，按照自己的特殊需要要求企业生产适合自己的产品。如 IBM 的“Alphaworks”就是让消费者直接参与 IBM 的产品设计，生产消费者需求的特定产品。

海尔在我国率先推出了 B2B2C 全球定制模式，可以按照不同国家和地区不同的消费特点，进行个性化的产品生产，目前可以提供 9 000 多个基本型号和 20 000 多个功能模块供消费者选择。用海尔首席执行官张瑞敏的话说就是“如果你要一个三角形的冰箱，我们也可以满足您的需求”。在短短一个月时间里，海尔就拿到 100 多万台定制冰箱的订单，说明产品定制化的时代已经到来。海尔现在完成客户化定制订单只需 10 天时间，而一般企业至少需要 36 天。海尔在国内已建成 42 个配送中心，每天可将 50 000 多台定制产品配送到 1 550 个海尔专卖店和 9 000 多个营销点。在中心城市实现 8 小时配送到位，辐射区域内 24 小时、全国 4 天以内到位。

（二）主动心理

网购消费者往往比较主动、独立性很强。随着互联网技术的发展，消费者已经不习惯被动式的单向沟通，他们善于和乐于主动选择或搜索信息并且进行双向沟通，而不是被动地接受厂商的广告信息。他们在作出购买决策前，常常都会主动运用各种搜索引擎去“货比三家”，并积极地去查看已经使用过产品的消费者的评论，而不仅仅只听企业说什么。同时由于网络自身的特点，他们对产品和服务的体验得不到满足，因此消费者在对产品产生兴趣的时候就会同时产生很多疑问和要求，网络消费者会通过网络通信技术，在第一时间积极主动地与商家取得联系。如果此时卖方不能及时地解答消费者的疑问，而是消费者发出购买咨询后很久才能得到回复，那么消费者极有可能对卖方产生不满进而转向其他卖主。

同时，如果市场上的产品不能满足其需求，网购消费者还会主动向厂商表达自己的想法，自觉不自觉地参与到企业的新产品的设计开发等活动中来，这又同以前消费者的被动接受产品形成鲜明对照。消费者主动参与生产和流通，与生产者直接进行沟通，有助于减少了市场的不确定性。

在网络 2.0 时代，消费者不仅是信息的接受者，也是信息的发布者，消费者愿意主动地将自己的消费体验和商品评论发布在网上，倾诉自己的情感并希望获得共鸣，并为其他消费者的商品选择提供有益的参考。

（三）理性心理

在现实的购物中，消费者往往容易受现场的购买气氛、商品的丰富程度、陈列方式以及售货人员的态度等的影响，产生冲动性的购买行为。而在网络环境中，消费者面对的是计算机，能够在没有干扰的情况下，冷静思考，理性分析。网购消费者利用在网上得到的信息，经常进行大范围的选择和比较，力求所购买的商品价格最低、质量最好、最有个性，使商家欲通过不法手段获利的概率几乎为零。

网购消费者以大城市、高学历的年轻人为主，不会轻易受舆论和外界环境左右，对各种产品宣传有较强的分析判断能力，购物的动机往往是在反复思考、比较、精打细算后产生的。有数据显示，在网上购物时，女性比男性更干脆，决策时间更短。这与网下购物时的表现是完全相反的，也说明男性网上购物会比网下更加理性、稳重。

还有一个现象，网购消费者有时会把自己看好的商品放在虚拟“购物车”里面，以方便选购，但抛弃“购物车商品”的现象经常发生。相反的是，实体店的消费者很少有挑选了商品到购物车中最后却放弃付款而走人，因为实体消费者会承受很大的心理压力；而且，在亲眼看见、亲手触碰、亲身尝试的体验刺激以及销售员的热情推销下，也令实体店中的消费者容易情绪化地更快地做出购买决定。

（四）快捷方便心理

在传统的购物环境下，消费者不但会遇到诸如交通安全、寻找商品、购物环境、服务质量、礼貌服务等方面的问题，还要经过到收款台排队、支付、打包，再把商品带回家等烦琐的购物过程。现代消费者大多不喜欢烦琐、费力的购物活动，而网络购物为其提供了前所未有的便利，网络作为媒介直接沟通了卖家与买家，简化了更多程序，使购物活动更为方便快捷。网上商店全天候营业、网上支付、送货上门等服务特色带给了消费者许多便利，消费者可以随时在电脑或智能手机上查询商品资料并完成购物过程。正如天猫广告语所言：“没人上街不等于没人逛街。”

网上购物还从时空两个方面体现出便捷性：

（1）时间便捷性。网上商店可以每天 24 小时营业，全年无休，而不像在传统模式下受到商店营业时间的限制。艾瑞咨询的统计显示，国内网民每周网购主要集中于工作日，每日网购高峰出现在上午 10 点和晚上 9 点，这与传统购物时间很不一样。

（2）空间便捷性。“货比三家不吃亏”是人们在购物时常采用的技巧。在网上挑选商品时，可以足不出户利用搜索引擎的强大功能，方便、快捷地获得全国乃至全世界的相同产品信息，商品挑选余地大大扩展。而且，消费者还可通过公告栏告诉成千上万的商家自己的需求，在家中坐等商家与自己联系。再者，网上商场还可提供异地买卖送货的业务，例如，为外地父母通过网络商场购买老人用品，购买馈赠礼品等。

（五）价格敏感心理

网络购物之所以发展起来，很重要的一个原因就在于网上产品的销售价格比传统渠道要低。消费者也对网上商品的价格有一个心理预期，认为其价格应该比传统渠道的价格要低。原因在于网络销售可以减少传统营销中的店铺费用、广告费用、人工费用、推销费用、中间环节的经销代理费用及相关的信息费用等，使网上商店能够提供比实体店低得多的商品价格。

价格始终是消费者最敏感的因素，而网上购物的商品的价格是可以比较和透明的，消费者可以非常方便地借助现有的网络工具查看同一种商品在所有网上商店的价格和相关信息，可以保证自己在网上买到的东西是便宜或最实惠的。随着商品质量和服务质量的不断提高，一些消费者开始从注重品牌转向最低价格，把主要注意力转向挑选最便宜的商品上。同时，很多网上商店采用“攻击型”的灵活价格策略，即竞争性定价，甚至有人说网购价格“没有最低，只有更低”。因此，网购行业容易出现“至‘贱’者无敌”“价低者得”的竞价文化，不适合创意产品和奢侈品的销售。有的创意产品一出现，就会被山寨、抄袭，并利用低价把创意的价值降低。而注重产品质量升级的奢侈品，也很难在网上与低价的类似产品竞争。

（六）躲避干扰心理

在传统商店购物时，总要接触到服务员，有时还会有旁边的顾客，会有人群所带来的压力。态度不佳或过分热情的营业员、嘈杂拥挤的购物环境、自助式购物环境下服务员警惕的眼光等，都会使消费者产生不良的消费体验。而网上购物恰恰能够弥补这些不足，消费者可以轻松自由、随心所欲地获得商品信息并完成购物过程，而不需要其他人的服务。这样，消费者可以始终保持心理状态的悠闲自在和精神的愉悦，也不用担心自尊心会受到隐形伤害。同时，对于购买某些私密性较强的商品和愿意自助的消费者，网络购物也提供了一个非常宽松的环境，例如网上商店是性用品的主要销售渠道。

（七）时尚心理

网络时代新生事物不断涌现，产品生命周期不断缩短，产品生命周期的不断缩短反过来又会促使消费者的心理转换速度进一步加快，稳定性降低，在消费行为上表现为需要及时了解和购买到最新商品。不少网购消费者喜好新鲜事物，追求时尚，希望与时代同步，而网上营销正好适应了这一心理变化要求。

三、网购消费者的具体行为特征

我们从以下几个方面来说明我国网购消费者的具体消费行为特点：

（一）网购时间

统计网购消费者周购物时间分布数据发现，购物高峰集中在工作日，特别是周一至周四。相对而言，周六、周日是一周之中的“购物淡季”，如图 10－1 所示。分析认为，周购物高峰集中于工作日，与中国购物主体用户的工作及购物习惯紧密相关。中国网购用户以女性且在 19～35 岁的用户群为主体，这部分用户因平时工作的原因，工作日接触互联网的时间长，购物也多集中在工作时间；周末作为工作人群休息的时间，更多地会选择外出逛街或游玩，因此导致网络的使用包括网购的频次都明显降低。

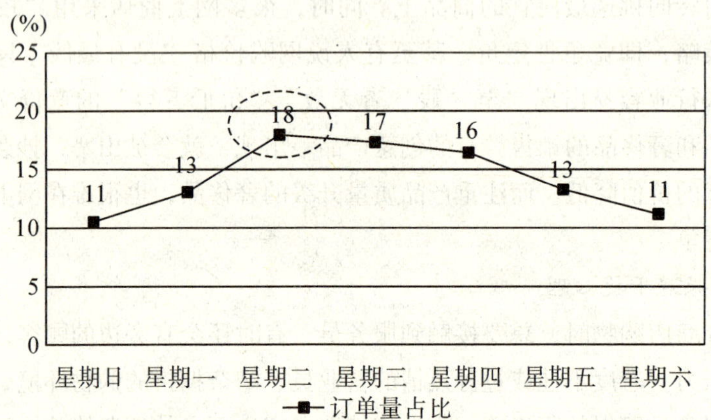

图 10－1　中国网民每周网购时间变化

图 10－2 的数据还显示，用户白天的购物高峰在上午 10 点。从上午 10 点到下午 6 点网购热度总体呈下降趋势，下午 6 点到晚上 9 点则再次上升，并在晚上 9 点达到全日网购的次高峰，此后直线下跌。

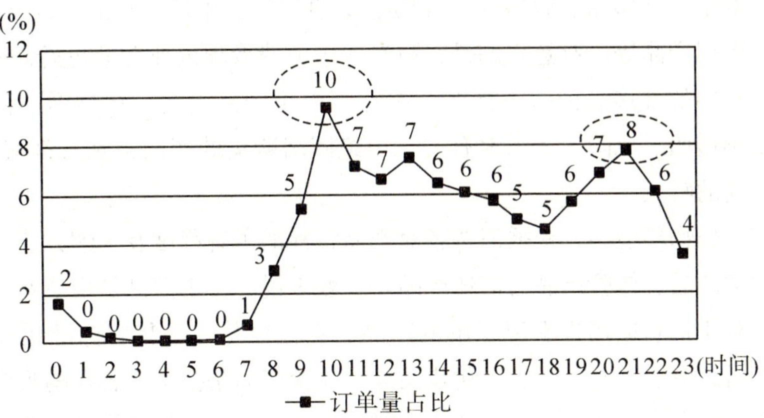

图 10－2　中国网民每天网购时间变化

（二）消费次数与消费金额

《2015 中国网络购物用户调研报告》显示，中国网民已基本养成网络购物习惯，约八成用户平均每月至少网购 1 次，网购频率领先于全球平均水平。从性别上看，女性的高频度购买用户比例显著高于男性，但从实际消费金额上看，男性要高于女性。基本上呈现出“女性高频率单次消费低，男性低频率单次消费高”的网络购物性别消费特征。

（三）消费商品类别

消费者对价格低的商品卷入程度也低，购买风险相对较小，容易产生网购行为。大多数消费者的网络购物都开始于与日常生活联系较为紧密的低价用品，对较为昂贵的产品网上消费持谨慎态度。亚马逊最初成功的重要因素在于产品的类型，因为书籍的标准化高，消费金额较低，在消费者看来网上购书的风险小。而若网上购买高价产品，消费者的潜在风险就大。

据统计，网购消费者在网上经常购买的产品类别前十位依次是：外穿类服装、鞋类、图书音像、日用品、家居用品、化妆品与护肤品、食品与保健品、内衣类服装、小型数码产品、配饰。与关注的产品类别相比，购买最多与最为关注的产品类别大体一致，但图书音像类商品的购买排名要高于关注度排名，而小型数码产品则属于“关注度高、购买率低”的商品。另外在购买过成人用品的网购用户中，其大部分的成人用品是通过网络购买的。可见，对于某些私密性较强的“难为情”商品，网络为其提供了一个便捷的销售渠道。

与消费者经常在网上购买的商品相对应的就是消费者拒绝在网上购买的商品类别，主要是：奢侈品、收藏品、保险、交通工具、乐器、食品、服务类产品、大家电、虚拟产品等。有意思的是，虽然中国消费者到国外大量购买奢侈品，但对网络购物中的奢侈品消费不买账，这与国内仿制品太多、购物网站信誉度缺失、价格不透明、风险大等因素有关。拒绝网络购买的产品类别大都有价格高、质量要求高的特点。

在网络购物环境中，根据消费者对产品特性的了解程度及了解方式，可将产品分为搜索产品、体验产品与信任产品。一般来说，搜索产品是指消费者在购买前就能够对质量和适用性有所了解的产品，它往往是一些具有标准化特性的产品，如书籍、电器、电子产品、化妆品等。体验产品是指消费者在购买前对产品的主要属性没有直接体验，如服装；或对产品主要属性的相关信息的搜索成本很高或很难，如香水。信任产品是普通消费者无法验证某种品牌的产品所具有某种特性的质量如何，通常只能给予信任，如维生素、医疗服务等。其中，搜索产品更适宜网络销售，消费者对其作出错误的购买决定的风险较低。虽然消费者无法通过网络对产品的触觉、味觉等属性进行体验，但布朗（Brown，2001）发现，一种物质产品当它的触觉属性在网上有语言描述时，消费者会更喜欢购买。因为产品的触觉属性是消费者很难在网上评价的，增加对触觉属性的描述就降低了消费者的评价难度，也就增强了消费者的购物意愿。从信息搜索行为上看，购买体验产品的消费者比购买搜索产品的消费者趋向于更频繁地使用网络信息，且更为重视从其他消费者以及从中立方收集到的网络信息资源。与之相反，消费者在购买搜索产品时，零售商及制造商的网页被觉得更有用（Bei，2004）。这就提醒经营搜索产品的商家要特别重视网站所提供的信息质量；而经营体验产品的商家建立顾客社区和聊天室等，让消费者交换对产品的意见、增加互动机会将有利于产品的销售。

费奥和波恩（Phau and Poon，2000）在比较消费者对不同类别的产品的网上购物意愿时发现，与低区别产品相比，消费者更愿意购买高区别产品；与高价格低购买频率的产品相比，消费者更愿意购买低价格高购买频率的产品；与有形产品相比，消费者更愿意购买无形产品。因为许多网上销售的无形产品是标准化的产品，如上网卡、银行服务、软件等，网上网下购买产品质量并无差异，而网络购物具有价低、方便、快捷、即时服务的优势。

（四）PC 端与移动终端的网购频次

网购用户在 PC 端的购物频次相较于移动终端（手机和平板电脑）更高，而使用移动终端购物的用户的学历和收入较 PC 端高。在用户眼中，手机网购存在的三大问题依次是：商品浏览不方便、图片不清晰、有客户端的网站数量太少。由于一些网站对使用移动终端购物采取了一些优惠措施，不少消费者会通过 PC 端选择商品而在移动终端上进行下单的购物方式，因而部分移动终端的购物频次实际上是两种方式的结合。

网络购物打破了人们购物的地理界限，坐在电脑前几乎可以买到全世界的商品，而移动终端购物则打破了消费者网络购物的场所限制，消费者可以在任何地点、任何时间浏览购物网站或购买商品。图 10－3 是我国网购用户使用不同终端的购物场景分布。从中可以看出，家庭是最主要的网购场景，移动终端对碎片化时间利用最充分，户外场所是手机购物的主要场所。不仅是移动购物，移动终端在实体店消费中的应用也越来越多。特别是手机二维码的应用，只需用摄像头扫描商品对应的二维码，就能够实现价格比较、优惠券下载，甚至直接进行购买消费。虽然从总体上看，电脑 PC 端由于屏幕大、浏览方便、用户习惯等原因，仍是最主要的浏览和购物终端，但是手机的轻巧随身性和客户端使用的便捷感，消

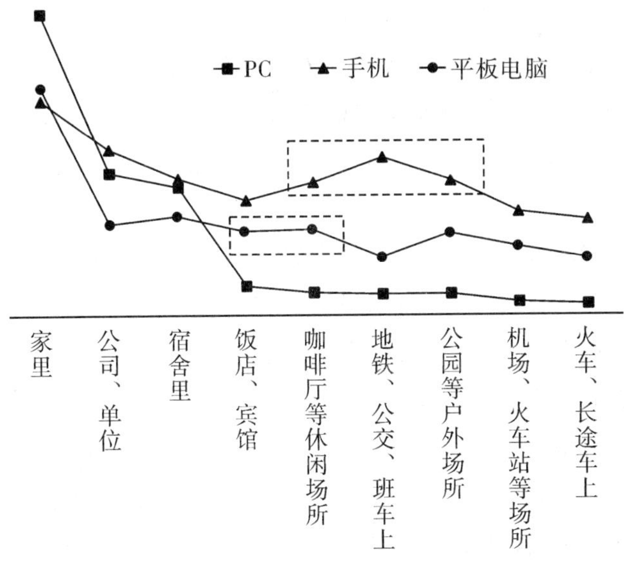

图 10－3　网购用户使用不同终端的购物场景分布

费者可以随时随地利用各种碎片化时间进行消费活动，移动网购正在快速发展，随着网民移动端购物行为的逐步养成和移动购物场景的不断延伸，移动端网购频次将会逐步上升。

（五）电商 App 的使用

2014 年我国约 60% 的网购用户经常使用的电商 App 个数为 2~3 个，且女性网购用户倾向于使用更多的电商 App。一方面女性本身对购物更有兴趣，乐于尝试多种购物渠道，发现优质商品；另一方面近年来以唯品会、聚美优品、蘑菇街、美丽说等为代表的女性垂直类电商 App 大量涌现，吸引女性网购用户下载使用，在一定程度上也使得女性用户使用电商 App 的个数偏多。

另外，使用电商 App 数量越多的消费者移动端购物的频次越高，对场景的敏感度越低，累计消费额越大。这是因为不同垂直类电商 App 分别满足了消费者对不同商品的需求，从而导致移动端购物的频次增加，而且，同时使用多个电商 App 的消费者往往也是移动端购物的热衷者，移动端网购需求较强。

（六）付款方式的选择

在网购支付市场上，传统的支付方式（如货到付款、自提现场付款等）并不占优势，线上支付是网购的主要支付方式。其中第三方支付的用户比例最高，从我国消费者对第三方支付的品牌认知率和使用率上看，依托于淘宝的支付宝有十分明显的优势，其次是财付通和快钱。另一种网上支付方式是网上银行支付。微信支付、支付宝直接支付等手机移动支付也随着移动网购的兴起而异军突起，手机网购也推动了消费者尝试使用多种网购支付方式，如 NFC 近场支付、刷卡支付、扫码支付、短信支付、摇一摇支付、图像识别支付、手机银行、账户余额支付等。

在第三方支付的用户群中，有近半数的消费者乐于在账户中存钱以备消费，说明消费者使用第三方支付的频率较高且具有较强的消费意愿，同时也反映出对第三方平台持信任态度。尤其是支付宝打造的余额宝还能提高现金的利息收益，受到很多消费者的喜爱。

（七）购物网站的选择

消费者选择传统购物方式时，对零售商家或是店铺的选择，通常会考虑自己的居住地点、前往店铺购物的交通状况、该零售商业网点的分布状况、商店的信誉，以及产品促销情况等因素。而网上购物消费者对零售商家的选择主要体现在对商业网站的选择上，主要考虑的因素包括网站的知名度、商品的齐全、网络零售商的信誉、提供的产品信息的充分度、对同类产品性能和价格的公正等比较信息等。另外消费者选择传统购物方式时，主要考虑商家在购物现场以及售后的服务质量、购物环境的舒适度、购买过程中对产品的触摸和试用等，网上购物消费者却更多地考虑支付方式、信息安全性和隐私保密程度、购物界面的友好和方便，以及购物过程的便捷和省时等。

我国的购物网站主要分为五大类：① B2B：如阿里巴巴；② B2C：如京东商城、当当、亚马逊、1 号店等综合类（全品类）商城以及凡客诚品、麦包包等垂直类网站；③ B2B2C（供应商对交易平台对消费者）：如天猫、QQ 商城；④ C2C：如淘宝、拍拍网；⑤ 团购网站：如美团、聚划算。另外，很多企业自设平台（企业官方网站）开展营销活动、表达企业意志或进行商品（服务）交易，如联想官网。随着网购市场的逐步完善，B2C 取代 C2C 成为网购主流是行业发展的必然趋势。

刘德寰（2011）的调查表明，从消费者网络购物习惯与偏好上看，综合类购物网站以其大而全的特征，具有传统超市“一揽子购物”的特点，使消费者在网上不必受“奔波”之苦，也能够满足多数消费者的一般需求，有 72.90% 的网购消费者更偏好综合类网站（见图 10－4）。而在新品方面，由于浏览的便利性和高频度，新品的推出有助于提升消费者的新鲜感和关注度。而事实上，对于网络购物消费者而言，对于新品的关注度也较高，67.45% 的消费者会关注网站推出的新品。网络购物除了足不出户的便利，在商品、价格、多店比较方面也具备实体店不能比拟的优势，特别是在比价导航网站兴起之后，“货比三家”的难度大大降低，有 73.80% 的消费者在购物前会浏览多家网购网站进行比较。不过虽然网络购物让消费者选择网站的转换成本几乎为 0，但消费者对于已偏好的网站依然形成了一定的忠诚度，每次购物浏览必然光顾，形成了较强的品牌意识，85.91% 的消费者拥有固定浏览的网站，这也是几项测量指标中用户比例最高的。

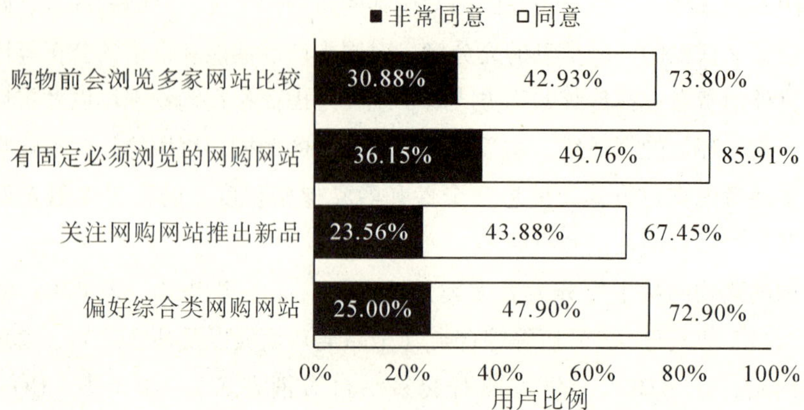

图 10-4 消费者网络购物习惯与偏好

数据来源：2011 年第三季度网络购物消费者研究。

从消费者对网站品牌的认知，到产生浏览行为，最终形成购买，其中经历着浏览和购买的转换过程，在这一过程中，体现出产品和商家品牌的共同吸引作用。这一过程可以用浏览转换率和购买转换率来考查，相互关系是：品牌认知率（知名度）——浏览转换率——浏览率——购买转换率——购买率。第一象限市场咨询公司推出了反映网购品牌的综合实力水平的第一象限网购指数（UP 指数），通过对网络购物品牌的知名度（主要指标是：品牌提示后认知率、品牌无提示提及率）、浏览率（点击率）、购买率（下单率）等指标的综合分析，形成评价品牌实力水平的指标体系。调查发现，淘宝网的第一象限指数在各网络购物品牌中遥遥领先，是唯一位居强势品牌区域的网购品牌，这与淘宝网产品丰富、价格低廉、支付方便可靠的特色有关；其次是天猫、京东、亚马逊、当当等。一些小型特色网站（主要是专业类的垂直型购物网站），虽然整体认知率不占优势，但在购买转换率和重复购买率上高于整体水平，因此打造知名度、提高浏览率是这些网站需特别注意的问题。某些垂直型购物网站在其细分领域仍占据优势，如购买书籍的消费者大都选择当当网。

（四）网络消费行为的影响因素

许多关于网络消费行为的影响因素的研究是基于 TRA、TPB 和 TAM 展开的，加入了网络环境因素和传统消费行为的相关因素。

钟秀妍（2009）对网络消费行为的文献进行整理，从变量层面将相关文献分为四类，并总结出相关的网络消费行为影响因素，如图 10-5 所示。

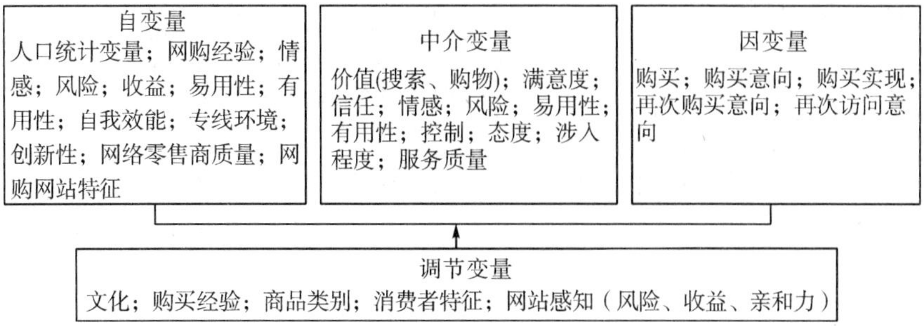

自变量	中介变量	因变量
人口统计变量；网购经验；情感；风险；收益；易用性；有用性；自我效能；专线环境；创新性；网络零售商质量；网购网站特征	价值(搜索、购物)；满意度；信任；情感；风险；易用性；有用性；控制；态度；涉入程度；服务质量	购买；购买意向；购买实现；再次购买意向；再次访问意向

调节变量
文化；购买经验；商品类别；消费者特征；网站感知（风险、收益、亲和力）

图 10－5　基于文献综述的网络消费行为影响因素

在网络环境下，消费行为的内涵得以进一步扩充。网络消费行为不仅包括传统消费行为中的购买行为，还包括信息消费与生产行为。结合对以往文献的梳理，可以将网络消费行为的影响因素分为三类：①个体因素，包括个人因素和心理因素；②产品（服务）或信息本身的因素；③网络相关因素，包括网站设计和网站技术（见表 10－1）。

表 10－1　　网络消费行为影响因素的研究要点

个体因素	产品(服务)或信息本身的因素	网络相关因素
个人所处的环境（文化、亚文化、线上和线下的周边群体） 人口统计因素（性别、年龄、受教育程度、收入等） 心理因素（动机、态度、以往经验、信任度、学习等）	产品（商品类别、价格、质量、品牌、新颖性） 服务（商品交易的服务质量、信誉、物流配送、客户服务、沟通及时性） 信息（价值性、独特性、网络口碑）	网站设计（页面环境、内容、导航） 网站技术（稳定性、流畅性、隐私性、互动性）

思考一下： 分析你自己的网购行为有哪些特点？

第二节　消费者网络购买的行为过程

在传统的店铺购买过程中，消费者的消费行为和购买过程分为五个阶段：需要认知、信息搜寻、比较评估、决定购买、购后评价与购后行为。这个连续的完整的过程表明了消费者从产生需要到满足需要的整个过程。同样，在网上购物时，这些步骤基本没变。但其内涵却因购买模式的不同而有所不同。我们将网络消费者的购买过程分为七个阶段，相互关系如图 10－6 所示：

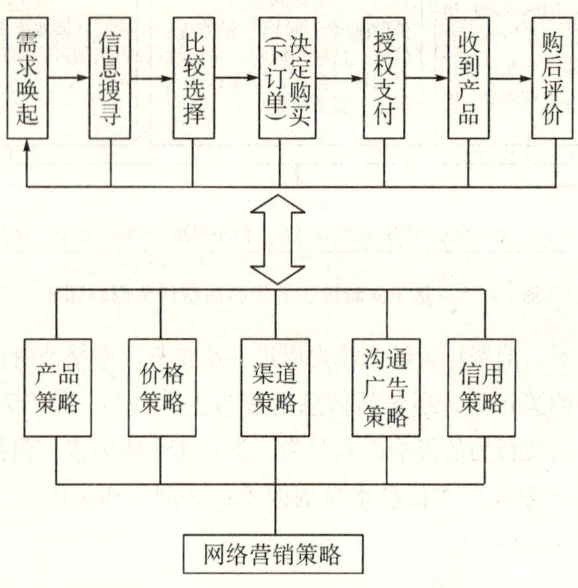

图 10－6　网络消费者的购买过程模型

一、需求唤起

与传统购物模式相同，网上消费者购买过程的起点是需求的唤起或诱发。不同的是，网上购物的消费者中，除了实际需要的消费需求之外，更多的消费需求诱发来源于互联网上商家店铺页面中源源不断的低价广告宣传对消费者视觉和听觉方面的双重刺激。互联网的多媒体技术运用在网络经济中产生了强大的广告宣传效果，声画同步、图文结合、3D 动画、声情并茂的广告，以及各种各样的关于产品的文字表述、图片统计、声音配置的导购信息都成为诱发消费者购买的直接动因。

淘宝 Tanx 还可以根据消费者查询、浏览、购买等网上行为的 Cookie 资料，判断消费者的消费兴趣，从而有针对性地推出“一对一”“多对一”的广告信息，避免了传统广告营销中“一对多”信息方式的盲目性。

互联网作为信息沟通工具，聚集了许多兴趣、爱好趋同的群体。不同的人们根据自己不同的喜好，建立了各种各样的网上虚拟社区。将 SNS 的互动和分享功能融入电商平台，也会刺激消费者的需求，如人人网的“人人爱购”，尤其是美丽说、蘑菇街等SNS网站在帮助女生抉择购物的同时，也强烈地刺激着她们的购物欲望。一些电商平台也强化了SNS功能，如淘宝的“淘江湖”与“掌柜说”、比价返现平台易购网的“晒单秀”等，以通过社交关系来影响消费者的需求唤起。有的电商主页在用户登录后会有针对性地个性化推荐，呈现出千人千面的效果。用户进入个人SNS频道后，可以看到自己关注的店铺动态和好友动态，有的甚至采用有3D效果的SNS社区。

沃尔玛的社交网应用软件Shopycat利用Facebook的数据来判断某个人最好的10个好友，然后根据他们在Facebook上共享的信息判断出他们的兴趣，再根据他们的兴趣向消费者提供最适合那些好友的礼物。与此类似，eBay的Gifts Project提供了团购礼物服务，该服务可以将eBay购物者与Facebook好友联系在一起，以便集体购买礼物。比如单位上某个同事过生日，想送礼物但是又缺钱，此时大家可以搞一个团送，号召其他同事一起出钱买礼物，而Gifts Project就基于这样的需求把在线商家组织起来，为购物者提供团购礼物的服务。

二、信息搜寻

互联网对消费者的信息搜寻行为产生了重大影响，信息获取的主动性和便捷性大大增强。消费者只要轻点鼠标，就可以通过互联网浏览购物网站、商家店铺的网页上显示的文字、图片等说明性资料来了解自己所需要商品的具体信息。同时，搜索引擎为消费者的信息搜寻提供了极大的便利，节省了搜寻时间和成本。中国互联网络信息中心（CNNIC）的统计显示，网络搜索已成为消费者获取商品信息的首选方式。另外，网上不同类型的虚拟社区的存在，使消费者不仅从身边获取信息，还可以向素不相识的人了解信息。各种网站也提供了各种类型的商品信息，消费者可以很容易地了解商品的市场行情以及其他消费者的网上评价。网络中各种信息应有尽有，信息的广泛性、可信度（当然也不免会有一些虚假信息）以及获得信息的速度和效率大大提高，可以基本上解决传统交易过程中买卖双方间的信息不对称性问题，使消费者能在及时和充分获取商品信息的基础上作出正确的购物决定。网店的信用评级和消费者的网上评价也会促使商家建立良好的信用机制，从而形成讲诚信的经营环境。

网络购物也使消费者的主动性得到最大限度的发挥。消费者一方面可以根据自己了解的信息通过互联网跟踪查询，另一方面，消费者还可以在网上发布自己对某类产品或信息的需求信息，得到其他上网者的帮助。

网上零售商还可以通过采用操作视频、3D 动画、AR 互动技术（实际与虚拟视频结合的增强现实技术）、即时通讯（如旺旺、QQ）等手段或开设消费论坛、建立网上虚拟展厅等一系列措施，帮忙消费者对产品的各个方面有较为全面的了解，满足消费者的信息需求，促进购买行为的产生。而用户评论是影响消费者做出购买决策的最关键的因素，网上买家评论信息的重要性超过了亲戚朋友的意见，成为目前网络购物者购物前最关注的外部信息。Forrester 调研公司 2012 年研究发现，在访问过带有用户评论的零售网站的消费者中，半数人表示用户评论对其购买决策非常重要。

根据孙曙迎（2009）的调查结果，从网络消费者的角度看，消费者更加关注的是商品自身属性方面的信息，包括“款式信息”“功能信息”“价格信息”“品牌信息”“质量信息”，而对商品附加属性方面的信息，如“售后服务信息”“产品的最新技术信息或相关知识”则相对关注较少，“赠品信息”被关注得最少。

案例链接：王老吉的在线口碑病毒营销

2008 年 5 月在中央电视台举办的四川地震赈灾捐款晚会上，王老吉捐款 1 亿元，引起了网民的广泛关注。之后，5 月 21 日天涯论坛上发表了一篇“正话反说”的标题为《封杀王老吉》的帖子，短时间内迅速成为热门帖子而被疯狂转载，登上各大论坛、博客之首，互联网上网民和媒体关注度均直线攀升。这条口碑病毒式的传播直接鼓动了网民对王老吉产品的购买热情，甚至导致王老吉在一些城市出现了断货的情况。

资料来源：佚名. 一句话说明王老吉病毒性营销之道［EB/OL］. http://www.wm23.cn/very123/462142.html.

三、比较选择

为了使消费需求与自己的购买能力、购买动机、兴趣爱好相匹配，比较选择是购买过程中必不可少的环节。消费者对各条渠道汇集而来的资料进行分析、比较、研究、评价，从中选择最为满意的一种。一般来说，消费者的综合评价主要考虑产品的功能、可靠性、性能、样式、价格和售后服务等。

网络购物不直接接触实物。消费者对网上商品的比较依赖于厂商对商品的描述，包括文字的描述和图片的描述。网络营销商对自己的产品描述不充分，就不能吸引众多的顾客。而如果对产品的描述过分夸张，甚至带有虚假的成分，则可能永久地失去顾客。因此，把握好产品信息描述的“度”，是摆在厂商与网页制作者面前的一道难题，而判断这种信息的可靠性与真实性，则是留给消费者的难题。

虽然网络购物不直接接触实物，但网络仍具有信息评估比较的独特优势。首先网络扩大了评估比较的对象范围，网络的跨地域性特征使消费者的评估比较对象很容易扩展到全世界任何一个国家；其次网络可以帮助消费者筛选和排列评价标准，并自动更新评估比较的结果，通过排行榜向消费者推荐商品。这些排行包括价格、销量、店铺信用等级、好评率、售后保障等方面。另外，还可借助一些辅助工具来对电商平台的商品价格、快递费、已卖出数量、卖家信用、卖家好评率等信息进行搜索、比较、排序。如“淘宝大买家”与“淘宝一箩筐”。

尤其值得注意的是相关群体的影响在网络市场中的作用将大大提高，并往往成为消费者评价方案的主要外界因素。在传统市场中，由于消费者受到个性、兴趣、职业和交际手段、范围等因素的影响，其相关群体的规模相当有限。而在网络市场空间中，由于交流手段的革命和多种虚拟群体的出现，一个人的相关群体规模大大扩展，相互交流的能力也大大提高。他们在网上相互推荐商品，分享各自所收集的信息，对消费者的比较评估影响很大。

四、决定购买（下订单）

在传统购物中，消费者只要做出了选择，就会交钱马上拿到商品，但在网上由于是通过网络媒介，所以网络消费者在完成了对商品的比较选择之后，还要进入到下订单阶段。下订单阶段实际上也就是作出购买决定的阶段，同传统购物模式相比，网上消费者的购买决策有许多独特之处。首先，网络消费者理智动机比重较大，感情因素相对较少。这是由于消费者在网上寻找商品的过程本身就是一个思考的过程，有足够的时间和空间来分析商品的性能、质量、价格和外观，再从容地做出自己的选择。因此这类消费者较一般消费者而言更接近于“理性经济人”的假设，即时刻依据充足的市场信息进行完全理性的最优购买决策。其次，网络购买受外界因素影响较小，购买者面对电脑屏幕浏览商品信息，受到实物及其他消费者购买行为的影响较小，作出的决策理性成分较多，冲动性购买行为较少。最后，网上购物的决策行为较之传统的购买决策要快得多。

在传统购物模式中，消费者在确定了购买目标以后，还可能会考虑购买时间或购买地点的问题，但在网络购买中，购买目标与“何处购买”往往是不加区分的，因为消费者确定的商品也就在相应的网店之中。同时，由于网络购买更为方便快捷，购买决策也很少受外界因素的影响，网络购买更多地表现为即时购买。对网上商家来说，要在货品的订购、支付和交割等“如何购买”问题的环节上为消费者提供最大的便利，如提供虚拟的购物车，供他们存放所选商品；提供银行卡（或信用卡）的快捷支付方式等。

消费者在网上的虚拟环境中购买商品，而且一般需要先付款后送货，不同于传统购物的一手交钱一手交货的现场购买方式，网上购物中的时空发生了分离，交易过程中物流与资金流是相互分离而且非同步发生的，消费者有失去控制的离心感。因此，网络环境下的购买者面临着交易和购买结果的双重不确定性，这些不确定性增加了消费者的风险认知，进而直接地影响了消费者的购买决策过程。消费者的顾虑主要体现在支付的安全可靠性、产品质量的可靠性、产品信息的可靠性、个人信息的安全性、物流配送的可靠性、售后服务的保障程度等方面。传统购物环境下的经济风险、性能风险、身体风险、社会风险、心理风险、时间风险、信息风险等感知风险类型，在网上购物环境下同样存在。除了网上购物对消费者造成的身体风险和社会风险类似于传统购物，其余风险类型的表现则有所不同。

小资料：淘宝与国家工商局的约谈事件

2014 年 8 ~10 月，国家工商总局网监司委托中国消费者协会开展了网络交易商品定向监测活动。从各购物网站的检测结果来看，淘宝网的样本数量分布最多，但其正品率最低，仅为 37.25%。三大知名 B2C 平台中，京东的正品率为 90%，略高于天猫的 85.71%和 1 号店的 80%，同时京东和 1 号店的非正品均来源于非自营的商家。从各行业的检测结果来看，手机的假货、翻新产品、山寨产品等伪劣产品现象比较严重、化肥农资行业假冒伪劣现象严重。消息一出，阿里巴巴市值在一夜间蒸发了 680 亿元。

当然，工商总局的抽检程序和抽检逻辑也不尽完美。一位“80 后”淘宝网运营小二发出公开信，质疑这份报告监测的样本数据、统计范围、自营和非自营平台的概念混淆。巨人集团董事长史玉柱也在微博调侃说，“对于 10 亿总量

（网购商品总量），仅抽样这点点样本，在抽样统计学面前有点苍白”。

随后，国家工商总局首度披露了 2014 年《关于对阿里巴巴集团进行行政指导工作情况的白皮书》（下称《白皮书》），《白皮书》指出阿里系网络交易平台存在主体准入把关不严、对商品信息审查不力、销售行为管理混乱、信用评价存有缺陷、内部工作人员管控不严 5 大突出问题。

资料来源：淘宝发声明质疑抽检：投诉国家工商总局网监司司长［EB/OL］. http://news.163.com/15/0128/16/AH2FF7EV00014JB6.html.

一些年纪较大或对网络购物不熟悉的消费者，可能由于担心交易安全性和送货等方面的问题，而采取在网上搜集信息，在传统店铺中购买的方式。但更多的消费者为了克服网购无法触及实体的弊端，同时又能获得网购“省钱”的好处，往往采取“线下体验、线上买”方式，尤其是服装鞋帽等体验商品。为此，淘宝商家还专门开设了家装体验馆，以体现网上购物和线下体验的无缝结合。在美国服装品牌商 Gap 的网站上，消费者有机会预订到特定大小和颜色的服装；之后他们被鼓励到就近的店里试穿，然后再决定是否购买。这是在美国已经流行开来的“在线预定 + 实体店取货”模式的一个变体。

不可否认，如今越来越多的实体店慢慢地沦为成了体验店，很多顾客基本属于抄码族，只试不买。那要碰到喜欢的东西怎么办？回去打开电脑，不管是淘宝还是京东，不管是衣服还是电器，总有一家电商适合你。而且最为关键的是价格便宜，特别是 B2C 的电商，售后还有保证。像是拍拍的免邮退换，凡客的 30 天免邮退换，淘宝的退换邮费保险等一系列措施，还有 7 天免费无理由退换，商城优先赔付等措施。消费者自然会偏向于网购。而实体商场所采取的办法也是各不相同，一般的实体商场碰到客人用手机拍照或短信记型号的，会礼貌地制止。有的实体商家则采取了，遮挡货号；更改货号；商标调换等不是很友好的措施。有的厂家则加强代理商的管理，严禁在网上销售新款商品，只能销售过季打折商品。当然现在越来越多的知名品牌公司在网购的冲击下，也开通网上商城，比如“苏宁易购”等网商旗舰店，直接在网上卖商品，同时不放弃实体店的经营，线上线下一起卖，双管齐下。

小资料：网购"抄码族"不断壮大，实体店只当试衣间

随着网购越来越盛行，在广大的网购人群中出现另类的一群人，而且不断地壮大起来。他们出入各大型商场，但只看不买，不断试穿衣服鞋帽，询问店员种种问题，把商店当成免费试衣间，只为挑选一款适合自己的商品，但是从来都不买，只是在试衣间用手机偷偷拍照，或者抄下或默记尺码、货号或型号，但最终还是回家上大型购物网站以较低的价格购买中意的商品。这就是所谓的网购"抄码族"。

在网上有人专门总结这群"抄码族"的几项特点。第一，他们都是资深网购达人，最清楚哪里能买到物美价廉的商品。第二，经济能力相对有限所以节约，甚至有些抠门。第三，心理素质够强，在店员的注视下依然能面不改色地"抄码"，还能自得其乐。单是最后一点，很多人还是不容易做到的。

面对"抄码族"，最尴尬的当属这些实体店了。导购忙活了大半天，顾客却最终离去，选择网购，这不能不说是对实体店的一种巨大冲击。

顾客们对"抄码族"这种"只看不买"的行为又怎么看呢？有人觉得很实惠，有人觉得不道德，也有人觉得这个很正常：网店卖的东西比较便宜，网上购物也比较便捷，但因为网上购物有很多缺陷，无法实地看东西的品质，所以就把实体店当作"体验店"了。

资料来源：佚名．"抄码族"壮大，实体店沦为试衣间［N］．深圳特区报，2012－11－23.

五、授权支付

网络购物的另一个便捷的特征就是它改变了传统消费过程中面对面的、一手交钱一手交货的交易方式，可以采取多种多样的网上结算方式。例如，可以通过汇款、信用卡、网上银行支付，但更为安全和通行的方式是第三方电子支付，如支付宝、财付通、国付宝、Paypa 等专业的电子商务支付方式。甚至出现了移动手机支付方式，如将手机充值的话费金额用于购物，实际上是将通信营运商作为了支付平台；但前景更好的是微信支付以及手机钱包方式，即将银行卡装载在具有移动支付功能的手机 SIM 卡，实现刷手机消费。

从网络购物的消费者群体总体来看，消费者使用第三方电子支付手段远远高于使用货到付款的支付方式。这一手段可以减少买卖双方的资金安全问题，使买卖双方都觉得较为安全可靠。有人曾经在淘宝网上购买价格较高的新款三星弧形电视机，结果多个标价低廉的卖家都试图采用 QQ 联系，回避收货后确认支付（也是支付宝，但直接付款）的方式进行诈骗。可见，有的商品价格很高，成交量小，骗子往往只做“一锤子买卖”，就会企图用直接支付的方式骗取钱财。

六、收到产品

与传统购物一手交钱一手交货所不同的是，在网上购物，即使已支付了货款，也不能立刻拿到产品，这中间往往要经历一段产品物流或邮寄时间，产品才能到达买者手中。消费者也能通过网络及时跟踪查询货品的物流状况。物流时间过长，可能导致卖家申请延期支付或退货，如每年的“双 11”期间，不少快递公司出现“爆仓”，快递成了“慢递”，有的商品还因时间超过了 15 天，在消费者尚未没收到货物时，网购系统就进行了自动确认收货。所以网络卖家要尽量缩短这个时间，并确保产品完好无恙，消除消费者的不安全感。

通常卖家会要求货到后一定要验收后才可签收，并及时“确认收货”。但有一些快递员却要求先签收再给包裹，对开包验货持不耐烦的态度，而不少消费者往往出于对买家的信任也喜欢先签收取货，再回到家里开包验货。对于贵重物品、易碎物品等一定要注意外包装是否完整，并在快递人员在场的情况下开箱检验，以确认商品质量问题是卖家还是物流公司的责任。一些消费者在网上购买家具就遇到了型号不符、质量瑕疵、运输过程中造成磕碰、退还费用高等问题，如果消费者不及时验货就签收，往往会给自己的维权带来困难。另外，少数消费者还没有在网上“确认收货”和及时评价的习惯，当然系统也会在一定时间后自动确认收货的。

七、购后评价

对于网上购买的商品，消费者试用和体验后，会根据自己的感受进行评价。网站、服务（包括售中与售后）、物流和商品的体验都是影响消费者网络购物整体满意度的显著因素。在传统的店铺销售中，购物环境、地理位置、人际互动等许多因素都会对消费者的满意度产生重要影响，而在电子商务活动中，买家主要通过提供信息进行服务。由于网购消费者事先无法触及实体，对商品的使用等方面也没有切身的体验，往往要求卖家及时而耐心地解答其提出的各种问题，消费者对网店的满意度主要也体现在这一方面。

在传统市场上，由于缺乏传播的媒体，这样的消费者宣传往往较被动，即在他人询问时才提供，传播范围也相当有限。但网络极大地提高了信息传递的速度与广度，大大方便了消费者购后感受的倾诉，并使其影响面大大扩大了，不仅会影响到亲朋好友，还可以通过购物网站（如在原购物网站商品下方）、网络论坛、虚拟社区、即时通讯、个人博客等各种渠道发表评论并对素不相识的人产生影响。

如商品确有质量问题，消费者还会通过电商平台申请售后或投诉，要求退款或退货，有时还会在运费或邮费问题上发生争执。网商应主动与消费者协商售后处理方案，或积极配合电商平台客服人员（如“淘宝小二”）妥善处理有关争执。商家还应当事先就售后保障范围、保障方式、保障期、相关费用作出清晰的说明。不少电商为了减少消费者的购买风险，大多承诺“签收货物后7天内，在不影响2次销售的前提下，不满意可无理由退换货”，但应明确“若非质量问题（如对货物主观不满意），应由买家承担来回邮费或运费”，以避免恶意退赔，但属质量问题的退换货，则应由卖家承担相关费用。

总之，厂商应密切关注消费者的购后感受，充分利用各种即时交流（IM）工具在沟通厂商与消费者信息上的便利性，及时与消费者进行沟通，并采取有效的售后措施，以最大限度地降低消费者的不满意感。同时还可要求消费者修正其原来的负面评价或增加新的正面评价，例如，有的商家在网店上明示：“有什么问题请及时沟通解决，喜欢中评或差评的买家请绕行”，并积极与给出“中评”或“差评”的买家沟通，了解他们遇到的问题，希望他们能重新给予“好评”；有的买家在消费者收货后，通过短信及时与之联系，询问意见，希望其给予“好评”，并许诺赠送优惠券以鼓励重复购买，因为不少消费者第一次购买可能是试购，有可能还会再次购买或赠送他人。

思考一下：根据你的网购体验，你觉得商家、网购平台或物流服务还有哪些需要改进的地方？

第三节 网络口碑传播

互联网的出现为消费者之间进行口碑沟通提供了新的渠道，大大拓宽了消费者之间的社会关系网络。越来越多的消费者习惯于借助网络口碑了解产品或服务的信息，分享彼此的购物体验，主动发表自己对产品、服务或品牌的看法。网上口碑不但是消费者购物决策的重要影响因素，而且成为影响企业营销活动的重要力量。

一、网络口碑概述

1. 网络口碑的定义

传统口碑是指个人间关于产品、品牌、组织或服务的非正式的面对面信息交流行为。而网络（或在线）口碑（online - word - of - mouth，EWOM 或 OWOM），亦可称为鼠碑（word - of - mouse），是指消费者通过网络媒介（如产品页面评价、UGC 网站、电子邮件、在线论坛、QQ 群、微信群、博客、聊天室等途径）进行的关于某种产品或服务信息的在线沟通和交流。其中消费者基于自己对商品的消费经历对商品做出的在线评论是在线口碑的主要形式，其可信度和影响力要大大高于企业发布信息的影响。

消费者在搜索到目标商品后，大部分网购用户首先会关注商品本身的一些属性，但还有很多信息是消费者无法通过网站直接了解到的，这就促使消费者在做出购买决策之前，浏览一些网络口碑信息。大多数网民在购买商品之前都会浏览用户评论（见图 10 - 7）。用户评论可以传递他人的直接购买经验，为其他买家提供建议，了解更多的隐性信息，从而降低网络购买的风险，成为网购用户进行购买决策的重要帮手。

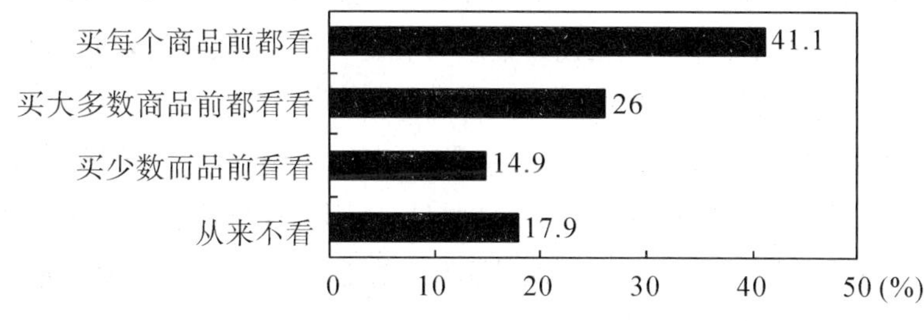

图 10 - 7 2014 年网购消费者阅读用户评论情况

资料来源：2015 年中国网络购物市场研究报告［EB/OL］. http://wenku. baidu. com/view/b7955d61b8f67c1cfbd6b802. html.

森尼克（Senecal，2004）在其关于在线产品推荐对消费者在线购买决策影响的实验研究中指出，如果消费者参考了顾客评论，则其选择被推荐商品的概率是没有参考顾客评论的消费者的两倍。美兹林（Mayzlin，2006）研究证实了在线书评对于亚马逊的书籍销售量具有正面的影响，而且书评质量的提高对于该网站上图书销售量的增加有很大的帮助；负面评论比正面评论的影响要大；消费者更注重评论的内容而不是简单的评分的数字。

2．消费者网络口碑传播的意愿及动机

对消费者来说，关注口碑信息的最基本动机就是希望通过口碑信息来减少决策时间、降低决策风险、获得满意的决策结果。辛德勒（Schindler，2001）认为，消费者进行网络口碑沟通的动机有三类：信息动机、支持动机和娱乐动机。

（1）消费者关注网上口碑的主要动机之一是进行信息搜寻，通过网上口碑来支持其大大小小的购物决策。当利用互联网进行信息搜寻时，其他人的观点是最受消费者关注的口碑信息，消费者尤其对产品的负面口碑感兴趣。

（2）消费者通过网上口碑寻求对自己已经做出的决策的支持。当消费者做出了某项购物决策，他会寻求加入该项产品或服务的网上虚拟社区，以此寻找能够支持或肯定决策正确性的信息。

（3）很多消费者关注网上口碑仅仅为了找乐。他们热衷于在讨论区中阅读生动有趣的故事，认为观看讨论区的信息交流活动是很有趣的事情。同时，他们也会因此了解到被讨论产品或服务的信息，从而影响他们未来的购物决策和行为。

3．网络口碑的传播特点

计算机网络媒介的特殊性使网络口碑在传播方式、传播速度、影响范围与表现形式等各方面都呈现出与传统口碑不同的特点，对消费者信息搜寻、购买决策、态度的形成和变化都具有更强的影响力和更大的传播放大效应。对于网络口碑区别于传统口碑的特点，基本可以概括为以下几个方面：

（1）传播范围广、传播速度快、传播效率高。传统口碑的传播是口耳相传，是个人层面上的非公开的信息传播，而网络口碑则是在群体层面上传播的公开信息，在互联网的环境下能够很容易地被引用、复制和转载，这就使网络口碑信息的扩散速度和范围不断翻番，因此网络口碑的传播范围和速度都是传统口碑所无法比拟的。

（2）匿名性。互联网上的信息发布者通常都使用一个虚拟身份而不会透露他们真实的身份，因此，信息接收者看到的通常都不是信息发布者的真实身份。所以，网络口碑信息的传播者拥有更大的自由空间，他们的隐私权受到保护，承受的社会舆论压力也相对较低，就可以更加自由大胆地发表自己真实的想法和意见，更愿意提供以及分享真实的消费体验，而无论是正面还是负面内容。同时，在特定领域越专业、懂行的人越愿意充当网评信息的传播者，这也保证了网络口碑信息具有一定的质量和价值。但是，网络口碑的匿名性、非面对面沟通等特点又加大了接受者的风险，降低了信息的可信度。

（3）传播方式多样化、非面对面接触。传统口碑的传播方式是人与人面对面接触的口耳相传，接收者基本是被动的。在网络环境中，信息可以以各种形式存在，而且传递形式也各不相同。网络口碑信息的传播是以计算机和互联网为媒介的，可以借助网站页面、电子邮件、博客、讨论区、论坛等沟通方式进行。用户之间可以以不同的对应关系进行信息的传递活动，既可以进行一对一的口碑信息传递（如即时 QQ 聊天等），也可以进行一对多的口碑信息传递（如邮件列表等），还可以进行多对多的口碑信息传递（如聊天室和讨论区等）。

（4）信息有形化。由于传统口碑信息是口耳相传的，是无形的信息，很难把握，因此具有易逝性。而网络口碑信息则表现为文字、图形或多媒体等形式，是有形的，可以永久保存并随时获取的，这就有利于消费者搜索、浏览和借鉴这些信息内容，强化网络口碑的持续影响力。此外，创造性的言论和新信息的加入，常常使得讨论经久不衰，进而使得口碑内容不断累积，吸引更多的注意，并使得其传播发挥更强的持续影响力，实现边际效应的递增。

（5）超越时空性。传统口碑的无形性决定了它必须是当传播者和接受者所处的时间和空间一致时才可以进行传播，具有同步性。而网络口碑是有形的，传播者发布信息的时间和地点是任意的，没有限制的，接受者也可以不受时空限制地在网站上随意获取、浏览网络口碑信息。因此，网络口碑具有超越时空性的特点，这一特点也加强了其影响的广度和深度。

这些特点决定了网络口碑可以为消费者提供很多方便，消费者可以通过网络毫无顾虑地发表自己的真实意见、主动吐露出不满和抱怨，

（6）网络口碑的传播具有互动性的特点。由于网络技术的应用，网络口碑的传播使得网络中的人际传播方式更加丰富和高效，网友之间的传播和相互影响比以往表现得更加积极主动，接受方可以通过互联网主动搜寻、查证自己所需要的口碑信息。

4. 网络口碑与传统口碑的比较

网络口碑与传统线下口碑的区别，表 10－2 进行了较全面的归纳。

表 10－2　　网络口碑与传统线下口碑的异同点

比较项	在线口碑	传统线下口碑
传播媒介	电脑互联网为中介，如购物网站、第三方网站、Email、BBS、QQ、微信、博客、网上社区、网上论坛等	人际间面对面接触
传播形式	数字化多媒体信息（包括文字、图片、数据、声音、录影、Flash、音乐等）	语言、声音、表情、肢体语言
传播方式	一对一、一对多、多对一、多对多、网络非线性传播	一对一传播
传播时间性	同步或异步	实时同步
沟通情境	传播者与接收者所处情境不同	传播者与接收者所处情境相同
传播者与接收者关系	熟人或陌生人；弱连结关系	仅限于熟人；强连结关系
交流广度	连结来源数量多，交流广度大，使不同背景的人信息交换更加容易	连结来源数量少，交流广度小，仅限于能接触的个体
沟通环境	更自由、更开放的虚拟社会环境	人际沟通的社会环境
传播效果	病毒式、几何级数速度传播	一对一传播，传播速度很慢
隐私	大多匿名沟通	以实际身份沟通
接收者信息接收方式	搜索和选择均具有自主性	被动接收
存储持久性	可长久保存	沟通结束后随即消失
历史可溯性	可查历史口碑记录	无法查询过去口碑记录
便利性	打破时空局限，信息分布集中，传播或搜寻都很方便	受时空限制，无搜寻功能
可复制性	以文本形式呈现，可复制性强	依赖人的记忆力，可复制性弱
信息损耗	可直接转贴，减少了传播过程中的信息损耗和扭曲	依赖人的记忆力，信息损耗和扭曲变大

可见，网络口碑（在线评论）在传播速度、广度以及传播威力方面均大大超过了传统口碑。在网下如果一个人不满意，可以告知 5 个人，但如果网络中一个人不满意，可以通过网络即刻告知约 6 000 人。

二、网络口碑传播的影响因素

网络口碑的传播效果受到多种因素的影响和调节。

（一）网络口碑对消费者说服效果的影响因素模型

赵丹青（2010）认为，网络口碑或网民点评信息对消费者的影响作用主要取决于信息源特征（如可信性、人口统计特征）、信息接收者特征（如专业性、卷入度、个人特征）、信息特征（如数量、质量、情感倾向与强度）和环境因素（如网站的性质或声誉、商品类型、文化背景差异）等因素，如图 10－8 所示。

（二）网络口碑的传播者因素

1．发送者的专业性和影响力

相关研究将网络意见领袖作为主要研究对象，分析该类用户对于其他用户的影响。较早从事该类研究的伯森和斯塔奇（1999）将通过网络传播信息的意见领袖定义为“在线影响者”。研究发现：每个意见领袖可潜在影响 14 人，他们总体上能够代表 1 100 万美国人。由于意见领袖具备某个领域的专业知识，他们通常乐于同社区内的其他用户分享其知识，表现出主动发表对某话题的看法或回复相关话题等行为，因此，他们对于虚拟社区发展的维系和其他用户购买决策的影响起着非常重要的作用，例如，他们发出的信息影响在线口碑的交流和转发，且交流和转发频率随意见领袖的影响力增大而提高。

通常认为，信息发布者专业性程度越高越容易赢得消费者的信赖。但毕继东（2009）的研究得出了相反的结论，原因在于：网络口碑是消费者之间对企业相应信息的非正式交流，每个人的观点往往是主观的、零星的、非系统性的；而系统、全面、专业性的网络口碑让消费者感觉可能是企业相关人员传递的信息，被认为是和广告类似的营销行为，从而降低了对消费者购买意愿的影响。

另外，因为网络匿名性的特征，口碑发送者的形象是模糊的，他们可能是真实的普通消费者，也可能是所谓的“网络水军”，所以消费者对网上信息的可信度持怀疑态度，也会怀疑某些貌似很在行的口碑发送者的身份。

2．口碑发送者和接收者的社会关系

网上口碑与传统口碑沟通过程的一个重要差异就是沟通双方社会关系强度的差异。格瑞维特（Granovetter，1973）认为，沟通双方的关系强度能够决定双方待在一起的时间和感情的深度、亲密程度以及相互推荐的产品或服务数量。他进一步指出，强关系是群体内部口碑沟通的纽带，而弱关系则是群体之间口碑沟通的桥梁。

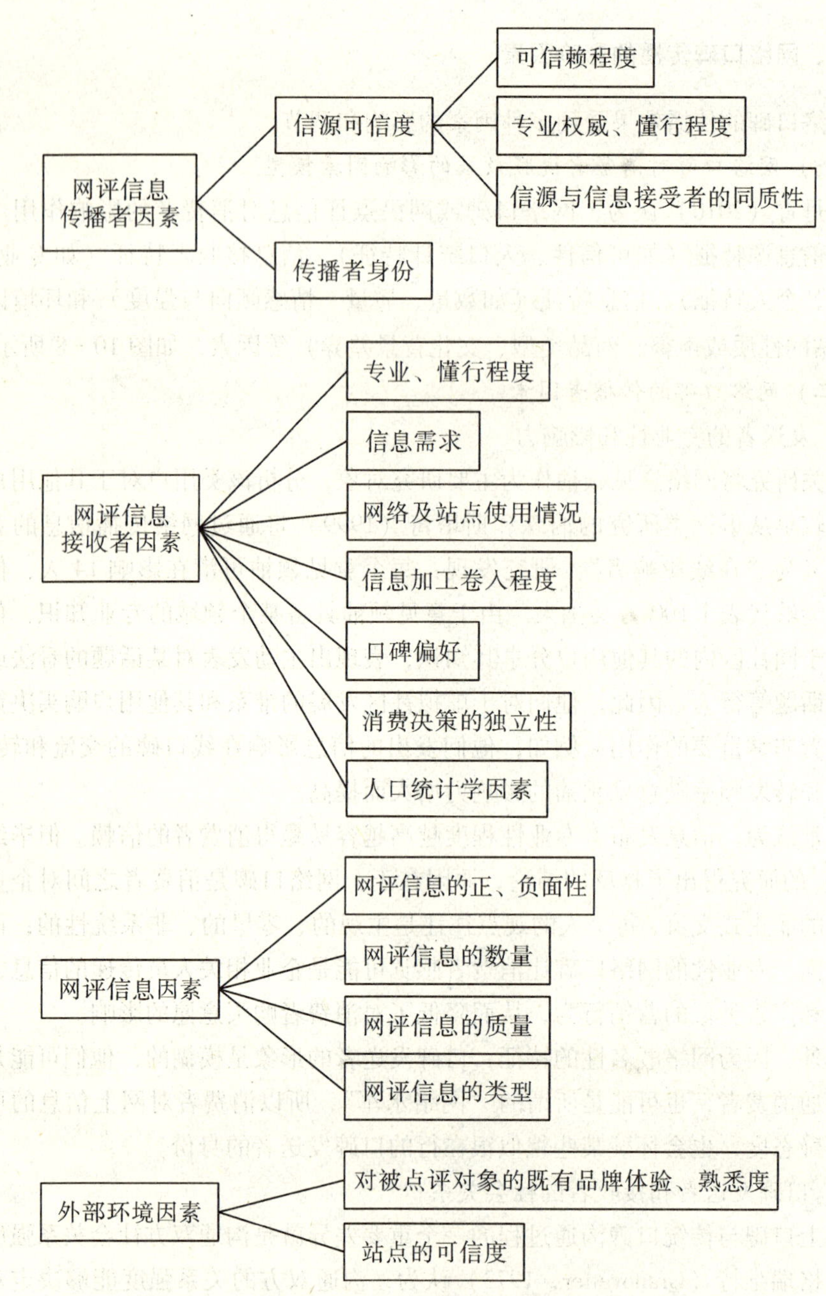

图 10-8 网络口碑对消费者说服效果的影响因素模型

网络口碑的发生处于弱连结的关系，但连结来源数较多，可以为消费者决策提供更多的潜在支持，获得的信息比通过强关系获得的信息更具多样性，也可能得到更高质量的决策支持信息。当然，基于弱关系的网上口碑也会给消费者带来很多问题。比如，消费者难以评价网上口碑信息的质量、不清楚网上口碑发布者的动机、不知道发布者是否真的在某方面有所专长等。布朗（Brown，2007）的研究发现，口碑传播者与口碑接收者之间强关系的推荐比弱关系的推荐更有可能引起双方主动地搜寻和传递信息，而且强关系对接收者的行为影响要比弱关系大得多，其原因可能在于，强关系的双方较之弱关系的双方在接触频率、关系承诺、人际信任等方面更高所致。由于网络的匿名性等特点，消费者网络在线关系主要体现为弱连接。但随着消费者在线交往的频繁和沟通程度的加深，其关系强度也会不断增强，并有可能延伸为线下交往。

3. 口碑发送者和接收者的背景相似性

社会网络理论认为，相似的背景有利于信息的流动。背景相似的人之间的互动较多，沟通起来也比较容易。口碑沟通最容易发生在年龄、性别和社会地位等相似的人之间。但是，在某些情况下，消费者可能更喜欢与自己背景不同的人说话，因为这些人可能会提供更多的信息和经验。

就网上口碑而言，比起有疏离感的商家广告或者高高在上的名人说教，购买同种商品的消费者分享使用心得，更容易互相信任，交互体验的影响力会越来越突出。如果沟通双方有更为相似的经历和背景，将增进双方的信任感和亲密感，接受口碑信息的一方认知产品、对产品感兴趣，进而评价产品并最后做出决定的可能性就大。

（三）网络口碑的接受者因素

1. 口碑接收者自身的商品专业知识和能力

当个体对所涉事物有线下的直接品牌经验时，媒体信息对之的影响力会减弱，反之则加强。在网络商业传播的条件下也不例外。直接经验有着约束网上信息影响的作用。对于有着大量正面经验的消费者，广告和口碑信息很难在根本上改变其消费态度和意愿。对于有着充分网下经验的个体而言，网上信息仅可以调整其选择的幅度，但难以从根本上改变其建立在网下经验上的基本判断。

有关网络用户使用经验的研究表明：经验越丰富的用户越倾向于查看负面评价；自己鉴定产品的专业能力越强的用户越倾向于向其所在的社区提供更多的知识，包括转发、回复或发起关于某话题的建议；网络使用能力越强的用户越可能从事信息搜索活动，并向别人转发、推荐或与之探讨。

对于商品知识水平较低的消费者，负向信息强烈暗示商品质量，诊断性比正向信息更强，而正向信息具有模糊性，其不能准确判断正向信息是否反映事实，因而负向在线评论对这类消费者的影响要大于正向在线评论的影响。而对于商品知识水平较高的消费者，其有信心从信息中分析商品的实际质量，因而，正负在线评论诊断性的差距缩小。

2. 口碑接收者的产品卷入与网络卷入程度

消费者对网络的卷入程度和借助网络搜集信息的主动性也对网评信息的说服效果有一定的影响。布瑞格斯和赫利思（Briggs and Hollis，1997）认为，消费者通过网络进行信息搜寻是出于个人需求而采取的主动行为，搜寻的信息会更加符合搜寻目的，对于接收到的信息会产生较低的排斥感，因而信息更容易影响消费决策。

网络涉入的高低能够影响消费者利用网络的能力和信息质量的判别能力，并对其行为意愿有影响。消费者网络涉入程度深，则对网络操作更熟悉，有助于增强网络口碑感知易用性程度；对网络信息的辨别能力也会增加，从而增强了网络口碑传播效果。另外还包括信息接受者在网络使用经验、线下品牌熟悉度及在特定领域的专业程度等方面的差异。

3. 口碑接收者的口碑偏好或信任倾向

郭国庆（2010）认为，接收者的信任倾向对在线评论感知可信度具有显著的正向影响。巴克哈特（Backhart，2001）认为从网上获取的来自其他消费者的口碑信息比厂商主导的网络信息更易引发消费者对产品的兴趣，并提出了 3 种解释：首先，消费者认为论坛中发表的信息不会受到人为的商业操控，这些评述值得信任；其次，信息发送方和接收方的相似性也会提高读者对信息的信任度；最后，信息接受者被给出负面点评者所描述的消费遭遇所激发的同情心也会加大网络口碑的影响力。同时，网评信息为潜在顾客提供了一种使用经验的有效参考，特别是在针对服务的购买情境中，网评信息具有降低购买风险与不确定性的功能，因此更能为信息接受者所采信。

4. 口碑接收者和发送者的文化背景差异

存在文化背景和价值观差异的口碑传播双方通常会在口碑信息的选择、整合和传播方式等方面有差异，并最终影响口碑的传播效果。例如，日本消费者在口碑接收方面较美国消费者有更强的主动性。这源于崇尚集体主义文化的日本消费者习惯于将自身置于群体当中，因此，需要参考他人的相关经验来帮助作出购买决策。在中美文化差异下，口碑传播行为亦有不同，这在关于在线非意见领导者的研究中有所体现。与美国消费者崇尚个人主义不同，中国消费者崇尚集体主义，且自信程度相对较低，加上两国的市场特征有差异，中国消费者通常更容易受到网络口碑的影响。

（四）网络口碑的信息因素

1. 网络口碑的内容

在线环境使得口碑信息的内容融入了网络媒体的特征。相关研究表明，网络推广方式的互动性、易用性、实时性、趣味性、丰富性等都会影响消费者的接受度和传播意愿。麦克米兰（2003）对网络评论和电子邮件进行的实证研究得出结论：趣味性最易强化消费者的正面情感和态度而提高点击、浏览、购买、回复、转发和推荐等行为意向。

翟丽孔（2011）的研究表明：消费者更注重评论的内容而不是简单的评分的数字。陆海霞、吴小丁等（2014）也认为：当消费者浏览差评时，通常不会仅仅根据差评的数量做出判断，他们更希望了解差评的发布者是因何原因给出差评的。不包含负面评论的差评对消费者影响不大。而只有那些包含了负面评论的差评才可能真正对消费者的购买行为产生影响。

显然，如何使网络口碑的内容对消费者产生更大的影响力是更值得关心的问题，口碑内容既包括消费者的主观评价，也包括消费者对商品及服务的客观描述和对消费经历的客观介绍。李健（2009）把网络口碑的内容分为商品评价、店主评价、店铺评价和物流评价四个方面。翟丽孔（2011）的研究表明：在商品、店主和物流三方面的负面评论中，各方面的要素都有主次之分，有一些是消费者十分看重的，而有些是对消费者基本没什么影响的。比如，消费者更注重评论的内容而不是简单的评分的数字；在负面评论内容中，商品质量差、店主服务态度差和物流运输途中货物破损这三个因素分别是三类负面评论内容中消费者最看重的因素，对消费者购买意愿的影响最大；而“商品价格不合理”“商品与描述不一致”“店主发货速度慢”“店主不讲信用”“物流速度慢”和“运输途中货物破损”这几个要素的影响很明显，但不是最重要的；“店主不能有效解决问题”“店主经常不在线”“物流价格不合理”与“物流公司不送达收货地”这四个因素对消费者购买意愿的影响不显著。

2. 网络口碑的质量

李（Lee，2007）通过实验法证明高质量网评信息比低质量的网评信息的影响力更大。信息质量的维度包括：准确性、时效性、及时性、可靠性、完整性、简洁性、结构性、相关性、有用性、可理解性等。无论是正面评价还是负面评价，论据质量越高、越具有可信性；信息所包含的内容越广泛、越充分、越详细、越清晰、越具体，对消费者的说服效果越好。相反，如果内容模糊、论据不充分、缺乏可信性，消费者就会将其归因于评论传播者的偏见或情绪化等自身的原因，因而对消费者购买行为的影响效果就较差。

郭国庆（2010）认为：评论内容的质量对感知可信度的影响是最大的。评论内容的质量越高，接收者感知可信度越高。通过分析发现，如果评论的内容与产品/服务密切相关，有较多的关于产品/服务细节的介绍，包含了大量有用的信息，描述的评论者对该产品/服务的直接体验，则其对于接收者的感知可信度影响越大。

3. 网络口碑的数量

翟丽孔（2011）以及其他学者的研究表明：网络口碑数量与消费者购买意愿之间有显著的正相关关系。布尼（Bone，1995）提出，两条或两条以上的信息相互印证时，口碑效果好于单一网评信息，被察知的信源及信息可信度更高。在用户评价系统中，一次购买可形成一条评价，评价越多则购买者越多。实践中，网络商户可以通过删除负面口碑或扮演消费者发表正面口碑两种方式来提高自己的可信度。但信息来源越多，意味着此商品拥有更多的购买者，而新的购买者就更能听到众多消费者的不同的声音，因而口碑的说服力越强。若网络口碑数量较少，则其真实性将会受到质疑。在评价总数量较多的商品中，好评率本身也较高。而在评价总数量较少的商品中，好评率起到的作用是较小的。可见，网络口碑的数量与消费者的数量会呈现滚雪球的关系：越多的商品评价带来越多的消费者，越多的消费者给出更多的商品评价，而更多的商品评价带来更多的消费者。

但是，口碑信息过多也会造成信息过载。信息过载的一个严重后果是，干扰评论阅读者对商品质量的有效判断，增加信息处理成本，降低决策效率。另外，在海量的信息中并非所有信息都有价值，由于网络的匿名性、非面对面地接触、沟通成本低廉等特征，一些评论者会不负责任地随意发表评论，导致信息质量良莠不齐，而只有被消费者感知为有用的信息才更可能对消费者下一步的购买决策产生影响。

4. 网络口碑的性质

就网络口碑的性质而言，正面的评论可以增强消费者对某商品的好感，提高其购买欲望，刺激购买；而负面评论则会降低消费者对该商品的信任程度从而抑制购买，但这种负面影响可随着消费者对店铺的熟悉而减小。此外，负面口碑对于那些因求廉心理而购买商品的消费者影响更大。

网络口碑不同的性质与情感倾向反映了不同的劝说作用，负面口碑对消费者品牌评价和购买决策的影响力大于正面口碑的影响力（Mayzlin，2004），负面信息更能吸引人们的注意。在浏览网络口碑时，对于那些褒奖、夸赞商品的正面的评论，消费者会认为这些正面评论是理所应当的，而如果看到一些充满抱怨和不满的负面评论，就格外会引起消费者的关注。负面评论一般与可能发生的风险或损失相联系。当消费者看到他人关于某商品的负面评价时，就会感觉到购买风险的存在，如果不相信这些负面评论而购买该商品就可能蒙受一些损失，因此，人们更倾向于采取规避风险的行为，减少可能发生的损失。

亨瑞（Herr）等人基于信息可获得性及诊断性理论，从理论和实证两方面验证了负面信息比正面信息更有诊断性的论断。他们指出：根据信息可获得性及诊断性理论，负面信息之所以比正面信息更具有诊断性是因为，负面口碑强烈暗示了商品的质量差，根据负面口碑可明确地将商品质量归为“差”这一类；而正面口碑本身具有模糊性，可用来描述质量低、质量中等或质量高的商品。

5. 网络口碑的强度

郑小平（2008）的研究表明，在线评论强度对购买意愿有显著的正面影响。在线评论强度越大，对消费者购买意愿的影响越大；反之，在线评论强度越小，对消费者购买意愿的影响越小。

如果网络口碑信息充满了非常丰富而强烈的正面或者负面的情感并且语气坚定，态度强烈，就会给消费者留下较深刻的印象，因此能对消费者产生较强的影响。网络口碑的正面情感越强烈，越能加强消费者的购买意愿；网络口碑的负面情感越强烈，越会动摇消费者对该商品的信任态度，削弱消费者的购买意愿。而如果网络口碑语气平平，没有特别明显的感情色彩，就不会给消费者留下太过深刻的印象，对其购买意愿的影响也不大。

德拉瑞克思（Dellarocas）等人指出，人们更倾向于发表或关注极端评论而不是中间评论，因为对产品极端正向或负向的体验更容易引发口碑交流行为。胡

（Hu，2007）则认为通常在网上发表评论的顾客是对产品非常满意或非常不满意的顾客，大量态度中立的消费者较少发表评论，这使得评分呈现两极分化的形态，并不呈正态分布，而现实中的产品质量的分布呈正态分布，因此评论情感倾向的平均评分并不能代表产品的真实质量，也不能充分预测或反映商品的销量情况。

6. 网络口碑信息的类型或形式

相关研究证明，网民点评信息的类型或形式会影响网评信息的说服效果。首先，对于评价特定产品的信息和评价特定服务的信息，对于服务的点评信息可能对消费者的态度及消费行为产生更大的影响（Murray and Schlacter，1990）；其次，从表达方式（包括评价内容、语调和措辞）的角度看，客观事实（描述）型的网络口碑比主观评价型的网络口碑对消费者的购买决策具有更大的影响力。这是因为客观表达方式的评论内容通常以更为客观的方式反映商品质量，因而要比主观表达方式的评论内容更具有说服力。

格奥思和伊帕诺提思（Ghose and Ipeirotis）等人的研究结果表明：平均句子长度较短的评论的有用性更低。在线评论内容的平均句子长度（常用评论中单词总数除以句子数来表示）可以反映评论信息量及消费者对评论的客观性感知。有研究显示，在线书评的平均长度与产品销售量有关，这说明网络口碑的内容越多，包含的信息越充分，信息的质量也就越高，因此更容易得到消费者的信任。另外，在线评论文本内容可细分为评论标题和评论正文两部分，评论标题的有用性影响着消费者是否进一步阅读评论正文。

7. 网络口碑的时效性

郑小平（2008）研究认为，评论的时效性对消费者购买决策影响不大。但以前发表的评论容易未被看到而被忽略，进一步的原因可能还包括两个方面：评论已超出商品的热门聚焦期，人们对该商品的兴趣、注意力以及信息搜索行为频度已呈下降趋势，这样，较晚发表的评论更少有机会被搜索和被看到；一些发表时间较早的评论虽然没有超出商品的聚焦期，但由于商品评论数量激增，信息的严重过载使评论阅读者无法阅读全部评论，只能阅读最近发表的一些评论，进而导致早期评论在商品发布后期不能被看到和评价。

（五）网络口碑的外部环境因素

1. 产品类型

相关研究发现，对于不同类别的产品，消费者在搜索信息的数量、花费的时间、采用的方式、搜索的频次等方面差异很大。尼尔松（Nelson）对体验产品、搜索产品进行的比对研究表明，由于体验产品在消费之前难以确认产品的质量，因此体验产品的消费者与搜索产品相比会更加依赖于别人的推荐（包括口碑）。贝（Bei）的研究发现：消费者在购买体验产品时更频繁地使用网络信息，更容易受到网络口碑的影响，且更倾向于从其他消费者或第三方那里获得信息。与之相反，在购买搜索产品时，消费者则倾向于使用零售商及制造商的网页。

帕克和汉（Park and Han，2009）的研究结果表明，无论对于体验产品还是搜索产品，负向在线评论对消费者购买决策的影响效应均大于正向在线评论；体验产品负向评论的影响大于搜索产品负向评论的影响；搜索产品正向评论的影响大于体验产品正向评论的影响。

森和莱曼（Sen and Lerman，2007）研究发现，对于实用型商品，负向口碑比正向口碑更具有影响力；而对于享乐型商品，尽管负向口碑更被关注，但负向口碑对其决策的影响力不如正向口碑。情感一致性理论可以解释享乐型和实用性两类商品在不同评价倾向时的评论有用性差异。这个理论认为，当潜在消费者评判商品的体验属性时，往往对与自己心情一致的属性信息给予更大权重。当消费者阅读享乐型商品的评论时往往怀着正向的预期和心情（希望选择一种使其心情愉悦的商品），而负向评论与消费者当时正向的心理预期恰恰相反，因此负向信息对消费者决策的影响减弱。另外，从效用的角度考虑，实用型商品购买的主要目标是效用最大化，而用于效用判断的商品属性标准都是明确、可感知、客观的，因此人们可以依赖他人的口碑反馈来了解商品属性；而对享乐型商品的评价则复杂得多，消费者追求的目标是使获得某种更高层次价值的预期最大化，实现何种价值以及对价值的预期在个体消费者之间存在重大差异，很难有公认的判别标准。既然一些人对享乐型商品的负向评价不一定被其他人认可，而评论阅读者对这类商品的预期往往又倾向于正面，因而可能导致享乐型商品的负向评论对人们决策的参考价值减弱。

2. 网站的声誉和性质

对于京东商城之类的 B2C 网购商城，其声誉主要体现在京东公司及其运营网站的品牌本身的声誉，品牌往往是品质和担保的象征，优秀的品牌往往提供优质的产品和令人满意的服务。对于淘宝网之类的 C2C 交易平台，其声誉则体现为淘宝网的整体声誉和在淘宝开店的卖家的个体声誉，主要是过去行为的记录。就大部分 C2C 电子商务平台（如淘宝、易趣、拍拍等）而言，简单的信誉评价系统发挥了一定的作用，提供诸如交易评价、商家信用等级等必要信息，在一定程度上帮助潜在消费者判断商家的可信度。当消费者与某个商家没有交易经历时，消费者更加看重商家的声誉。当商家期望未来有更多的交易并担心消费者投诉时，这些反馈信息可以影响商家的行为，促使商家在交易中诚实守信。在线声誉系统在保障网上交易安全、防范网络欺诈、建立良好信任关系和提高市场效率等方面发挥了积极作用。大量研究表明，商家的声誉是影响消费者对商家产生信任的关键因素。

研究发现，网站的类型是影响网络口碑说服效果的重要因素。在商业网站（如亚马逊）、具有商业性质的第三方网站（如淘宝网）、非商业性质的第三方网站（如大众点评网）这三种不同类型的网站中，非商业性质的第三方网站不以促进产品和服务的销售为目的，消费者购物时会更多地参考这种独立网站的推荐。非商业网站提供对于产品和服务的评价并允许消费者互动，具有更大的可靠性、相关性和移情性，对于消费者决策有较大帮助；商业性质的第三方网站仅提供信息，一般不能辅助消费者完成购买决策。

网络口碑传播能够为企业提供正式渠道无法获得的宝贵的客户反馈信息，企业可以通过对消费者购后口碑内容的分析改进产品质量，改善服务，及时评估商品的市场反应，据此制定和调整商品生产、分销及营销策略。网络口碑让企业更难控制传播的内容，因此，企业在重视产品和质量的同时，必须加强对负面口碑的有效管理。企业应当搭建网上社区，开通网上沟通热线，鼓励消费者交流与投诉，并有效处理消费者的问题。美国知名的电子商务网站亚马逊（www. amazon. com）近年来削减了电视和印刷广告的预算，因为它们相信在线评论可以更好地起到宣传作用。

第四节　移动互联网与消费心理

现在几乎每个人都拥有一部智能手机，这也就意味着大多数人都将成为无线互联网终端的使用者，移动互联网也将不断地融入消费者的日常生活，并深刻地影响消费者行为。在中国，消费者与手机几乎是形影不离，消费者可以在手机平台上利用各种“碎片化”时间进行购买活动，手机开始成为许多消费者日常购买的工具，购物网站也常利用价格优惠措施来培养消费者的移动购物习惯。消费者可以用手机扫描商品条形码或二维码，查看商品详情，兑换优惠券，并进行移动支付和购买。例如，“码上闪”智能手机具备了条形码比价购物、网上商城比价、手机淘宝购物、购物搜索、二维码应用等多种实用功能，可以轻松识别条形码、二维码（QR 码、DM 码等），并显示商品其他详细信息。“码上闪”还有一个有意思的功能，让用户可以查看附近的人近期用手机购买的商品信息，也就是“大家在扫什么”。图 10－9 是“码上闪”的手机屏幕截图：

图 10－9 “码上闪”的手机屏幕截图

小案例：韩国地铁站开虚拟超市 乘客可用手机拍照购物

很多上班族经过一天辛苦的工作后，都没有时间和精力去超市购物了。为此，乐购（tesco）在韩国的地铁站内开通了虚拟超市，在地铁站台门的两侧，巨大的广告版上印制了超市的各种商品，乘客利用手机拍下所需商品的 QR 码，放入手机“购物车”内，结算过的商品将在一天之内送达客户家中，既省时又省力。如图 10－10 所示：

图 10-10　韩国消费者在地铁站内网购商品

资料来源：韩国地铁站开虚拟超市，乘客可用手机拍照购物［N］．深圳特区报，2011-07-13.

在现场购买中，与手机支付相关联的是手机比价功能，它利用带有照相功能的智能手机扫描条形码或二维码，通过移动互联网很方便地了解到商品在各大超市、商场、网上商城的价格比较信息，真正做到货比三家、理性购物。常见的比价软件包括：一淘火眼、拍照购、条码购、快拍二维码、我查查，以及国外应用较多的手机条码扫描软件包括 Stickybits、BarcodeHero 等。

图 10-11 是“条码购”的软件截图：

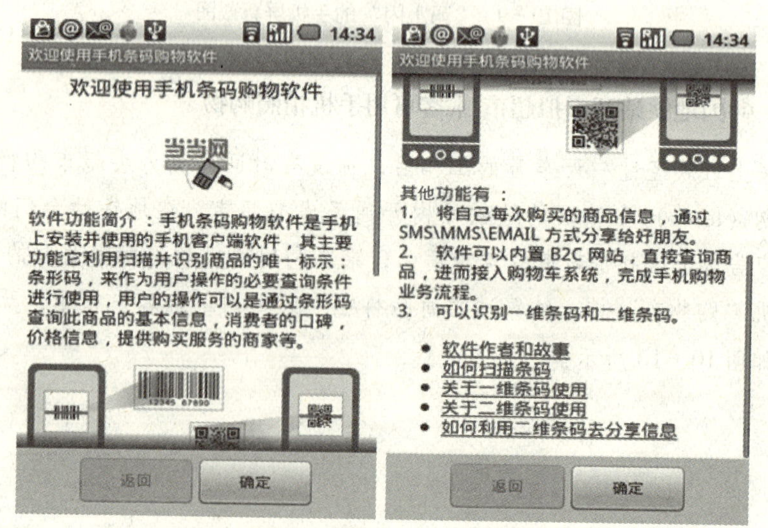

图 10-11　“条码购”的手机截图

图 10－12 是“我查查”的比价界面：

我查查：照一照，全知道

德芙原粒杏仁巧克		
E-MART 易买得	¥24.20	纠错
世纪联华	¥25.80	纠错
好又多	¥25.90	纠错
欧尚	¥26.70	纠错
1号店	¥27.50	购买
WAL·MART 沃尔玛	¥27.80	纠错
GMS 吉买盛	¥27.80	纠错

图 10－12　“我查查”的手机比价截图

例如，消费者可以利用京东商城的“拍照购”（或“条码购”）在书店、超市、电器卖场随手拍摄一个商品，即可查到该商品在京东商城的价格，实现“货比三家”，然后用手机网购京东商城的商品，享受更低的优惠价格。同时，还使得国美、苏宁等家电卖场变成了京东的实体店，而价格比它们便宜很多，非常经济地帮助消费者实现了“线下体验，线上购买”。据说国内某巨型家电连锁体系的门店，还曾经为了防范京东这个手机应用软件，下令撕掉所有产品的条形码。亚马逊也曾推出一款手机比价软件 Price Check，消费者在实体店通过扫描商品的条形码，不仅能查询到该商品在网点的售价，还能直接进入亚马逊购买。而让传统零售商抵触情绪达到极致的是，亚马逊向在任何实体店里扫描任何商品的消费者提供 5% 的折扣优惠。

另外，物联网也正在快步进入家庭，越来越多的商品融进了 WiFi 功能，成为可以用手机 APP 进行控制的智能商品，如智能空调、智能厨具、智能灯泡等，也辐射到运动监测、个人护理等更广泛的领域。例如，智能牙刷通过蓝牙与智能手机连接，可以实现刷牙时间、位置提醒，也可根据用户刷牙的数据生成分析图表，估算出口腔健康情况。这些都显示出以智能手机为载体的移动网络消费正在成为新的消费时尚。

一、情景感知服务与消费心理

情景感知服务是移动商务中的一种服务模式。简单来说，用户所处环境、周围情况、用户个人信息及使用历史和偏好，都被称为情景，根据情景向用户提供动态的个性化服务，就是情景感知服务。它是实现移动服务中“个性化”服务的最关键因素，也是移动服务的未来发展趋势。

表征某个实体的任何信息都可称之为“情景”，该实体可以是与用户及应用的相互作用有关的人、地点或物体，也可以是该用户或者该应用本身。但某些特定的情景比其他情景更加重要，例如位置、身份、时间以及行为。因为这些情景能更准确地描绘某一特定实体，它们不仅仅传达了关于谁、什么时候、在哪里、干了什么的信息，而且也是其他相关信息的来源。例如，知道了一个人的身份，我们可以获得他的其他相关信息，如手机号码、住址、邮箱地址、生日、人脉关系等；知道了某一实体的位置，我们可以知道附近有哪些其他实体以及他们有何行为等。

初期的情景感知服务包括现在已经较为成熟的基于位置的服务（Location Based Service，LBS），例如手机定位以及电子导航服务，其对情景的感知主要集中在地理信息方面。LBS 中最重要的是“S”所代表的“Service”，也就是 LBS 究竟能在网络平台上提供怎样的服务来不断改善消费者的消费体验。而情景感知服务目前的发展重点和今后的发展方向则不仅局限于地理情景。首先，在用户授权的前提下，感知的情景更加多元化，包括地点、环境、用户的搜索习惯、用户的消费记录和评价等；其次，服务将更加趋向于主动服务，而非响应式服务。最简单的例子就是，手机屏幕可以根据周围的光线自动调节亮度。而某些手机应用（例如大众点评、校内手机端插件等），可以根据手机的定位信息，向用户推送附近商店的打折信息以及附近好友的状态等，这些就是更加成熟和复杂的情景感知服务。所以，LBS 需要考虑的是进一步加强定位式和即时性的消费服务，通过精准营销将潜在的消费者吸引到合适的地方，刺激其消费。

情景感知服务还是一种新兴的服务，与用户已经习惯的传统的通信、联络或搜索有很大的区别，而用户的历史使用习惯，会形成路径依赖。大部分用户对情景感知的服务还比较陌生，或是只停留在“知道”的阶段，而且，很多人仍然把移动设备仅仅当成通信工具。情景感知服务与用户熟悉的服务有很多区别，比如移动性已经不再是服务的唯一特征，情景感知服务不再局限于用户通过移动设备获取网络服务，而是突出其情境性，实时、主动、动态地感知并回应用户的个性化需求，提供个性化服务，而这些对部分用户来说还很陌生，需要一定的时间来让用户接受并培养新的消费习惯和使用习惯，打破路径依赖。另外，不同的移动终端用户、不同的使用情景以及不同的角色，都会对服务有不同的特定需求，这些需求决定了用户是否会接受某产品或者某项服务。情景感知服务的成功与否取决于用户是否能够接受。由于情景感知服务的用户个性化特质，就需要对用户行为进行深入的分析。此外，情境感知服务在其他方面也存在一些问题，例如安全性、用户隐私、稳定性、费用的产生与收取等，这些都可能影响用户对情景感知服务的使用和接受。

二、SoLoMo 与消费行为

（一）SoLoMo 的含义

2011 年北美创业投资教父约翰·杜尔（John Doerr）创造性地提出了“SoLoMo”的概念。其中，“Social”（社交）是以 Facebook、微信、QQ 群、人人网以及新浪微博等为代表的社交类网站；“Local”（本地化）是指智能手机中的 LBS（基于位置的服务）应用，如 Foursquare、街旁、玩转四方、谷歌纵横等；“Mobile”（移动）是指各种 App 移动服务。“SoLoMo”是一种将 LBS、SNS 与电子商务结合在一起的模式，它推动了在移动终端的基础上凭借位置信息建立新的社交王国，即“确定地理位置” + “提供服务信息”的商业模式。尤其体现在服务消费方面的巨大影响，也就是说 O2O（Online To Offline）这种“线上购买支付，线下享受服务”的模式将成为“SoLoMo”概念的最佳表现形式。例如，利用手机，我们可以知道自己附近有哪些社交网站上的朋友，周围有哪些吃喝玩乐的场所，同时可以向大家发起一个聚会的倡议并预订或团购相关的服务，然后大家可以通过 Google 地图或 GPS 导航找到最便捷的路线并到达聚会地点。另外，商家也可以通过“SoLoMo”，将消费者订制的服务送到其要求的地方，例如，一群消费者相约在公园聊天，通过应用 LBS，找到附近的星巴克，通过手机订货并移动支付，星巴克员工即刻送来咖啡。可见，虽然便利品（以及奢侈品）更适合传统的实体店销售，但“SoLoMo”对于临时产生欲望的冲动型购买也可以发挥很好的满足作用。

真实的“位置”作为人类社会非常重要的社交属性之一，成了联结虚拟与现实的重要节点。由于精确的位置维度参考和 LBS 网络平台的特色服务，信息价值得到极大提升。LBS 突破了虚拟社交网络难于与现实社会结合起来的问题，依靠地理位置和共同兴趣而形成的弹性网络自动与现实关系对应，影响了用户在现实生活中的消费行为，也为 SNS 提供更广阔的应用空间。人人网的“人人报到”、第一视频邻讯的“切客”，就将 LBS 与社交属性很好地结合起来，并带到了手机这一移动终端上。而国外的“Foursquare”（简称 4sq）无疑是最有名的“Check in”应用，消费者打开手机的网络连线功能，就可以透过 3G 或是 GPS 侦测各自的地理位置，了解周围的商家信息，并通过 Twitter、Facebook 等流行的社交网络平台把自己的位置发布出去，以方便人们进行交友、传递资讯、吃喝玩乐等活动，同时 4sq 也是记录人们活动的工具。例如，当某消费者在某一个地点（如百货公司、餐厅、咖啡厅）连上 4sq，就可以登入（check in）该地点一次。登入一个地点（也就是造访该地点）越多次，就越能在 4sq“升等”，获得一些地位、头衔。譬如，常常到处跑的消费者可能就会获得一个“冒险家”的徽章；常常光顾某餐厅的消费者，可能发现自己变成该餐厅的“市长”。消费者还可以把其在 Twitter、Facebook 上面的好友拉进来，看看他们现在当上了哪个店家的“市长”。也可以看看自己最常去的地方，“市长”是哪位，大家在该地点的留言是什么（譬如称赞某个餐厅的菜好吃，或是那家店员脸很臭），从中多认识几位志同道合的朋友。

小案例：康师傅每日 C，报到赢取新品赠饮

为了推广金橘柠檬的新口味饮料，2011 年 6 月康师傅每日 C 通过“人人报到”和“新浪微领地”两大 LBS 服务在全国 16 个城市展开了“鲜享新味”报到赢赠饮活动。手机用户只需在全国 39 个试饮点报到，就能凭活动徽章参与换领。一旦报到成功，就会发送新鲜事告知其好友。短短 12 天，在超过 10 000 次的报到中，成功到线下换领赠饮的比例达 90% 以上。其中 60% 的报到来自于人人网。

无独有偶，招商银行携手人人网推出的社交信用卡——人人信用卡也受到了年轻网络用户的热烈追捧。消费者“报到”（“Check in”）时就会收到万家签约商家对于人人信用卡的优惠消费讯息，而刷卡消费的消费者还能通过手机编辑发送新鲜事与人人好友分享消费乐趣，并获得额外的消费积分。

资料来源：吕育苗．品牌情定 SoLoMo［J］．成功营销，2011（8）．

“SoLoMo”还有利于口碑传播，口碑传播者的社交关系与现实消费行为可以增强其他消费者的信任感。拉斯维加斯的购物中心“Miracle Mile Shops”，还将 4sq 中在这个地方签到最多的消费者以及消费者的点评定期投放在广场大屏幕上，从而推动了口碑的形成和聚合。

尽管从目前来看，“SoLoMo”还只是一种移动互联网的发展方向，具体的商业操作模式或对消费者心理与行为的影响还没有更全面、更深入的研究，但至少可以看到，本地化、精准化、开放性、社交化、移动化、游戏化等是“SoLoMo”背景下移动电子商务的重要特点。例如，“美丽说”“爱物网”“蘑菇街”的分享式购物实现了购物社交化；“航班管家”不仅可以查询航班、机票等信息，还会告诉客户有无 SNS 好友也定了这个航班，附近哪里有一家与之合作的、能提供优惠券的咖啡店，从而实现了社交移动化、营销位置化；“糯米网”将商户主页系统与人人网的公共主页系统全面打通，实现了团购社交化。

（二）SoLoMo 背景下的消费者购买行为过程

这一购买行为过程大体与传统购买行为相似，但又将 SoLoMo 背景下的社会、移动与位置等各种因素相融合，体现了线上购买、线下消费的特点。这个过程从消费者产生需求开始，经历信息检索、线上交易与线下消费，到享受服务后的线上评价与分享为止，是一个循环往复的过程，表现出“总在购物”（Always Are Shopping）而不是“去购物”（Go Shopping）的移动消费特点。

1. 需求产生阶段

持有智能手机的用户可能会受到各种内外部环境的刺激而产生购买需求。可能是消费者内心主动产生的需求，也可能是基于外界刺激而被动产生的需求，如商家的促销活动广告。商家根据用户签到的地理位置信息可对经过的用户推送广告或者根据持有的用户信息发送短信广告。需求的产生也可能源于在线评论或用户生成信息 UGC（User Generated Content），体现出网上社交因素的影响力。而移动因素的影响则无处不在，消费者随时在网上检索到的优惠信息就可能诱发购买需求。需求匹配、便利性、新颖性等是吸引消费者产生兴趣引发需求阶段的主要体验因素。

2. 信息检索阶段

这个阶段的消费者要研究与确认自己需要的商品或服务，他们会借助智能手机或平板电脑帮助自己确定目标商品及其所在的位置。可以通过登录网站查询商品的价格、适用性、功效等，也可以在社交网络上查看该商品的信息，以确定是否是自己心仪的商品。一旦确定所需，该阶段消费者即可下单购买。

消费者一方面可以与特定网上商家进行信息沟通——互动性的体现，以判断信息来源与内容的可信性，体验商家的诚信度；另一方面可以咨询网上社区成员的意见，借助于社交网络好友的推荐——网络的社会性；还可以查看已经购买者对网上商品的评论——UGC，三方面的信息相互参照，可以得出有意义的结论，进而指导下一步的行动。格利（Gilly，1998）等认为信息来源的特性如信息来源者的专业水平、意见领袖；搜寻者与来源者的同质性；口碑搜寻者本身的特性如专业水平、口碑偏好等三个因素会影响口碑信息接收者的购买决策。因此，品牌、口碑、好友的推荐、商家的承诺、评级等是消费者是否信任所检索的信息、影响购买决策的要素。

3. 线上交易阶段

对于商品或服务的线上交易主要是指线上购买，含线上支付。消费者在确定购买决策后即决定实施购买行为，支付是重要的实施行为。可使用的支付手段包括线上与线下支付，其中利用手机支付是 SoLoMo 带给移动用户的新体验，消费者随时随地进行便捷支付，能够把握住商家优惠促销的时机，及时做出购买，享受折扣或忠诚计划的回馈。

与网站的互动成为这个阶段体验网上服务质量好坏的基准。首先，交易的时间地点不限——移动与位置因素的影响力，体现交易的便利与快捷，有助于形成良好的体验；其次，网站质量如页面设计、链接质量、支付平台质量如手机 APP 的功能等是交易顺利完成的保障。与商家的网上沟通是否顺利，网上支付是否便利、可信等是影响这个阶段消费者体验的重要因素。

4. 线下消费阶段

当消费者支付货款之后即等待商品的提供或服务的享用，至此已经形成了对商品或服务的预期。消费者体验商家的交货与服务，是线下消费的时段，感受交货是否及时、商品服务是否符合预期，如实际体验 O2O（Online to Offline）下的本地服务，感受商家承诺履行的情况。

这个阶段是商家与消费者线下实时互动的重要阶段，传统的服务质量要素是决定消费体验的重要因素，而与移动及社会性因素关系不大。但享受线上订购、线下消费的服务类商品与位置因素相关，如餐饮，需要消费者到手机定位选择的附近商家体验饭菜的美味。

5. 线上评价与分享阶段

基于移动要素即智能手机或平板电脑的应用，使得评价与体验的分享可以在线下消费的同时实现，也可以在消费后的任何时间内实现，这取决于移动用户的使用习惯。消费者可以利用 LBS 网络平台，随时签到，上传消费体验到交友空间，或者分享到购买网站，即 UGC，以供其他消费者借鉴。口碑的传播通过这种渠道即能实现，商家也可以在这个时刻同时发布优惠信息影响其后续的消费决策。

参考文献

[1] J. 布莱恩. 消费者行为学精要［M］. 于亚斌，郑丽，霍燕，译. 北京：中信出版社，2003.

[2] 迈克尔·R. 所罗门. 消费者行为学［M］. 张莹，付强，等，译. 北京：经济科学出版社，1998.

[3] 福克塞尔，等. 市场营销中的消费者心理学［M］. 裴利芳，等，译. 北京：机械工业出版社，2001.

[4] 德尔·I. 霍金斯，罗格·J. 贝斯特，肯尼思·A. 科尼. 消费者行为学［M］. 符国群，等，译. 北京：机械工业出版社，2001.

[5] 符国群. 消费者行为学［M］. 北京：高等教育出版社，2001.

[6] 李东进. 消费者行为学［M］. 北京：经济科学出版社，2001.

[7] 王长征. 消费者行为学［M］. 武汉：武汉大学出版社，2003.

[8] 徐萍. 消费心理学教程［M］. 上海：上海财经大学出版社，2001.

[9] 司金銮. 消费心理学［M］. 北京：中国商业出版社，2004.

[10] 李品媛. 销售心理学［M］. 大连：东北财经大学出版社，2005.

[11] 江林. 消费者行为学［M］. 北京：首都经济贸易大学出版社，2002.

[12] 沈蕾. 消费者行为学理论与实务［M］. 北京：中国人民大学出版社，2013.

[13] 陈硕坚，范洁. 透明社会——大数据营销攻略［M］. 北京：机械工业出版社，2015.